Stephen Levine

Wege durch den Tod

Originalausgabe:
Titel: Who Dies
© Copyright: Stephen Levine, 1982
Published by arrangement with Doubleday,
a division of Bantam Doubleday Dell
Publishing Group, Inc.

Deutsche Ausgabe:
3. Auflage 1995
© Copyright Context Verlag
Postfach 100850
33508 Bielefeld
Tel. 0521/67179
Fax 0521/68771

Übersetzung: Matthias Wendt

Die Deutsche Bibliothek – CIP-Einheitsaufnahme
Levine, Stephen:
Wege durch den Tod / Stephen Levine. [Übers.
Matthias Wendt]. – 3. Aufl. – Bielefeld : Context-
Verl., 1995
　　Einheitssacht.: Who dies? <dt.>
　　Früher u.d.T.: Levine, Stephen: Wer stirbt?
　　ISBN 3-926257-11-3

Bearbeitung: Hans-Jürgen Zander, Marion Meier
Satz: Werner Lange
Gestaltung: Klei Design
Herstellung: Clausen & Bosse GmbH

Stephen Levine

Wege
durch
den Tod

·Who Dies·

context VERLAG

Inhalt

Ich widme dieses Buch meiner Frau und spirituellen Partnerin Ondrea, die mir bei der Erarbeitung dieses Manuskriptes Seite für Seite Beistand geleistet hat und deren Liebe mich wieder und wieder daran erinnert, den denkenden Geist loszulassen und in das Herz hineinzusterben.

Vorwort

Vor nicht allzu langer Zeit hatte ich zum ersten Mal seit meinem eigenen Eintritt ins Leben teil an einer Geburt. Indem ich mit der Mutter atmete, den Kopf des Kindes erscheinen sah und das gesamte Geschehen von Augenblick zu Augenblick miterlebte, wurde es mir möglich, ein Ur-Element in meinem eigenen Wesen zu berühren. Ich lachte und weinte, empfand Angst, teilnahmsvollen Schmerz und tiefe Freude. Ich stand am Tor der Existenz und spürte wie nie zuvor die Verbundenheit meiner menschlichen Natur mit der übrigen Schöpfung, die ihre Zyklen von Sommer und Winter, Werden und Vergehen durchläuft. Jeder Moment war erfüllt von ehrfurchtgebietender Gnade und einer Ahnung des lebendigen Geistes. Es war ein Ritual, in dem ich meine tiefsten Gefühle für die menschliche Gemeinschaft wiederentdeckte.

Doch über die Geburt hinaus ist nun auch der Tod ins Blickfeld der Öffentlichkeit gerückt. Erst in den letzten zehn Jahren ist unter dem Einfluß der bahnbrechenden Arbeit von Cecily Saunders mit ihrer Hospiz-Bewegung in Großbritannien und Elisabeth Kübler-Ross in den Vereinigten Staaten ein sehr viel humaneres Milieu für jene geschaffen worden, die den Sterbeprozeß erleben. Einen weiteren Anstoß erfuhr diese Bewegung durch die wachsende Erkenntnis der Ärzteschaft, daß ihre Technologien der Lebenserhaltung und Intensivpflege hinsichtlich ihres angemessenen Gebrauchs dringend einer tiefergehenden Erforschung bedürfen - einer Erforschung unserer Menschlichkeit. Wenn eine Person, die sich offenkundig dem Tode nähert, in eine sterile

Umgebung gebracht wird, die sie von der Familie, den Freunden, Kindern und Liebsten, sowie von ihrer vertrauten Umgebung trennt, dann ist dies eine besonders barbarische Art und Weise, unser Schuldbewußtsein und unsere Furcht vor dem Tod zu tilgen und uns dabei einzubilden, wir hätten mit dem Einsatz der Techniken und sterilen Mechanismen unserer Zeit „alles getan, was wir konnten".

Die neue Hospiz-Bewegung zielt darauf ab, dem Individuum während des Sterbeprozesses eine freundliche, entlastende und zwanglose Umgebung zur Verfügung zu stellen. Man leistet Hilfestellung bei der Regelung verschiedener Angelegenheiten, steht der trauernden Familie zur Seite und kümmert sich um die täglichen Bedürfnisse des Patienten.

Ihren vielleicht wichtigsten Beitrag leistet die Bewegung jedoch, indem sie alle Beteiligten zunehmend erkennen läßt, daß das Sterben tatsächlich „eine dringliche Angelegenheit" ist. Wie erfrischend wirken diese Impulse, nachdem die Menschen, die dem Tod entgegengehen, in der Vergangenheit von einer regelrechten Verschwörung allgemeiner Todesablehnung umgeben waren!

Doch so bewundernswert diese aufkeimende Bewegung auch sein mag, sie repräsentiert nur die ersten zögernden Schritte in eine Transformation unserer Beziehung zum Sterbeprozeß. Sie sieht den Tod noch immer als „verhängnisvoll" an und betrachtet ihre Tätigkeit als einen Versuch, das Beste aus einer widrigen Situation zu machen. Diese Bewegung wurzelt noch in der Verneinung - zwar nicht in der Verneinung des Todes, aber in der Verneinung unserer eigenen Intuition.

Von der um Objektivität bemühten Wissenschaft erfahren wir, daß wir aus unserem Körper bestehen, einem Produkt der Darwinschen Evolution, das aus einer zufälligen Verkettung molekularer Gase hervorgegangen ist und dessen Wachstum und Zerfall vom genetischen Code der DNS diktiert wird. Folglich ist der Tod das Ende. Doch im kollektiven Unbewußten (so der Jungsche Terminus) der menschlichen Spezies läßt uns ein intuitives Wissen ahnen, daß diese „objektive" Definition nicht die Ganzheit dessen umfaßt, was wir sind. Wir haben uns eingeredet, daß das Leben eher von unserem Intellekt als von unserer Intuition gesteuert werden muß, und daß wir folglich nur das anzuerkennen brauchen, von dem wir *wissen*, daß wir es wissen. Intuitive Weisheit erfüllt dieses Kriterium jedoch nicht. Sie scheint einem Bereich zu entspringen, der jenseits des rationalen, objektiven Verstandes liegt, und so haben wir weitgehend geleugnet, was sie uns sagt - obwohl doch alle großen Weltreligionen und viele profunde Philosophen in eben jener tieferen Weisheit verwurzelt waren.

In jüngerer Zeit indessen scheinen intuitive Erkenntniswege an Legitimität gewonnen zu haben. So sagte Albert Einstein von der Quelle seiner Inspiration zur Relativitätstheorie: „Zu einem Verständnis dieser fundamentalen Gesetze des Universums gelangte ich nicht durch meinen rationalen Verstand". Er wurde eines anderen Erkenntnisprozesses gewahr, auf den schon zuvor Philosophen wie William James aufmerksam gemacht hatten, der hinsichtlich des Universums an Realitäten von Erkenntnismethoden sprach, die so lange verborgen bleiben, bis wir sie anerkennen.

Wenn unsere Kultur erst einmal die Intuition zu würdigen beginnt, wird sie dem Zweifel entgegenwirken, der die Intuition normalerweise ihrer Macht beraubt, und unsere Sicht auf die Welt wird sich weitgehend verändern. Unter diesen Veränderungen steht unsere Einstellung zum Tod an erster Stelle. Es gibt einen Aspekt in uns - man könnte ihn „Sein", „Bewußtsein", „reinen Geist" oder „Ich" nennen - der hinter allen sichtbaren Phänomenen (dem Körper, den Emotionen, den Sinnen, dem denkenden Verstand) liegt, die in der Matrix von Zeit und Raum erscheinen. Wir ahnen, daß selbst dann, wenn wir im Tod unseren Körper verlassen, dieser tiefere Teil unseres Seins unbeeinflußt bleibt. Mit dieser grundlegenden Veränderung unserer Identität und unseres Selbstverständnisses wird der Tod von einem furchteinflößenden Feind, einer Vernichtung, einem verhängnisvollen Irrtum des Universums umgewandelt in eine weitere Transformation, die wir durchlaufen, ein Abenteuer, das alle anderen Abenteuer übertrifft, eine Öffnung, einen unvorstellbaren Augenblick des Wachstums, einen Schritt auf eine neue Stufe.

Vielleicht entspricht das in etwa dem Gefühl der ersten Weltentdecker, nachdem die Theorie, daß die Erde flach sei und man über ihren Rand stürzen könne, durch das sphärische Konzept unseres Planeten ersetzt worden war. Welchen Mut muß diese

Theorie freigesetzt haben, daß sie den Forschungsreisenden erlaubte, furchtlos ins Unbekannte zu fahren!

Die meisten Menschen erleben lediglich ein intuitives „Aufblitzen" oder kurze Momente der Einsicht in die verborgene Natur des Selbst, denen sich fast augenblicklich die Wiederbehauptung der Vorherrschaft unserer gewohnten Denkweisen anschließt. Wenn wir also von unserer umfassenden, intuitiven Weisheit profitieren wollen, müssen wir jene tiefergreifende Art des Erkennens in uns entwickeln. Dies geschieht, indem wir lernen, zuzuhören: Wenn wir zum Beispiel, wie die Quäker sagen, der „stillen, leisen Stimme im Innern" zuhören - wenn wir den Mustern, Gesetzen und Harmonien des Kosmos lauschen, dessen Bestandteil wir sind - wenn wir in der feinen Balance eines ruhigen, meditativen Geistes und eines offenen, liebevollen Herzens zuhören. Dieser Aufgabe müssen wir uns alle widmen, die Lebenden und die Sterbenden, die Heilkundigen und die Patienten. Unser Dienst füreinander muß in eben dieser Arbeit an uns selbst verwurzelt sein. Es ist dieses Streben nach Vertiefung unserer Anerkennung des intuitiven Herz-Geistes, welche die gerade erst dem Tode geöffnete Tür ins Licht führen läßt und nicht in eine noch größere Dunkelheit.

Vor einigen Jahren fragte ich Stephen Levine, ob er das Sterbe-Projekt der Hanuman Foundation leiten wolle. Dieses Projekt zielt darauf ab, einen Kontext für den Sterbeprozeß zu schaffen, dessen zentraler Schwerpunkt in der Arbeit aller Beteiligten an sich selbst liegen soll - seien sie nun Heilende, Helfer, Familien oder die mit dem Tod konfrontierten Personen selbst. Dieses gemeinschaftliche Bemühen hat sich für die Transformierung des Sterbeprozesses in einen Prozeß umfassenden, liebevollen Wachstums als überaus förderlich erwiesen.

Und nun entstand aus Stephens Arbeit in diesem Projekt das Buch *WER STIRBT?-WEGE DURCH DEN TOD*. Weil es in unserer kollektiven, intuitiven Weisheit gründet, die aus einem achtsamen, ruhigen Geist geschöpft wurde, hebt es sich aus der Überfülle von Büchern heraus, welche die neue Sterbebewegung hervorgebracht hat. Dieses Buch widmet sich den zahlreichen Aspekten des Sterbeprozesses mit erfrischender Einsicht, mit Offenheit und Unbeschwertheit. Es lädt uns ein, den „Tatsachen" klar und ohne

Wertung ins Auge zu sehen. Es nimmt dem unglaublichen Melodrama, das „Tod" genannt wird, seine schreckensvolle Macht und ersetzt die Furcht vor ihm durch stilles, einfaches und teilnahmsvolles Verständnis.

Stephen Levine ist Poet, langjähriger Praktiker buddhistischer Meditation und Meditationslehrer. In enger Zusammenarbeit mit seiner Frau Ondrea dient er voller Hingabe denen, die dem Tod gegenüberstehen. In diesem Buch integriert er die Gebiete seiner Sachkenntnis in einer Form, die zuweilen klassische Proportionen annimmt. Ich würdige dies Bemühen und lade Euch ein, am Reichtum dieses Geschenkes teilzuhaben.

In Liebe
Ram Dass

Danksagungen

Es gibt einfach keine Worte, die meiner Dankbarkeit für die Jahre des Lernens und der Zusammenarbeit mit meinem lieben Freund Ram Dass Ausdruck verleihen können. Gleichwohl ist dieses Buch letztlich in hohem Maße das Resultat seiner beständigen Ermutigung und Liebe.

Aus dieser Arbeit sprechen die Stimmen und Herzen vieler großartiger Lehrer und Lehrerinnen:

Viele der nicht namentlich gekennzeichneten Zitate in diesem Buch sind den Lehren von Sri Nisargadatta entlehnt (dessen Name in freier Übersetzung etwa „Herr Natürlich" lautet), dem ich zwar nicht persönlich begegnet bin, dessen Werke in Gestalt seiner beiden Bände *I Am That*** auf diese Forschungsarbeit jedoch einen tiefen Einfluß hatten.

Auch die Lehren und die Gegenwart von Neem Karoli Baba (bekannt als Maharajji) und Ramana Maharshi durchdringen dieses Kompendium mitgeteilter Erfahrung, und das gleiche gilt für die Jahre der Beschäftigung mit der buddhistischen Praxis und Lehre.

Meine enge Verbindung mit Joseph Goldstein und Jack Kornfield haben ebenfalls auf diese Übermittlung eingewirkt.

Auch die Jahre der gemeinsamen Lehrtätigkeit mit Elisabeth Kübler-Ross, in welche die Anfänge dieses Werkes zurückreichen, wie auch die bis heute zwischen uns bestehende herzliche Freund-

---

* Ist in einer einbändigen deutschen Ausgabe unter dem Titel „Ich bin" im Context Verlag erschienen.

schaft dürfen an dieser Stelle nicht unerwähnt bleiben.

Dieses Buch ist ebenso ein Ergebnis der Hingabe und geistigen Klarheit jener, die ich durch ihren Sterbeprozeß begleitet habe, wie es auch geprägt ist von den Lehren spiritueller Freunde und Freundinnen, die mich mit ihrem Wohlwollen und ihrer durchdringenden Klarsicht beschenkten, um mich auf den Pfad des Verstehens zu führen.

Was nun folgt, ist ein Gewebe vieler Jahre der spirituellen Praxis und des Austausches mit sterbenden Patienten, das in verschiedenen Workshops und Retreats auf Tonband festgehalten und anschließend in die schriftliche Form übertragen wurde. Und ohne die liebevolle Unterstützung von Jakki Walters, Jean Thompson und Al Strickland würde ich mich wohl noch heute durch die Seiten des ersten Kapitels kämpfen.

Stephen Levine

Einleitende Worte des Autors

Wenn Du dieses Buch liest,
dann lausche ihm
mit Deinem Herzen.
Mache es zu einem Spiegel
Deiner eigenen wahren Natur.

Rationales Begreifen
ist die elementare Verlockung des Verstandes.
Stoße vor zur Wahrheit
jenseits des Verstandes.
Die Brücke dorthin ist die Liebe.

Die Anerkennung des Todes

Heute starben annähernd 200.000 Menschen. Einige starben durch einen Unfall. Andere durch Mord. Einige starben an übermäßigem Essen. Andere sind verhungert. Einige starben noch im Mutterleib. Andere an Altersschwäche. Einige verdursteten. Andere ertranken. Jeder starb seinen Tod, wie er ihm bestimmt war. Manche starben voller Hingabe, mit offener Seele und friedvollem Herzen. Andere starben in Verwirrung, an einem Leben leidend, das ungelebt blieb, an einem Tod, den sie nicht annehmen konnten.

Es ist so, wie Lewis Thomas in seinem Buch *The Lives of a Cell* schrieb: „Die Todesanzeigen in den Zeitungen unterbreiten uns die Nachrichten unseres Dahinsterbens, während uns die kleiner gedruckten Geburtsanzeigen am Rand der Seite darüber informieren, wie wir ersetzt worden sind. Aber dies vermittelt uns keinen Begriff von der Unermeßlichkeit dieser Waagschalen. Drei Milliarden von uns leben auf der Erde, und diese ganzen drei Milliarden stehen auf der Liste derer, die innerhalb dieser Lebensspanne sterben müssen. Die gewaltige Sterblichkeit, die in jedem Jahr etwas mehr als 50 Millionen Menschen umfaßt, vollzieht sich in relativer Heimlichkeit...“*

„In weniger als einem halben Jahrhundert werden jene, die uns ersetzen, die Zahlen mehr als verdoppelt haben. Angesichts dieser sterbenden Menschenmassen ist es kaum zu erwarten, daß

---

* Neuere Zahlen sprechen von einer Weltbevölkerung von über fünf Milliarden Menschen, und die gegenwärtige jährliche Sterblichkeitsrate liegt bei etwa 80 Millionen.

wir jene Heimlichkeit werden wahren können. Wir werden die Vorstellung aufgeben müssen, daß der Tod eine Katastrophe oder etwas Widerwärtiges sei, daß man ihn besiegen oder auch nur verdrängen könne. Wir werden mehr über den Kreislauf des Lebens im übrigen Weltall und über unsere Beziehungen zu diesem Prozeß lernen müssen. Alles, was ins Leben tritt, scheint nur ein Ersatz für das zu sein, was stirbt - Zelle für Zelle".

Wir leben in einer Gesellschaft, die es gewohnt ist, den Tod zu leugnen. Vielleicht ist das auch der Grund, warum sich viele Menschen zum Zeitpunkt ihres Sterbens so verwirrt und belastet fühlen. Wie auch die Sexualität ist der Tod etwas, worüber man nur hinter vorgehaltener Hand spricht. Wir fühlen uns schuldig, weil wir sterben müssen, und wissen nicht, wie wir leben sollen. All unsere Lebensweisen bündeln sich im Brennpunkt des Todes.

Diejenigen, die in den sogenannten „materialistischen Gesellschaften" leben, deren Technologien den Erwerb vieler Güter erlauben und den Überlebenskampf weitgehend erleichtern, und in denen der Selbstwert am Reichtum gemessen wird, tendieren vielleicht etwas stärker dazu, sich selbst mit dem Körper zu identifizieren. Unsere Gesellschaft gibt jedes Jahr Milliarden von Dollar für Kosmetika, Hüfthalter, Toupets, Schönheitsoperationen und Haartönungen aus und verdrängt auf diese Weise die Lektionen, die der Verfall des Körpers für uns bereithält. In einer Welt, zu deren häufigsten Qualen der Hungertod zählt, geben die USA sogar mehr als vierhundert Millionen Dollar jährlich für Schlankheitskuren aus.

Wir beobachten den körperlichen Verfall, die altersbedingten Stoffwechselveränderungen, den Bauchansatz in der Lebensmitte, das Nachlassen des Leistungsvermögens und der Muskelkraft, das Ergrauen der Schläfen, den Haarausfall - wie könen wir leugnen, daß der Körper unweigerlich verfällt? Wir erleben den Verlust geliebter Menschen, wir sehen, daß die uns bekannte Welt in ständiger Wandlung begriffen ist, daß wir letztlich nur der Stoff der Geschichte sind - wie können wir den Tod ignorieren?

Wie oft werden wir zum Beispiel dazu ermutigt, über die Beschwerden einer Grippe als Vorbereitung auf den Tod zu meditieren, als Möglichkeit, den Widerstand gegen das Leben aufzulösen? Unablässig um Befriedigung ringend, halten wir uns entweder für glücklich oder für unglücklich, nehmen aber von den Lehren der Unbeständigkeit kaum Notiz.

Kaum einmal nutzen wir eine Krankheit als Gelegenheit, um unser Verhältnis zum Leben zu erforschen oder unsere Angst vor dem Tod zu ergründen. Krankheit wird als Unglück betrachtet. Wir halten fest am Maßstab der blühenden Gesundheit und der Pepsi-Cola-Vitalität. Nur wenn wir gesund bleiben, glauben wir, daß es uns gut geht. Doch wie sollen wir bei dieser starren Vorstellung von dem, was annehmbar ist, lernen, uns dem Unerträglichen zu öffnen? Was versetzt uns in die Lage, das Unbekannte mit der Offenherzigkeit und dem Mut zu betreten, die dem Leben erst seine Fülle geben?

Im Leichenhaus legen wir dem Tod Rouge auf. Selbst im Sarg streiten wir noch unsere Vergänglichkeit ab.

Zu Hause in unserem Lieblingssessel lesen wir in der Zeitung, daß bei einem Hotelbrand in Cleveland fünf Menschen umgekommen sind und daß ein Busunglück auf der Autobahn zehn Todesopfer gefordert hat. Daß dreitausend Menschenleben bei einem Erdbeben in Italien vernichtet wurden. Daß Nobelpreisträger in ihrem Labor starben. Und Mörder auf dem elektrischen Stuhl. Wir haben teil an den „Nachrichten für die Überlebenden" und werden in unserer Vorstellung bestärkt, daß „alle sterben, nur ich nicht". Einfach dazusitzen und vom Tode anderer zu lesen, bescheinigt uns, daß wir überlebt haben, daß wir unsterblich sind. Das Unglück anderer füllt einen großen Teil der ersten Seite und erzeugt die Illusion, daß wir Glück haben. Selten lassen wir uns von Todesnachrichten zu der Erkenntnis leiten, daß alle Dinge unbeständig sind, daß sie Wandlungen durchlaufen, die wir nicht kontrollieren können.

Und doch liegt in der Anerkennung der Unbeständigkeit der Schlüssel zum eigentlichen Leben. Die Konfrontation mit dem Tod bewirkt in uns eine tiefgreifende Einstimmung auf das Leben, von dem wir glauben, daß wir es beim Verlöschen des Körpers verlieren werden. Aber worauf gründet sich dieses Gefühl von Präsenz, von zeitlosem Dasein, auf dessen Anfang wir uns nicht besinnen und dessen Ende wir nicht absehen können? Wir glauben nur deshalb, daß wir sterben, weil wir glauben, daß wir geboren wurden. Wir mißtrauen jenem inneren Gefühl der Endlosigkeit und der Grenzenlosigkeit.

Unser Leiden entsteht, wenn wir uns darauf fixieren, wie etwas hätte sein können, hätte sein sollen oder hätte sein müssen. Kummer ist ein Bestandteil unserer täglichen Existenz. Doch selten nehmen wir Notiz von jenem Leid in unserem Herzen, das jemand einmal „ein unergründliches Weinen, ein Trauern um alles, was wir zurückgelassen haben" genannt hat.

Als sich eine Freundin der Zeit erinnerte, in der sie erfuhr, daß ihr Krebs im Endstadium sei, sagte sie: „Im Endstadium zu sein bedeutete nur, daß ich endlich anerkannte, daß der Tod eine Wirklichkeit ist. Es bedeutete nicht, daß ich in einem halben Jahr oder auch nur eher als der Arzt sterben würde, der mir diese Prognose gerade gestellt hatte. Es bedeutete einfach, daß ich anerkannte, daß ich überhaupt sterben würde". In einer auf materiellen Gewinn gegründeten Gesellschaft, die in der Identifikation mit dem Körper lebt, die die Gesundheit so überaus hoch einschätzt und den Tod so ungemein fürchtet, ist es oft schwer zu verstehen, daß der Tod etwas Natürliches und für den Fortbestand der inneren und äußeren Lebensprozesse sogar unabdingbar ist.

Im ägyptischen *Totenbuch* finden wir lange Schilderungen, wie der Geist des Verstorbenen in die Unterwelt hinabsteigt und dem großen Richter begegnet, der das Herz gegen eine Feder aufwiegt. Es ist die Feder der Wahrheit. Und man fragt sich, wessen Herz wohl leicht genug ist, um gegen die Wahrheit aufgewogen zu werden.

Fünfundsiebzig Prozent der Bevölkerung vollziehen ihren letzten Atemzug in einem Pflegeheim oder Krankenhaus. Die meisten sterben in Einrichtungen, in denen der Tod als Feind betrachtet wird. Ich habe viele gesehen, die dem Tod in physischer und geistiger Isolation begegnen mußten und kaum eimal dazu ermutigt wurden, sich über ihre Einbildungen und Ängste hinaus zu öffnen. Sie waren im Herzen und in der Seele abgeschnitten von den geliebten Menschen, die diese kostbaren Augenblicke vielleicht mit ihnen hätten teilen können. Unfähig, ihrer inneren Natur zu vertrauen, vom eigentlichen Leben getrennt, schritten sie in schmerzvoller Unsicherheit und Verwirrung in andere Bereiche des Seins hinein.

Ich habe viele gesehen, die sich verzweifelt an einen rasch

degenerierenden Körper klammerten und auf ein unbegreifliches Wunder warteten, gepeinigt von tiefem Verlangen nach einer Erfüllung, die sie im Leben nie gefunden hatten. Und ich bin auch jenen begegnet, deren Tod alle inspirierte, die um sie versammelt waren. Sie strömten in ihrem Sterben eine so große Liebe und Anteilnahme aus, daß alle Zurückgebliebenen noch Wochen später von einer unbeschreiblichen Freude erfüllt waren.

Nur wenige haben an ihrem Leben so umfassend teil, daß der Tod keine Bedrohung für sie darstellt, daß er nicht der grimmige Sensenmann ist, der hinter der dunklen Fensterscheibe lauert. Die meisten kämpfen gegen den Tod an, wie sie gegen das Leben angekämpft haben, und sie ringen um einen Halt, um eine gewisse Kontrolle über den unaufhörlichen Strom der Veränderung, der diese Ebene der Existenz kennzeichnet. Wenige sterben in Vollkommenheit. Die meisten führen ein Leben voller Einseitigkeit und Unsicherheit. Die meisten denken, daß der Körper ihnen gehört. Wenige erkennen ihn als nur vorübergehend gemietete Wohnung, aus der sie schließlich wieder ausziehen müssen. Diejenigen, die sich selbst nur als Reisende im Körper betrachten, sind eher dazu fähig, ihn einfach loszulassen.

In unserer Kultur betrachten wir das Leben, als wäre es eine gerade Linie. Je länger diese Linie, desto mehr glauben wir gelebt zu haben, desto vollkommener meinen wir zu sein und desto weniger schrecklich stellen wir uns den Endpunkt vor. Der Tod junger Menschen wird als tragisch angesehen und erschüttert viele in ihrem Glauben. Doch in der indianischen Kultur z.B. verläuft das Leben nicht linear, sondern in einem Kreis, der sich mit den Übertrittsriten etwa zur Zeit der Pubertät schließt. Von dieser Zeit an wird man als eine Ganzheit angesehen, die sich nach außen hin entfaltet. Aber wenn sich der „Ring" erst einmal geschlossen hat, stirbt man, egal wann der Tod eintritt, immer im Zustand der Vollkommenheit. Der weise Indianer Crazy Horse sagte einmal: „Heute ist ein guter Tag zum Sterben, denn es gibt nichts,was meinem Leben noch fehlt." Die indianische Kultur sieht die Ganzheit nicht in der Dauer der gelebten Zeit, sondern in der Fülle, in der man die Ganzheit eines jeden Augenblicks erlebt.

Anders als in unserer Gesellschaft, die die Vorbereitung auf den Tod kaum unterstützt, wird dem Sterbenden in der indianischen Kultur oft ein natürlich geformter Kristall gereicht, der als Meditationsobjekt benutzt wird. Wenn man lange auf die Kanten im Inneren des Kristalls blickt, an denen durch Lichtbrechung prismatische Regenbogenlinien entstehen, projiziert man sein Bewußtsein in diesen Regenbogen hinein und läßt alles los, was den Geist davon abhält, sich in seiner Ausrichtung selbst zu transzendieren. Im Augenblick des Todes wird man in den Regenbogenkörper hineingeführt und fließt voller Ruhe und weise vorbereitet aus der zeitlichen Form heraus.

Das Maß des Leidens scheint für diejenigen um vieles geringer zu sein, die ihr Leben in jener Ganzheit führen, die den Tod mit einschließt. Ich meine nicht etwa ein morbides Beschäftigtsein mit dem Tod, sondern vielmehr ein Verweilen in der von Liebe erfüllten Gegenwart, ein Leben, das auf jeden einzelnen kostbaren Moment ausgerichtet ist. Ich treffe nur wenige, die sich durch ihre Teilhabe am Leben auf den Tod vorbereitet haben. Und wenige sind es, die ihr Herz und ihren Geist erforscht haben, um auf alles, was kommen mag, optimal vorbereitet zu sein, sei es Tod oder Krankheit, Kummer oder Freude.

Wer ist auf den Tod vorbereitet? Wer hat so umfassend gelebt, daß er in der Vorstellung seines Nichtseins keine Bedrohung sieht? Denn nicht nur die Vorstellung vom Tod ist es, die uns erschreckt. Es ist das Unbekannte, vor dem wir zurückweichen.

Wie oft ähneln wir dem übel zugerichteten Kind auf der ersten Seite der *Los Angeles Times*, das von einer mitleidigen Aufseherin behutsam aus dem Raum getragen wird, aber seine Hände über ihre Schultern hinweg ausstreckt nach einer auf der anderen Seite des Raums zwischen zwei Polizisten stehenden Frau und ihr zuruft: „Mama, Mama!" - einer Frau, die festgenommen wurde, weil sie diesem Kind Verbrennungen und Knochenbrüche zufügte! Wie viele greifen lieber zurück auf die ihnen vertraute Hölle, als sich dem Unbekannten zu öffnen und die Geduld und Wärme in sich zu erwecken, welche unser Herz weit genug für uns selbst und alle anderen macht?

In manchen Gesellschaften führt der Tod den ganzen Stamm oder die ganze Familie zu einer feierlichen Würdigung der sich ständig wandelnden Schöpfung zusammen. Der tiefe spirituelle Kontext, in den dieser Hingang eingebettet ist, ermöglicht es vielen

Anwesenden, während solcher Feierlichkeiten tiefgreifende Erfahrungen ihres eigenen wahren Wesens zu machen. In diesen Gesellschaften stellt der Tod eine immer wiederkehrende Gelegenheit dar, sich von den Illusionen des Lebens zu lösen, den Realitäten ins Auge zu blicken und sich allen anderen liebevoll zu öffnen.

In der hebräischen Kultur wie auch in der indischen Gesellschaft entledigt man sich des Körpers meist innerhalb von vierundzwanzig Stunden. In der jüdisch-orthodoxen Tradition praktiziert man eine Woche lang das Schiwa-Sitzen und betrauert den Verlust mit Wehklagen und Gebeten, respektiert aber dennoch das Hinscheiden des anderen und wünscht diesem Wesen Gutes, welches Neuland es auch immer betreten mag. In Indien wird der Leichnam von der Familie in einer Sänfte zum Einäscherungsplatz getragen. Mit dem Chanten von *"Ram Nam Satya Hey"* (Gottes Name ist Wahrheit) trägt die Familie den Toten auf dem ersten Teil der Strecke so, daß sein Kopf noch auf das Zuhause weist, das er gerade verlassen hat. Auf halbem Wege zum Bestattungsplatz wird die Sänfte herumgedreht, so daß das Haupt nicht länger dem soeben verlassenen Leben zugewandt ist, sondern dem, was da kommen wird. Auf dem Einäscherungsplatz wird der Körper im Kreis der Familie auf einen großen Holzstapel gelegt, mit Blumen und Räucherwerk bedeckt und dem Feuer übergeben. Wenn der Verstorbene der Familienvater war, rührt der älteste Sohn, sobald der Körper auseinanderzufallen beginnt, mit einem großen Stock in den brennenden Knochen und stößt, wenn nötig, beherzt in den Schädel seines Vaters hinein, so daß dessen Geist voller Freude in die Sphären emporsteigen kann, die ihn erwarten mögen.

In Mexiko wird im November „*La dia de la Muerte*" gefeiert, der Tag der Toten. Die Kinder kaufen Papierskelette und befestigen Feuerwerkskörper daran, um sie auseinanderzusprengen, oder sie essen Bonbons in der Form von Totenschädeln, während die Eltern das Wesen der Schöpfung feiern, indem sie in den an jede kleine Stadt angrenzenden Friedhöfen Picknick machen.

Ich habe Menschen getroffen, die erst durch ihr Sterben völlig zum Leben erweckt wurden und auf etwas zu vertrauen begannen, von dem sie spürten, daß es fortbestehen und vom Tod des

Körpers nicht berührt werden würde. Und ich bin jenen begegnet, die sich nach einem furchtsamen Leben dem Moment des Todes mit einer neuen Offenheit näherten, die ihnen ein Gefühl der Vollendung schenkte, wie sie es vorher kaum gekannt hatten.

Ich traf Menschen zur Zeit ihres Todes, die sich in ihrem Schmerz und in ihrer Angst so verschlossen hatten, daß sie denen, die sie am meisten geliebt hatten, nicht einmal Lebewohl sagen konnten. Hier waren so viele Geschäfte unbereinigt geblieben, daß alle Anwesenden des Kontaktes beraubt waren, den sie sich ersehnten.

Ich bin auch jenen begegnet, die ausriefen „Oh Gott - nicht ich!", als sie die Todesprognose hörten, und die nach einigen Monaten tiefer Selbstbesinnung still ihre Augen schlossen und „Süßer Jesus" flüsterten, als sie starben.

Geboren werden

Wenn wir an unseren Tod denken, sehen wir uns von lieben Freunden umgeben in einem Zimmer liegen, das von heiterem Frieden erfüllt ist, weil nichts mehr gesagt werden muß, weil alle Geschäfte erledigt sind. Unsere Augen strahlen vor Liebe, und während ein letztes Flüstern unergründlicher Weisheit (vielleicht zum Thema der Vergänglichkeit des Lebens) unsere Lippen bewegt, lassen wir uns ins Kissen zurücksinken. In einem ausgedehnten „Ahhh..." entfährt uns der letze Atemzug, und wir erheben uns sanft in das Licht.

Aber was geschieht, wenn sich just in dem Moment, in dem du „Ahhh..." machen willst, deine Lebensgefährtin zu dir herunterbeugt und dir gesteht, eine Affäre mit deinem besten Freund gehabt zu haben? Oder wenn dein Kind wütend ins Zimmer platzt und sagt: „Du bist schon immer ein Hohlkopf gewesen, hör' doch endlich auf, uns was vorzumachen!" Würde dein Herz nicht zuschlagen wie eine steinerne Tür, würde sich dein Geist nicht vor Verwirrung und Selbstzweifeln überschlagen, würdest du nicht versuchen, dich um jeden Preis zu rechtfertigen, würdest du dich nicht in schmerzlicher Zustimmung in dir selbst verkriechen?

Wie können wir in Ganzheit sterben, wenn wir unser ganzes Leben in solcher Zersplitterung gelebt haben? Wie können wir, wenn wir sterben, unser Herz ganz weit für das Mysterium der Schöpfung öffnen, wenn sich unser Leben in der schönen Vorstellung erschöpfte, die der Geist von sich selbst hat? Wo werden wir Zuflucht finden? Woher wird das Vertrauen in die Vollkommenheit des Augenblicks kommen, wenn wir so oft vor dem, was wir fürchteten, zurückgewichen sind?

Es ist schwierig, sich ein bewußtes Sterben vorzustellen, wenn uns klar wird, wie unvollständig wir uns fühlen und wie sehr uns das Leben eingeschüchtert hat. Es ist fast so, als wären wir nie ganz geboren worden, denn so vieles in uns haben wir verdrängt und unter die Oberfläche gedrückt, so vieles in uns haben wir hinausgeschoben. So oft haben wir „wegen ungünstiger Witterung" aufgehört zu fragen, wer wir sind - weil es zu schmerzhaft war, tiefer in uns selbst einzudringen.

Wir sprechen davon, in Ganzheit zu sterben, und zugleich wird uns klar, daß es Aspekte in uns gibt, die niemals völlig ans Licht gekommen sind. Wir erkennen, wie in uns vieles unterdrückt worden ist und sich noch nicht geboren fühlt, wie sehr wir dem Leben ausweichen. Es ist, als hätten wir noch nie so ganz den Grund des Daseins berührt, als hätten wir mit den Füßen noch nie richtig in der Gegenwart gestanden. Immer zögern wir, tasten uns vorsichtig weiter und warten auf den nächsten Moment.

Wenn wir unsere Angst vor dem Tod erforschen, erkennen wir in ihr eine Angst vor dem nächsten Augenblick, über den wir keine Kontrolle haben. Eine Angst vor der Unbeständigkeit selbst, vor dem nächsten unbekannten, sich wandelnden Augenblick des Lebens.

Um ganz geboren zu werden, um unsere Ganzheit entfalten zu können, müssen wir aufhören, das Leben hinauszuschieben. In dem Maß, in dem wir das Leben vor uns herschieben, verdrängen wir auch den Tod. Wir leugnen Tod und Leben in einem Atemzug.

Es gibt so vieles in uns, von dem wir nichts wissen wollen. So viel Angst und Zorn, so viel Schuldbewußtsein, Selbstmitleid und Verwirrung, so viele Selbstzweifel und schwache Ausreden liegen in uns verborgen. Angesichts der bizarren Beharrlichkeit des Konflikts verschiedener Wertsysteme in unserem Geist kann es eigentlich nicht verwundern, daß wir uns so unvollständig fühlen. Eben noch sagte der Geist: „Nimm dir ein großes Stück!" - und im nächsten Moment sagt er: „Das hätte ich nicht gemacht, wenn ich Du wäre." Kein Wunder, daß wir so verdreht, so zerspalten sind, und uns vor demjenigen zu schützen suchen, der zu sein wir uns fürchten. Wir wagen es nicht, unseren Geist mit irgendjemandem zu teilen, und seien wir es selbst. Wir erschrecken vor dem, der wir vielleicht sein könnten, erschrecken davor, nicht geliebt zu werden oder aufgrund der Irrwege unserer Gedanken nicht liebenswert zu sein.

Solche Geisteszustände kommen und gehen unaufhörlich und ungefragt, und von manchen wünschen wir uns, sie würden nie wiederkehren. Sie tun es aber, und so sehen wir uns wieder um Kontrolle ringen, um unsere Angst zu unterdrücken, und fühlen die Übelkeit in uns aufsteigen, die unsere enorme Unsicherheit und Abscheu vor uns selbst erzeugt.

Diese beharrliche Ausschaltung der Bewußtwerdung unerwünschter Geisteszustände gibt uns ständig das Gefühl der Bedrohung. Gleichzeitig schauen wir bedauernd drein und sagen: „Das kann ich doch gar nicht sein, diese Angst ist nicht das, was ich eigentlich bin. Ich bin nicht dieser Zorn. Dieser Selbsthaß und diese Schuldgefühle können mit mir nichts zu tun haben." Aber dies alles ist vorhanden. Und du fragst dich, wer du wirklich bist. Wie kannst du offen sein für das, was du leugnest und wovon du glaubst, daß es irgendwie nicht existiert, obwohl es doch vorhanden ist?

Wir wünschen, wir wären anders als wir sind, und darin besteht unsere Hölle, unser Widerstand gegen das Leben.

Haben wir das Ende unseres Lebens erreicht, blicken wir zurück auf unsere Teilhabe und fragen uns, wie wir vollständig sterben können, wenn wir unser Leben in einer solchen Gespaltenheit gelebt haben. Wir fragen uns, wer es jenseits all unserer Selbstprojektionen eigentlich ist, der stirbt.

Es ist fast so, als bestünden wir nur noch aus dem zerbrochenen Abbild unseres ursprünglichen Wesens. Unser Erleben der Welt gleicht dem Blick in einen Spiegel, der von einem großen Stein zertrümmert wurde, in hundert Scherben zersprungen ist und uns die einheitliche Realität als zersplittertes Spiegelbild präsentiert, das wir für wirklich halten. Wenn wir diese zerbrochene Realität betrachten, stellen wir bestürzt fest, daß bestimmte Teile des Spiegelbildes nicht das zeigen, was wir eigentlich sehen oder in den Augen der anderen darstellen wollen. „Ich will nicht, daß jemand etwas von meiner Begierde merkt. So etwas dürfte ich eigentlich gar nicht kennen. So etwas vermutet man bei mir nicht.

Niemand ist so verrückt wie ich." Also nehmen wir eine Scherbe weg. „Ach, ich bin doch arm dran. Wenn die anderen nur wüßten, was für ein Leben ich hatte! Naja, sie wissen es nicht." Und wieder wird ein Element entfernt. Du bemerkst deine Gier, deine Eigennützigkeit, die sexuellen Phantasien, das Konkurrenzstreben und die Verwirrung deines Geistes. Und du fängst an, diese Elemente herauszupflücken. Denn es sind inakzeptable Wesenszüge der Person, für die man dich deiner Meinung nach hält.

Ich selbst glaube, es ist zweckmäßiger und eigentlich auch zutreffender, wenn wir nicht „*mein* Geist" sagen, sondern „*der* Geist".

Denn wenn du ihn als „meinen Geist" bezeichnest, fängst du an, so viele Elemente zu entfernen, daß dieser zerbrochene Spiegel, wenn du in ihn hineinblickst, nur sehr wenig von dem widerspiegelt, was wirklich existiert. Er zeigt nur jene Eigenschaften, die du als den projizieren möchtest, der du bist. Er eliminiert alles übrige und verschweigt deine Ganzheit. Wir glauben, daß wir etwas zu verbergen hätten. Doch dieser Selbstschutz ist unser Gefängnis. Stelle dir vor, du müßtest in den nächsten vierundzwanzig Stunden eine Kappe tragen, die all deine Gedanken verstärkt, so daß jeder im Umkreis von hundert Metern alles hört, was dir durch den Kopf geht. Stelle dir vor, dein Geist wäre ein Rundfunksender, so daß jeder „deine" Gedanken und Phantasien, „deine" Träume und Ängste mithören könnte. Wärst du nicht ängstlich und verlegen, wenn du deine Wohnung verläßt? Würdest du es der Angst vor deinem eigenen Geist noch erlauben, dich von den Herzen der anderen zu isolieren? Sicherlich würde kaum jemand an solch einem Experiment teilnehmen wollen - aber stelle dir einmal vor, wie befreiend es eigentlich wäre, nichts mehr verbergen zu müssen. Und welches Wunder es wäre, wenn du feststellen würdest, daß auch die anderen diese Verwirrungen und Phantasien, diese Unsicherheiten und Zweifel in ihrem Geist umhertragen! Wie lange würde der urteilende Geist wohl brauchen, um seine Verklammerung zu lösen, um die Illusion der Besonderheit zu durchschauen, um ein wenig amüsiert die Verrücktheit des Geistes aller Menschen zu erkennen, die Verrücktheit des Geistes selbst?

Wir brauchen nichts zu leugnen, um heil und ganz zu sein.

Wir meinen, wir hätten etwas zu verlieren, und die Bestärkung dieses Gefühls, daß es etwas zu beschützen gäbe, schneidet uns vom Leben ab und hinterläßt in uns eine zerbrochene Realität, durch die wir unsere Natürlichkeit ausdrücken wollen. Doch das Leben gerät in Verwirrung, wenn wir die Wahrheit ausklammern. Und wir fragen uns, wie wir, unabhängig davon, was in unserem Geist in Erscheinung tritt, unser ganzes Wesen in unser Leben und in unseren Tod einbeziehen können. Denn wir müssen erkennen, daß sich unser Herz, wenn wir bestimmte Eigenschaften in uns selbst nicht wahrhaben wollen, immer dann verschließt, wenn diese Eigenschaften erscheinen.

Wir fragen uns: Wie kann ich die Offenheit meines Herzens bewahren, wenn ich unangenehme Dinge erlebe, wenn ich meinen Egoismus, meine Angst, meine Schuldgefühle und meine Zweifel so deutlich erkenne? Kann ich mich dem Augenblick auch dann noch öffnen, wenn mein Geist fast nur von Verwirrung beherrscht wird? Oder muß ich in irgendeine Richtung ausweichen? Wir haben wenig Erbarmen mit uns selbst. Wir verbarrikadieren das Herz und fühlen uns allein in einer feindlichen Welt. Nur selten verzichten wir auf ein Urteil und räumen uns selbst einen Platz in unserem Herzen ein. Mangelt es uns so sehr an Mitgefühl für dieses Wesen, dessen Leid wir in unserem Herzen spüren? Müßte uns, wenn wir uns ohne Selbstmitleid völlig zu unserem Schmerz bekennen, nicht eine teilnahmsvolle Sorge um unser eigenes Wohlergehen erfassen? Der Zwang zum Rückzug, zur Maskierung, macht aus sich selbst heraus das Leben zur Hölle. Er erzeugt Widerstand. Und wir verbringen einen großen Teil unseres Lebens in dieser Hölle.

Zorn erfüllt den Geist, und wir geraten in Verwirrung. „Als spiritueller Mensch dürfte ich eigentlich nicht zornig werden. Ich glaube, so spirituell bin ich gar nicht. Ich darf diesen Zorn nicht zeigen." Aber die Wahrheit dieses Augenblicks ist der Zorn, und wenn wir ihn verdrängen, wenn wir so tun, als wäre er nicht vorhanden, dann haben wir wieder ein Stück Freiheit eingebüßt, eine Widerspiegelung unserer eigenen Wirklichkeit und Nicht-Wirklichkeit. Denn wir kennen das Wesen des Zornes nicht, obwohl wir ihn vielleicht tausendmal erfahren haben. Ebensowenig kennen wir das Wesen der Angst oder des Zweifels - denn wenn diese mentalen Zustände in Erscheinung treten, nutzen wir sie nicht als Möglichkeit zur Erforschung, sondern empfinden sie als eine Notlage, als eine Bedrohung für unser Selbstbild. Wenn wir die Straße entlanggehen und einer Bedrohung gewahr werden, geschieht es sehr selten, daß wir direkt auf sie zugehen. Statt dessen versuchen wir zur einen oder anderen Seite auszuweichen, dem nächsten Augenblick zu entkommen, zu entfliehen. Wir wollen flüchten in die Sicherheit einer künstlichen Realität, eines zerbrochenen Wesens, in dem wir uns irgendwie geborgen fühlen. Wir versuchen ständig, vor der Wahrheit zu fliehen. Wir fürchten uns vor dem weiten Raum des Erforschens, fürchten uns davor, daß die Wahrheit des Augenblicks uns verletzen könnte, und wagen es nicht, uns den Tatsachen zu öffnen. Wir wollen die Welt gefangenhalten, die Realität kontrollieren und ein Abbild unser selbst aus ihr machen.

Es ist dieses Streben nach Kontrolle, worin ein großer Teil unseres Leidens wurzelt. Es ist das Bemühen, die Freuden der Vergangenheit zurückzurufen und die Zukunft vor den Schmerzen unerfüllter Sehnsüchte zu verbarrikadieren. Aber die Ereignisse entziehen sich auf eine sehr direkte Weise unserer Kontrolle. Jetzt nehmen sie diesen Verlauf und im nächsten Moment einen anderen. Und manchmal besteht die Wahrheit darin, daß sich Zorn, Angst oder Gier im Geist erheben, daß Lust oder Unwissenheit ihn erfüllt. All das ist in Ordnung, denn auch diese Zustände stellen Gelegenheiten dar, um tiefere Einsichten zu gewinnen, um über eine Gleichsetzung dieser Zustände mit unserem gesamten Sein hinauszuwachsen.

Aber wenn es nicht in Ordnung ist, daß diese Zustände erscheinen, dann ziehst du dich aus der Gegenwart zurück, schauspielerst dein Leben statt dich ihm zu öffnen - mit jeder Person, die du triffst, im Leugnen der Wahrheit verschworen. Ihr tut so, als hättet ihr beide festen Halt unter den Füßen, und keiner will die Haltlosigkeit des anderen wahrhaben. Es ist das soziale Spiel. Denn einzugestehen, daß ihr beide die Wahrheit eures Wesens versteckt, wäre unhöflich - wie es gleichermaßen unhöflich wäre, verärgert oder entsetzt zu sein. Wir fürchten uns davor, daß die anderen uns nicht mehr lieben würden, wenn wir aufrichtig wären und wenn sie wüßten, was in unserem Geist vorgeht.

Der Zorn ist ein gutes Beispiel dafür, wie wir unsere Erfahrungen vor uns selbst verstecken. Für viele Menschen stellt er einerseits ein äußerst inakzeptables Phänomen und andererseits eine sehr impulsive Verhaltensweise dar. Doch wenn uns der Zorn zur Erforschung anregt, wird er eher zu einer Meditation über das Leben als zu einer Ablenkung von ihm - dann wird das Flucht-Syndrom, der Widerstand gegen das Leben erkennbar, und wir hören auf, uns zu verstecken. Wir beginnen uns ins Licht zu erheben.

Der Geist vergleicht sich selbst mit Vorstellungen von Buddha oder Jesus, mit Heiligen und selbstlosen Wesen, von denen wir gelesen haben. Und er stellt fest, daß er diesem Vergleich nicht standhält. Der Geist verdammt sich selbst dafür, das zu sein, was er ist, und gleichzeitig weicht er davor zurück, sich fallen zu lassen in die grenzenlose Freiheit, die ihn von seiner Knechtschaft entbinden würde. Wie das übel zugerichtete Kind, das man behutsam von seiner grausamen Mutter fortträgt, schreit der Geist schmerzerfüllt nach dem, was er zurückläßt, voller Furcht davor, was ihn erwartet. Für den Geist ist selbst die Hölle angenehmer und attraktiver als das Unbekannte.

Wir legen uns den Geistesinhalt, den Zorn und die Zweifel, die Angst und den Unwillen schwer zur Last. Und es ist eben dieser Akt der Bewertung, der das Urteilsstreben des Geistes aufrechterhält und uns das Gefühl vermittelt, von uns selbst und allen anderen isoliert zu sein. Er taxiert uns ständig nach unserem Benehmen und nach unserem Beteiligtsein und tritt selten lange genug in den Hintergrund, als daß wir mit unserer Erfahrung verschmelzen, als daß wir uns mit dem Leben vereinen könnten.

Ich bin einigen sehr klarsichtigen Wesen begegnet, doch ich glaube, ich habe niemanden getroffen, der völlig frei von Zorn gewesen wäre. Keinen Zorn zu kennen bedeutet, daß wir keine Verlangen haben, keine Modelle davon, wie die Dinge sein sollten oder sein müßten. Ohne Verlangen gibt es keine Frustration. Ohne Frustration gibt es keinen Zorn. (Doch auch dies ist nur ein Modell, das, wenn wir an ihm festhalten, zu Frustration und Verwirrung führen kann.) Wenn der Geist an nichts, aber auch an gar nichts haftet, dann gibt es auch keinen Zorn. Unser Zorn gleicht einer Art automatischer Zündung, die einsetzt, wenn unsere Vorstellung von den Dingen durch die Realität eingeengt wird.

Unsere Modelle, unsere Vorstellungen davon, wer wir sind und wie die Welt vermeintlich ist, erschaffen einen Käfig. Jedes Konzept wird zu einem Gitter, das die Erkenntnis der Wahrheit blockiert. Jede Vorstellung , die wir von den Dingen haben, begrenzt unsere Fähigkeit, sie so zu erfahren, wie sie wirklich sind. Wir können nicht über unsere Vorstellung von der Welt hinausgelangen, um so tatsächlich mit der Welt in Berührung zu kommen. Wenn wir uns über unsere Modelle und Vorstellungen hinausbewegen, sehen wir uns bedroht und abwehrbereit. In der Konfrontation mit einer Realität, die sich unserem Selbstbild widersetzt, schafft unsere Sicherheit Verwirrung und Bestürzung. Wir wissen nicht, wer wir sind, weil das, wofür wir uns halten, nur in unseren Vorstellungen und alten Modellen besteht. Die Welt konfrontiert uns ständig mit der Wahrheit. Wir ziehen uns ständig zurück. Unsere Erfahrung ist Schmerz.

Einer Realität gegenüber, die das Bild, das wir uns von den Dingen gemacht haben, nicht bestätigt, geraten wir in Panik. Wir wollen uns verstecken. Ich bin oft mit Menschen zusammen, die im Sterben liegen und sich trotzdem noch zu verstecken suchen. Ich vermute, daß viele Menschen sterben, ohne ihr Versteck zu verlassen. Sie gehen mit dem Tod und mit dem Leben immer noch so um, als spiele es sich außerhalb von ihnen ab. Sie gehen mit ihrem Zorn, ihrer Angst und ihren zwischenmenschlichen Problemen in einer Weise um, als würde dies alles von außen kommen, als wären sie Opfer ihrer Gefühle und Gedanken und nicht einfach der Raum, in dem sich dieses ganze Geschehen entfaltet. Wir ziehen es vor, die Wirklichkeit gegen die Sicherheit unseres Käfigs einzutauschen. Ganz gleich, wie klein er ist. Ganz gleich, wieviel Schmerzen uns dieser Rückzug aus dem Leben bereitet.

Man kann unsere Angst vor dem Tod unmittelbar mit unserer Angst vor dem Leben gleichsetzen. Wenn wir ans Sterben denken, denken wir, daß wir etwas verlieren, welches wir „Ich" nennen. Wir möchten dieses Etwas um jeden Preis bewahren, obwohl wir nicht einmal genau wissen, ob sich dieses „Ich" noch auf etwas anderes als nur eine Vorstellung bezieht, die sich offenbar ständig ändert. Wir befürchten, wir würden im Tod unser „Ich" oder unsere „Ich-Heit" verlieren. Und wir stellen fest, daß das Gefühl einer Absonderung vom Leben und einer Angst vor dem Tod umso ausgeprägter ist, je stärker diese Vorstellung von einem „Ich" entwickelt ist. Je mehr wir diese Vorstellung zu bewahren versuchen, desto weniger erfahren wir, was jenseits von ihr liegt. Je mehr wir investiert haben, um etwas zu bewahren, das „mir" gehört, desto mehr haben wir zu verlieren und desto weniger öffnen wir uns der tieferen Wahrnehmung dessen, was stirbt, dessen, was wirklich existiert. Je mehr wir das Leben verstecken oder maskieren oder hinausschieben, desto mehr fürchten wir den Tod.

Indem wir dieses kostbare „Ich" schützen, schieben wir das Leben beiseite, um uns anschließend über seine Sinnlosigkeit zu wundern.

Solange wir noch etwas zu verbergen haben, können wir nicht frei sein. Solange wir die Inhalte des Geistes als Feind betrachten, sind wir eingeschüchtert und glauben, es gäbe etwas Besonderes in uns, das nicht in Ordnung ist. Wir erkennen nicht, daß der Geist lediglich das Resultat früherer Konditionierung und nichts Besonderes ist. Daß all diese von uns so sehr gefürchteten Geisteszustände eigentlich wieder in unseren Acker eingepflügt werden und zu einem Dünger für weiteres Wachstum umgewandelt werden können. Doch um diese Stoffe kompostieren und in fruchtbaren Dünger für unser Wachstum verwandeln zu können, müssen wir beginnen, uns selbst in unserem Herzen Raum zu geben. Wir müssen beginnen, das Mitempfinden zu entwickeln, das dem Augenblick seine freie Entfaltung im klaren Licht des Gewahrseins und ohne den geringsten Aufschub der Wahrheit gestattet.

Eigentlich sind wir auf uns selbst oft wie auf ein Puzzle bezogen, aus dem viele Teile entfernt worden sind. Wir starren auf das völlig entstellte und verwirrende Bild, das wir konstruiert haben, und wir sind irritiert.

Wir betrachten unser Puzzle, sehen nur die Einzelteile, nur die zerteilte und bruchstückhafte Oberfläche des Geistes und fragen uns: „Wer bin ich eigentlich wirklich?" Indem wir uns so auf unsere Zerbrochenheit einstellen und uns mit ihr identifizieren, bekommen wir Angst vor uns selbst. Aber wenn wir es uns gestatten, tiefer zu dringen, daran arbeiten, diese Dinge anzuerkennen und uns von unserer Voreingenommenheit und unserem Versteckspiel zu lösen, dann verschleiern die Bruchstücke nicht mehr das gesamte Bild. Es ist, als würden wir unter die Oberfläche eines sturmgepeitschten Sees tauchen und in eine Stille gelangen, die von den Bewegungen der Oberfläche nicht berührt wird. Wir dringen allmählich durch das Chaos der Oberfläche und stellen fest, daß das ganze kalte Büfett mit seinen Schuld-, Zorn- und Angstgefühlen, das der Geist dort abgestellt hat, nichts ist, vor dem wir uns fürchten müssen. Wir glauben, daß diese verdrängten Dinge unsere eigentliche Identität ausmachen. Doch indem wir beginnen, diese Eigenschaften anzuerkennen, sie uns bewußt zu machen und uns ihnen mit ein wenig Anteilnahme an der menschlichen Verfassung, in der wir uns sehen, zu öffnen, können wir tiefer eintauchen in das, was sich unter dieser scheinbar stabilen Realität verbirgt. Solange wir bestimmte Aspekte in uns selbst nicht wahrhaben wollen, können wir nicht durch die Oberfläche dringen. „Selbsterkenntnis - das sind schlechte Nachrichten", sagte ein Freund. Und ein tibetischer Lehrer sagte vom Eindringen in diese Schicht verdrängten Materials: „Es ist wirklich eine Beleidigung nach der anderen." Die meisten Menschen haben Angst davor, sich mit all dem Stoff zu konfrontieren, den sie unterdrückt haben, weil sie immer noch glauben, daß er identisch mit dem sei, was sie sind. All diese verbotenen Geisteszustände, die wir unter die Oberfläche des Gewahrseins geschoben haben, um unser Selbstbild zu schützen, erschrecken uns.

Und doch erkennen wir, daß wir nichts verdrängen müssen. Wenn wir etwas verdrängen, von dem wir glauben, daß es inakzeptabel sei, schieben wir es unter die Schwelle des Bewußtseins. Und mit diesem Akt der Verdrängung versklaven wir uns selbst. Wir haben das Leben wieder einmal hinausgeschoben. Nichts kann aus diesem Gefängnis der Dunkelheit freikommen, solange es nicht ins Licht des Gewahrseins gebracht wird. Die Verdrängung schiebt die Dinge aus dem Gewahrsein hinaus, und ein Zugriff auf sie ist nicht mehr möglich. Die uns motivierenden Neigungen sind zwar noch immer vorhanden, aber wir haben keinen Zugang mehr zu ihnen. Also müssen wir ein Gefühl nach dem anderen anerkennen und es ohne Bewertung oder Furcht in in klarer Bewußtheit lassen, wo es als das betrachtet werden kann, was es ist: ein zeitweiliger, überraschend unpersönlicher Zustand des Geistes, der uns durchfließt. Daß wir in einer unlösbaren Situation gefangen seien, daß das Leben eine Strafe sei anstelle eines Geschenks, haben wir uns nur eingebildet.

Immer dann, wenn wir uns als „Ich" mit dem Zorn oder mit Zweifeln oder Schuldgefühlen identifizieren, verdrängen wir diesen Geisteszustand und können nicht tiefer eindringen. Immer, wenn du irgendetwas „Ich" nennst, ist dies der Punkt, an dem du stehenbleibst. Es ist der Punkt auf der Tiefenskala, den du erreichst. Es ist der Punkt, an dem du den Fahrstuhl verläßt. Aber wenn du dem Zorn gegenüber offen bleibst und den Zorn zuläßt, dringst du tiefer ein. Du beginnst den Raum zu erfahren, in dem diese Dinge entstehen und wieder vergehen. Du beginnst den Raum zu erfahren, in dem der Zorn dahinfließt. Dieser Moment ist kein Moment des Zorns, sondern ein Moment klarer Bewußtheit. Und dann hörst du auf, dich selbst mit dem Zorn zu identifizieren. Du beobachtest ihn, verlierst dich aber nicht in ihm.

Wir hören allmählich damit auf, diese verschiedenen Qualitäten des Geistes für das Ich" zu halten und fangen an, uns dem Raum, der Ganzheit zu öffnen, in der sich die Ereignisse vollziehen: Es ist ein wertfreier, überaus teilnahmsvoller Raum, zu dem uns das Herz Zugang gewährt, und der die Objekte des Geistes weder umklammert noch verdammt. Dieser Raum ist die Essenz des Geistes selbst. Er nennt sich nicht „Susanne" oder „Frank" oder „Ondrea" oder „Ich". Er *ist* einfach. Es ist der Raum der Ist-Heit selbst. Er ist der Ursprung dessen, worauf wir uns beziehen, wenn wir sagen: „Ich bin." Er ist das Gewahrsein, das wir irrtümlich „Ich" nennen.

Wir haben uns so sehr daran gewöhnt, nach außen zu schauen, daß wir vergessen haben zu fragen, wer es eigentlich ist, der schaut.

Wir haben so selten teil an unserer natürlichen Weiträumigkeit, daß wir zu der Meinung gelangt sind, wir selbst seien all das, was aus dem Geist hervorgeht. Wenn unsere Verwirrung den Geist erfüllt, schrumpfen wir zu einem unvollständigen Puzzle von Dingen zusammen. Wir verlieren unsere natürliche Weiträumigkeit. Wenn wir ans Sterben denken, glauben wir, den zu verlieren, der wir sind. Wir denken, wir könnten nicht mehr dieses oder jenes sein, für das wir uns halten. Doch wenn wir sehr aufmerksam sind,

bemerken wir, daß wir immer dann, wenn wir sagen „ich bin dies"
oder „ich bin das", in gewissem Maß das Gefühl haben, zu lügen.
Daß immer dann, wenn sich das „Ich bin" des reinen Seins an
diesem oder jenem in der Welt verhaftet, ein Gefühl von
Unwahrheit, von Unvollständigkeit vorhanden ist, ein Gefühl der
Verschleierung der vollen Wirklichkeit. Wenn wir sagen „ich bin
glücklich" oder „ich bin traurig", „ich bin klug" oder „ich bin
schön", dann erkennen wir, daß all die Dinge, die wir mit diesem
„ich bin" verbinden, in ständiger Veränderung begriffen sind - daß
wir in diesem Moment glücklich sind und im nächsten stolz, daß
wir im folgenden Moment diesen Stolz bewerten und im nächsten
verlegen sind - daß wir uns dann wieder erinnern und auf das „ich
bin" besinnen und von vorn beginnen, um uns anschließend
schon wieder in „diesem" oder „jenem" zu verlieren, mit dem wir
das „Ich bin" des reinen Seins so oft verbinden. „Ich bin dies" oder
„ich bin das" fühlt sich irgendwie unwahr an. Denn es gibt in
diesem Universum des Wandels keine Bezeichnung, die über
längere Zeit hinweg auf mich zutreffen würde, und nichts, von dem
ich sagen kann, daß ich es bin, umfaßt die ganze Wahrheit.
Eigentlich haben wir die meiste Zeit das Gefühl, wir würden
vorgeben, jemand anders zu sein - einfach indem wir so tun, als
würden wir überhaupt etwas darstellen. Aber wenn wir einfach
sagen „ich bin", werden wir gewahr, daß da nur Raum, nur Sein ist
- daß dieses „Ich" sich nicht auf etwas Isoliertes, auf etwas außerhalb von uns selbst oder auch nur auf den Körper oder auf den
Geist bezieht. Da ist einfach ein Gefühl von Gegenwart, von Sein.
Wenn du sagst „ich bin", und wenn ich sage „ich bin", dann
beziehen wir uns auf dasselbe Sein. Wir beziehen uns auf das Sein
selbst. Aller Menschen „Ich" ist dasselbe „Ich". Es erfährt nur dann
eine Isolation und beschwört Religionskriege herauf, wenn wir ein
„Dies" oder „Das" damit verbinden. Wenn du sagst „ich bin dies",
dann geht die Universalität des Seins verloren. Wenn du sagst „ich
bin diese Freude oder diese Angst oder dieser Geist oder dieser
Körper", wird die Wahrheit zerschmettert wie der Spiegel, den der
Stein zerschlägt. Das Eine ist in das Viele zerbrochen.

Wir versuchen ständig, jemand oder etwas zu werden. „Ich
bin dies" drückt die Vorstellung aus, daß ich nicht „das" bin. Wie
aber wirst du, wenn Neid oder Angst oder Schuldgefühle den Geist

erfüllen, diese Wesenszüge mit deinem Selbstbild vereinbaren? Kannst du dich von jenem eingebildeten Selbst lange genug lösen, um dich den Inhalten des Augenblicks öffnen zu können, ganz gleich, welche es sind? Kannst du dich dem öffnen und über das hinausgelangen, was Zorba der Grieche „die ganze Katastrophe" nennt? Denn es kann ja nur dann eine Katastrophe geben, wenn es etwas zu vermeiden gilt. Wirst du, wenn Eifersucht oder Neid in dir aufkommen, dein Herz offenhalten, diese Verhärtung im Geist genauer erforschen und erkennen, welche Isolation diese bedrükkenden Emotionen erzeugen können und wie rasch diese Zustände die Vorstellung eines „Ich" herbeiführen? Wir überschreiten die Emotionen sehr selten, weil wir glauben, wir müßten sie entweder ausdrücken oder unterdrücken, und weil wir nie begreifen, daß wir der weite Raum des Seins selbst sind.

Warum kannst du, wenn du die zwanghafte Reaktion des Geistes auf seine Inhalte erkennst, kein Mitgefühl mit diesem Wesen empfinden, das zeitweise in solchem Schmerz gefangen ist? Betrügen wir uns nicht selbst, wenn wir uns selbst fast alles Mitgefühl verwehren? Wir behandeln uns selbst so, wie wir eine andere Person nie behandeln würden. Irgendwie glauben wir, es sei in Ordnung, wenn wir so mit uns umgehen; denn wir haben das Gefühl dafür, wer wir sind, verloren. Wir haben vergessen, daß auch wir die Wahrheit sind.

Diese Vergeßlichkeit verursacht großen Schmerz. Und dieser ist es, auf den wir uns meist beziehen, wenn wir von unseren Sorgen sprechen. Er resultiert aus dem Verlust der Verbindung mit unserem ursprünglichen Wesen. Wir haben so vieles verdrängt, haben so viele unserer Eigenschaften als inakzeptabel und beängstigend eingestuft, daß wir sie, sobald sie in Erscheinung treten, unterdrücken und die enstehende wirre Masse nur allzu leicht für unsere „verborgene Identität" halten. Diese Empfindungen stehen in so starkem Widerspruch zu unseren Modellen, daß sie unserem Käfig nur noch weitere Gitterstäbe hinzufügen. Jede einzelne Verdrängung macht den Käfig enger.

Wir fördern die Unwissenheit, indem wir uns bemühen, jede Berührung des Gewahrseins mit den tieferen Schichten unserer „Industriemüll-Deponie" zu unterbinden.

Daß dort unser „wahres Wesen" liegen könnte, macht uns

Angst, denn wir verstehen nicht, auf welche Weise Zorn oder Angst oder Eifersucht uns zur lebendigen Wahrheit führen können. Du erfährst es nicht aus dem, was ich dir sage oder was Krishnamurti oder Buddha oder Jesus dir sagt. Du mußt dich selbst entdecken. Denn du bist die Wahrheit. Und niemand anders als du selbst kann dich zu ihr führen. Buddha, Jesus, Krishna und Rand McNally hinterließen ihre Straßenkarten. Aber die Reise auf der Straße mußt du selbst antreten. So wie die Freundin, welche einen Zen-Meister bat, er möge ihr die Lehren erteilen, die ihr bei der Befreiung von den oberflächlichen Träumen der Isolation und der Angst helfen würden. Sie sagte: „Ich bin hergekommen, um Wissen über den Pfad zu erlangen." Nachdem der Zen-Meister einen Moment geschwiegen hatte, deutete er in liebevoller Strenge auf sie und sagte: „Du bist der Pfad!"

Wenn dir allmählich klar wird, daß du selbst der Pfad bist, daß das ganze Leben nichts anderes ist als eine Reflexion des Geistes, dann bietet sich dir mit jeder neuen Erfahrung die Gelegenheit, dich aus dem Gefängnis zu befreien. An diesem Punkt beginnst du zu verstehen, daß das Leben die Möglichkeit zur Ganzheit bietet, zur Eröffnung der Wahrheit. Du beginnst zu forschen: „Was schließt mich von dieser essentiellen Weite des Daseins aus? Wer bin ich wirklich?"

Es gibt in Thailand einen Meditationsmeister namens Achaan Chaa, der in jungen Jahren Mönch geworden war, weil er einfach nur verstehen wollte, was dieser Körper bedeute und wer er selbst wirklich sei. Er wollte, wie er sagte, „nur so viel" verstehen, nur diesen einen Moment des sich entfaltenden Daseins. Nachdem er einige Jahre praktiziert hatte, kamen ihm Gerüchte zu Ohren, daß es im Norden Thailands einen Meditationsmeister gäbe, der in dem Ruf stünde, keinen Zorn zu kennen. Man mache sich klar, worauf das hinweist. Es weist auf einen Geist hin, der an nichts haftet. Auf einen Menschen, der sich so weit in Einklang mit seinem ursprünglichen Wesen gebracht hat, daß er kein Objekt des Geistes, auch nicht den Zorn, als das betrachtet, was er selbst wirklich ist. Er identifiziert sich nicht mit irgendetwas, das getrennt von der Wahrheit in Erscheinung tritt.

Als er von diesem großen Lehrer hörte, verließ er das Kloster, in dem er praktiziert hatte und machte sich auf den Weg, um diesen

Lehrer zu fragen, ob er sein Schüler werden dürfe. Etwa anderthalb Jahre verbrachte er bei dem Lehrer, und dieser Mann schien sich niemals zu ärgern. Sehr beeindruckend! Als er dann eines Tages in der abgewinkelten Küche stand, in der die beiden arbeiteten, sah er, ohne daß ihn der Lehrer sehen konnte, wie ein Hund in den Raum kam und auf den Küchentisch sprang, um sich dort einen Leckerbissen zu schnappen. Der Meditationsmeister blickte sich nach beiden Seiten um und stieß den Hund vom Tisch. Da war sie, die Lehre für Achaan Chaa! Welche Qual, welche unbeschreibliche Erbarmungslosigkeit muß damit verbunden sein, aus welchen Gründen auch immer vorzutäuschen, daß das, was im Geist existiert, gar nicht vorhanden ist! Und doch nehmen wir eben diese Exekution an uns selbst vor, wenn wir vortäuschen, etwas zu sein, das wir nicht sind - nur teilweise geboren, nur teilweise lebendig, erstaunt darüber, wie schwer das Leben ist.

Wenn wir eine Ganzheit sein wollen, das Leben völlig leben und völlig sterben wollen, dann dürfen wir nichts leugnen. Es heißt, daß die Indianer eine Tradition hatten, die sie „Verschlinger der Unreinheiten" nannten: An einem hochheiligen Tag, der Sonnenwende entsprechend, setzte sich der Schamane, der weise Mann des Stammes, mit jedem einzelnen Mitglied des Stammes zusammen und empfahl ihm etwa folgendes: „Laß einen Gedanken oder ein Gefühl in deinen Geist treten, von dem du möchtest, daß niemand sonst davon weiß - irgendeine Vorstellung oder Phantasie, irgendetwas, das du für abwegig oder verabscheuenswert hältst und wovon du glaubst, daß du es unterdrücken und verbergen mußt." Oft war jene Person so erschrocken, daß sie kaum fähig war, einen solchen Gedanken in sich zuzulassen, aus Angst, daß er ihr heimlich entschlüpfen und gehört werden könne - daß jemand das schreckliche Innenleben ihres Geistes belauschen könne. Aber der Schamane ermutigte die Person dazu, sich einzugestehen, wie schrecklich es für sie war, sich selbst zu entblößen, verwundbar zu sein, auf die Ganzheit zuzugehen. Und nach einer Weile sagte er: „Sage mir diesen Gedanken jetzt." Und der Gedanke oder die Vorstellung wurde ausgesprochen und zwischen ihnen geteilt. Und das Dunkel, in dem er zurückgehalten worden war, wurde vom Licht des Vertrauens und Mitgefühls dieses Augenblicks erhellt. Und jeder erkannte von neuem, wie wenig es zu schützen galt und wieviel Raum das Herz für all die Schlängelpfade des Geistes hat. Ein Lehrer drückte es so aus: „Der Geist erschafft den Abgrund, das Herz überquert ihn."

Doch wenn sich Geist und Herz verschlossen haben, kann es hilfreich sein, sich ganz ruhig hinzusetzen und der folgenden Übung zu widmen.

LASS DEN GEIST IM HERZEN SCHWEBEN

(Dies ist eine geleitete Meditation. Man kann sie einem Partner ganz langsam vorlesen und auch allein mit ihr arbeiten.)

Mache dir irgendeinen inakzeptablen Gedanken bewußt. Einen Gedanken, von dem du möchtest, daß niemand von ihm weiß.

Laß ihn einfach existieren.

Begleite ihn aber mit Deinem Mitempfinden.

Fühle, wie sich der Geist um diesen Gedanken zusammenzieht, wie er ihn aus dem Dasein verdrängen möchte. Erkenne, wie der Geist vor sich selbst zurückschreckt. Fühle die Struktur der Angst. Erkenne den Spiegel, vor dem wir unser Leben führen.

Nimm jetzt diesen Gedanken und laß ihn, anstatt ihn mit Ablehnung und Anspannung zu umschließen, frei im Geiste schweben. Laß ihn einfach vorhanden sein.

Gestatte diesem Gedanken, als eine geistige Wahrnehmung erfahren zu werden.

Fühle seine Dichte, seine scharfen Kanten.

Laß es allmählich zu, daß dieser Gedanke in dein Herz hinabsinkt. Führe diese Wahrnehmung durch die Kehle hinunter und in deinen Körper hinein. Laß sie inmitten deiner Brust im Herzen zur Ruhe kommen. Laß den Gedanken dort einfach sich selbst denken. Überlasse ihn der Weite, in der alles Raum hat und nichts bewertet wird.

Mag es der Gedanke an Masturbation, Homosexualität, Gewalt, Angst oder Unehrlichkeit sein. Welcher Gedanke es auch sei, von dem du glaubst, daß ihn der Geist nicht akzeptieren könne - laß ihn sanft in die außergewöhnliche Offenheit des Herzens hineinsinken, wo er in Wärme und Geduld aufgenommen wird.

Die natürliche Weite des Herzens schließt nichts aus. Teilnahmsvoll erlebt sie jeden Gedanken einfach als eine weitere Bewegung im Geist, als ein weiteres Gefühl.

Erfahre dies jetzt, und schwebe in diesem sanften Mitgefühl dahin. Erkenne das Gefängnis, das die Angst im Geiste bildet. Komm hinaus in die Wärme und Liebe deines wahren Wesens.

Was gibt es zu fürchten?

Was ist den Preis der Gefangenschaft des Selbstschutzes wert?

Wir glauben, wir seien unsere Gedanken. Wir nennen unsere Gedanken „Ich". Indem wir uns von den Gedanken lösen, gehen wir über uns selbst hinaus, über den hinaus, der zu sein wir uns einbilden. Hinter der ruhelosen Bewegung des Geistes liegt die Stille des Seins, die Stille, die keinen Namen hat, kein Ansehen, nichts, was zu beschützen wäre. Dies ist der natürliche Geist.

Indem wir die Aufmerksamkeit auf die Wahrnehmungen im Herz-Zentrum richten, bemerken wir jedes Zucken der Geistes-Kontraktionen, jene momentane Stockung, die wir so leicht für unser „Ich" halten. Jede Kontraktion des Geistes, jedes Gefühl und jeder Gedanke wird wie ein Schatten empfunden, der über das Herz wandert, und jedesmal, wenn der Geist die Aufmerksamkeit auf sich zieht, erinnert er uns daran, uns sanft von dem zu lösen, was unsere Verbindung mit unserer grundlegenden Natur blockiert. So wird jeder ehemals bedrohliche Geisteszustand, den wir bisher als Feind betrachtet haben, zu einem Verbündeten. Jede

Schwankung des Herzens erinnert uns daran, behutsam loszulassen und in eine noch tiefere Ebene des Daseins einzutauchen. Wenn der Geist ganz von sich selbst ausgefüllt wird, ist seine Dichte so fühlbar, daß wir veranlaßt werden, uns an das Leuchten der Freiheit im Herzen zu erinnern und zu öffnen. Je bedrückender die Emotionen, je intensiver das Eigeninteresse und die Verwirrungen sind, desto mehr werden diese Zustände zu Lehren, die uns daran erinnern, daß wir nicht aus diesen schmerzhaften Verdichtungen bestehen (sie sind schmerzhaft, weil wir sie fürchten und uns gegen sie sträuben, und dicht und undurchdringlich, weil sie den Fluß erstarren lassen), daß wir vielmehr das Licht sind, welches jenseits von ihnen erstrahlt. Selbst die dünnste Stanniolfolie, die du vor die Augen hälst, kann die unermeßliche Wärme und Leuchtkraft der Sonne zurückhalten.

In der Sufi-Tradition gibt es den Ausspruch: „Überwinde jede Bitterkeit, die in dir entstanden sein mag, denn du wärst dem Ausmaß des Schmerzes, der dir anvertraut wurde, nicht gewachsen. Die Mutter der Welt trägt allen Schmerz der Welt in ihrem Herzen, und jeder von uns ist ein Teil ihres Herzens und folglich ausgestattet mit einem gewissen Maß an kosmischem Schmerz. Du hast teil an der Gesamtheit jenes Schmerzes. Du bist aufgerufen, ihm mit Freude zu begegnen, nicht mit Selbstmitleid. Das Geheimnis: Biete dein Herz als ein Medium dar, das kosmisches Leid in Freude verwandelt."

Wir haben so vieles aus unserem Leben verdrängt, haben es so tief in uns eingeschlossen, daß wir bei unserer schrittweisen Loslösung bemerken, wie sehr unsere Erfahrung von unseren Erwartungen, Konzepten und Vorurteilen begrenzt wurde. Wenn der Selbstschutz des Geistes nicht mehr gefördert wird, zeigt es sich, daß wir uns all dessen, was wir verdrängt haben, von neuem gewahr werden. All die alten Verklammerungen kommen uns wieder zu Bewußtsein. Aber wir setzen nun andere Prioritäten. Wir versuchen nicht mehr, aus diesem wechselvollen Strom des Geistes „irgendjemanden oder irgendetwas Wertvolles" zu erschaffen. Statt dessen versuchen wir, die Wahrheit zu erforschen. Bei diesem Forschen wird kein Geisteszustand irgendeinem anderen vorgezogen. Nur die Klarheit der Sicht ist von Bedeutung. Es kommt nicht so sehr darauf an, was du siehst, sondern wie klar es wahrgenommen wird. Und dein Forschen führt nun zu der Frage: Was ist die Wahrheit? Wer bin ich wirklich? Was ist dieses „Ich"? Was stirbt? Bin ich diese Gedanken? Bin ich dieser Geist? Bin ich dieser Körper?

Je mehr wir es zulassen, daß der Geist von Klarheit und Mitgefühl umgeben ist, desto weniger werden wir dazu verleitet, irgendeinen flüchtigen Moment „Ich" zu nennen. Desto weniger verlieren wir uns in der Oberflächlichkeit des „Ich bin dies und das" - Denkens, desto mehr erfahren wir das Bewußtsein selbst. Wir lassen uns von seinen Inhalten nicht mehr so verwirren und haften nicht mehr so verzweifelt an seinen Freuden. Wir erleben einfach die weite Stille des Seins, ohne definieren zu müssen, *wer* es ist, der da ist. Oder, genauer gesagt, *was* es ist. Mag der Geist auch einem Dutzend Definitionen und Begrenzungen nachjagen - die Erfahrung selbst ist grenzenlos. Und wir sehen den kleinen Geist inmitten dieser Weite schweben.

Dann kommt eines Tages ein Moment, in dem du ärgerlich wirst, und plötzlich bist du dir wieder des Zornes bewußt. Und forschend öffnest du dich ihm: „Was ist das eigentlich, zornig sein? Wie fühlt es sich in meinem Körper an? Was passiert in meinem Geist?" Und wir setzen uns hin, schließen die Augen und beginnen uns auf das zuzubewegen, was das Herz blockiert, anstatt uns davor zurückzuziehen und zuzulassen, daß es uns mechanisch eine direkte Erfahrung der Gegenwart versperrt.

Indem wir den Zorn oder die Angst oder die Schuldgefühle oder die Zweifel untersuchen, erkennen wir allmählich die Unpersönlichkeit dessen, was wir vorher so vorbehaltlos für unser „Ich" hielten. Wir erkennen, daß der Geist seinen eigenen Geist besitzt, daß der Zorn und die Angst und all diese Geisteszustände ihre eigene Persönlichkeit, ihren eigenen Impuls besitzen. Und wir stellen fest, daß nicht „ich" es bin, der jemandem schaden möchte, sondern daß der Geisteszustand, den wir Zorn nennen, von seinem Wesen her aggressiv ist und sein Objekt oft beleidigen und demütigen möchte.

Wir beobachten die eingebildeten Gespräche und Streitereien des Geistes, das Schattenboxen, das uns so oft erschöpft und einsam zurückgelassen hat - und mit der Zeit geben wir schließlich unser Leiden auf.

Dann fangen wir an, nicht mehr an Geisteszuständen zu haften, die die Weisheit des Herzens blockieren. Zwischen den Menschen kann sich wieder Vertrauen und Liebe entfalten. Alles, was uns vorher im Geist isoliert hat - unsere Zweifel, unser Zorn und unsere Ängste, die sich wie Wachhunde benahmen, um uns vor der drohenden Annäherung anderer zu warnen - wird zu einer Erinnerung an die Schmerzlichkeit fehlender Liebe, zu einem Weg, auf dem wir uns dem Leben öffnen können anstatt uns aus ihm zurückzuziehen.

Wir erkennen, wie sehr unsere Identifikation mit den Irrwegen des Geistes und die damit verbundene Angst das Leben verflacht haben. Wir beginnen uns sanft von allem zu lösen, was sich im Gewahrsein erhebt. Wir lassen den Geist einfach existieren, ohne ihn in Urteile einzuschließen und erkennen immer deutlicher den fortlaufenden Prozeß der Entstehung und Auflösung, der sich in ihm vollzieht. Indem wir die Unbeständigkeit aller Gedanken, aller Gefühle und Erfahrungsmomente erkennen, sehen wir langsam ein, daß es nichts gibt, was uns einen Halt und dauerhafte Befriedigung geben kann. Es gibt keinen Punkt, an dem wir eine sichere Position einnehmen und sagen können: „Das bin ich." Wir erleben nur einen sich ständig wandelnden Strom, in dem der, der wir zu sein glauben, in jedem Augenblick geboren wird und stirbt. Alles, was wir als unsere Identität projizieren könnten, erweist sich als vergänglich und im Grunde ohne beständige Wesenhaftigkeit. Dort drinnen gibt es keine Person, es gibt nur einen Prozeß. Der, der wir zu sein glauben, ist nichts weiter als eine Luftblase im fließenden Strom. Und das Gewahrsein, das diesen Prozeß erhellt, wird als das Licht erkannt, das es ist.

Wir beginnen die Identifikation mit dem Geist als einem „Ich" aufzugeben und werden zum reinen Licht des Gewahrseins, zur Namenlosigkeit des Seins.

Der Körper stirbt, der Geist wandelt sich unaufhörlich. Aber irgendwie gibt es dahinter eine Gegenwart - manche nennen sie „Unsterblichkeit" - die unveränderlich ist, die einfach so ist, wie sie ist.

Völlig geboren zu werden bedeutet, mit dieser Unsterblichkeit in Verbindung zu treten. Es bedeutet, den weiten Raum zu erfahren, der über Geburt und Tod hinausreicht, und sei es auch nur für einen Moment. Es bedeutet, sich in eine Welt des Paradoxons und des Geheimnisses zu erheben, mit nichts anderem bewaffnet als mit Gewahrsein und Liebe.

Sei bereit

Wißt, Freunde, die ihr weiterstreift,
wie ihr jetzt seid, so war ich einst.
Wie ich jetzt bin, so müßt ihr sein.
Macht mir zu folgen euch bereit.

Inschrift auf einem Grabstein
in Ashby, Massachusetts

Ein Freund, der einige Zeit meditiert hatte, begab sich zu einem
Zen-Meister, der erst vor kurzem in dieses Land gekommen war. Er
fragte den Roshi, ob er bei ihm studieren dürfe. Der Roshi erwiderte:
„Bist du darauf vorbereitet zu sterben?" Mein Freund schüttelte
verblüfft den Kopf und sagte: „Ich bin nicht gekommen, um zu
sterben. Ich bin hergekommen, um Zen zu lernen." Der Roshi
sagte: „Wenn du nicht willens bist zu sterben, dann bist du nicht
bereit, dich ins Leben fallenzulassen. Komm wieder, wenn du
bereit bist, ohne Zögern einzutreten und nichts auszuschließen."
Wenn wir nicht offen sind für alles, was auch geschehen mag,
wenn wir uns irgendeiner Möglichkeit, irgendeinem wie auch
immer gearteten Ereignis verschließen, dann verengen sich unsere
Wahrnehmungen zu einer Art Tunnelvision, die ausschließt, was
inakzeptabel ist. Inakzeptabel ist all das, was das Phantasiebild
unseres eingebildeten Selbst, das Phantasiebild einer stabilen
Beständigkeit nicht bestärkt. Wir schließen eine ganze Menge aus

und begegnen den meisten Ereignissen in einer Art schläfriger Blindheit.

Die Indianer entwickelten eine außergewöhnliche Technik für die Vorbereitung auf den Tod. Sie lernten, sich ihm durch einen Todesgesang zu öffnen. Nach dem Eintritt ins Jünglingsalter vollzogen sie die Initiationsriten und gingen allein in die Wildnis hinaus, um sich betend und fastend dem Unbekannten gegenüber zu öffnen und eine Leitbotschaft für ihr weiteres Leben zu empfangen. Oft erlebten sie eine Vision der Ganzheit, aus der spontan ein Heil- oder Todesgesang entstand, ein Mittel, um bei Gefahr oder in Krisenzeiten den Kontakt mit dem Großen Geist aufrechtzuerhalten. Andere empfingen ihren Todesgesang vom Großvater oder aus einem Traum oder auch aus der Verwandlung in ein Tier, das sie gerade getötet hatten. Er stellte eine jederzeit verfügbare Technik der Zentrierung dar, mit der man auch in großer Not ein offenes Herz und einen klaren Geist bewahren konnte. Wenn sie vom Pferd zu stürzen drohten, wenn sie einem wilden Tier gegenüberstanden, wenn sie an einer Lebensmittelvergiftung litten oder von heftigem Fieber geschüttelt wurden, dann kam ihnen der Todesgesang sofort zu Bewußtsein. Er wurde ein Teil ihrer selbst und stand in einer Notlage jederzeit zur Verfügung. Er machte sie mit dem Unvertrauten, mit dem Tod vertraut.

Stelle dir vor, du hast deinen Todesgesang bei verschiedenen verschwiegenen Anlässen vielleicht schon hundertmal gesungen und findest dich nun eines Tages im Schatten eines großen Felsens wieder; in deinem Körper brennt ein Schlangengift, das deine Glieder zu lähmen beginnt, und niemand ist da, der dir helfen kann. Aber du bist nicht hilflos. Du hast einen machtvollen Kanal, einen Pfad, dem du unbeirrt folgen kannst, bis zum Tod. Viele Eingeborene Amerikas sind in großer Klarheit gestorben, weil sie diese Technik zu einem Bestandteil ihres Lebens gemacht hatten. Weil sie ein Wissen praktiziert hatten, das Leben und Tod vereinte, konnten sie, auf ihre Vision konzentriert, das Bekannte überschreiten.

In der chassidischen Tadition - eine Art mystischer Bewegung im orthodoxen Judentum - gibt es eine Lehre, bei der es sich darum handelt, bereit zu sein für alles, was der Augenblick auch bringen mag. Man glaubt, daß du für ein bestimmtes Ereignis geboren wurdest, das zu irgendeinem Zeitpunkt deines Lebens eintreten wird. Aber du weißt nicht wann. Du mußt stets wachsam sein, damit du vorbereitet bist, wenn die Prüfung kommt. Es läuft darauf hinaus, daß du dich einer Art von Nicht-Wissen öffnest - einem „Nur-Sein". Du kannst nichts tun, um irgendeinem Moment auszuweichen, du kannst dich nur darin üben, offen für das Unbekannte zu sein, damit du in allem, was geschehen mag, völlig präsent bist.

Bei dieser Art von Nicht-Wissen sind wir immer präsent. Denn wenn du es zuläßt, nicht zu wissen, wirst du sehr wach sein. Du wirst wie ein Jäger, der nicht weiß, was im nächsten Moment geschehen wird. Er bewirkt nicht, daß irgendetwas geschieht. Er ist einfach die Stille im Zentrum der Aktivität. Er ist ein offener Raum, durch den sich alles hindurchbewegen kann. Er ist kein Substantiv mehr. Er ist zu einem Verb geworden. Zu einem Akt des Stillhaltens.

Diese Art, im Leben präsent zu sein, ist die perfekte Vorbereitung auf den Tod. Sie bedeutet, daß du offen bist für alles, was geschieht, daß du nichts ausschließt. Denn wenn du mit allem außer dem Tod einverstanden bist, wirst du bald feststellen, daß du mit allem einverstanden bist, nur nicht mit dem Tod und Verlust. Und später ist das einzige, womit du nicht einverstanden bist, Tod, Verlust und eine angekohlte Käsepizza. Und noch später bist du mit allem einverstanden, nur nicht mit Tod, Verlust, einer angekohlten Käsepizza und dem Klempner, der vor der Tür steht. Der Bereich des Akzeptablen verengt sich immer mehr, bis er zu einem Käfig des Selbstschutzes geworden ist, in dem wir eingeschüchtert einen großen Teil unseres Lebens verbringen. Am Ende bedeutet „Sicherheit", daß niemand mehr unseren Käfig betritt. Wir sind isoliert. Niemand rüttelt an unseren Gitterstäben.

In der Hindu-Tradition finden wir ein weiteres Beispiel für diese Art von Präsenz im Leben/Tod. Man lehrt und praktiziert, daß das Sterben mit Gottes Namen auf den Lippen eine Möglichkeit ist, bewußt zum Ursprung zurückzukehren. Du kannst augenblicklich die geistigen Projektionen der Welt fallen lassen und den Dingen ins Auge sehen, so wie sie sind. An dem Abend, als Mahatma Gandhi meuchlings ermordet wurde, war er hinaus in den Garten gegangen. Ein Mann trat ihm in den Weg und schoß ihm ins Herz. Während Gandhi zusammenbrach, sagte er „Ram".

Ram ist einer der Namen Gottes in der Hindu-Tradition. Millionen Hindus richten ihr Leben auf Gott aus, damit sie fähig sind, so zu sterben, daß sein Name ihr Herz und ihren Geist erfüllt. Es ist so, wie ich es mit jenen erlebte, die „Süße Himmelsmutter" flüsterten, als sie starben. Ihr Tod war ein sanfter Übergang in das Licht. Wieviele Menschen mögen mit einem essentiellen Teil ihrer selbst so verbunden sein, daß nicht einmal der Tod sie ablenken kann? Um dies herauszufinden, wirst du wahrscheinlich nicht bis zum Tod warten. Du wirst dich schon jetzt darin üben. Denn dieser Moment ist der einzige, in dem du mit der Vorbereitung auf den Tod beginnen kannst.

Es mag hier erwähnt sein, daß das Wort „Gott" nicht für alle Menschen gleichermaßen geeignet sein mag. Ich gebrauche dieses Wort aus einer Notlage heraus als Möglichkeit, um die Gesamtheit der Dinge, die grundlegende Realität zu beschreiben. Begriffe wie Natur oder Tao oder Dharma oder einfach Wahrheit wären ebenso geeignet, wenn sie auch alle dem Unbeschreiblichen nicht gerecht werden können. „Jesus" ist für viele weniger eine historische Figur als vielmehr ein Begriff, um das vollendete Herz zu beschreiben, und „Buddha" bezeichnet weniger den Prinzen aus dem Altertum Indiens als vielmehr das Wesen des reinen, ungetrübten Geistes.

Gelegentlich höre ich jemanden sagen: „Ach, alles halb so schlimm! Wenn die Zeit da ist, werde ich schon die richtigen Meditationen machen." Viel Glück! Denn wenn die Zeit wirklich da ist, kann es sehr leicht sein, daß die jetzt zur Verfügung stehenden Energien nicht mehr vorhanden sind. Vielleicht fällt es dem Geist schwer, sich zu konzentrieren. Vielleicht verschließt Angst das Herz. Stelle dir vor, du versuchst zu meditieren, während zwei riesige Lautsprecherboxen von beiden Seiten mit disharmonischer Musik auf dich einhämmern. Mag diese Analogie auch eine grobe Vereinfachung darstellen, sie vermittelt dennoch eine Vorstellung davon, wie beunruhigend extreme Schmerzen und die Todesangst in einem solchen Augenblick sein können.

Wirst du, wenn du in quälenden Schmerzen stirbst, dafür vorgesorgt haben, daß dein Geist empfindsam und offen bleibt, daß du bejahen kannst, was immer der Moment dir bringt? Was hast du getan, damit dein Geist seine Präsenz bewahren kann und eine kostbare Gelegenheit nicht durch irgendein Konzept blockiert wird, durch eine Vorstellung davon, was da geschieht? Du solltest dich der Erfahrung der So-Heit öffnen, der lebendigen Wahrheit, die der nächste Moment dir bietet.

Dein Bankkonto und dein gutes Ansehen bereiten dich genausowenig auf den Tod vor wie deine Garderobe oder deine Klugheit. Gibt es in deinem Leben etwas, das dich auf den Tod vorbereitet?

Was immer dich auf den Tod vorbereitet, bereichert das Leben. Gandhis Nähe zu Gott, der Todesgesang, die Chassidische Offenheit für das Unbekannte - all dies macht das Leben zu einer reicheren, froheren Erfahrung.

Glen Mullins schreibt von einem tibetanischen Mönch, der in der Vorahnung seines nahenden Todes den Dalai Lama um Führung bat. Der Dalai Lama schrieb ihm: „Wenn die Zeit kommt, um die Last des Lebens durch das Tor des Todes zu tragen, kann man weder Verwandte, Freunde und Diener noch Besitztümer mitnehmen. Ein verhafteter Geist ist ein animalischer Geist. Gib die Verhaftung auf.

Wie intensiv die Freude auch sein mag, die man auf den Gipfeln der Illusion erreicht, man wird wieder ins Leid zurückfallen und auf dem Rad des Unwissens umherwirbeln, ohne Zuflucht zu finden. Gib es auf, nach etwas zu greifen.

Die zahllosen Wesen um uns her, die Eltern, die uns voller Güte aufzogen, sind Geschöpfe, die nur das Glück suchen. Gib den herzlosen Geist auf.

Alles, was in der elementaren Natur vor den Sinnen erscheint, ist leer. Und doch fahren wir fort, in trügerischen und illusorischen Bildern nach der Wahrheit zu greifen. Gib die Selbsteinkerkerung auf.

Wenn der Moment des Todes anbricht, dann ziehe deinen Geist aus Verzerrung, Furcht und Aberglauben zurück. Meide illusorische Hoffnungen und Ängste... Nachdem sich die subtilen Energien des Körpers nach und nach aufgelöst haben, entsteht der subtile Geist des Todes. Wandle ihn um in die Essenz des Pfades des klaren Lichts und bleibe unerschütterlich auf diesem Pfad."

Du wirst spüren, wie schwierig es sein mag, „unerschütterlich auf diesem Pfad" zu bleiben, wenn du beobachtest, wie schwer es selbst mit gesundem Geist und frischer Energie oft fällt, präsent zu bleiben, und wie leicht sich der Geist von den latenten Neigungen zu Bewertung und Furcht in einem Strudel der Unruhe und des Ringens um Kontrolle mitreißen läßt.

Wieviel mehr würde es dich ablenken, wenn dir deine Bauchspeicheldrüse wild pochende Schmerzen bereiten würde? Oder wenn dir ein Knochenkrebs verwehren würde, irgendeine bequeme Körperhaltung zu finden und du daliegen würdest wie in einem Bett aus glühenden Kohlen?

Wie schwer mag es sein, den Todesgesang oder Gefühle der Liebe und Bejahung aufrechtzuerhalten, wenn dich Beschwerden quälen und verwirrte Angehörige und Freunde umgeben?

Ich war mit vielen Menschen zusammen, die vor dem Tod standen und habe gesehen, wieviel Klarheit und Offenherzigkeit es erfordert, angesichts der Ablenkungen von Geist und Körper empfindsam zu bleiben. Der Angst standzuhalten, die sich unaufgefordert einstellt. So offen zu bleiben, daß man trotz aller aufsteigenden Angst sagen kann: „Aha, da ist die Angst." Doch der weite Raum der Bejahung spürt keine Angst, denn das abgesonderte „Ich" bildet nicht den Mittelpunkt der Erfahrung, und die Angst kann sich kaum an etwas festklammern.

Zweifellos würde es eine gute Übung darstellen, wenn man lernen würde, sich unangenehmen Dingen zu öffnen, Widerstände und Ängste anzuerkennen, sich ihnen gegenüber zu entspannen und zu öffnen, sie frei fließen zu lassen, sie loszulassen. Würdest du eine Liste deiner Widerstände und Vorlieben aufstellen, ergäbe das fast eine Skizze deiner Persönlichkeit. Wenn du dich mit dieser Persönlichkeit identifizierst, dann verstärkst du die Angst vor dem Tod: vor dem eingebildeten Verlust eingebildeter Individualität.

Würdest du eine Liste von allem zusammenstellen, was du besitzt, von allem, wofür du dich hältst, von allem, was du bevorzugst, dann ergäbe diese Liste die Distanz zwischen dir und der lebendigen Wahrheit. Denn dies sind die Bereiche, wo du verhaftet bist. Du richtest dich auf sie aus, anstatt über sie hinauszublicken. Anstatt den Kontext zu sehen, in dem sich dein Geschehen vollzieht, greifst du nach dem Geschehen als der einzigen Realität. Diese Haltung charakterisiert den Inbegriff der Kurzsichtigkeit. Sie charakterisiert die Neigung, die uns in unserem Melodrama gefangen hält, die Verklammerung, die es uns so schwer macht, unser Leiden loszulassen.

Buddha sagte, daß sich das Schicksal wendet wie ein wedelnder Pferdeschweif. Der nächste Tag könnte der erste Tag von dreißig Jahren Querschnittslähmung sein. Welche Vorbereitungen hast du getroffen, um dich einem inneren Leben so vollständig zu öffnen, daß alles, was auch immer geschieht, als Mittel der Bereicherung deines Brennpunktes dienen kann? Es ist ein ständig fortschreitender Prozeß, in dem du dich dem Leben öffnest. Je mehr du dich dem Leben öffnest, desto weniger wird der Tod zum Feind. Wenn du beginnst, den Tod als Werkzeug der Ausrichtung auf das Leben zu gebrauchen, dann wird alles genau so wie es ist, es wird zu diesem Augenblick, zu einer außerordentlichen Gelegenheit, wirklich lebendig zu sein.

Dann wird dein Forschen zu der Frage: „Wer stirbt?" Und deine erste Antwort darauf ist: „Ich bin es, der stirbt." Dann fragst du: „Nun, wenn ‚ich' es bin, der stirbt, was ist dann dieses ‚Ich'?" Du wunderst dich über den Umstand, daß dieses „Ich" sich nicht gänzlich auf eine der geistigen Vorstellungen zu beziehen scheint, auf irgendeinen Klang oder einen Geschmack oder irgendeinen deiner Sinne. Und du fragst dich: „Bestehe ich einfach nur aus diesem unbeständigen Strom unbedeutender Eindrücke? Aber ich habe doch einen Namen, ein Gesicht, ein Ansehen!" Dann erkennst du, daß „ich habe einen Namen" auch nur ein weiterer flüchtiger Gedanke ist, eine Seifenblase, die durch die Weite des Geistes zieht. Und einen Moment später denkt der Geist schon wieder an etwas anderes. Du stellst fest, daß „ich" nur eine Vorstellung ist. Wo ist dieses „Ich" eigentlich, wenn man nicht daran denkt?

Wenn du deine Gedanken beobachtest, ist es wirklich interessant zu entdecken, daß alle Gedanken alt sind. Wahrnehmung beruht auf Erinnerung. Entferne deine Erinnerung, dein Sammelsurium von Konzepten und Symbolen, chiffriert, um die Realität zu repräsentieren - und wenn du dann einen Weg entlanggehst, ist da nur das Gehen. Und wenn du schaust, ist da nur das Schauen. Du fühlst das, was du fühlst. Du erlebst nicht alles aus zweiter Hand. Du erlebst die Sache selbst, ohne einen Hintergedanken, der auf sie den Schatten von „jemandem" wirft, der geht, schaut und erlebt. Wenn du einen Raum betreten und deine Erinnerung plötzlich verlieren würdest, würdest du „eine neue Schönheit" in jedem ehemals vertrauten Objekt erleben. Du würdest mit neuen Augen eine glitzernde Realität erblicken. Es gäbe keine Vertrautheit mehr, kein Wissen, alles wäre von neuem Leben erfüllt. In jedem Moment würdest du das Wunderbare sehen.

Es ist unser „Vertrautsein" mit den Dingen, das uns davon abhält, die Dinge selbst zu sehen. Statt dessen projizieren wir auf sie unser Konzept dessen, was sie sind. Wenn das Gewahrsein auf die Gegenwart gerichtet ist, erfahren wir das So-Sein aller Dinge, denen wir begegnen. Wir sehen einen Baum und erleben nicht „Baum", sondern eine lebendige, vibrierende Realität, die nicht den Filter eines Konzeptes oder einer früheren Präferenz durchlaufen hat. Wir begegnen allen Dingen, ohne von ihnen eine Vorstellung zu haben, die ihre Realität abschwächen würde. Und dann erkennen wir allmählich, wie wenig vom Leben wir tatsächlich erleben - daß wir dem Tod wie dem Leben mit einer Vorstellung begegnen, die uns auf Armeslänge vom Kontakt mit ihrer Wirklichkeit abhält.

Vor einigen Jahren beaufsichtigte ich ein Tierschutzgebiet im Süden Arizonas, das einen Rastplatz für etwa 125 Arten von Zugvögeln darstellte, deren Einzugsgebiet von der Arktis bis nach Südamerika reichte. Es war eine sehr vielfältige Lebensoase, ein Mandala der leuchtenden Farben, der Vogelstimmen und des Umherflatterns.

Als ich dort ankam, wußte ich nur sehr wenig über Vögel. Aber es gehörte zu meinem Job, fachkundige Ornithologen umherzuführen, denn ich kannte die verschiedenen Standorte und wußte, wo Klapperschlangen und andere potentielle Gefahren auftreten konnten. Wenn ich mit den Experten umherstreifte, sagten sie: „Ah, seht mal den zinnoberroten Fliegenschnäpper dort!" oder „Oh, da ist ja ein kanadischer Sumpffalke!" Und wenn ich den Wald durchstreifte, merkte ich allmählich, daß ich den „zinnoberroten Fliegenschnäpper" sah anstelle der tiefroten, lebendigen Realität - und den „Sumpffalken" anstelle der Wahrheit. Ich begriff, daß die Art und Weise des Geistes, alle Dinge in seine Sprache zu übertragen und sie zu benennen, die Klarheit der unmittelbaren Erfahrung der Dinge abtötete - daß der Geist das ganze funkelnde So-Sein der Dinge aus sich verdrängte. Es ist diese Tendenz des konditionierten Geistes, die Wirklichkeit in Vorstellungen und Bilder zu übertragen, die uns davon abhält, dem Leben direkt zu begegnen. Wir tauschen die Wirklichkeit gegen die Schatten ein, die sie wirft.

So erkennen wir, daß wir immer dann, wenn wir über den Tod etwas sagen oder denken, in Wirklichkeit nichts wissen. Die Vorstellung, daß man den Körper verläßt und die große Eiskremwaffel im Himmel auf einen wartet, ist nichts weiter als eine Vorstellung. Ob es wahr ist oder nicht, ist dabei belanglos, denn was es auch immer ist, es ist doch nur eine Vorstellung. Wenn wir die lebendige Wahrheit des Augenblicks durch Konzepte ersetzen, leben wir in Schattenbildern und Verwechslungen. Selbst eine Vorstellung wie „der Körper stirbt und das Bewußtsein besteht weiter" ist auch nichts anderes als eine Seifenblase, die den Geist durchschwebt. Aber können wir uns, wenn unsere Erfahrung eher auf unseren Vorstellungen von den Dingen beruht als auf den Dingen selbst, einer Realität öffnen, von der es sich erweist, daß sie mit unseren Vorstellungen überhaupt nichts zu tun hat? Was geschieht, wenn das Leben in Widerspruch zu etwas gerät, von dem wir absolut sicher sind, daß es „real" ist? Diese Schwierigkeit, Geist und Herz zu öffnen, wenn sich etwas nicht mit unserer Vorstellung deckt, verstellt uns den Blick auf das Wunderbare im Leben. Weil etwas „gar nicht möglich" ist, wird eine solche Wahrnehmung schnell rationalisiert und als irreal ausgesondert.

Wie kannst du deine Offenheit für das Unmögliche bewahren? Was ist, wenn du stirbst und Jesus vor dir steht und sagt: „Ich bin Atheist!"? Was machst du, wenn es nicht so ist, wie du es dir vorgestellt hast? Wenn du dies in der Erwartung liest, ein Schnellkochrezept für das Leben oder das Sterben in die Hand zu bekommen, dann werden dir alle Hinweise darauf, daß die einzige notwendige Arbeit die an dir selbst ist, abwegig erscheinen.

Wenn du in ein Restaurant gehst, von dem du glaubtest, es gäbe dort das beste chinesische Essen in der Stadt, und es erweist sich als ein deutsches Restaurant, dann könntest du dir dein Gericht durchaus *denken* statt es zu schmecken. Denn die Erwartung verstärkt die Tunnelvision. Durch die Gitterstäbe in deinem

Käfig hindurch kannst du nur das sehen, worauf du ausgerichtet bist. Wie sollte es dir also gelingen, dich auf den Wohlgeschmack von Sauerbraten einzustellen!?

In gewisser Hinsicht erscheint es seltsam, daß wir auf den Tod kaum vorbereitet sind, wenn man bedenkt, wie viele Gelegenheiten wir haben, uns unerwarteten oder lästigen Dingen zu öffnen. Jedesmal, wenn wir uns nicht gut fühlen, jedesmal, wenn wir eine Grippe haben oder einen Nierenstein oder einen schmerzenden, steifen Rücken, haben wir die Gelegenheit zu erkennen, daß früher oder später irgendein Schmerz oder eine Krankheit auftauchen wird, die nicht wieder abklingt, sondern sich verschlimmert, bis sie uns aus dem Körper verdrängt. Wir können jede derartige Situation als eine besondere Gelegenheit nutzen, um den Todesgesang anzustimmen, um Gandhis Nähe zu Gott zu praktizieren. Wir werden wieder und wieder an den Prozeß erinnert, der wir sind. Fortwährend tauchen Gelegenheiten auf, die Loslösung von dieser festen Struktur zu üben, uns auf den fortschreitenden Prozeß einzustimmen und die Weiträumigkeit zu spüren, in der sich dies alles entfaltet.

Warum warten, bis die Schmerzen so groß werden, daß sich der Geist nicht mehr konzentrieren kann? Warum nicht jeden Moment der Krankheit, jede Grippe, jede Erkältung, jede leichte Verletzung so nutzen, daß sie uns daran erinnert, loszulassen und uns ihrer zunehmenden Intensität zu öffnen?

Wenn ein Schmerz, wenn eine Krankheit auftaucht, erkenne ich, daß ich mich frei dafür entscheiden kann, mich ihr zu öffnen und mich weder an sie zu klammern noch sie beiseite zu schieben, mich ihr weder entgegenzustemmen noch sie zu intensivieren. Wenn ich mich ihr öffne wie einem Lehrer, dann verstärkt sie die Identifikation mit dem „Leidenden", dem „Opfer der Umstände" nicht mehr. Sie ist nur das, was sie ist. Und während ich mich ihr zu öffnen versuche, erkenne ich, daß sie eine perfekte Vorbereitung auf das ist, was auch immer als nächstes geschehen mag - daß sie ein tiefergehendes Loslassen bewirkt. Sie zeigt mir, wie sehr ich mich an die Erwartung klammere, daß das Leben auf eine bestimmte Weise ablaufen müsse. Die Krankheit oder die Verletzung eines Daumens durch einen falschen Hammerschlag wird zu einer Vorbereitung auf das Unmögliche, auf das Sterben, auf das Leben im nächsten unbekannten Augenblick.

Es ist so, wie Achaan Chaa sagte, indem er Daumen und Zeigefinger zusammenführte: „Alles, was du verstehen mußt, ist nur so viel - nur dieser Augenblick." Wenn du offen an diesem Augenblick teilhaben kannst, dann wirst du wahrscheinlich auch im nächsten präsent sein. Wenn dieser nächste Augenblick sich als der erweist, in dem du auf deinem Sterbebett liegst, dann wirst du auch dafür offen sein. Es gibt keine andere Vorbereitung auf den Tod als die, sich der Gegenwart zu öffnen. Wenn du jetzt hier bist, wirst du später dort sein.

Carlos Castaneda erwähnt in seinen Büchern über den Empfang von Don Juans Lehren immer wieder, wie sein Lehrer versucht, seine Aufmerksamkeit auf diesen Punkt zu lenken. Castanedas Verstand aber spult Millionen Gedanken darüber ab, wie das Leben wohl sein mag. Don Juan bedient sich der ganzen Palette von Tricks, einschließlich Castanedas Angst vor dem Unbekannten, um dessen Aufmerksamkeit genau auf den Moment zu lenken, in dem sich das Leben entfaltet. Er stößt Carlos über den Verstand hinaus: „Ein Mann des Wissens wählt einen Pfad mit Herz und folgt ihm... Er weiß, daß sein Leben nur allzu bald vollends beendet sein wird... Er ist wissend, weil er erkennt, daß nichts wichtiger ist als irgendetwas anderes. Mit anderen Worten, ein Mann des Wissens hat keine Ehre, keine Würde, keine Familie, keine Heimat - nur ein Leben, das gelebt wird."

Wer ist der Wahrheit nahe genug, um ohne Ehre, ohne Würde zu leben? Wer vertraut diesem Augenblick so sehr, daß er keine willkürliche Moral zu erschaffen braucht - weil er weiß, daß der, der er ist, die Essenz der Moral selbst ist? Er erkennt, daß er das leuchtende Gewahrsein ist, durch welches das Leben wahrgenommen wird. Wer vertraut dem Licht seines ursprünglichen Wesens so sehr, daß er es sich gestattet, aus dem Augenblick heraus angemessen auf alles zu reagieren, was sich ergibt?

Ein Mann, der dem Tode sehr nahe war, erfuhr, daß möglicherweise etwas eingetreten sei, das seinen Zustand verändern würde, daß er vielleicht auf dem Weg der Besserung sei. Als er auf die Laborergebnisse wartete, die aussagten, ob er entweder in einigen Wochen sterben oder sich wieder erholen würde, wandte er sich an seine Frau und bemerkte: „Weißt du, ob ich nun sterbe oder nicht - mir ist klar, daß ich genau dieselbe Arbeit vor mir habe."

Es geht darum, den Augenblick anzuerkennen, völlig in diesem Moment zu leben, in jedem Augenblick am Leben teilzuhaben und teilnahmsvoll zu beobachten, was gefühlt, gesehen und gehört wird. Nicht in der analytischen Fragestellung, ob, wie oder warum es mit irgendeinem Selbstbild, irgendeinem Modell des Universums korrespondiert. Sondern im hellen Licht des Erforschens, in einer neuen Ehrfurcht vor allem, was sich entfaltet.

Die meisten Menschen beginnen sich nicht deshalb ihrem Leben zu öffnen, weil sie Freude an ihm haben, sondern weil es ihnen Schmerzen bereitet. Der Schmerz markiert oft die Grenzen des Territoriums des eingebildeten Selbst, des „sicheren Bodens" des Selbstbildes, jenseits dessen eine Art von Unwohlsein entsteht, da man sich inmitten des Unkontrollierbaren befindet. Hier zeigt sich unsere Begrenzung, unser Widerstand gegen das Leben, der Punkt, an dem sich das Herz verschließt, um sich zu schützen. Unsere Begrenzung ist das Fundament, in dem die Mauern unseres Käfigs verankert sind. Wenn wir diese Grenzen überschreiten, sind wir bereit, ins Unbekannte zu gehen. Es bedeutet, daß wir uns dem Punkt nähern, an dem wirkliches Wachstum beginnt. Wenn man nahe an seiner Grenze ist, ist man auch der Wahrheit nah. Wenn wir unsere Grenzen auszuloten beginnen, bewegen wir uns nicht mehr auf sicherem Territorium. Die Angst wird zum Leuchtfeuer der Wahrheit, und wir durchbrechen unseren Widerstand, indem wir erforschen, was überhaupt real ist und wer es eigentlich ist, der sich an ein trügerisches Gefühl der Sicherheit klammert. Wir erkennen, daß unser Schmerz aus dem Zurückweichen vor unbekannten und eingebildeten Dingen resultiert. Indem wir diese Grenzen überschreiten, dehnen wir uns über die Angst vor dem Tod hinaus aus, lassen die Vorstellung von „jemandem", der stirbt, hinter uns zurück und treten in die Ganzheit des Seins, in die Unsterblichkeit ein.

Wenn du dich jeden Morgen hinsetzt und den Geist zur Ruhe kommen läßt, wirst du dieser Grenze allmählich gewahr werden. Du wirst wahrnehmen, daß da etwas vor sich hinzumurmeln und alles zu kommentieren beginnt, was im Geist erscheint. Wenn du deine Aufmerksamkeit auf die Beziehungen zu deinem Partner, zu deinen Kindern, zu deinem Chef oder zu deinen Eltern richtest, wirst du deine Grenzen wahrscheinlich allmählich erkennen. Es ist die Beharrlichkeit, mit der wir an unseren Grenzen festhalten, die den Tod so verdunkelt, die ihn mehr als jeden anderen Übergang ins vor uns liegende Unbekannte so real und massiv erscheinen läßt.

Ein deutliches Beispiel dafür, wie unterschiedlich die Grenzen bei verschiedenen Personen verlaufen, zeigte sich, als wir einmal mit einer Gruppe von Freunden einen Berggipfel am Joshua Tree National Monument im Süden Kaliforniens erklimmen wollten. Man konnte feststellen, daß einige der zwei Dutzend Leute, die die Felsen hinaufzusteigen begannen, schon nach dreißig Metern innehielten, während die anderen weiterkletterten. Andere machten bei achtzig Metern Halt, und der Rest stieg weiter hinauf. Manche von ihnen beendeten ihren Aufstieg auf einem Felsvorsprung in hundertzwanzig Metern Höhe. Sie waren an eine Grenze gelangt, wo die Angst ihren Aufstieg stoppte, während sich die übrigen auf ihre Hände und Knie niederließen und ihrer Angst entgegenkrochen, die Köpfe gesenkt, als würden sie gegen ihre Grenzen ankämpfen. Am höchsten Punkt des Gipfels vollführten einige von ihnen einen Tanz, und die Wildnis um sie her warf das Echo ihrer Rufe und Jodler zurück. Man konnte damals die interessante Beobachtung machen, daß diejenigen, die gerade eine Höhe von dreißig Metern erreicht hatten, vielleicht näher an ihr Limit gelangt waren als jene, die ohne Furcht vor der jäh abfallenden Felswand bis zum Gipfel hinaufgestiegen und dabei noch gar nicht an ihre individuellen Schranken gestoßen waren. Die Grenzen der einzelnen Personen zeichneten sich so deutlich ab wie die Gesteinsschichten an der senkrechten Felswand.

Unsere Grenzen weichen voneinander ab und verändern sich ständig, wie alles andere im Universum auch. Wir stellen fest, daß die Größe unseres Käfigs und unsere Bewegungsfreiheit in ihm variieren. Wir nähern uns der Grenze mit Anteilnahme. Und jeden Schritt, der uns über sie hinausführt, vollziehen wir langsam und mit Bedacht. Wir führen jeden Schritt mit Liebe aus und rennen nicht gewaltsam gegen die Grenze an, sondern dringen behutsam in unsere eingebildeten Beschränkungen ein und gehen Schritt für Schritt über sie hinaus, in die Freiheit der Loslösung.

Kürzlich erhielt ich den Anruf einer Frau, die ich seit einigen

Jahren kenne. Etwa zwölf Jahre lang war sie in ein Leben der Prostitution und Heroinabhängigkeit verstrickt gewesen, bis ihr bester Freund vor zwei Jahren in ihren Armen an einer Überdosis Heroin starb. Sie sagte, daß sie sich einfach nicht mehr länger verstecken konnte. Der Schmerz war zu groß, und sie entschloß sich, sich nicht zurückzuziehen, sondern direkt auf die Grenze ihrer Verklammerung zuzugehen und sie zu überschreiten, koste es was es wolle. Sie verließ die Innenstadt von San Franzisko und zog in einen der Vororte, wo sie in einem großen Büro eine Arbeit fand und sich, wie jemand es ausdrückte, „Knochen für Knochen auseinanderzunehmen" begann, um ja nichts ungeprüft durchgehen zu lassen.

Ein derart unerbittlicher Versuch, Jahre des Versteckens zu kompensieren, ist natürlich mit der Tendenz verbunden, bestimmte Arten der Selbstverurteilung hervorzurufen. Diese mußte sie durcharbeiten und als Begrenzung erkennen, um sie dann loslassen zu können.

Ihr Verantwortungsgefühl ist sehr groß, weil der Schmerz in ihrem Leben so intensiv gewesen ist. Sie ist an einen Punkt gelangt, an dem sie bereit ist, den Schmerz nicht mehr mit vorübergehender Befriedigung zu betäuben, und so kann sie der Frage, was oder wer da leidet, bis auf den Grund gehen. Sie sagte, daß sie einen Punkt erreicht hatte, an dem sie sich nur noch nach innen wenden konnte.

So bringt das Unerwartete oder Unerwünschte jeden von uns an die Grenze seines Schmerzes. Doch wir beginnen zu erforschen, wodurch dieser Schmerz und seine Verdrängung verursacht wird. Wir stehen vor den Zuständen der Angst, des Zweifels und des Zorns, von denen wir uns normalerweise zurückziehen, und dringen behutsam in sie ein. Oft stellen wir dann fest, daß wir überhaupt nicht wissen, was Zorn oder Schuldbewußtsein oder Angst eigentlich ist. Denn wir haben diese Eigenschaften immer verdrängt oder sie zwanghaft ausgespielt, ohne uns überhaupt bewußt zu werden, was eigentlich geschehen ist. Wir wissen nicht, was für Geistesqualitäten das sind, denn sobald wir an unsere Grenze stießen, haben wir uns wieder zurückgezogen in die schläfrige Blindheit eines nur stückweise gelebten Lebens. Wir haben diese Eigenschaften abgelehnt, weil sie der Phantasievorstellung unseres eingebildeten Selbst nicht entsprachen. Und um dieses Trugbild einer abgesonderten, würdevollen Solidität zu bewahren, haben wir uns, statt das Signal unserer Verhaftung, unseres Schmerzes als Anstoß zum Verlassen unseres Käfigs zu nehmen, von den Grenzen des Lebens zurückgezogen. Wir haben das Leben ebenso hinausgeschoben wie wir unseren Tod hinauszuschieben versuchen.

Ein Freund, der in Thailand die Robe eines buddhistischen Mönches angelegt hatte, begab sich zu einem großen Meditationsmeister, um bei ihm zu studieren. Als er dem Lehrer gegenüberstand, sagte dieser: „Ich hoffe, du fürchtest dich nicht vor dem Leid. Denn wenn du die Wahrheit finden willst, kannst du es nicht tolerieren, dich fortwährend von deinen Widerständen motivieren zu lassen."

Ständig verstecken und verstellen wir uns und erfinden eine akzeptable Realität, anstatt dem Schmerz und den Widerständen entgegenzutreten, die unser Verständnis trüben. Wir weichen unserer Befreiung ständig aus, weil wir nicht bereit sind, uns dem Stoff zu öffnen, der in Jahren des hinausgeschobenen Lebens in uns eingeschlossen wurde - all den Verkrustungen des Herzens, all der Unerbittlichkeit uns selbst gegenüber, all der Angst davor, den loszulassen, der wir zu sein glauben.

Dies ist die Lage, in der wir uns befinden. Wir brauchen sie nicht zu bewerten. Wir brauchen einfach nur Notiz von ihr zu nehmen. Und da stehen wir nun - konfrontiert mit all unseren unerwünschten Geisteszuständen. Wir weichen zurück. Und diese Reaktion begrenzt unsere Offenheit für das, was uns als nächstes erwartet. Angst kommt auf, und wir verschließen uns. Zweifel erheben sich, und wir verschließen uns. Zorn steigt auf, und wir verschließen uns. Der Tod erscheint, und wir verschließen uns.

Manchen mag diese Ermutigung, die Blockaden des Herzens und die Verwirrung des Geistes anzuerkennen, ziemlich negativ erscheinen. Doch worüber wir hier tatsächlich sprechen, ist ein Pfad der Freude. Wenn wir die Dinge anerkennen, in die wir uns einkapseln, können wir entspannter an unsere Grenzen treten und sie durchlässiger machen. Und die daraus resultierende Weiträumigkeit erhellt das, was schon immer vorhanden war - unser leuchtendes, ursprüngliches Wesen, die Freude des reinen

Seins und die Stille der grundlegenden Wirklichkeit, die wir miteinander teilen.

Der Geist träumt sich in der Tat selbst. Fangen wir also an, auf die Grenze des Traumes zuzugehen und das Mitgefühl in uns zu erwecken, in dem wir loslassen. Lernen wir wieder, an der Entfaltung des Lebens teilzuhaben und die Dinge leicht zu nehmen, ohne Zwänge und Beurteilungen zu schaffen. Wir führen keinen Krieg. Uns leitet letztlich ein Wohlwollen für uns selbst, aus dem uns mit der Zeit eine Teilhabe am Strom der Wandlungen erwächst, die über alle Vorstellungen von Verlust und Gewinn, über alle Vorstellungen von Leben und Tod hinausführt. Wir öffnen uns für „nur so viel", für die Unermeßlichkeit all dessen, was besteht.

Wir beginnen uns dem Gewahrsein selbst zu öffnen, fühlen uns von nichts bedroht, ziehen uns von nichts zurück. Vereint mit dem Leben sind wir perfekt vorbereitet auf den Tod. Wir wissen, daß nichts uns von unserem wahren Wesen trennen kann - daß es nur verschleiert werden kann von unserer Achtlosigkeit.

IST DAS LEBEN DIE UNHEILBARE KRANKHEIT?

Ist das Leben die unheilbare Krankheit?
Der neugeborene Säugling schreit
und wir lachen,
der tote Mann lächelt
und wir weinen,
widersetzen uns dem Übergang,
widersetzen uns immer dem Übergang,
der das Leben
zur Ewigkeit macht.

Blake sang Loblieder
auf seinem Sterbebett.
Meine eigene Großmutter,
kaum je eine Dichterin gewesen,
lächelte,
wie wir sie nie zuvor lächeln saben.
Vielleicht ist das Gewand aus Fleisch
nicht mehr als eine vertraute Hülle,
die sich mehr und mehr ablöst, wenn man auf die Diät
des Todes gesetzt wird, und vielleicht legen wir sie ab
oder schenken sie den Armen im Geiste,
die noch nicht gelernt haben,
welch ein Segen es ist,
nackt fortzugeben.

Erica Jong

* * *

Der durstige Geist

Wie es scheint, werden wir geboren mit einem Durst, mit einer Sehnsucht nach Kontakt zum Leben und nach Sinnesreizen, mit einer Neigung zum Vergnügen und einer Abneigung gegen Leid.

Der Geist sehnt sich danach, daß ihm aus seiner Vorstellungswelt die Erfahrung sogenannter Befriedigung erwächst, eines Gefühls der Ganzheit. Wir nennen es Durst, Verlangen.

Dieser Durst nach Erfahrungen gleicht einem Menschen, der sich ohne Wasser durch die Wüste schleppt und danach sehnt, seinen Durst zu stillen. Wieder und wieder erblicken wir die Luftspiegelung einer Oase, die über der nächsten Düne flimmert. Wir sehen die Objekte des Verlangens, laufen auf sie zu, vergessen alles andere und stellen uns vor, daß dieser Durst endlich gestillt werden wird. Wir eilen auf das Trugbild zu, nur um zu entdecken, daß dieser Durst kein Ende hat. Jedes Verlangen erscheint als eine neue Fata Morgana, die uns zur nächsten Anhöhe lockt.

Jedes Trugbild vergrößert nur unseren Durst, stimuliert nur unser Verlangen. Wir erkennen, daß die Befriedigung des Verlangens das Verlangen nicht verschwinden läßt, sondern nur seine Klinge schärft. Am Ende gelangen wir wie jener durch die Wüste irrende Mann zu der Einsicht, daß das Trugbild eine Täuschung ist. Nur ein Traum von Befriedigung. Selbst wenn wir aus diesem Traum erwachen, indem wir erkennen, daß dauerhafte Befriedigung im sich stetig wandelnden Geist nicht zu finden ist, bleibt das Trugbild weiterhin bestehen. Aber wir laufen ihm nicht mehr so oft um der Befriedigung willen hinterher.

Wenn wir schließlich die Leere solcher Visionen erkennen, klammern wir uns nicht mehr an das Verlangen als die einzige Realität, obgleich es sich noch immer im Geist erhebt. Wir werden gewahr, auf welche Weise unser Durst das Trugbild erzeugt, und wir behalten unsere Richtung bei, ohne zu straucheln, ohne unseren Pfad zu verlieren. Wenn Verlangen vorhanden ist, schränkt es die Kapazität des Geistes ein. Es veranlaßt den Geist dazu, sich in der Erwartung auf ein einziges Ziel hin zu verengen. Das Erringen der Objekte des Denkens und der Vorstellung bewirkt vorübergehende Befriedigung und steigert den Durst. Das Loslassen der Gedanken und Vorstellungen nennen wir Freiheit. Es ist ein Aufsuchen der Urquellen im Innern, die Befriedigung bieten. Freiheit strebt nicht nach irgendeiner Befriedigung. Sie kennt keinen Durst.

Verlangen sind unerledigte Geschäfte. Was auch immer auf die Zukunft zielt, beruht auf einer unvollständigen Erledigung des gegenwärtigen Lebens. Wenn jedoch der Durst als Durst erkannt wird, ist im Moment des Loslassens das Geschäft erledigt. Das Trugbild ist zerbrochen. Es erscheint nicht mehr als „mein Verlangen", als etwas Handfestes, das auf ein Handeln drängt. Wenn wir die Unpersönlichkeit des Verlangens erkennnen, werden wir uns wahrscheinlich weniger im Zwang zur Befriedigung verlieren.

Ein interessanter Umstand, den man beim Verlangen, beim Wünschen beobachten kann, ist, daß die sogenannte Befriedigung nur im Übergang vom Nichthaben zum Haben eintritt. Befriedigung ist ein Moment der Befreiung vom Druck des Wünschens.

Wenn ein Verlangen oder irgendein Objekt die Aufmerksamkeit des Geistes auf sich zieht, erscheint es so verführerisch, so anziehend, daß sich das Gewahrsein, die Weite des natürlichen Geistes, rings um dieses Objekt verschließt. Unsere gesamte Erfahrung wird nur noch von jenem Verlangen, von einem Durst nach jenem Objekt beherrscht.

Doch es ist der unbegrenzte Raum des Gewahrseins, auf den wir uns beziehen, wenn wir „ich" sagen. Unsere Erfahrung vollzieht sich immer dort, wo das Gewahrsein mit etwas in Verbindung tritt. Sind wir beispielsweise ganz in ein Buch vertieft, bemerken wir den Freund nicht, der ins Zimmer kommt und uns eine Tasse

Tee anbietet, und wir sagen dann: „Ich habe gelesen, ich habe dich gar nicht gehört." Die Voraussetzungen für das Hören - die Geräusche und die Hörfähigkeit des Ohres - waren gegeben, doch da sich das Gewahrsein nicht mit diesen Geräuschen verband, war das Hören nicht Bestandteil unserer Erfahrung. Wo auch immer Gewahrsein existiert, erfahre „ich" etwas. Wenn sich das Gewahrsein mit dem Hören verbindet, hören wir. Wenn es sich mit dem Sehen verbindet, sehen wir. Wenn es sich mit dem Schmecken verbindet, schmecken wir. Wenn das Gewahrsein mit einem Sinnesobjekt in Kontakt tritt, sagen wir, daß wir diesen Sinn erfahren. Ohne Kontakt kann sich keine Erfahrung vollziehen. Wenn wir sagen „ich bin hier", meinen wir, daß das Gewahrsein präsent ist.

Wenn Verlangen im Geist vorhanden ist, zieht sich dieses weiträumige Gewahrsein um jenen Gedanken oder jenes Gefühl herum zusammen, und unsere ureigene Weiträumigkeit gerät außer Sicht. Ob es der Gedanke an einen Apfel oder ein Gefühl der Angst ist - der Geist implodiert, schließt jenes Objekt hermetisch ein, und das Gefühl für den natürlichen Geist geht verloren. Diesen Prozeß nennen wir Identifikation. Wenn das weiträumige „Ich" des Gewahrseins zur Form irgendeines geistigen Objekts verengt wird, halten wir jenen Gedanken oder jenes Gefühl irrtümlich für „mich". Es ist dieser Zustand der Identifikation mit den Inhalten des Geistes, der die Vorstellung erzeugt, daß der Geist „ich" ist. Es ist wieder einmal ein Fall von Identitätsverwechslung. Viele unserer Erfahrungen vollziehen sich in einer dumpfen Verhärtung des Geistes. Der sich stetig wandelnde Strom, die Unermeßlichkeit des ursprünglichen Geistes ist untergegangen in diesem einen Objekt des Verlangens, in diesem Durst, in diesem Trugbild.

Außerstande, zwischen dem Objekt des Gewahrseins und dem Gewahrsein selbst zu differenzieren, halten wir allen Inhalt des Geistes für unser eigen, für „ich".

Verlangen ist eine Wolke im Geist. Sie verdunkelt unsere wirkliche Natur.

Der Geist zieht sich ständig um seinen Inhalt herum zusammen. In jedem einzelnen Augenblick identifizieren wir uns mit dem, was den Geist durchläuft, nehmen selten Notiz von dem Raum, den es durchläuft, werden selten unserer wahren Natur gewahr. Statt dessen stolpern wir von Trugbild zu Trugbild, von einem geistigen Impuls zum nächsten, versunken in ein Gefühl von „ich bin dieses Verlangen", „ich bin dieser Geist", „ich bin dieser Durst."

Die Erfahrung des Geistes, die ihm eigene Weiträumigkeit zu verlieren, wird Leid genannt. Bei starkem Verlangen oder heftigen Emotionen nehmen wir eine Bedrückung, eine Isolation wahr. Wenn wir uns verlieren und ein Objekt für „mich" halten, wird es zur dominierenden Realität. Es ist der Verlust des Zusammenhangs, der den Schmerz in unserem Leben verursacht und das Gefühl von Verwirrung und Bestürzung erzeugt, das wir so oft spüren.

Wir wissen nicht, wer wir sind oder wohin wir gehen, weil der rationale Geist unsere ganze Welt beherrscht. Fortwährend sind wir versunken in Gedanken, Vorstellungen, Ängste und Verlangen, und nur selten erleben wir die Tiefen des Gewahrseins, das jedes Objekt in Klarheit und Frieden erfährt, ohne Wünsche, ohne Ziel. Während wir den Weisungen des Geistes nachzukommen suchen, stellen wir fest, daß selbst die Objekte des Verlangens dem Wechsel unterworfen sind. Das Objekt des Verlangens verfällt, altert, löst sich auf und verschwindet. Manchmal innerhalb von Jahren, manchmal im Bruchteil einer Sekunde. Und wir bleiben unerfüllt und leer zurück. Ein vom Verlangen bestimmtes Leben, ein Leben, das sich auf den Durst des Geistes hin verengt, verfügt nur selten über die Weiträumigkeit des Seins - über jenes reine Gewahrsein, das nichts will, das sich nach nichts sehnt, das einfach die Gestalt jedweder Form annimmt, welche in seiner natürlichen Weiträumigkeit erscheint.

Man könnte Gewahrsein mit dem Wasser vergleichen. Es nimmt die Gestalt jedes Gefäßes an, in dem es enthalten ist. Wenn man dieses Gewahrsein mit seinen verschiedenen vorübergehenden Formen verwechselt, wird das Leben zu einer mühsamen Strapaze, die uns von einem Moment des Verlangens, von einem Objekt des Geistes zum nächsten begleitet. Wir beladen das Leben mit Dringlichkeiten und „Ängsten", anstatt all diese Formen unbekümmert zu erleben und zu erkennen, daß Wasser Wasser ist, ungeachtet seiner Form.

Wenn wir das Verlangen erkennen und es uns eingestehen,

kann sich der Geist rings um seinen Inhalt öffnen und gewinnt ein wenig Spielraum, und das Verlangen ist nicht mehr die einzige motivierende Kraft. Statt dessen mahnt es uns zur Bewußtheit und spiegelt wider, wie sehr wir uns an unseren Geistesinhalt klammern, wie bereitwillig wir in ihm versinken und unser wahres Wesen vergessen, wie oberflächlich wir bleiben. Wenn sich der Geist rings um das Verlangen verschließt, ist der Zugang zum Herzen oft versperrt.

Beginnen wir also, uns zum Geistesinhalt in Beziehung zu setzen, statt uns auf ihn zu beziehen. Wir beobachten den Beobachter. Wir beginnen uns auf das Herz zu beziehen. Wir schauen dem zu, was den Geist durchläuft - beobachten beispielsweise den Gedanken „Apfel", ohne zu „apfeln", ohne uns in dem Gedanken zu verlieren, er wäre Realität. Wir beginnen wahrzunehmen, daß ein Gedanke ein Gedanke ist, eine weitere Seifenblase, die vorüberschwebt. Man sieht ein, daß man in den Gedanken „Apfel" genausowenig hineinbeißen, wie durch die schrecklichen Vorstellungen eines Autounfalls Verletzungen davontragen kann. Bei dem Gedanken an einen Apfel erscheint dies nicht so bedeutsam. Aber wenn sich der Geist rings um eine Angst oder ein Verlangen verschließen will und ermutigt wird, offen zu bleiben, ergibt sich ein Moment der klaren Sicht, eine Gelegenheit zum Erleben der Freiheit, in der wir unser Leben leben könnten.

Wenn der Geist auf uns bezogen ist anstatt wir auf ihn, ist auch das Verlangen auf uns bezogen und nicht wir auf das Verlangen. Wenn die Angst auf uns bezogen ist, kann uns nichts erschrecken; wenn wir auf die Angst bezogen sind, erschreckt uns alles, was wir erleben. Ist die Verwirrung auf uns bezogen, besteht Klarheit; sind wir auf sie bezogen, entsteht Unruhe. Jeder Moment, in dem wir auf den Geist bezogen sind, ist ein Moment der Unwissenheit: Jeder Geisteszustand, jedes Gefühl wird zu einer eingefärbten Linse, durch die wir die Welt wahrnehmen. Wenn wir zornig sind, erblicken wir eine Welt der Aggression und Ungerechtigkeit. Sind wir eingeschüchtert, sehen wir eine Welt der Angst und Bedrohung. In unserer Verwirrung scheint die ganze Welt auf dem Kopf zu stehen. Wenn wir uns auf das Herz beziehen, sehen wir eine Welt des Gewahrseins und der mühelosen Aktivität. Wenn wir auf den Geist bezogen sind, wird unsere Wahrnehmung der Welt von unseren Präferenzen und unserem Durst begrenzt.

Wieviel Lebenszeit verbringen wir in einer Art von Leblosigkeit, in einer mechanischen, in einer zwanghaften Weise?

Wenn der Geist etwas will, wenn er sein Ziel ins Auge faßt, können wir eine fast magnetische Anziehung spüren. Er strebt dem nächsten Augenblick zu, einem Augenblick eventueller Befriedigung. Oft erscheint es, als würden wir von Handlung zu Handlung gezerrt, weil es so wenig Spielraum, so wenig freie Wahl in unserem Leben gibt - so wenig Raum für eine bewußte Teilhabe am Sein. Wenn der Geist vom Herzen aus auf uns bezogen ist, sehen wir alles sich wandelnde Geschehen einfach als vorüberziehendes Schauspiel an. Wenn wir auf den Geist bezogen sind, wird Wandlung zu unserem Gefängnis.

Wenn wir den Durst des Geistes zu erkennen beginnen, erfaßt uns oft ein wenig Ehrfurcht angesichts seiner Macht, seiner Fähigkeit, uns zu blindem Handeln zu veranlassen. Wir neigen dazu, mit der Axt in der Hand loszustürmen, doch offensichtlich ist es das Verlangen selbst, das die Axt schwingt. Wir beobachten die Lawine des Verlangens im Geist und erkennen, wie abhängig wir sind. Wir reagieren zwanghaft auf jeden Gedanken, als wäre er die einzige Alternative in einem Strom unendlicher Möglichkeiten. Wir stellen fest, daß der Schmerz des Geistes um so größer wird, je mehr er will. Wir erkennen, daß die eigentliche Natur des Wollens ein Gefühl von Unvollständigkeit, von Nicht-Haben ist - ein ungeduldiges Warten auf den nächsten Augenblick der Befriedigung.

Was wir gewöhnlich Glück nennen, ist die Fähigkeit, frühere Freuden von neuem hervorzurufen. Das Streben nach Glück ist der Versuch, alte Verlangen zu befriedigen. Die eigentliche Natur des Verlangens ist ein Gefühl der fehlenden Ganzheit, der Unvollständigkeit. Wir stellen fest, daß dieser Durst etwas erzeugt, was man den „Nur-Wenn"-Geist nennen könnte - nämlich die Sehnsucht, die sagt: „Wenn ich nur diesen Sportwagen hätte, dann wäre ich glücklich." „Wenn ich nur diesen Job bekäme, dieses Rendezvous, diesen Kredit - dann wäre alles in Ordnung." Aber je mehr der Geist jenes in seiner Welt noch unmaterialisierte Objekt besitzen will, desto weniger kann er im tatsächlichen Geschehen präsent sein. Er wandert ab in künftige Freuden oder träumt von vergangener Befriedigung. Die ganze Welt verengt sich zu diesem einen Verlangen, zu diesem einen Sportwagen, zu diesem Lotteriegewinn, zu diesem hübschen Gesicht. Die ganze Welt verliert sich in Erwartung. Das Leben haben wir wieder einmal verpaßt und gegen ein im Geist vorüberziehendes Trugbild eingetauscht. Wir treten selten in direkten Kontakt zur Realität und leben statt dessen in den flachen Silhouetten, die sie im Geist projiziert.

Verlangen kann ziemlich schmerzhaft sein, denn es ist ein Gefühl des Nicht-Habens, ein Wunsch nach mehr. Die Gegenwart ist unbefriedigend, denn sie enthält nicht das verlangte Objekt. Je größer das Verlangen, desto größer die Unzufriedenheit.

Verlangen kann sehr subtil sein. Es muß nicht unbedingt die augenfällige Selbst-Befriedigung des Sportwagens oder das große Los sein. Es kann das subtile Verlangen nach dem Wohlbefinden unserer Kinder sein. Es kann das Verlangen nach einem gesunden Körper sein. Es kann sogar das Verlangen nach Reinheit sein. Es kommt nicht darauf an, welcherart das Objekt des Verlangens ist, sondern vielmehr auf den Umstand, daß sich das Gewahrsein rings um ein Objekt verschließt, was dazu führt, daß wir die Weiträumigkeit, die Mühelosigkeit unseres Lebens verlieren. Es hängt nicht vom Objekt des Verlangens ab, es ist das Verlangen selbst, das den Geist verschließt und Schmerz erzeugt. Das Verlangen nach Sex und das Verlangen nach Glück verursachen im Geist die gleiche Kontraktion. Es ist gleichgültig, ob Reichtum oder Frieden das Objekt des Verlangens ist. Kurioserweise geht das erstrebte Glück verloren, sobald sich der natürliche Geist rings um die Form eines vorübergehenden Schattens verdichtet. Wir verlieren unser Glück, wenn wir danach greifen.

Es liegt im Durst begründet, daß er den Augenblick auf der Suche nach etwas „anderem" beiseite drängt. Hinter deiner Suche nach der „köstlichsten Apfelsine" oder dem „schärfsten Sportwagen" steht im Grunde ein Gefühl von Unbefriedigtsein. Und dann kommt der Moment der Befriedigung, der Übergang vom Nicht-Haben zum Haben - dein Blick fällt auf die ersehnte Apfelsine. Deine Stimmung heitert sich auf. „Oh, ist die schön gelb! Oh, was für eine herrliche Apfelsine!" Du hältst die Apfelsine in der Hand und erlebst einen Augenblick des Friedens. Für Sekundenbruchteile gibt es kein Verlangen im Geist, und du fühlst dich ganz leicht im Körper. Der Frieden stellt sich nicht deshalb ein, weil wir dieses

Objekt in der Hand halten, sondern weil einen Moment lang kein Verlangen die Freude und Stille unserer elementaren Natur blokkiert. Was wir Befriedigung nennen, ist die vorübergehende Erfahrung der tieferliegenden Grenzenlosigkeit. Unvermittelt teilen sich die Wolken, und die Sonne bricht hervor. Die Schmerzhaftigkeit des Verlangens ist nicht existent. Für einen Augenblick erlebt der Geist seine Ganzheit. Er gleicht in diesem Moment einem klaren Teich, dessen Oberfläche von keinem Wind mehr gekräuselt wird, so daß wir durch das ruhende Wasser in die Tiefe blicken können. Wir erleben einen Augenblick der Verbundenheit mit der Freude, die uns aus der Nähe zu unserem wahren Wesen erwächst.

In Sekundenbruchteilen schwindet diese Befriedigung, während andere Verlangen entstehen, um das soeben Erworbene zu bewahren - um die Apfelsine irgendwo zu verstecken, um ihre Samen einzupflanzen, um so viel wie möglich aus ihr herauszuholen. Die Freiheit verliert sich in einer noch stärkeren Verdichtung von Wünschen, Schutzmechanismen und Eigeninteressen.

Wir besitzen den neuen Sportwagen und sind für einen Moment vom Haben-Wollen befreit. Wir empfinden Beschwingtheit, Glück und Freude, ja sogar Liebe für das Objekt, das uns einen Augenblick der Befreiung ermöglichte. Dann hören wir unten auf der Straße das Rumpeln und Knirschen einer Dampfwalze und rennen mit einem unguten Gefühl im Magen zum Fenster: „Oh nein, nicht mein neuer Wagen! Hätte ich ihn nur in der Einfahrt geparkt! Hoffentlich bezahlt das die Versicherung! Ach, ich hätte ihn von vornherein nicht kaufen sollen." Verlangen entsteht, Angst entsteht, Unzufriedenheit entsteht. Unser Gefühl der Ganzheit verliert sich in dem Bemühen, das Objekt des Verlangens vor dem Fluß der Veränderung zu schützen.

Verlangen ist ein Produkt latenter geistiger Neigungen, alter Eindrücke, die frühere Erfahrungen in uns zurückgelassen haben. Es resultiert aus Erinnerungen an angenehme Dinge, die der Geist zurückrufen möchte, und aus einem Zurückweichen vor Erinnerungen des Unbefriedigtseins. Ebenso wie die Angst erschafft auch die Erinnerung Verlangen, erzeugt eine Sehnsucht danach, daß die Dinge anders sein mögen als sie sind. Jeder Gedanke, jedes Gefühl, jede im Geist entstehende Wahrnehmung durchläuft diesen Filter unbewußter Präferenzen und Neigungen. Der Geist bewegt sich ständig wie auf einer Achterbahn, indem er nach seinem Inhalt greift und ihn wieder verdrängt. In rastloser Getriebenheit sucht der Geist den Frieden, den er nur aus der momentanen, mit dem Fehlen des Verlangens verbundenen Befriedigung kennt. In einem solchem Moment merken wir, daß wir uns wie anhand einer Blindenschrift in dieses tiefe Gefühl des Friedens hineingetastet haben. Möglicherweise wird das Verlangen nach Befriedigung hervorgerufen von einem angeborenen, auf die Wahrheit gerichteten Impuls, der manchmal „Heimweh nach Gott" genannt wird - von einem Verlangen, am Einen Anteil zu haben. Das Problem mit unseren Verlangen ist nur, daß sie zu bescheiden sind. Es sind die Verlangen von „mir" und „mein". Sie schließen nicht das Universum mit ein. Sie beziehen sich darauf, was wir wollen und nicht darauf, wer wir sind.

Ununterbrochen sind wir auf der Suche nach Befriedigung. Tag für Tag sehnen wir uns nach einer Vollkommenheit, die der Geist in seinem ständigen Festklammern und Bewerten nicht erlangt. Er dirigiert uns von Leben zu Leben und denkt: „Könnte ich doch endlich einmal ein angenehmes Leben finden!" Diese unbewußten Tendenzen sind subtile geistige Verhaftungen, die in Milliarden von Erfahrungsmomenten angesammelt wurden. Sie sind die Präferenzen, die Erwartungen auslösen und Modelle erschaffen, in die wir die Realität hineinzuzwängen versuchen. Wenn diese Tendenzen aber in einem Geist in Erscheinung treten, der sich besinnt, der Vertrauen in seine eigene Weiträumigkeit entwickelt, dann verengt sich Gewahrsein nicht zur Identifikation, sondern bleibt offen und weit. Gewahrsein nimmt jedes Objekt wahr, das es durchwandert, vergißt sich aber niemals selbst. Es ist der Weiträumigkeit gewahr, durch die der mentale Zirkus zieht. Die Löwen und Tiger, die Clowns und Hochseilakte sind alle existent, werden aber nur als ein Spiel des Geistes betrachtet - als in der Gegenwart erlebte Projektionen der Vergangenheit. Da keine Identifikation stattfindet, da der Zirkus nicht als „mein" Zirkus erlebt wird, ist er nichts anderes als eine vorüberziehende Parade. Der Pomp und das Trara, die Farben und Bewegungen finden Gefallen, werden aber als inszeniertes, im Grunde irreales Ereignis erkannt, als vorübergehendes Fest vergessener Eindrükke. Wenn diese unbewußten Neigungen im Schattenspiel des

Geistes auch weiterhin Form auf Form hervorbringen, ziehen sie doch keine Identifikation mehr nach sich. Wir sehen, wie sich diese Neigungen von selbst verzehren, so wie auch der marschierende Zug am Ende der Paradestrecke aus unserem Blickfeld verschwindet. Und wir bleiben zurück mit einem präsenten, standfesten und friedvollen Geist. Gleichwohl setzt sich, was auch immer der Geist enthalten mag, das Entstehen und Vergehen von Verlangen noch lange Zeit fort, angetrieben vom Impuls früherer Bestrebungen und Ängste, Leidenschaften und Aversionen.

Es erhebt sich die Frage: „Warum spiele ich eigentlich noch immer mit der Befriedigung eines jeden Verlangens herum? Warum schalte ich den Vermittler nicht aus und gehe direkt zur inneren Quelle der Befriedigung?"

Wenn wir uns von der Identifikation mit dem Geist zu lösen beginnen, entdecken wir, daß es noch andere Mittel gibt, um das natürliche Befriedigtsein in der essentiellen Weite des Geistes freizusetzen. Gelegentlich öffnen wir uns in tiefer Selbstbesinnung, in der Meditation oder in einem Moment der Stille für etwas, das jenseits unserer Verklammerung liegt, und der Geist wird so klar, daß nichts seine innewohnende Freude blockiert. Er erfährt eine so große Ausdehnung, daß Wellen der Energie durch den Körper strömen, vor denen alle Befriedigung verblaßt, die wir jemals erlebt haben - selbst der höchste sexuelle Genuß. Die natürliche Energie des Geistes wird freigesetzt. Da wir eine Zeitlang nach nichts greifen, können wir die Unerschöpflichkeit und Fülle unserer tiefsten Natur erfahren. Wir erleben die Freude dessen, was im Zen der „Eine Geist" genannt wird, der alles durchstrahlt.

Unsere Arbeit besteht nicht darin, an bessere Süßigkeiten heranzukommen oder auch nur „ein besserer Mensch zu werden", sondern einfach darin, uns von der scheinbaren Solidität des Geistes zu lösen. Wir haben das Verlangen durch unsere ständige Beachtung und Identitätsverkennung so sorgsam gepflegt, daß wir bei unserem Erwachen erkennen, wie tief sich dieser Durst in uns eingegraben hat und wie ängstlich der Geist auf ein Leben reagiert, in dem er nicht vom Verlangen gesteuert wird. Unsere Verlangen geben uns Beschäftigung in einer unberechenbaren Welt, in der scheinbar nur unser Handeln von Bedeutung ist. Wenn wir loslassen, was unser Dasein blockiert, können wir dem Verlangen unbekümmerter begegnen - wir müssen keine so ernste Angelegenheit mehr daraus machen.

Indem wir das Verlangen ruhig beobachten, werden wir der Einbildung des Geistes gewahr, daß er irgendwie zufrieden wäre, wenn er nur ein wenig mehr bekommen würde. Wir erkennen das Trugbild des „Nur-Wenn-Geistes", der sich der Illusion eines „wunderschönen Lebens" verschrieben hat. Doch wenn wir wirklich glücklichen Menschen begegnen, stellen wir fest, daß sie nicht darüber glücklich sind, was sie haben, sondern darüber, was sie sind. Sie sind leichtherzig und unbeschwert, weil sie innerlich mit der unerschöpflichen Quelle der Befriedigung in Verbindung stehen.

Es gibt eine Geschichte von einem Mann, der stirbt und sich nach dem Verlassen seines Körpers in einer glitzernden Sphäre wiederfindet. Er steht inmitten leuchtender Blumen unter einem schillernden Himmel, sieht sich um und sagt sich: „Hey, ich war ja besser als ich dachte! Ich bin in den Himmel gekommen. Was sagt man dazu! Aber wohnen muß ich ja auch irgendwo." Und bei diesem Gedanken materialisiert sich ein paar Schritte entfernt sein Traumhaus. Als er sich der Tür nähert, schwingt sie auf und gibt den Blick auf eine Innenausstattung frei, wie er sie sich schon immer erträumt hatte. Er setzt sich auf das absolut bequeme Sofa, besieht sich sein absolut schönes Haus und denkt: „Jetzt würde ich eigentlich gern etwas essen!" - als auch schon eine Wand des Zimmers zur Seite gleitet und ihm Regale präsentiert, die all seine Lieblingsgerichte enthalten, zubereitet in der von ihm so geschätzten Weise. Verträumt und von seiner Umgebung betäubt sitzt er da und denkt: „Jetzt möchte ich aber ein wenig Musik hören." In diesem Moment beginnen die Wände seine Lieblings-Toccata von Bach abzustrahlen. „Das ist wirklich wahnsinnig", denkt er. „Genau, wie ich's mir immer gewünscht habe." Er verbringt ein paar Tage in seinen luxuriösen Räumen und fühlt sich sehr wohl und entspannt. Als er denkt: „Das ist ja sehr nett, aber ich hätte gern jemanden, mit dem ich das alles teilen könnte", klopft es an die Tür. Sie öffnet sich, und da steht die in sexueller, intellektueller, emotionaler und spiritueller Hinsicht ideale Partnerin. „Komm 'rein", sagt er. Und da sind die beiden nun und leben ihre Verlangen aus, Woche für Woche. Ein Verlangen nach dem anderen materialisiert sich, sobald er den Wunsch danach hat. Aber nach etwa einem halben Jahr stellt er fest, daß er in einem tieferen Sinne überhaupt nicht das Gefühl einer wirklichen Erfüllung hat, obwohl er alles bekommt, was er sich wünscht. Er stellt fest, daß die Angst den Geist nicht verlassen hat. Er erkennt, daß er völlig niedergeschmettert wäre, wenn sich all dies auflösen würde. Ihm wird klar, wie groß seine Verhaftung an all diesem Luxus geworden ist, und er denkt: „Ich habe mir immer vorgestellt, daß ich glücklich wäre, wenn ich alles bekäme, was ich mir wünsche. Aber wie kann ich glücklich sein, wenn ich so abhängig davon bin, daß zur Schaffung meines Glücks etwas Bestimmtes zu Verfügung steht? Wie kann es sein, daß ich, um Seelenfrieden zu finden, so sehr von äußeren Bedingungen abhängig bin?

All diese Befriedigungen machen mich geistig kein bißchen unbeschwerter oder weiser oder ruhiger. Ich stehe zwar nicht mehr so sehr unter dem Druck unerfüllter Wünsche, aber einen tieferen Frieden habe ich in keiner Weise gefunden."

Nach ein paar weiteren Eiskrem-Sodas und Liebesnächten beginnt er sich zu fragen, ob ihm dies alles wirklich weiterhülfe. Nichts von allem hat ihn über seine Verlangen hinauswachsen lassen. Er hat sich noch nicht im geringsten mit dem Bereich in seinem Innern beschäftigt, der sich nur wohlfühlt, wenn er bekommt, was er will. Er hat nicht an die Sehnsucht gerührt, an die Wurzel des Schmerzes, der sein Leben durchzog. Eigentlich hat er das Gefühl, als würde er diese Ursache durch die Eskalation all seiner Verlangen noch verstärken. Und er beginnt sich zu fragen, ob es nicht irgendwo im Universum einen Ort gäbe, wo er intensiver an den latenten Gefühlen der Angst und der Absonderung arbeiten könnte, die ihm stets Schwierigkeiten gemacht haben.

Nach einer Weile geht er zum Chef und sagt: „Ich möchte ja nicht undankbar erscheinen, und es mag auch grotesk klingen, aber ich glaube, ich möchte mich lieber in die Hölle versetzen lassen." Der Chef wendet sich ihm langsam zu und sagt: „Und wo, glaubst du, bist du jetzt?"

Es gibt ein Lied, in dem es heißt: „Unter tausend reichen Menschen habe ich nicht einen gesehen, der in seiner Seele zufrieden war." Glück kann man nicht kaufen. Glück ist unsere eigentliche Natur. Es findet sich ein, wenn wir beständig alles loslassen, was Leid verursacht. Es scheint sich bei denen einzustellen, die tief eintauchen in das Leben, in die Erforschung des Daseins selbst. In unserem Wachstum gleichen wir einem Menschen, der im Frühling einen zugefrorenen See überquert und lernen muß, leichtfüßig zu gehen. Das Eis beginnt zu schmelzen, und das Gehen wird schwieriger. Wir lernen, unser Gewicht besser auszubalancieren, so daß sich unsere Masse besser verteilt, statt sich auf einen einzigen dünnen Bereich zu konzentrieren, in dem wir einbrechen könnten, wenn wir nicht achtsam sind.

Das Erkunden der Möglichkeit, sich leichtfüßig in dieser Welt zu bewegen, führt zu der Erkenntnis, daß Leben nicht Leiden sein muß, daß es nicht Haben-Wollen bedeuten muß. Wir fangen an, das Leben zu einer Kunst zu machen, beginnen, wie die Indianer sagen, uns in einer „weihevollen Weise" zu bewegen, eine Ehrfurcht vor dem Leben zu entwickeln, die nicht nach Selbst-Befriedigung sucht, sondern einfach so ist, wie sie ist - grenzenlos und unendlich, alles umfassend und nichts entbehrend. Es ist die Erkenntnis des Schmerzes, den unser Durst nach den kleinen Befriedigungen kleiner Verlangen verursacht, die uns zur großen Befriedigung des großen Verlangens führt: der Unabhängigkeit vom unaufhörlichen Durst und der ewigen Rastlosigkeit des Geistes.

Ich war mit Menschen zur Zeit ihres Sterbens zusammen, die zurückblickten und sagten: „Alles war leer - wozu war das alles gut? Alle Befriedigung ist vorbei. Mir ist nichts geblieben, was mir das Gefühl geben könnte, ein wenig vollkommener, ein wenig erfüllter zu sein. Ich habe nichts getan, um mich auf diesen Moment vorzubereiten. Und jetzt, wo mir der Tod bevorsteht, frage ich mich, ob mein Leben überhaupt einen Sinn hatte."

Wenn wir bei einem Retreat in einer Gruppe versammelt sind, sitzen manchmal zwei Menschen nebeneinander, die sehr unterschiedliche Lebensgeschichten erzählen. Eine Frau berichtet: „Mein Leben ist sehr schwer gewesen. Ich habe meinen Mann verloren. Mein Sohn wurde schon als Teenager bei einem Unfall getötet. Ich habe den Tod vieler geliebter Menschen erlebt. Aber all dies hat mich irgendwie erkennen lassen, daß ich in der äußeren Welt keine dauerhafte Befriedigung finden werde, und ich bin nach Innen gegangen und suche nach einer Antwort auf die Frage, was oder wer ich wirklich bin. Als alles, wonach ich verlangt habe, zerstört wurde, wurde mir klar, welchen Schmerz das Verlangen schafft, und ich habe angefangen, nach weniger zu greifen. Ich habe eine leise Ahnung davon bekommen, worum es vielleicht gehen könnte. Und all die Dinge, die mir früher wie große Belastungen vorkamen, erscheinen mir jetzt wie große Lehren. Ich habe gelernt, mehr innere Ruhe in mein Leben zu bringen und die Gegebenheiten anzuerkennen. Wenn ich auch mein Kind verloren habe, habe ich doch etwas Wichtiges in mir selbst gefunden."

Ich bedaure diese Person nicht. Ich sehe die unbeschreibliche Gnade dessen, was so viele als Tragödie betrachten. Ich sehe, welche Tiefen sich ihr in der Erforschung ihres Leidens erschlossen haben. Ich sehe, daß ihr Herz offen ist wie nie zuvor.

Neben dieser Frau sitzt ein etwas steifer Hochschulprofessor, und er meint: „Ich habe mit solchen Sachen nichts zu tun. Ich habe nie jemanden verloren. Ich bin nur hergekommen, um zu entscheiden, ob ich im nächsten Semester einen Kurs über den Tod und das Sterben abhalte. Ich brauche keine Hilfe, um herauszufinden, wer ich bin. Was ich in der Welt will, das bekomme ich auch meistens. Meine Frau kümmert sich bestens um unser Haus, und meine Kinder machen, was ich sage."

Um dieses Wesen tut es mir beinahe leid, denn die wirkliche Tragödie ist nicht der Verlust geliebter Menschen. Wirklich tragisch ist es zu vergessen, was uns in der Liebe mit allen Wesen verbindet. Auch der schmerzlichste Verlust kann die Essenz der Erfüllung, unser ursprüngliches Wesen und die Quelle des Lebensfriedens niemals beeinträchtigen. Es erfüllt mich mit Schmerz, Menschen zu begegnen, die das Wesentlichste verloren haben: sich selbst. Sie haben den Kontakt zu ihrer Menschlichkeit, das Mitgefühl und die Güte sich selbst und anderen gegenüber verloren. Es ist nicht eine spürbare Qual tiefer Gram, die sie erleiden. Es ist das heimliche Schwelen einer Glut, die sich ins Leben brennt. Es ist der Mangel an Klarheit, der die Nährstoffe der fruchtbaren, schwarzen Erde zerstört, in der wir gedeihen, der die Felder brachliegen und die Blumen und Bäume verkümmern und eingehen läßt. Es ist das, was uns des Waldes beraubt und eine Wüste schafft. Es ist das Verlangen, das uns verdursten läßt. Die Suche nach dem Glück ist die Suche nach unserem ursprünglichen Wesen. Es ist die Suche nach der Erfüllung, die über ein begrenztes Selbstverständnis, über eine Identifikation mit den Seifenblasen des Geistes hinausgeht. Ein Leben, das von der Befriedigung kleiner Verlangen gesteuert wird, ist ein Leben des Leidens. Wir können sogar sagen, daß Befriedigung nicht in der Welt der Verlangen zu finden ist, sondern nur in der Enthüllung unserer wahren Natur.

Allmählich erkennen wir den Unterschied zwischen dem Verlangen nach Selbst-Befriedigung, der Identifikation mit dem rationalen Geist und einer anderen Qualität des Geistes, die uns zur Freiheit motiviert. In Ermangelung eines besseren Begriffs können wir diese Motivation ebenfalls Verlangen nennen. Doch es ist nicht das kleine Verlangen alter Präferenzen, es ist das große Verlangen der Befreiung - ein Verlangen, das sich selbst an das Loslassen des Verlangens erinnert. Es ist ein Gefühl von Präsenz, das nicht woanders nach Befriedigung sucht. Es erforscht den Geist ohne Bewertung oder Zwang. In dieser Offenheit und Ruhe wird das selbständige Entstehen und Vergehen der Verlangen ohne die geringste Identifikation wahrgenommen.

Nicht-Verhaftung ist nicht die Auslöschung von Verlangen. Sie ist die Weiträumigkeit, die das Aufkommen jedweder Qualität des Geistes, jedweder Gedanken oder Gefühle zuläßt, ohne sie einzuschließen, ohne den reinen Zeugen des Daseins auszuschalten. Sie besteht in einer aktiven Aufnahmefähigkeit für das Leben.

Wenn die Wahrheit Priorität genießt, steht unser ganzes Leben der Erforschung offen. Wir erkennen bald, wie sehr sich die Kraft der Geduld von der Ungeduld unterscheidet, jener vom Verlangen gewöhnlich erzeugten Mentalität des Wartens auf Erfüllung. Wir erkennen, daß diese Geduld einfach eine Präsenz für das beinhaltet, was vorhanden ist, eine beständige Achtsamkeit allen Erscheinungen gegenüber. Aber da es in der Natur des Verlangens liegt, sein Ziel anzustreben, kann auch das große Verlangen nach Befreiung Fallgruben schaffen. Ein tibetanischer Lehrer spricht in diesem Zusammenhang von einem „spirituellen Materialismus", einer Sehnsucht nach Klarheit oder „tieferer Erfahrung", die den Prozeß des Sichfreimachens für unser ursprüngliches Wesen verlangsamt. Um frei zu sein, müssen wir uns schließlich selbst vom Verlangen nach Freiheit lösen, damit die grundlegende Natur frei von den Verklammerungen des Geistes hervortreten kann.

Verlangen will das, was es nicht hat. Freiheit enthüllt, was schon immer vorhanden war.

Ramana Maharshi, der große indische Lehrer und Heilige, spricht davon, sich das Große Verlangen zunutze zu machen, um geringere Verlangen auszubrennen. Er sagt, daß man das Verlangen nach der Wahrheit oder die Motivation für das Erreichen der Ganzheit in der gleichen Weise einsetzen kann wie der Betreuer einer Verbrennungsstätte in Indien seinen großen Stock gebraucht, um das Feuer zu schüren, in dem der Körper eingeäschert wird. Man gebraucht das Große Verlangen nach Befreiung, um das Feuer zu schüren, welches die kleinen Verlangen verbrennen läßt, die den Geist in die Knechtschaft führen. Man gibt darauf acht, daß die Knochen des Verlangens in den Flammen des Gewahrseins zerfallen und stochert mit dem großen Stock bewußt in den Überresten. Durch das Aufrühren der Glut kann das Feuer all die Gewebe, Muskeln und Sehnen verzehren, die den Körper des Verlangens zusammenhalten. Und wenn die Knochen, das Fleisch und die Organe unserer scheinbaren Solidität und unserer Verklammerungen von den lodernden Flammen der Reinigung verzehrt worden sind, wird auch der zum Schüren des Feuers verwendete Stock, das Verlangen nach Freiheit selbst, in die Flammen geworfen. So bleibt nichts zurück, was die Erfahrung der Wahrheit hemmen kann.

Albert Einstein stellte die Theorie auf, daß sich die Grenzen des Universums ständig ausdehnen. Als völliges Nichts, als vollständiges Vakuum dehnt sich das Universum aus in das, von dem sich Einstein vorstellte, daß es „weniger als nichts" sei. Er postulierte, daß sich ein Raumschiff, das die Grenze des Universums erreicht und die Ausdehnungsgeschwindigkeit überschreitet, auflösen würde, denn selbst „nichts" hat anscheinend eine Grenze, eine relative Struktur. Wenn an den Geistesinhalten und am Verlangen nicht festgehalten wird, bleibt nichts zurück, was den Eingang in das „Weniger-Als-Nichts" versperrt. Die eigentliche Erfahrung des „Weniger-Als-Nichts" ist nicht genau vorstellbar, denn auch dieser Moment der Vorstellung ist nur wieder ein im Geiste enthaltenes „Etwas". Die Erfahrung unserer Grenzenlosigkeit liegt jenseits des Geistes. Selbst das Festhalten des Gedankens an unsere Unendlichkeit blockiert die Erfahrung. Wir erkennen, daß Freiheit kein

Gedanke ist, daß Befriedigung nicht daraus erwächst, etwas zu erwerben oder festzuhalten. Daß für die Ausdehnung in das „Weniger-Als-Nichts" nichts festgehalten werden muß, nicht einmal die Vorstellung von Leere. Jede Solidität, jede Verriegelung des Geistes hindert uns an der Erfahrung des Raumes, in dem sich jeder Augenblick unseres Lebens vollzieht. Wenn kein Verlangen den Geist formt und ihn auf das Denken beschränkt, wird das Bewußtsein transparent. Indem wir eintreten in die Weite des ursprünglichen Geistes, werden wir zur Grenzenlosigkeit selbst - in Einheit mit allem anderen, in Harmonie mit allem, was besteht.

Modelle

Wir nehmen die Welt mittels der Vorstellung wahr, die wir von uns selbst haben. Unsere Vorstellung vom Universum basiert auf dem Modell unseres Selbstverständnisses. Alles, was wir sehen, wenn wir die Welt betrachten, ist unser Geist. Wir schauen auf einen Baum, ein Gesicht, ein Gebäude, ein Gemälde - und all dies wirkt wie ein Spiegel dessen, der wir zu sein glauben. Selten erleben wir ein Objekt direkt. Stattdessen erleben wir unsere Präferenzen, unsere Ängste, unsere Hoffnungen, unsere Zweifel, unsere Vorurteile. Wir erleben die Vorstellungen, die wir von den Dingen haben. Alles wird nach unserem Gedankenbild und Abbild erschaffen. Kaum etwas lassen wir so gelten, wie es aus sich selbst heraus ist.

Krishnamurti sagt dazu: „Das Beobachtete ist der Beobachter." Das Wahrgenommene ist eine Funktion der von uns aufgestellten Modelle. Es ist die Form, die wir mit fließender Realität füllen. Das Neue in jedem Augenblick wird komprimiert und unserem Selbstverständnis angepaßt.

Nach Art der Gefriertrocknung machen unsere Modelle aus dem Strom des Erlebens eine „handliche" Realität. Sie sind das, was wir für die Wahrheit halten, nicht die Wahrheit selbst. Die Wahrheit ist das, was ist. Sie ist dieser Augenblick, ohne jeden Nachhall des letzten und ohne jede Erwartung des nächsten. Unsere Modelle sind ein Gefängnis. Sie legen den Rahmen fest, innerhalb dessen wir den fließenden Strom des Wandels akzeptieren. Sie wirken wie Filter, die passieren lassen, was wir glauben und undurchlässig sind für das, was sich mit diesem Glauben nicht vereinbaren läßt. Realität wird von uns eher (perzeptiv) *empfunden* als (rezeptiv) *wahrgenommen*. Wir erfahren sie prärezeptiv. Sie wird konkret vorausprojiziert. Gewöhnlich ist alles, was wir sehen, Erinnerung und Erwartung.

Eine solche durch Vorurteile erzeugte Erwartung erzeugt wie jede Philosophie oder Idee eine Art von Tunnel-Vision des Mysteriums. Denn wir berühren selten den Kern des Geschehens. Wir erleben nur unsere Vorstellung, unseren Traum von Wirklichkeit.

Modelle können Leiden verursachen. Indem wir an ihnen festhalten, entbehren wir der Wahrheit. Wir schaffen eine Welt des Verlangens und der Angst.

In meiner Arbeit mit Menschen, die ihren Sterbeprozeß erlebten, habe ich beobachtet, wieviel Leid von unseren Modellen und unseren Widerständen gegen das gegenwärtig Gegebene hervorgerufen wird. Es ist eine Art mentaler Verkrampfung, die sich aus dem Festhalten an den Modellen unseres Selbst- und Weltverständnisses entwickelt.

Stelle dir vor, daß du in eine Situation versetzt bist, in der deine physische Energie infolge einer Krankheit nicht mehr dafür ausreicht, daß du so an der Welt teilhaben kannst, wie es deinen Gewohnheiten entsprach - den Gewohnheiten, die dein Selbstbild nährten, den Gewohnheiten, die du entwickelt hast, um immer wieder dieses eingebildete Selbst zu bestätigen, das du ständig aufbaust und erneuerst, um eine Festung daraus zu machen. Stelle dir vor, daß du nicht mehr genügend Energie hast, um die Tätigkeiten fortsetzen zu können, die das Trugbild von Solidität und Besonderheit bewahren. Was geschieht, wenn du nicht mehr in der Lage bist, der Art von Beschäftigung nachzugehen, die Geld ins Haus gebracht und dein Selbstbild eines treusorgenden Elternteils geschaffen hat? Was geschieht, wenn du nicht mehr die Vorstellung bestätigt findest, ein wichtiges Gesellschaftsmitglied zu sein? Wenn du deine Identität als Lehrer oder Installateur oder Dichter oder Elternteil nicht mehr aufrechterhalten kannst? Was geschieht, wenn du nicht mehr jemand sein kannst, der „Verantwortung" für die Familie und die Gemeinschaft trägt?

Stelle dir vor, daß sich der Zustand deines Körpers verschlechtert und deine Energie vermindert, so daß es dir zunehmend schwerer fällt, jenes Trugbild deiner selbst aufrechtzuerhalten. Stell dir vor, wie sehr es schmerzt, den Widerstand zu spüren und zu sagen „nein, ich muß ein großer Liebhaber sein" oder „ich bin ein Sportler, ich muß jetzt für den Wettlauf trainieren" oder „ich darf nicht krank sein, man erwartet, daß ich mich heute um die Kinder kümmere; ich will mit ihnen in den Park, aber ich kann nicht" oder „ich muß aufstehen, die anderen brauchen mich, ich muß losgehen, ich darf dort nicht fehlen".

Da liegst du nun in deinem Bett, dein neuer Wagen steht draußen vor dem Fenster in der Einfahrt, und dir wird klar, daß du diesen Wagen, auf den du so stolz gewesen bist, vielleicht nie wieder fahren wirst. Vor dem Schrank stehen deine Schuhe, und du weißt, daß du sie vieleicht nie wieder tragen wirst. Im Nebenzimmer spielen deine Kinder, aber du bist zu schwach, um aufzustehen und zu ihnen zu gehen. Deine Lebensgefährtin bereitet in der Küche das Abendessen für die Kinder und ein spezielles Essen für dich, mit dem sie dich wird füttern müssen, denn du bist zu schwach, um selbst zu essen. Dein Verdauungssystem kann die Speisen, die dir immer so gut geschmeckt haben, nicht mehr verarbeiten. Du willst aufstehen und helfen, wie du es immer getan hast, aber es geht nicht. Es wird dir vielleicht bewußt, daß deine Lebensgefährtin in einem Jahr wohl mit einem anderen schlafen wird, daß vielleicht schon bald jemand anders deine Kinder aufziehen wird. Drüben in deinem Schrank siehst du die Kleidungsstücke hängen, die du so gern getragen hast und nun wohl nie wieder anziehen wirst - irgendjemand anders, den du nicht kennst, wird sie eines Tages tragen. Und du fragst dich: „Wer ist diese elegante Person gewesen, die diese Sachen gekauft hat?" Denn du bist das nicht mehr. All die Gründe, diese Kleidung zu kaufen und den Körper zu schmücken, erscheinen so nichtig, wenn der Körper verfällt und zehn, fünfzehn, zwanzig oder fünfundzwanzig Kilo an Gewicht verliert. Wer war es, der losging und diese Kleidung kaufte?

Kannst du dir vergegenwärtigen, daß du in deinem Widerstreben, in deinem Verlangen nach einer anderen Lage der Dinge feststecken würdest wie in einer Schraubzwinge? „Oh, es ist schrecklich, es ist furchtbar - ich muß wieder zunehmen, ich muß wieder tanzen gehen können, ich muß für die Kinder da sein, ich muß meine Arbeit verrichten. Ich muß wieder der Mensch werden, der zu werden ich mich so abgemüht habe: jemand, der weiß, was los ist."

Aber diese Kraft steht dir nicht mehr zur Verfügung. Unsere Weltbilder können sehr schmerzhaft sein, wenn wir ihre eingebildete Wirklichkeit nicht mehr ausfüllen können. Wir fragen uns: „Wer bin ich eigentlich? Wer ist es, der hier in diesem Bett liegt? Wer ist es, der stirbt? Wer ist es, der gelebt hat?"

Wir wissen nicht, wer wir sind, denn wir können unsere Besonderheit nicht mehr ausspielen. Unser Gefühl, in der Welt eine Rolle zu spielen, ist ernsthaft bedroht. Die aufsteigende Verwirrung verbrennt den Geist und läßt das Herz in ein Häufchen glühender Asche zusammenfallen.

Wir haben uns so stark mit unseren Tätigkeiten, mit dem Modell unseres Selbstverständnisses identifiziert, daß uns angesichts des Todes eine extreme Unsicherheit befällt. Wir wissen nicht mehr, wer wir sind, weil wir unser wirkliches Sein gegen eine Stellung in der Welt, gegen eine Position der Autorität eingetauscht haben. Wir haben unsere Anmut eingetauscht gegen die Maske einer Person, die in einer Welt willkürlicher Werte irgendwelche Dinge erledigte.

Die mit der Verhaftung an unseren Modellen verbundene Selbstmißhandlung spiegelt sich in den Augen derer wider, die auf ihrem Sterbebett liegen und unfähig sind, weiterhin die Rollen darzustellen, die sie ihr ganzes Leben hindurch konstruiert und zurechtgeschliffen haben. Die angesichts der Lage, in der sie sich nun wiederfinden, Schuldgefühle und Verwirrung empfinden und vor der Frage stehen, was die Wirklichkeit ist und wer sie selbst wirklich sind.

Ihr Widerstreben ist eine Hölle. Das Widerstreben ist so schmerzhaft, das Verdrängen der Gegenwart so isolierend und beängstigend, daß ein Gefühl von absoluter Hilflosigkeit entsteht. Je stärker ihr Widerstreben, desto mehr wächst ihre Anspannung und desto kleiner wird der Raum, der ihnen für ihr Leben und für ihr Sterben bleibt. Je schmerzhafter es wird, desto ruheloser werden sie.

Überlege einmal, was es bedeutet, bettlägerig zu sein, sich vor

Schwäche kaum bewegen zu können und dennoch eine solche Rastlosigkeit zu spüren, daß du glaubst, du müßtest „die Wände hochgehen" und „aus deiner Haut fahren", wie es jemand ausdrückte. Es berührt die Ebenen des Inferno, das Dante beschrieben hat. Die Klammerung an Modelle ruft diese Hölle hervor. Sie beeinträchtigt die Fähigkeit, sich der Wahrheit des Augenblicks zu öffnen und verwehrt die Möglichkeit, jenseits der verknöcherten Vorurteile und Phantasien des Geistes unmittelbar an dieser mysteriösen Offenbarung teilzuhaben. Es ist der Widerstand gegen das Leben, der den Tod mit so viel Leiden umgibt.

Stelle dir vor, daß sich deine Krankheit verschlimmert und du deinen Darm nicht mehr entleeren kannst. Jemand muß eine Darmspülung bei dir machen und dich hinterher abwischen. Und manchmal bist du sogar so verstopft, daß jemand den Kot aus deinem After herausstochern muß. Wer bist du dann? Ist das noch das soziale Wesen mit all seinen Gesichtern, seinen Posen und Gesten, das da nun auf der Seite liegt, während jemand mühsam den Kot aus ihm herausbohrt? Wer ist diese Person, die nicht mehr die Kraft hat, ihre Nahrung zu kauen, und die ihre ganze Konzentration aufbringen muß, um sie hinunterzuschlucken? Wo ist jenes Wesen, das all diese sozialen, sexuellen, intellektuellen und physischen Identitäten besaß? Du beobachtest, wie dein Körper schwächer und schwächer wird. Du kannst dich nicht um die Kinder kümmern. Du kannst mit niemandem schlafen. Du kannst keinen Lebensunterhalt verdienen. Du kannst nicht einmal zur Toilette gehen. Wer bist du jetzt?

Die Verwirrung und das Leid entstehen aus unserer Fesselung an den gewohnten Lauf der Dinge und an die Erwartung, es würde immer so weitergehen. So wird das Sterben zur Hölle. Es ist, als würden diese Menschen herausgerissen aus allem, was sie für wirklich und wesentlich hielten.

Aber das Sterben muß nicht zur Hölle werden. Es kann eine außergewöhnliche Gelegenheit für spirituelles Erwachen sein. Viele Menschen, denen ich begegnet bin, erlebten das gleiche Nachlassen der Energie, den gleichen Abbau des Körpers und waren ebensowenig dazu in der Lage, ihr gewohntes Selbstverständnis aufrechtzuerhalten. Doch anstatt ihr Leid durch innere Anspannung zu verstärken, lösten sie sich allmählich von der

Ursache ihrer Verkrampfung. Während ihr Selbstbild zu zerfließen begann, gewannen sie mehr und mehr Raum für ihre Selbsterfahrung.

Wenn dies eintritt, erschließt sich dir eine ganz neue Teilhabe am Leben im Sinne einer Erforschung; denn wenn du dich auch nicht mehr als der behaupten kannst, für den du dich hieltest, fühlst du doch irgendwie, daß der, der du wirklich bist, noch immer vorhanden ist. Wenn solche Menschen auch ihre Energie schwinden sehen, wenn sie auch ihr Bett oder ihre Wohnung nie wieder verlassen mögen, wenn sie auch nichts mehr für die Aufrechterhaltung ihres früheren Selbstbildes tun können, wenn sie auch dem Verfall ihres Körpers zusehen müssen - sie stellen fest, daß ihr spiritueller Geist und ihre Teilhabe am Augenblick stärker und stärker wird.

Schließlich erkennen sie die Dinge, derer sie gewöhnlich zur Darstellung ihrer Identität in der Welt bedurften, als Gitterstäbe in einem Käfig. Sie erkennen, daß sie ihr ganzes Leben in einem Gefängnis aus Modellen und Wunschvorstellungen verbracht haben, anstatt sich den Eintritt in die Weite des Daseins zuzugestehen. Sie sind nicht länger Gefangene ihrer Weltbilder. Sie erkennen, daß alles, was sie sind, zu jedem Zeitpunkt vorhanden ist. In ihrer mißlichen Lage fehlt ihnen nichts, und nichts stellt sich ihrer Befreiung in den Weg. Sie erkennen, daß die Identifikation des Gewahrseins mit Zukunftsphantasien und Vergangenheitsträumen ihr ganzes Leben zu einer Gefangenschaft machte und ihnen die völlige Verbundenheit mit ihrem eigenen, sich unablässig entfaltenden Dasein verwehrte.

Ich verbrachte einige Zeit mit einem Mann aus Los Angeles, der tödlich an ALS erkrankt war. ALS ist ein auch unter dem Namen „Lou-Gehrig-Syndrom" bekanntes degeneratives Nervenleiden, das schrittweise zum Verfall und zur Lähmung des Körpers führt. Noch vor etwa zwei Jahren, als dieser Freund, Aaron, sechsunddreißig Jahre alt war und mit seiner Frau und zwei Kindern zusammenlebte, war er Sänger, Tänzer und Gitarren-Virtuose. Aber jetzt sah er sich an einen Rollstuhl gefesselt und nicht einmal mehr imstande, sein eigenes Körpergewicht zu tragen. Sein Lungenvolumen hatte sich so stark vermindert, daß er angestrengt die Luft einatmen und durch den Kehlkopf pressen mußte, um die wenigen Worte, zu denen er in der Lage war, artikulieren zu können. Nichts mehr geschah automatisch. Nichts hatte man ihm garantiert. Sein Fleisch verfaulte buchstäblich an seinen Knochen. Er konnte seine Beine, seine Arme und seinen Körper nicht mehr aus eigener Willenskraft bewegen.

Eines Tages sagte Aaron unter großen Anstrengungen: „Weißt Du, vor zwei Jahren war ich gesund und kräftig. Ich war körperlich sehr fit. Ich war ein guter Sportler. Ich lief jeden Tag meine acht Kilometer. Ich verdiente mein Geld als Sänger und Tänzer. Aber jetzt kann ich nicht einmal meine Gitarre halten. Ich kann kaum sprechen und erst recht nicht singen. Ich kann nicht einmal aus eigener Kraft aufstehen. Wenn ich ins Badezimmer will, brauche ich schon eine Menge Hilfe. Und doch habe ich mich in meinem ganzen Leben nie so lebendig gefühlt, denn ironischerweise ist mir klar geworden, daß ich gar nicht dieser Körper bin. Während mein Körper immer schwächer wird, werde ich irgendwie stärker. Jetzt, wo ich all das, was ich früher machte, um in der Welt eine Rolle zu spielen, nicht mehr machen kann, erkenne ich, wie unwirklich all diese Dinge waren. Mir wird klar, daß mich dieses ganze Tun tatsächlich von allen und von allem in einer Weise getrennt hat, in der das Leben in gewisser Weise monoton wurde und mich von der Lebendigkeit der Dinge abgeschnitten hat.

Es scheint mir, daß die Leute wirklich ein kurioses Leben führen. Sie verwenden so viel Zeit darauf, an ihrer Persönlichkeit herumzufeilen, ihren Körper zu stärken, ihre Besonderheit, ihre Konkurrenzfähigkeit und ihren Lebensschmerz aufzupolieren und sogar stolz darauf zu sein. Niemand scheint locker mit dem Leben umzugehen. Jeder macht es zu einer sehr ernsten Angelegenheit. Bei mir war es genauso. Aber nun kann ich mich an diesen ernsten Angelegenheiten nicht mehr beteiligen. Ich bin nicht dieser Körper. Dieser Körper verfault an seinem Skelett. Trotzdem war mein Herz noch nie so offen, und ich habe noch nie so viel Liebe für so viele Wesen empfunden. Es ist nicht einmal Liebe *für* andere Wesen. Ich fühle einfach nur Liebe. Ich liebe jeden, der diesen Raum in mir betritt - nicht von Mensch zu Mensch, nicht aus einer Isolation heraus. Es ist einfach so, daß ich mit allen *in* der Liebe bin. Wir existieren zusammen in der Liebe. Ich bin mit einem Raum in mir selbst in Verbindung getreten, von dem ich nie Notiz genommen hatte, von dem ich nie etwas wußte."

Aaron meinte, daß all sein Singen und Tanzen, aller Beifall, alles Lob und Geld ihm nie eine so tiefe Befriedigung gegeben hatte, wie er sie jetzt erfuhr.

Er erzählte, daß sich in der großen Healing-Gruppe, an der er einige Male in der Woche teilnahm, viele Patienten und Therapeuten befanden, die Informationen und Beobachtungen über ihre Krankheiten und deren Entstehung austauschten. Er sagte: „Es ist merkwürdig. Ich hatte mich immer an die anderen gehalten, um Antworten zu bekommen. Aber als ich mich dann an mich selbst hielt, sah ich, daß alles, was ich brauchte,schon bei mir vorhanden war. Jetzt ist es nicht mehr so, daß ich die Therapeuten anrufe, um sie etwas zu fragen, sondern die Therapeuten rufen mich an. Manchmal kommen sie sogar spät in der Nacht, setzen sich zu mir und fragen mich um Rat. Dabei habe ich gar keine bestimmte Vorstellung davon, wie es sich mit den Dingen verhält. Ich kann nichts anderes tun als mich einfach nur entspannen. Ich kann nichts anderes tun als hier und jetzt mit allem verbunden sein."

Als wir eines Tages in dieser Gruppe zusammensaßen, sprachen wir über diese außergewöhnliche Entwicklung, die Aaron durchlaufen hatte. Einige Leute im Kreis, die Aaron viel Liebe entgegenbrachten, äußerten ihre guten Wünsche für sein Wohlergehen und sprachen davon, wie sehr sie ihn liebten. Und er sagte in seinem charakteristischen gackernden Tonfall: „Na, ihr wißt ja, ich habe es verdient." Wie viele Menschen können sich selbst gegenüber so offen sein, daß sie bestätigen können, der Liebe wert zu sein?

Als Aaron erstmals begriff, daß er sehr krank werden und vielleicht auch sterben würde, verfiel er in Wunschvorstellungen und Gefühle des Unmuts und der Erniedrigung. Doch indem er sich in tiefer Selbstbesinnung von diesen alten Modellen löste, lernte er allmählich eine nie zuvor erlebte Freiheit kennen. Jetzt sagt er, er sei frei dafür, einfach nur zu *sein*.

Aber auch jetzt noch besteht für ihn die Gefahr, daß er seine alten Modelle nur durch neue ersetzt. Solange der Geist nicht frei von jeder Verhaftung ist, vermag er sich noch in weniger offenkundigen Selbstinterpretationen einzukapseln. Die Arbeit ist nie beendet. Auch die subtilste Identifikation mit einem Modell kann die

Erfahrung des Seins beschränken. Aaron muß sich weiterhin dessen gewahr bleiben, daß sich der Geist auf irgendein neues Selbstbild festlegt - daß er vielleicht ein „Vorbild bewundernswerten Sterbens" aus sich macht, daß sich seine alten Verhaftungen vielleicht nur um eine Oktave verlagern, um in einem akzeptableren Modell, in weiterem Leiden Resonanz zu finden.

Viele Menschen sagen, daß sie nie so lebendig gewesen sind wie zur Zeit ihres Sterbens. Vielleicht ist das so, weil das Erforschen der Wirklichkeit ihrem Leben endlich einen Sinn gegeben hat. Und wenn das Leben Sinn hat, dann hat es Kraft. Die Frage heißt: „Wer bin ich?" Lebensenergie wird nicht mehr dafür verwendet, die Realität in alten Modellen einzukapseln. Die im Leben angehäuften Vorurteile können das Mysterium nicht länger verdunkeln, filtern und trüben. Diese Menschen haben an ihrem Leben tatsächlich teil, anstatt es sich nur vorzustellen. Sie sind lebendig geworden, weil sie nicht mehr darauf aus sind, daß das Leben sich nach ihren Wünschen richtet. Ihr Leben ist ein Erforschen der Wahrheit, weil sie ihre Modelle fallenlassen, um herauszufinden, was dahinter liegt. „Wer ist es, der stirbt?" Der jetzige Sinn ihres Lebens liegt in der Entschleierung der Identität, die sie immer glaubten bewahren zu müssen. Er liegt in der Enthüllung ihrer inneren Wirklichkeit, deren Entfaltung sie nie zugelassen haben.

Wenn ich mit solchen Menschen zusammen bin, erkenne ich, daß ihre Arbeit und meine Arbeit genau das gleiche will: die schutzgewährende Selbstkontrolle fallenzulassen, jenes Festhalten und Leiden aufzugeben, das uns in der Isolation hält, sich dem Jetzt zu öffnen und zu sterben - in den gegenwärtigen Augenblick hinein. Voll und ganz in dem zu leben, was uns mit offenem Herzen und einem Geist gegeben ist, der sich nicht mehr an Modelle klammert.

Während der letzten Jahre habe ich meine Zeit mit verschiedenen Menschen verbracht, die ihre mißliche Lage mehr und mehr als Mittel zum Erwachen gebrauchten, anstatt sie zu beklagen. Diese Menschen haben entdeckt, daß sie selbst ihre Schmerzen wie auch den Verlust ihres früheren Selbstbildes meistern konnten. Sie haben das Leid ihrer Krankheit und ihre Verhaftung an Modelle durchschaut. Indem sie sich mehr und mehr davon lösen, geben sie ihrem Leben mehr Spielraum. Sie schalten sich nicht mehr in alles ein. Sie lassen los. Und indem sie die Dinge loslassen, erleben sie die Zeitlosigkeit, die über ihr „Ich" hinausgeht, die einfach nur existiert. Sie erleben einen Prozeß, in dem sie sich von den geistigen Tendenzen lösen, die den unaufhörlichen Strom des Seins einfangen und kontrollieren wollen.

Anfänglich beschäftigen sie sich oft damit, die psychologischen Elemente, die geistigen Inhalte zu untersuchen. Und bis zu einem gewissen Grad scheint dies auch zweckmäßig zu sein. Das Sondieren der Zustände des Geistes zeigt ihnen deutlicher die Barrieren, die seine Klarheit mindern, wenn diese auch damit nicht beseitigt werden. Doch statt zu versuchen, jeden psychologischen Knoten zu entwirren und ihre Angelegenheiten in der Rolle einer Persönlichkeit zu klären, beginnen sie, ihre Identifikation mit diesen Knoten zu vermindern. Während sie sich allmählich von sich selbst als einer psychologischen Entität, als einer Persönlichkeit lösen, gewinnen sie die Erkenntnis, daß sie selbst der Raum sind, in dem diese Geisteszustände in Erscheinung treten. Und während sie ihr eigenes Wesen tiefer ergründen, wandeln sich ihre Prioritären. Sie treten zum Geist in Beziehung anstatt auf ihn bezogen zu sein, und dies ermöglicht ihnen eine ganz neue Dimension der Teilhabe am Dasein, am Leben selbst.

Sie nähern sich den Grenzen des rationalen Geistes. Sie erkennen, daß sie mit keinem Gedanken und Stimmungsobjekt identisch sind. Sie verbinden sich mit dem Licht, das diesen geistigen Stoff sichtbar macht. Sie beginnen zu erkennen, daß sie selbst das Gewahrsein sind, das jenseits aller Modelle der Solidität und Erwartung liegt. Sie verwechseln das Licht des Gewahrseins nicht mehr mit den Objekten, die dieses Licht reflektieren. Im stillen „Ich bin" des Geistes enthüllt sich das Bewußtsein selbst. Sie mißverstehen sich selbst nicht mehr als Objekt des Gewahrseins, sondern erkennen sich selbst als den unbegrenzten Raum des Gewahrseins wieder. Sie haben sich der Unsterblichkeit genähert.

Eine Frau sagte, ihr Bezug zur Welt sei immer von ihren Abhängigkeiten bestimmt gewesen, von ihrem rationalen Geist, ihrer psychologischen Realität, ihren Modellen, der Identifikation mit ihrer Persönlichkeit, von ihrer Psyche, ihrem Namen, ihrem Ansehen, ihrer Rechtschaffenheit. Doch dies habe so großes Leid mit sich gebracht, daß sie sich nicht länger an diesen Vorstellungen festhalten konnte. Sie konnte es sich nicht länger erlauben, ein Leben aus zweiter Hand zu führen und nur ihre Gedanken über die Dinge zu erleben statt die Dinge selbst. Und als sie loszulassen begann und sich einer direkten Erfahrung der Wirklichkeit jenseits des Lebens und jenseits des Todes öffnete, wurde sie sich des Gefühls ihrer inneren Weite und Ruhe bewußt.

Immer wenn wir uns besinnen, immer wenn wir uns selbst dazu ermutigen, unsere Bindungen zu durchdringen, beginnen wir zum Geist in Beziehung zu treten und eine größere Ausdehnung des Seins zu spüren. Wir erkennen, daß das, was wir „meine Erfahrung" nannten - „mein" Sehen, „mein" Hören, „mein" Schmecken, „mein" Riechen, „mein" Denken - im Grunde nur ständig wechselnde, durch eine unermeßliche Weite schwebende Seifenblasen sind. Wir erleben, daß wir mit keiner von ihnen identisch sind. Diese Erfahrungen sind wie ein alter Spielfilm, der in einem leeren Kino läuft. Alles geschieht von allein. Die Gedanken denken sich selbst. Und jede Art von Kontrolle ruft Druck hervor - und Druck verschließt das Herz und schafft Leid.

Wenn ich Menschen begegne, die es sich zum Ziel gesetzt haben, nach der Wahrheit zu suchen und sich von allem zu lösen, was ihr Verständnis blockiert, dann höre ich sie nicht sagen: „Lieber Gott, ich muß meine Kraft wiedergewinnen - ich muß es in der Welt wieder zu etwas bringen!" Stattdessen sagen sie: „Ich muß nichts und niemand sein, um der zu sein, der ich wirklich bin." Dies ist eine bemerkenswerte Erkenntnis für Menschen, die wie jeder einzelne von uns ihr Leben in Vorstellungen und Modellen eines Universums von „Sollen" und „Müssen" verbracht haben, das überhaupt nicht existiert. Ich sehe, daß sie die Wirklichkeit berühren. Ich sehe, daß sie ein Teil dessen werden, was *ist.*

Jene, die solche Einsicht gewonnen haben, sind die offenherzigsten und klarsichtigsten Menschen, die ich kenne. Sie sagen: „Ich muß nicht irgendetwas Besonderes sein, um nach der Wahrheit zu forschen oder wirkliche Freiheit zu finden. Ich muß mir keine Gedanken darüber machen, irgendjemand oder irgendetwas zu sein. Es ist gar nicht nötig, daß ich mir über etwas Gedanken mache, denn ich bin das sowieso nicht." Sie gehen auf den Tod zu und entdecken das Leben.

Würde man das, was viele von ihnen sagen, in eine Aussage

zusammenfassen, wäre es etwa die folgende: „Es ist seltsam, so etwas zu sagen, aber ich war noch nie in meinem Leben so glücklich, weil ich noch nie so wenig Widerstand und Zwiespalt in mir gefühlt habe. Ich habe wirklich keine Ahnung, wer ich bin, aber das macht nichts, denn all das, wofür ich mich selbst halte, hat ohnehin nicht lange Bestand. Irgendwie bin ich ständig etwas anderes, und ich weiß nicht, was das ist. Aber es ist bestimmt die befriedigendste Forschungsreise, die ich je unternommen habe, denn ich trete sie nicht mit einer großen Menge Wissen an, sondern unwissend. Mein Wissen hat mein Verständnis immer blockiert, hat mich eingenommen, hat mich verwirrt. Aber nun bin ich offener für die Wahrheit, weil ich nichts zu verlieren habe. Ich mußte alles verlieren, um zu erkennen, daß kaum etwas davon überhaupt von Wichtigkeit war. Doch nun ist da irgendwie mehr, als ich jemals erwartet habe."

Diese Menschen haben sich von ihren beengenden Vorstellungen und archaischen Abhängigkeiten gelöst und sich der lebendigen, ermutigenden Gegenwart geöffnet.

Sie stehen in Verbindung mit der grundlegenden Unsterblichkeit des reinen Gewahrseins - dem, was weder kommt noch geht, sondern einfach so ist wie es ist.

Ich sehe, daß diese Menschen in Ganzheit sterben, ohne sich zu sträuben. Sie entschwinden einfach aus ihrem Körper und sterben hinein in ihr wahres Wesen. Ihr Tod ist wie der Regen, der sich wieder sanft in den Ozean ergießt.

Die Wahrheit ist in dir, und sie ist auch in mir.
Du weißt, daß sich der Sproß schon im Samen verbirgt.
Wir alle mühen uns ab, doch niemand hat es weit gebracht.
Laß ab von Deinem Hochmut und sieh dich in deinem Innern
um.

Der blaue Himmel öffnet sich weiter und weiter,
das stete Gefühl des Scheiterns versiegt.
Der Schaden, den ich mir zufügte, verblaßt.
Millionen Sonnen treten in ihrem Licht hervor,
wenn ich unerschütterlich in dieser Welt ruhe.

Ich höre Glocken klingen, die niemand läutete.
Die „Liebe" birgt eine Freude, die all unsere Erfahrung über-
steigt.
Regen fällt herab, obwohl der Himmel frei von Wolken ist
- ich sehe Flüsse aus reinem Licht.
Alle Räume des Universums sind durchdrungen von einer
einzigen Liebe.
Wie schwer ist es doch, diese Freude in all unseren Körpern
zu fühlen!

Die auf ihren Verstand hoffen, gehen fehl.
Der Hochmut des Verstandes hat uns von jener Liebe getrennt.
Schon das Wort „Verstand" gibt Dir das Gefühl meilenweiter
Entfernung.

Wie glücklich können wir uns schätzen, denn inmitten all
dieser Freude singen wir in unserem eigenen, kleinen Boot.
Diese Verse erzählen von der Begegnung des Selbst mit sich
selbst.
In diesen Liedern erinnern wir uns nicht mehr an Tod und
Verlust.
Sie erheben sich über alles Werden und Vergehen.

Kabir, nach Bly

* * *

Himmel und Hölle

Die meisten Menschen führen ihr Leben in einem steten Wechsel zwischen Himmel und Hölle. Wenn sie bekommen,was sie sich wünschen, sind sie im Himmel. Wenn sie es wieder verlieren oder gar nicht erst bekommen, fallen sie in die Hölle. Die Hölle ist der starre Widerstand gegen das, was ist. Der Himmel ist unsere liebevolle Offenheit. Hölle ist Widerstreben. Himmel ist Bejahung.

Der Himmel ist das offene Herz. Die Hölle ist der angespannte Bauch. Normalerweise schweben wir irgendwo zwischen Herz und Magen. Der Magen lenkt alles auf sich selbst, und er betrachtet die ganze Welt als Nahrung, als nur für ihn bestimmt: Bauch-Ego. Das Herz ist dort, wo Gegensätze verschmelzen und Präferenzen sich auflösen - wie Armringe, die man in einen Schmelztiegel wirft, um das reine Gold zurückzugewinnen.

Die Geschichte erzählt von einem großen Samurai, der den Zen-Meister Hakuin aufsucht. Der Samurai nähert sich dem Zen-Meister, verbeugt sich ehrfurchtsvoll und fragt: „Herr, ich möchte wissen, worin der Unterschied zwischen Himmel und Hölle besteht." Der Zen-Meister sieht den Samurai an, mustert ihn von oben bis unten und sagt: „Ich würde es dir schon sagen, aber ich habe Zweifel, ob dein Scharfsinn ausreicht, um es zu verstehen." Der Samurai fährt erstaunt zurück. „Weißt du denn, mit wem du sprichst?" fragt er gekränkt. „Ich kann es mir denken", erwidert der Zen-Meister, „aber ich glaube wirklich, daß du zu dumm bist, um es zu verstehen." „Was?" entrüstet sich der Samurai. „Wie kannst du so mit mir reden!" „Ach, sei nicht albern", sagt der Zen-Meister.

„Wer bist du schon! Und das Ding, das da an deinem Gürtel hängt! Soll das ein Schwert sein? Es sieht eher aus wie ein Buttermesser." Voller Zorn zieht der Samurai sein Schwert und schwingt es über den Kopf, um den Zen-Meister zu töten. „Ah", sagt der Zen-Meister. „Das ist die Hölle." Da versteht der Samurai: Mit leuchtenden Augen steckt er sein Schwert in die Scheide zurück und verbeugt sich. „Und das", sagt der Zen-Meister, „ist der Himmel."

Wenn sich Wut im Geist erhebt, wenn Angst in ihm aufsteigt, dann kann sie das Leben entweder zur Hölle machen oder aber eine Möglichkeit erschließen, den Himmel zu betreten. Sie kann erneut einmal dazu führen, daß man widerstrebt, daß man sich zurückzieht und im Geist verliert. Sie kann aber auch daran erinnern, sanft loszulassen, in die Weite hinein, in die Offenheit des Herzens, in die Essenz der Bejahung.

Don Juan schlägt Carlos Castaneda vor, sein Leben wie ein Krieger zu führen. Er solle es als Möglichkeit zum Erwachen nutzen und nicht länger die ständige Weigerung des Geistes unterstützen, sich der Wirklichkeit jenseits seiner selbst zu öffnen. Er sagt: „Der gewöhnliche Mensch betrachtet alles, was geschieht, entweder als einen Fluch oder als einen Segen. Für einen Krieger ist alles eine Herausforderung."

Der Widerstreit zwischen Himmel und Hölle besteht darin, daß der Geist zwischen den Polen des Glücklichseins und des Unglücklichseins hin und her schwankt. Wir wägen jede Wahrnehmung gegen das ab, wonach wir verlangen. Ein Beispiel ist die Geschichte des wohlhabenden Versicherungsmaklers, der mit seiner Familie in einem großen Haus in „guter Gegend" lebt. Seine beiden Kinder haben auf der Universität den Honours-Grad erreicht, und er hält sich für einen sehr glücklichen Menschen. Aber dann macht die Gesellschaft, für die er arbeitet, bankrott. Er verliert seine Arbeit, muß sein Haus verkaufen und hält sich nun für sehr unglücklich.

Doch als er das Haus aufgeben muß, wird ihm klar: „Jetzt könnte ich eigentlich das machen, was ich schon immer wollte." Und mit der Restsumme aus dem Hausverkauf erwirbt er eine kleine Farm auf dem Land, die ihm zu großem Seelenfrieden verhilft. Und er hält sich wieder für glücklich.

Einige Wochen später stürzt sein Sohn beim Pflügen des

Feldes vom Traktor und verletzt sich schwer. Wieder fühlt er sich unglücklich. Doch dank des schnellen Handelns des Arztes und der Nähe des Krankenhauses wird das Leben seines Sohnes gerettet, und er hält sich wieder für glücklich.

Nun erweist es sich, daß das Bein seines Sohnes so schwer verletzt wurde, daß es amputiert werden muß. Und wiederum ist er sich sicher, daß sein Leben nur aus Unglück besteht.

Doch sein Sohn erholt sich nach der Operation überraschend gut, und die Versicherung kommt für alle Krankenhauskosten auf. Der Vater hält sich wieder für recht glücklich.

Als der Junge schließlich auf Krücken in die Schule zurückkehrt, kann er weder seinen Platz im Basketball-Team behalten noch irgendeinen anderen Sport ausüben. Darüber ist der Vater sehr unglücklich.

Doch der Junge, dessen Sensibilität durch seine neue, einbeinige Beziehung zur Welt zugenommen hat, besucht immer häufiger das Krankenhaus, in dem er operiert wurde und verbringt seine Zeit mit anderen jungen Leuten, die ähnliches durchmachen mußten. Er erzählt seinem Vater, daß er darin nun seine Lebensaufgabe gefunden hat. Wieder glaubt der Vater, daß alles sehr glücklich verlaufe. So könnte sich die Geschichte ewig fortsetzen. Und das ist meistens auch der Fall.

Das Leben ist nicht aus sich selbst heraus höllisch oder himmlisch. Dieses Pole sind Konditionen des Geistes und dadurch bedingt, daß er sich den Ereignissen entweder öffnet oder verschließt.

Wie es der Beschaffenheit der Hand entspricht, weich, offen und geschmeidig zu sein und alles halten zu können, was ihr dargereicht wird, so ist auch der natürliche Geist ein weiter Raum des Gewahrseins, der nichts umklammert. Aber der konditionierte Geist hat infolge der abermillionen Momente, in denen wir uns zwecks Aufrechterhaltung unserer vermeintlich bedrohten Sicherheit an etwas geklammert haben, viel von seiner ursprünglichen Offenheit verloren. Es ist so, als hätten wir eine Zeitlang schweres Gepäck mit uns herumschleppen müssen. Vielleicht haben wir uns beeilt, ein Flugzeug oder einen Bus zu erreichen, haben uns auf Teufel komm raus an unser Gepäck geklammert und uns schließlich in unseren Sitz fallen lassen. Und indem wir unsere

Hand öffnen wollen, merken wir, daß sie krampfhaft den Griff dieses alten Koffers umschließt. Es ist schwierig und sogar schmerzhaft, die Hand einfach wieder zu öffnen, denn das lange Festhalten hat sie steif werden lassen. Sie ist so verkrampft, daß sie nur langsam und widerwillig in ihren natürlichen Zustand zurückkehrt. Weil wir den Schmerz so sehr fürchten, erhalten wir lieber die Kontraktion aufrecht als daß wir es zulassen, daß sich die uralte Spannung löst.

Wir ziehen die Enge unseres isolierten Selbst und unserer Anhaftungen der Freiheit jenseits unseres Käfigs vor. Lieber leben wir in unserer vertrauten Hölle, als daß wir unter Schmerzen loslassen und in die Weite des Unbekannten gehen.

Es gibt eine Geschichte von einem Mann, der stirbt und sich in einer schimmernden Sphäre wiederfindet. Er denkt: „Ich war wohl doch besser, als ich dachte." Ein leuchtendes Wesen nähert sich ihm und geleitet ihn durch einen Bogengang in einen prächtigen Bankettsaal, in dem auf einem riesigen Tisch unvorstellbare Delikatessen ausgebreitet sind. Mit vielen anderen nimmt er an dieser Tafel Platz, und man serviert ihm ein Mahl nach seinen Wünschen. Als er nach seiner Gabel greift, tritt jemand von hinten an ihn heran und schnallt dünne Bretter an die Rückseiten seiner Arme, so daß er seine Ellbogen nicht beugen kann. Beim Versuch, einen Bissen zu sich zu nehmen, merkt er, daß er ihn nicht zum Mund führen kann, weil sein steifer Arm es ihm verwehrt. Er schaut sich um und stellt fest, daß alle anderen Leute ebenfalls Bretter an ihren Armen tragen und sie nicht beugen können. Alle murren und seufzen, weil sie versuchen, etwas von dem Essen in ihren Mund zu stopfen, ohne ihn erreichen zu können. Ein großes Jammern und Wehklagen über diese mißliche Lage geht durch die Reihen. Der Mann geht zu dem Wesen, das ihn an seinen Platz geführt hat und sagt: „Das hier muß die Hölle sein. Aber wo ist nun der Himmel?" Und das strahlende Wesen geleitet ihn durch den Bogengang in einen anderen riesigen Bankettsaal, in dem ebenfalls ein gewaltiger Tisch steht, der mit dem gleichen Aufgebot an Speisen beladen ist. „Ah, das ist schon bessser", denkt er. Er setzt sich an den Tisch und will gerade kräftig zulangen, als jemand zu ihm kommt und ihm abermals kleine Bretter an seine Arme bindet, so daß er sie wieder nicht beugen kann, um zu essen. Doch als er sich beklagen will, daß dies ja dieselbe aussichtslose Situation wie in der Hölle sei, und entsetzt um sich blickt, bemerkt er, daß an diesem Tisch etwas anderes geschieht. Die Leute versuchen nicht, gegen die Starre ihrer Arme anzukämpfen und das Essen mit Gewalt in ihren Mund zu bringen, sondern jede füttert mit ausgestreckten Armen die Person, die neben ihm sitzt; alle geben sich gegenseitig zu essen. Die Bedingungen sind dieselben, aber die Reaktion darauf ist eine ganz andere.

Wenn wir nur für unser „Ich" und unsere Befriedigung Gedanken haben, leben wir mit starren Armen in der Hölle und leugnen das Leben, welches wir mit allen anderen teilen. Wenn wir uns als Teil des Ganzen erkennen, geben wir allen anderen Nahrung und werden währenddessen selbst genährt.

In unserem Leben klammern sich die meisten Verlangen nach Befriedigung an einen provisorischen Himmel, den sie indessen mehr und mehr in eine Hölle verwandeln. Wir fürchten, daß wir unser kurzlebiges Paradies verlieren könnten, kauern uns in eine dunkle Ecke und leugnen das Unvermeidliche. Der Griff nach dem Himmel schafft ein Leben der Hölle. Wir verstricken uns immer tiefer in alte Muster und glauben, sie würden eines Tages irgendwie Früchte tragen, obwohl dies noch nie der Fall war.

Es ist wie in der oft erzählten Geschichte über die verrückten Weisheitslehren der Sufi-Figur Nasrudin. Dieser kehrt mit einem großen Korb scharfer Paprikaschoten vom Markt zurück. Als er in seinem Zimmer sitzt und eine Schote nach der anderen verzehrt, kommt ein Schüler herein und fragt ihn, warum er diese doch so beißend scharfen Pfefferschoten esse. Nasrudins Augen tränen, seine Lippen sind geschwollen und aufgesprungen, und seine Zunge ist ganz dick geworden. „Wie kannst du nur so viele von diesen fürchterlich scharfen Schoten essen?" fragt der Schüler. Nasrudin erwidert: „Nun, ich habe sie auf dem Marktplatz gesehen, und sie sahen so verlockend aus, daß ich nicht an ihnen vorbeigehen konnte." „Aber warum tust du dir das an?" fragt der Schüler. „Warum ißt du sie alle hintereinander?" Und Nasrudin erwidert: „Oh, ich warte darauf, daß ich eine süße erwische."

Unsere lange Suche nach dauerhafter Befriedigung verunsichert uns. Der Pfad windet und krümmt sich, und jedes Abweichen von unserem Ziel ruft Schmerz in uns hervor. Wir sind wie Phantome, die mit durchsichtigen, schemenhaften Händen die Welt ergreifen wollen. Gleich einem hungrigen Gespenst schreit unsere geistige Abhängigkeit nach Befriedigung und will all das, was sie nicht hat oder nicht halten kann. Schmerzliches Begehren hat den Geist deformiert. Das Verlangen zerrt an jedem schmackhaften Bissen, obwohl es nicht mehr fähig ist zu schlucken - und so würgen wir an jedem neuen Kuchenstück. Wenn das Verlangen groß ist und keine Befriedigung eintritt, wähnen wir uns in der Hölle.

Die Hölle ist unsere Unfähigkeit, etwas aufzugeben, unsere Unfähigkeit, mit dem hungrigen Gespenst alter Ängste und kurzer Befriedigung locker umzugehen. Indem wir in eine Ecke zurückweichen, um dem Unangenehmen zu entgehen und uns noch weiter von dem Feuer unserer unerfüllten Verlangen zurückzuziehen, schlagen wir unseren Wohnsitz in der Hölle auf. Nun können wir uns nirgendwohin wenden, da ist „Kein Ausgang"; wir sitzen in der Falle unseres Verlangens, und loslassen wollen wir nicht. Unser Herz ist von Angst und Zweifeln eingeschnürt. Erst wenn das Leiden zu groß wird, wenn wir einfach keinen Widerstand mehr leisten können, beginnen wir, unsere mißliche Lage anzuerkennen. Wenn das Herz aufseufzt und sein Leid allmählich aufgibt, löst sich die Hölle vor unseren Augen auf. Es ist so, wie Thomas Merton sagte: „Wirkliches Gebet und wahre Liebe lernen wir in dem Moment, in dem das Beten nicht mehr möglich und das Herz zu einem Stein geworden ist." Indem wir die Hölle loslassen, können wir sogar den Himmel übersteigen und in das Licht jenseits des Geistes treten.

Im Alten Testament heißt es: „Und ob ich schon wanderte im finsteren Tal, fürchte ich kein Unglück, denn Du bist bei mir."

Vielleicht ist es die Verzweiflung, die uns fragen läßt: „Was soll ich jetzt nur machen?", aus der die Antwort kommt. Denn eine rasche Lösung kann es hier wohl nicht geben. Schließlich wissen wir „es" nicht. Wir haben so lange so viel gewußt, daß der Raum überfüllt ist, in dem die Wahrheit spontan erscheinen könnte. Da ist kaum Platz für unser wahres Wesen. Es ist jener Geist des „Nicht-Wissens", in dem sich Himmel und Hölle auflösen. Es ist jene offene, absichtslose Erforschung der Wahrheit, in der die Realität ans Licht kommt.

Es gibt eine außergewöhnliche Übersetzung eines kurzen Traktats des dritten Zen-Patriarchen mit dem Titel „Hsin Hsin Ming" von Richard B. Clarke. Das Chinesische kennt für „Herz" und „Geist" nur ein Wort: *Hsin*. Denn wenn das Herz offen und der Geist klar ist, bestehen sie aus einer einzigen Substanz, einer einzigen Essenz. In Erkenntnis dieser Verschmelzung von Herz und Geist beginnt er sein Traktat mit den Worten:

> *Der Große Weg ist nicht schwierig*
> *für jene, die keine Vorlieben kennen.*
> *Wenn weder Liebe noch Haß vorhanden sind,*
> *tritt alles klar und unverhüllt zutage.*
> *Doch triff die geringste Unterscheidung,*
> *und Himmel und Erde sind unendlich weit voneineinander*
> *getrennt.*
> *Wenn du die Wahrheit erkennen willst,*
> *dann fälle keine Urteile für oder gegen etwas.*
> *Das, was du magst, höher einzuschätzen als das, was du*
> *nicht magst,*
> *ist eine Krankheit des Geistes.*
> *Wenn die tiefe Bedeutung der Dinge nicht verstanden wird,*
> *wird der essentielle Frieden des Geistes ohne jeden Nutzen*
> *erstickt.*

Verwirrung ist ein Ergebnis der Abwehr der Wirklichkeit, ein Resultat unseres zwanghaften Suchens nach Antworten, die den Geist füllen und die Widersprüchlichkeiten unserer Präferenzen und Ansichten zerstreuen sollen. Verwirrung ist ein Zustand, in dem du nicht der bist, der du wirklich bist, ein Zustand schmerzlichen Befremdens über das Dasein. Und doch könnte man sich befreien, indem man den verwirrten Geist erforscht, indem man erkennt, daß der stille Zeuge von keiner Verwirrung berührt wird. Die Wahrheit wird in jenem inneren Raum lebendig, der sich nicht darauf versteift zu „verstehen", der nicht versucht, sich selbst um einer Selbstdefinition willen auszufüllen. Die Wahrheit wird erfahren im Geist des „Nicht-Wissens", in welchem sie Anteil hat an der Weite und Zeitlosigkeit des Seins. Verwirrung bedeutet, daß wir uns einem Strom entgegenstemmen und nach irgendeiner Antwort greifen. Nicht-Wissen ist einfach der Raum, der für alles Raum hat, auch für die Verwirrung selbst. Im Nicht-Wissen gibt es keine Zwänge, und der Geist ist keinerlei Notwendigkeiten unterworfen. Schon der geringste Zwang verschließt das Herz.

Vielleicht besteht der Kern der Lehre in der Frage: „Kannst Du in der Hölle ein offenes Herz bewahren?" Können wir auch dann noch offen für uns selbst sein, wenn wir uns im Zorn, im Widerstand und in der Angst eingeschlossen haben? Haben wir, wenn wir Angst haben, noch den Raum in uns, in dem die Angst existieren kann, ohne daß wir uns verschließen? Oder haben wir alles so sehr verdrängt, so sehr unterdrückt, daß sich viele der alten Muster immer weiter reproduzieren, daß wir uns angespannt und gehemmt fühlen und unser Leben als bedeutungslose Makulatur, als schlechte Posse empfinden?

Da gibt es eine Geschichte über einen der großen tibetischen Lamas, der, als er sich dem Tode näherte, betete, er möge in der Hölle wiedergeboren werden. Denn er fühlte, daß es die Hölle sei, wo die Wahrheit den größten Nutzen hätte. Dort, glaubte er, würde das Dharma am dringendsten gebraucht. Einige Tage später träumte er von den himmlischen Sphären, in die ihn seine Verdienste führen würden. Und als er aufgewacht war, weinte er.

Meister Eckhart wäre beinahe auf dem Scheiterhaufen verbrannt worden, weil er gesagt hatte: „Lieber will ich eine Hölle mit Jesus, als einen Himmel ohne ihn."

Unser Geist ist überfüllt. Ständig beeilen wir uns, jede auftauchende Frage zu beantworten. Selten lassen wir es zu, daß der Geist etwas nicht weiß. Wir möchten die Frage beantworten und fragen daher nicht mehr: „Wer bin ich?" Die meisten Antworten, die der Geist produziert, sind nur Entschuldigungen dafür, daß er nicht tiefer eindringt. Und es sind die Antworten des Geistes, die Verwirrung auslösen. Im Nicht-Wissen gibt es keine Verwirrung. Es gibt nur die Wahrheit.

Es gibt noch eine andere alte Geschichte über einen Zen-Meister. Dieser wurde von einem hochgebildeten Wissenschaftler und Philosophen aufgesucht, der zu ihm sagte: „Ich verstehe viel von den physikalischen Gesetzen des Universums und vom Gang der Dinge, aber vielleicht gibt es etwas, das du mich noch lehren kannst. Darf ich diese Lehren hören?" Der Zen-Meister ließ ihn Platz nehmen und bot ihm Tee an. Als der Wissenschaftler dem

Zen-Meister seine Tasse entgegenhielt, begann dieser sie zu füllen und goß immer weiter, so daß der Tee überlief und auf den Boden floß. Er sah den Zen-Meister an und sagte: „Das ist doch zwecklos. Meine Tasse ist übervoll." Und der Zen-Meister lächelte und erwiderte: „Das stimmt. Dein Geist ist übervoll wie diese Tasse. Leere deine Tasse und komm' dann wieder, um die Lehre zu hören. Vielleicht hast du dann in dir genügend Raum für die Wahrheit."

Unsere Tassen sind übervoll, und wir wissen so viel, daß wir nichts verstehen. Wir sind nur allzu sachkundig. Und wir fühlen, daß dies einen Schmerz in unserem Herzen erzeugt. Unsere Sachkenntnis ist unser falsches Wissen. Sie ist ein sehr kostspieliger Ersatz für die dem Sein innewohnende Freiheit.

Indem wir uns von alten Modellen lösen und uns dem Nicht-Wissen öffnen, entdecken wir das Leben. Das heißt, wir stehen uns ebensowenig selbst im Weg wie ein Heiler, der aus sich selbst zurücktritt, damit sich die außerordentliche Natur des Universums durch ihn manifestieren kann. Er selbst tut nichts. Sein selbstbezogenes Tun kommt gewissermaßen für einen Moment zum Stillstand, so daß er zu einem Kanal für die Energie der Ganzheit werden kann. Und so beobachten auch wir in der Offenheit des Nicht-Wissens den Vorgang der Heilung. Wir sehen, wie alte Kenntnisse und Erwartungen zerrinnen. Wir beginnen die reine Freude des Daseins zu erleben, liebevoll verbunden mit allem, was existiert.

Wenn wir uns nicht mehr an unser Wissen klammern, sondern uns einfach der Wahrheit des Augenblicks öffnen, dann reicht das Leben über Himmel und Hölle, über die ständige Jagd des Geistes nach Befriedigung hinaus.

Da ist Zorn im Geist - wer ist zornig? Ich weiß es nicht, es ist einfach so! Da ist Angst im Geist - ich weiß nicht, sie existiert. Da ist Eifersucht im Geist - ich weiß nicht, aber es ist in Ordnung. Denn wenn du denkst, es sei nicht in Ordnung, dann verschließt sich dein Herz. Das ist zwar auch in Ordnung, aber es tut weh. Im Nicht-Wissen gibt es kein Sollen, es gibt nur ewiges Nicht-Wissen.

Als ich mit Elisabeth Kübler-Ross zusammenarbeitete, träumte sie davon, eines Tages ein Buch zu schreiben, betitelt „Ich bin nicht O.K., du bist nicht O.K, und das ist O.K.".

Es gibt so vieles zu entdecken und so wenig Anlaß, an alten

Verwirrungen, an alten Trugbildern der Bequemlichkeit und Sicherheit festzuhalten. Wir richten uns auf die natürliche Offenheit des Herzens aus und beginnen zu erkennen, daß wir nichts beiseite schieben müssen, daß wir nichts sein müssen, daß wir nirgendwo hingehen müssen - daß wir grenzenlos unbegrenzt sind. Wir waren so lange so sehr beschäftigt damit, „jemand" zu sein, daß wir nicht mehr wissen, wer wir sind oder wer/was wir wirklich sein könnten. Indem wir unser Wissen loslassen, öffnen wir uns dem eigentlichen Sein. Wir erleben die Unsterblichkeit. Unsere Angst vor dem Tod und unsere Sehnsucht nach dem Leben verschmelzen mit dem Sein, Himmel und Hölle gehen im Augenblick auf. Der Reichtum, das „So-Sein" des Lebens treten zutage. Es gibt nichts, was zu beschützen, nichts, was zu verbergen wäre. Es gibt nur eine neu erwachende Vitalität und eine neue Offenheit für das Leben.

Don Juan lehnte sich in seinem Stuhl zurück und sagte lächelnd zu Carlos: „Der grundlegende Unterschied zwischen einem normalen Menschen und einem Krieger ist der, daß für einen normalen Menschen alles entweder ein Segen ist oder ein Fluch, während für einen Krieger alles eine Herausforderung ist."

Der Krieger besitzt die Weisheit, jedes Ereignis so zu nehmen, wie es ist, ohne seinen Ausgang zu kennen, ohne ein bestimmtes Ergebnis zu erwarten. Sein Nicht-Wissen ist die Freude und der Mut, die sein Leben erfüllen.

Erledigte Geschäfte

Stelle dir vor, du liegst mit lebensgefährlichen Verletzungen auf einer Intensivstation und bist unfähig zu sprechen oder dich zu bewegen. Über dir schweben die besorgten Gesichter deiner Lieben, und das Morphium, das dir soeben injiziert wurde, beginnt deine Schmerzen zu dämpfen. Du möchtest dich aufraffen, um ihnen etwas zu sagen, um deine Geschäfte zu erledigen, um Lebewohl zu sagen, um Jahre der unzulänglichen Kommunikation wiedergutzumachen.

Was würdest du sagen? Denke an all das, was ungesagt blieb und teile es Tag für Tag mit denen, die du liebst. Zögere nicht. Denn „morgen" ist nur ein Traum.

Das Erledigen der Geschäfte bedeutet nicht unbedingt, daß du jeden einzelnen Punkt des Mißrauens und der vernachlässigten Kommunikation in Deinem Leben bereinigst. Viele sehen im Erledigen der Geschäfte das Erstellen einer Bilanz mit ausgeglichenem Saldo, in der die mißlichen Umstände der Vergangenheit der Reihe nach durchgesprochen und ausbalanciert werden. Meiner Erfahrung nach ist oft nicht genügend Zeit oder Vertrauen oder Selbstvertrauen oder einfach genügend Energie vorhanden, um sich mit jenen alten Verklammerungen, Ressentiments, Ängsten und Zweifeln zu beschäftigen.

Das Erledigen der Geschäfte bedeutet, daß ich mein Herz öffne, daß ich alle Verstimmung und Angst, die mein Herz verschließen, alles, was ich noch will, loslasse und nur Liebe gebe. Ich lasse alles los, was der tiefsten Gemeinsamkeit entgegenwirkt. Ich öffne mich dir liebevoll, so wie du bist - nicht wie ich dich sehen möchte oder wie ich mich selbst sehen möchte. Ich öffne mich der Einheit jenseits der Notwendigkeit, Rechnungen zu begleichen. Ich bin nicht mehr darauf aus, daß mir die anderen vergeben oder daß ich ihnen zeige, wie unfair sie waren. Wenn wir unsere Geschäfte erledigen wollen, dürfen wir nichts mehr unterdrücken. Wachsende Liebe tritt an die Stelle der Verklammerung. Wenn wir beginnen, uns über die Vorstellung hinaus zu öffnen, wir seien ein abgesondertes „Ich" in Beziehung zu einem abgesonderten „Anderen", und wenn wir in liebevoller Offenheit in uns selbst ruhen, dann sind unsere Geschäfte erledigt.

Wenn es sich erweist, daß unsere Kinder, die wir zu „guten Erwachsenen" herangezogen haben, ebenso verunsichert sind wie wir, und wenn wir uns darüber ärgern, verschlechtert sich dann unser Kontakt zu ihnen? Was wäre, wenn du in einem Jahr in den offenen Sarg blicken müßtest, in dem dein Liebling liegt? Wenn die Beziehung zwischen dir und deinem Kind nicht von der Liebe getragen wurde, wirst du die gebrochene Kraft dieser mangelnden Verbundenheit spüren, und diese Erfahrung wird ein Gefühl von Schuld und Verwirrung in dir hinterlassen. Du fühlst, daß hier „Geschäfte zu erledigen" sind. Aber wenn du deine Geschäfte erledigt hast, wenn du dich voller Liebe der ganzen Bandbreite der Gefühle geöffnet hast, die in jeder Beziehung vorhanden sind, dann wirst du deinen Weg mit einem Gefühl der Erfüllung und Ganzheit fortsetzen.

Die meisten unserer Beziehungen sind recht oberflächlich, weil wir uns selbst zum großen Teil verleugnen. Doch wie willst du dich einem Menschen öffnen, wenn du bemüht bist, nur eine Fassade zu präsentieren? Wie willst du wirklich eine Ganzheit sein, wenn du deine Ganzheit nur vortäuschst?

Denke an jede einzelne deiner Beziehungen und überlege, wie viele von ihnen du deinem Gefühl nach noch zu klären hättest, bevor du Lebewohl sagen könntest. Wie unvollständig und eingeschränkt ist die Verbindung zwischen deinem Herzen und dem Herzen eines anderen? Wie oft hast du dich aus irgendeinem „Grund" nicht dem Herzen deines vertrautesten Weggefährten ergeben?

Wir brauchen das Wort „Liebe", aber wir wissen nicht mehr

von der Liebe, als wir vom Zorn oder der Angst oder der Eifersucht oder auch der Freude wissen. Denn wir haben selten nachgeforscht, wie dieser Geisteszustand tatsächlich beschaffen ist. Welcherart sind die Gefühle, die wir so eilig als Liebe bezeichnen? Für viele ist die sogenannte Liebe ganz und gar nichts Liebliches, sondern sie ist ein Gewirr von Bedürfnissen und Verlangen, von momentanen Ekstasen und Verwirrungen. Erfahrungen der Einheit und der intensiven Verbundenheit vollziehen sich in einem Geist, der so zerbrechlich ist, daß seine Einheit schon durch den leisesten Argwohn oder Seitenblick in ein Dutzend gespenstische Paranoia zersplittert.

Wenn wir „Liebe" sagen, meinen wir gewöhnlich eine Emotion, ein tiefes Gefühl für ein Objekt oder eine Person, das es uns ermöglicht, uns zeitweise einem anderen Menschen zu öffnen. Doch in dieser emotionalen Liebe ist der Selbstschutz nie weit entfernt. Eine solche Beziehung ist nach wie vor mit „Geschäften" beladen: Wolken der Eifersucht, der Inbesitznahme, des Schuldbewußtseins, der gewollten und ungewollten Manipulation und der Trennung verdunkeln das Licht der Einheit ebenso wie der Schatten früherer Liebesverhältnisse.

Was ich jedoch mit „Liebe" meine, ist keine Emotion, sondern ein Zustand des Geistes. Wahre Liebe braucht kein Objekt. Viele sprechen von ihrer bedingungslosen Liebe zu einem anderen Menschen. Aber in Wahrheit gibt es diese bedingungslose Liebe nicht. Bedingungslose Liebe ist die Erfahrung des Seins, und es gibt für sie kein „Ich" und keinen „Anderen". Wen oder was sie auch berührt, wird im Zustand der Liebe erfahren. Du kannst niemanden bedingungslos lieben. Du kannst nur bedingungslose Liebe *sein*. Es ist keine dualistische Emotion. Es ist ein Gefühl des Einsseins mit allem, was existiert. Die Erfahrung der Liebe entsteht, wenn wir unsere Besonderheit mit der Gesamtheit verschmelzen lassen. Es ist ein Gefühl der Einheit. Du liebst den anderen nicht, Du *bist* der andere. Weil es keine Trennung gibt, gibt es auch keine Angst. Es sind nicht „zwei, die eins sind", sondern es ist vielmehr „das Eine, das sich in Zweiheit manifestiert". In solcher Liebe kann es keine unerledigten Geschäfte geben.

Doch wie oft hast du deine Besonderheit gepflegt, hast sie genährt und wie eine Giftpflanze gehegt, bis die Kluft zwischen dir und dem anderen unüberwindlich schien und die Liebe durch eine gesellschaftlich akzeptable Kommunikation, durch eine Art von Problembewältigung ersetzt wurde?

Das Erledigen der Geschäfte bedeutet nicht so sehr ein Zusammenzählen alter Kontostände, sondern eher deren Annullierung. Es bedeutet, Beziehungen nicht mehr wie Geschäfte abzuwickeln und Verbindungen mit anderen nicht mehr vor dem Hintergrund einer Gewinn/Verlust-Rechnung einzugehen. Es bedeutet, die Konten aufzulösen, welche Separatismus und Schmerz vergrößern.

Die meisten Menschen unterhalten ihre Beziehungen in der gleichen Weise, wie sie Geschäfte abwickeln. „Ich gebe dir fünf Murmeln, wenn du mir auch fünf gibst. Wenn du mir drei gibst, gebe ich dir zwei. Aber wenn du mir nur zwei gibst, dann nehme ich meine Murmeln und gehe nach Hause."

Kürzlich sagte mir eine strahlende 31-jährige Frau, die einen Gehirntumor hat: „Du darfst keinen Moment verlieren, um den Leuten zu sagen, wie sehr du sie liebst. Irgendwie kann ich meine Liebe jetzt offener ausdrücken als jemals zuvor. Mein ganzes Leben lang wollte ich den Leuten sagen, wie sehr ich sie liebe, aber ich glaubte, ich könnte es nicht. Ich fühlte mich verwundbar und eingeschüchtert. Ich fürchtete, man würde mir nicht zuhören. Es schien, als würde der rechte Moment einfach nie kommen. Aber jetzt ist mir klar, daß ich keinen Moment zu verlieren habe." Bei ihr gibt es kein Abwickeln von Geschäften mehr. Nur Liebe.

Du hast keinen Moment zu verlieren, um den Zorn und die Liebe mit anderen zu teilen. So kannst du gemeinsam mit ihnen darüber hinausgehen und einen Ort der Einheit erreichen. Du hast keinen Moment zu verlieren, um das loszulassen, was deine Besonderheit aufrechterhält. Und den Grad, in dem du andere beiseite schiebst, kannst du daran messen, inwieweit du dich selbst beiseite schiebst. Wie oft verbirgst du deine Gedanken und Gefühle? Wie oft verleugnest du dich selbst?

Es ist nicht einfach. Wir müssen sehr gütig zu uns selbst sein und uns von der „Bedrängnis unserer Unvollkommheiten" lösen. Wir werden so sehr darin bestärkt, uns zu verschließen, uns selbst zu schützen und unser eingebildetes Selbstbild zu hüten, das beständig die Welt erschafft, die wir erblicken. Wir berühren nur selten die Wahrheit, weil wir unsere inneren Barrieren pflegen und maniküren, an unserer Persönlichkeit herumpolieren und all das verdammen und ändern, was uns eventuell Schmerzen bereiten könnte. Wie oft erleben wir unser ursprüngliches Verbundensein mit den anderen?

Wenn wir jedoch jene Güte zu empfinden beginnen, erkennen wir, daß wir nichts verlieren können und niemanden schützen müssen. Dieser Schutzmechanismus *ist* das unerledigte Geschäft, das uns vor dem Leben, vor dem Tod und vor der Liebe zurückweichen läßt.

Wie meine sterbende Freundin sagte, haben wir keinen Moment zu verlieren. Und der große tibetanische Heilige Milarepa bemerkte: „Beeile dich langsam."

Wenn du deinen Geist betrachten und dennoch dein Herz öffnen kannst, sind die Geschäfte erledigt. Es ist nicht so, daß sich Zorn oder Angst, Zweifel oder Verwirrung aufgelöst haben. Aber es gibt einfach kein Ziehen und Schieben mehr, keinen Verlust und keinen Gewinn. Die Verhaftungen bleiben hinter dir zurück, und du erreichst ein sanftes Gewahrsein, das jeden Augenblick mit Anteilnahme statt mit Angst erfährt - in Stille und innerer Ruhe statt in Aufregung und Trauer über ein Leben, das hinter dir zerronnen ist.

Wir wissen, welch „faden Geschmack" Tauschhändel in persönlichen Beziehungen haben und wie leicht sie eine echte Gemeinsamkeit abtöten können. Die meisten Menschen sind auf eine Art von Abschirmung ihrer selbst und anderer fixiert, durch welche die lebendige Wahrheit verborgen bleibt. Denn für die meisten Menschen hat die Wahrheit keine Priorität. Wir schirmen uns in einer Weise ab, in der die Wirklichkeit unserer Gefühle verdunkelt wird und wir mit dem anderen Wesen selten in innige Berührung kommen. Der fade Geschmack resultiert oft daraus, daß wir verwirrt sind und Schwierigkeiten haben, uns zu offenbaren. Wir haben das Gefühl, uns nicht darauf verlassen zu können, daß andere uns verstehen und dennoch die Liebe geben könnten, die wir so gerne von ihnen haben wollen. Die meisten Menschen wickeln noch ihre Geschäfte ab.

Menschen, die offenbar keine Geschäfte mehr zu erledigen haben, leben genau jetzt, genau in diesem Moment. Der Zen-

Meister Suzuki Roshi sagte: „Man sollte sein Leben so leben, als wäre es ein sehr heißes Feuer. So bleiben keine Spuren zurück. Alles wird zu weißer Asche verbrannt." Jede Handlung wird so vollständig und komplett ausgeführt, daß unser Dasein jeden Moment ausgefüllt ist. Es gibt nichts anderes mehr zu tun, als zu sein.

Ein gutes Beispiel für unerledigte Geschäfte ist die Kluft, die viele von ihren Kindern oder ihren Eltern trennt. Wir beharren darauf, daß wir unser Herz nur dann öffnen, wenn der andere sein Herz ebenfalls öffnet. Wir sagen, daß wir uns erst dann offenbaren, wenn die anderen dies auch tun. Sie tun es aber nicht oder können es nicht, und unsere Verwirrung und unser Schmerz schaden dann allen. Durch unsere Unfähigkeit, uns auf sie einzustimmen oder mit ihnen übereinzustimmen, sind wir Lichtjahre von ihnen entfernt.

Viele Leute verurteilen zum Beispiel ihre Eltern und haben das Gefühl, daß sie „einfach nichts verstehen". Und sie würden ihre Eltern am liebsten gegen andere eintauschen. Wir versteifen uns darauf, daß sie anders sein sollten, daß sie mit unserem Modell des Universums konform gehen sollten - ebenso wie unsere Eltern mit uns zankten und brave kleine Jungen oder Mädchen aus uns machen wollten. Die Rollen sind nun vertauscht, aber es ist noch immer dieselbe alte Rolle, die uns in derselben alten Weise voneinander trennt.

Als Teenager war ich so etwas wie ein Halbstarker. Heiße Öfen, schwarze Lederjacke, Straßenkämpfe. Ich lag ganz und gar nicht auf der Linie des jüdischen Mittelstandes meiner Eltern. Und als ich so richtig in meine Sturm-und-Drang-Zeit kam und ein halbes Dutzend Mal mit dem Gesetz in Konflikt geriet, schüttelte meine Mutter, die hoffte, ich würde eines Tages „anständig werden", gelegentlich enttäuscht ihren Kopf und sagte: „Wenn ich diesen Tag nur noch erleben könnte!" Zwischen uns schien eine gewaltige Kluft zu bestehen.

Aber während die Zeit verging und andere Lebensabenteuer kamen, öffnete sich mein Herz ein wenig, und wenn ich einmal im Jahr aus Kalifornien kam, um meine Eltern zu besuchen, stellte ich fest, daß ich am Eßtisch nicht mehr hitzige Streitgespräche mit meinem Vater führte, sondern eine Offenheit entwickelte, in der ich mich weder dem Wertesystem meiner Eltern verschließen noch mein eigenes verteidigen mußte. Bei jedem Besuch merkte ich, daß sich der Raum vergrößert hatte, in dem ich sie so ehren konnte, wie sie waren. Ich wollte nicht mehr unbedingt ihre Anerkennung finden, sondern mich ihnen liebevoll öffnen. Ich war nicht mehr ganz so verhaftet an meiner Sicht der Dinge. Im Verlauf der Jahre besuchte ich sie immer wieder, um einfach mit ihnen zusammenzusein, um sie einfach zu lieben. Und ich konnte erkennen, daß mein Verlangen nach ihrer Anerkennung immer wie ein Feuer zwischen uns gewesen war und mein Herz verschlossen hatte - denn wenn sie sie mir nicht gaben, zog ich mich nur noch weiter zurück. Doch nun wickelte ich keine Geschäfte mehr ab. Ich war einfach präsent und teilte mit ihnen so viel, wie mir möglich war. Ich erkannte die große Abhängigkeit, die mein Herz in Augenblicken der Verklammerung und Verunsicherung so leicht verschlossen hatte.

Ich fing an, alles Trennende zwischen uns als Arbeit an mir selbst zu betrachten, und ich versuchte, mich über der Hochwassermarke meiner größten Ängste und Unsicherheiten zu halten. Nachdem wir uns einander in den folgenden Jahren mehr und mehr geöffnet hatten, wandte sich meine Mutter mir eines Tages zu und sagte: „Nun habe ich diesen Tag also noch erlebt!" Doch so wundervoll das auch war, die Geschäfte waren damit noch nicht erledigt. Denn immer, wenn mein Herz schwankt und sich zurückziehen will, werde ich der Dinge gewahr, in denen ich mich noch verfangen kann und in denen die Liebe durch die geistigen Verlangen und alten Verhaftungen blockiert werden kann. Die Geschäfte erledigen heißt, sich bedingungslos in die Liebe hinein zu öffnen.

Es gibt die Geschichte von einem alten Mann, der sein Leben lang gearbeitet hatte, um eine Farm aufzubauen, die seine Familie ernähren konnte. Nachdem er viele Jahre das Land bestellt und gegen die Naturelemente gekämpft hatte, um seine Familie zu versorgen und ihr ein Zuhause zu geben, fühlte er, daß die rechte Zeit für ihn gekommen war, sich zur Ruhe zu setzen, auf der Veranda zu sitzen und über das Universum nachzudenken. Sein Sohn war stark und tüchtig und hatte bereits eine eigene Familie. Es schien an der Zeit, daß er die Farm übernehmen konnte. Also übergab der alte Mann die Farm seinem Sohn und ließ sich auf einem bequemen Stuhl auf der Veranda nieder, um nach einem Leben mühseliger Arbeit den Rest seiner Tage zu genießen. Sein Sohn war anfangs stolz darüber, endlich Herr auf seiner eigenen Farm zu sein. Aber als er einige Monate auf den Feldern gearbeitet hatte, begann er sich über die Untätigkeit seines Vaters zu ärgern. Während er selbst den ganzen Tag rackern mußte, saß sein Vater auf der Veranda und wiegte seine Enkelkinder auf den Knien. In seinem Innern begann sich Groll zu regen, und allmählich sah er in seinem Vater nur noch einen weiteren Mund, der gestopft werden mußte. Er dachte bei sich: „Ich habe jetzt meine Frau und meine Kinder, um die ich mich kümmern muß. Dieser alte Mann versteht das nicht. Er sitzt einfach nur da. Es kommt nicht darauf an, was früher war. Ich muß hart arbeiten und wünschte, ich müßte nicht auch noch für ihn sorgen." Während er weiter den Boden hackte und das Land bestellte, wuchs sein Groll immer mehr, bis er sein Essen vollends nicht mehr mit „diesem unnützen alten Mann auf der Veranda" teilen wollte. Er wollte alles für sich selbst und seine Familie und dachte: „Seine Zeit ist vorbei. Er soll nicht länger bei uns sein." Er zimmerte einen großen Kasten aus schwerem Teakholz, stellte ihn auf einen Schubkarren, rollte ihn hinüber zur Veranda und sagte resolut zu seinem Vater: „Papa, ich möchte, daß du in diesen Kasten steigst. Jetzt gleich." Sein Vater nickte, stieg ohne ein Wort von der Veranda und kletterte in den Kasten. Der Sohn schloß den schweren Deckel hinter ihm und ließ den Messingriegel einschnappen. Er karrte den Kasten zu einer Felsklippe und wollte ihn gerade in die Tiefe hinunterstürzen, als er es von innen klopfen hörte. „Was willst du?" fragte er schroff. Aus dem Innern des Kastens hörte er die sanfte Stimme seines Vaters: „Weißt du, ich verstehe dich. Es ist in Ordnung, wenn du mich loswerden willst. Du denkst, ich bin nur ein unnützer alter Mann. Aber wenn du mich die Klippe hinunterstürzen willst, dann würde ich dir vorschlagen, daß du mich aus dem Kasten holst und nur meinen Körper hinunterwirfst. Den Kasten würde ich an deiner Stelle behalten. Ich kann mir vorstellen, daß deine Kinder ihn eines Tages vielleicht gebrauchen könnten!"

Verschiedentlich haben mir Leute erzählt, daß sie es bedauerten, nicht mit jemandem ins reine gekommen zu sein, der bereits gestorben ist. Sie wünschten, sie hätten dieser Person ihre Liebe und Verbundenheit mitteilen können und haben das Gefühl, daß es nun zu spät sei. Oft führt diese Erkenntnis der Unvollkommenheit einer Beziehung zu einer Identifikation mit Gefühlen der Hilflosigkeit und Schuld. Und es erhebt sich die Frage: Wie können wir unsere Probleme mit jemandem klären, der nicht mehr bei uns ist? Natürlich ist die Antwort immer die gleiche: Man muß einer Person nicht begegnen, um ihr Liebe zuzusenden. Um das zu tun, muß der andere nicht einmal von deiner Anwesenheit Notiz nehmen, geschweige denn davon wissen, was in dir vorgeht. Unsere Arbeit besteht darin, uns liebevoll füreinander zu öffnen. Diese Arbeit ist nicht an Resultate gebunden. Sie wird aus sich selbst heraus und um ihrer selbst willen getan.

Im Verlauf von Workshops haben einige davon erzählt, daß sie in einer klaren Nacht hinausgegangen waren und sich auf die Erde gelegt oder gesetzt hatten, um zum Himmel emporzuschauen und sich einen Stern auszusuchen, der eine verstorbene Person verkörperte, die sie geliebt hatten. Dann nahmen sie einen Dialog mit jener im Stern lebendig gewordenen Person auf. Indem sie ihr Herz sprechen ließen und der Stille jenseits des rationalen Geistes lauschten, teilten sie jener Person mit, was sie nach ihrem Gefühl noch von ihr trennte. Und selbst wenn dieser geliebte Mensch schon zwanzig Jahre zuvor gestorben war, sprachen viele davon, daß sich zwischen ihnen eine neue Klarheit, eine neue Offenheit entfaltet habe. Die Kluft, die sie über Jahre hinweg zu trennen schien, hatte sich in Liebe aufgelöst. Oft können schon zehn oder zwanzig Minuten solcher Kommunikation eine jahrelange Isolation aufheben und die essentielle Verbundenheit wiederherstellen. Man erfährt dabei, daß, wenn zwei Leute an den Enden eines Seiles ziehen, nur einer von ihnen loslassen muß, um die Spannung zwischen ihnen aufzuheben.

Die Isolation und der Widerstreit eines ganzen Lebens lösen sich in einem Moment der Liebe auf. Indem wir uns von jeglicher Berechnung lösen und unserem Herzen vertrauen, nähern wir uns dem, was Jesus vielleicht meinte, als er sagte: „Glaube kann Berge versetzen." Denn wir erkennen, daß die Liebe ebenso wie der Glaube der natürliche Raum eines offenen Herzens und Geistes ist - und daß „Liebe" ebenso wie „Glaube" nur ein oft benutzter, aber selten verstandener Begriff ist, der die essentielle, unnennbare Ganzheit des Seins zu benennen versucht, in der wir uns alle aus unserer Isolation herauslösen.

Als Gefangene in unserem eigenen Melodrama vergessen wir nur zu leicht, daß wir Teil eines Prozesses sind. Wir sind wie die Zellen in einem einzigen Organismus, die ein gemeinsames Bewußtsein haben und sich gemeinsam bewegen.

Eine der großen Lehren jener Verkörperung unseres ursprünglichen Wesens, die wir Jesus nennen, ist die Vergebung. Vergebung ist die Fähigkeit, sich vom Groll und von der Verhaftung an eine separate Identität zu lösen. Sie bedeutet, daß du dich in dein Herz vertiefst, so daß du den Schmerz eines anderen fühlen und von deinem Groll ablassen kannst.

Vergebung tritt ein, wenn der klammernde Geist im Herzen versinkt und zerschmilzt. Der indische Heilige Maharajji, Lehrer vieler guter Freunde, pflegte zu sagen: „Verstoße nie jemanden aus deinem Herzen." Denn wenn du jemanden aus deinem Herzen verstößt, verbannst du auch dich selbst. Vielleicht spiegelt sich diese Wahrheit im Ausspruch Jesu wider: „Richtet nicht, auf daß ihr nicht gerichtet werdet." Denn je mehr du dich mit der Stimme des Urteils identifizierst, desto mehr stärkst du den urteilenden Geist, der alle Dinge gleichermaßen beargwöhnt. Dies ist eine alte Gewohnheit des konditionierten Geistes. Der urteilende Geist verteilt keine Vorzugsrechte, er kennt nicht den Unterschied zwischen „dir" und „Anderen". Er verhätschelt oder verdammt alles, was er betrachtet, mit erbarmungsloser Unparteilichkeit. In dem Grad, in dem du über andere richtest, veranlaßt du den Geist, über sich selbst zu richten.

„Hätte ich das nur schon früher eingesehen. Mein Leben ist so starr gewesen. All diese Ansichten und Meinungsverschiedenheiten sind von so geringer Bedeutung. Kaum einmal hat mich die Frustration an unsere Gemeinsamkeit denken lassen. Eher habe ich Barrieren aufgebaut, die eine tiefere Kommunikation der Herzen verhinderten. Wie gleichgültig bin ich gegenüber der einfachen Schönheit gemeinsamer Liebe und Vergebung gewesen."

MEDITATION DER SELBSTVERGEBUNG

(Du kannst sie einem Partner langsam vorlesen und auch allein mit ihr arbeiten.)

Vertiefe dich einmal in den Wesenszug, den wir Vergebung nennen. Vergegenwärtige dir in deinem Geist, genaugenommen in deinem Herzen das Bild einer Person, gegen die du Groll hegst.

Laß dir einen Moment Zeit, um diese Person inmitten deiner Brust im Herz-Zentrum zu spüren.

Und nun sage in deinem Herzen zu dieser Person: „Ich vergebe dir alles, womit du mir in der Vergangenheit Leid zugefügt hast, sei es wissentlich oder unwissentlich, sei es durch Gedanken, Worte oder Taten. Ich vergebe dir."

Erlaube dieser Person allmählich, sich in deinem Herzen niederzulassen.

Verurteile dich nicht dafür, daß dir dies so schwer fällt.

Übe keinen Druck auf dich aus. Öffne dich dieser Person nach und nach, ohne Zwang und ohne Eile.

Sage zu ihr: „Ich vergebe dir. Ich vergebe dir alles, womit du mir in der Vergangenheit Leid zugefügt hast, sei es wissentlich oder unwissentlich, sei es durch deine Gedanken, Worte oder Taten. Ich vergebe dir."

Öffne dich ihr ganz sanft, ganz ruhig. Wenn es schmerzt, laß es schmerzen. Öffne dich dieser Person ganz allmählich. Mag auch dieser Groll, dieser unglaubliche Zorn in dir brennen - öffne dich ganz behutsam. Vergebung.

„Ich vergebe dir."

Laß es zu, daß sich dein Herz weitet.

Es tut weh, jemandem sein Herz zu verschließen.

„Ich vergebe dir."

Öffne dieser Person dein Herz noch etwas weiter. Spüre einfach die Offenheit, die Vergebung, die Loslösung vom Groll.

Laß es zu, daß ihr vergeben wird.

Bleibe nun offen für die Vergebung und vergegenwärtige dir in deinem Herzen das Bild einer Person, die du um Vergebung bitten möchtest.

Sprich in deinem Herzen mit ihr. „Ich bitte dich um Vergebung für alles, womit ich dir in der Vergangenheit Leid zugefügt habe, sei es durch meine Gedanken oder meine Taten oder meine Worte. Ich bitte dich auch um Vergebung für das Leid, das ich dir unabsichtlich zugefügt habe."

„Für all die Worte, die aus Gedankenlosigkeit oder Angst gefallen sind und die ich aus meiner Verschlossenheit oder Verunsicherung heraus gesagt habe, bitte ich dich um Vergebung."

Laß dich nicht durch irgendeinen Unwillen daran hindern, diese Vergebung anzunehmen. Laß sie in dein Herz fließen. Laß es zu, daß dir vergeben wird.

Gestatte es dir, frei zu sein.

Werde dir deiner Gefühle der Unwürdigkeit und des Zornes auf dich selbst bewußt - laß dies alles von dir abfalllen. Laß es los.

Öffne dich der Möglichkeit der Vergebung.

„Ich bitte dich um Vergebung um alles, womit ich dir in der Vergangenheit Leid zugefügt habe, indem ich irgendetwas getan oder gesagt oder gedacht habe. Ich bitte dich um Vergebung."

Es tut so weh, sein Herz vor sich selbst zu verschließen.

Laß nun das Bild deiner selbst in dein Herz treten. Sage zu dir selbst: „Ich vergebe dir." Weise dich nicht zurück.

Gebrauche deinen Vornamen und sage in deinem Herzen:

„Ich vergebe dir." Öffne dich. Laß es so sein wie es ist. Schaffe in deinem Herzen Raum für dich selbst.

„Ich vergebe dir."

Laß allen Unwillen von dir abfallen.

Öffne dich der Selbstvergebung. Gib dir selbst ein wenig Raum.

Löse dich von dieser Bitterkeit, dieser Härte, dieser Selbstverurteilung.

Sage zu dir: „Ich vergebe dir."

Laß einen Lichtstrahl liebevoller Güte auf dich fallen. Erlaube deinem Herzen, sich dir zu öffnen. Laß dieses Licht, diese Fürsorge für dich selbst wachsen.

Selbstvergebung.

Nimm wahr, wie Gedanken der Unwürdigkeit und die Angst vor zu großer Nachsicht mit dir selbst dir die Möglichkeit versperren wollen, dich ein für allemal von deiner Verhärtung zu lösen.

Erlebe die Freiheit, die in der Selbstvergebung liegt. Kannst du überhaupt noch einen Moment länger an jenem Leid festhalten?

Fühle diesen Raum der Liebe und tritt in ihn ein.

Gestehe dir das Mitgefühl und die Fürsorge der Selbstvergebung zu. Schwebe sanft im offenen Herzen des Verstehens, der Vergebung und des Friedens.

Fühle, wie schwer es uns fällt, uns selbst zu lieben. Fühle den Schmerz in den Herzen all jener, die in Unsicherheit gefangen sind. Vergib ihnen. Vergib dir selbst. Löse dich sanft von dem Schmerz, der die Unermeßlichkeit deiner Liebe verhüllt.

Es ist der Stolz und der Groll, die der Vergebung gewöhnlich den Weg versperren. Wenn sich Groll erhebt, tauchen wir meistens sofort in ihn ein. Wir verlieren unseren Raum. Wir identifizieren uns mit ihm und verschließen uns, anstatt im Groll einfach nur die Frustration alter Verlangen und Verhaftungen zu erkennen. Aber Groll kann auch als Forschungsobjekt benutzt werden. Wenn wir diesen Geisteszustand ohne Bewertung oder Angst existieren lassen, kann sich das Herz öffnen. Wir stellen fest, daß wir nicht aus der Besonderheit und aus der Dualität heraus lieben, sondern einfach mit jemandem „in der Liebe" verbunden sind. Wir teilen den Raum der Liebe. Wir teilen das Sein. Jenseits der Vorstellungen und Ängste des Geistes tauchen wir tief in das Herz der Dinge ein.

In den Jahren, in denen ich eine Meditationsgruppe unterrichtete, habe ich festgestellt, daß es selbst von denen, die bereits über beträchtliche Meditationserfahrung verfügten, als sehr fruchtbar empfunden wurde, die Selbstvergebungs-Meditation in ihre Praxis einzubeziehen. Sie half ihnen, über enge geistige Konzepte und Vorstellungen hinausgehende Eigenschaften zu fördern und sich den Dingen einfach zu öffnen, so wie sie sind. Auch diejenigen, die diese Meditation täglich nur fünfzehn Minuten ausüben, haben schon nach relativ kurzer Zeit festgestellt, daß in ihren Herzen mehr Raum für sie selbst und alle anderen entstanden ist.

Einige, die mit dieser Meditation arbeiteten, haben von Anfang an echte Wärme und Offenheit in sich gefühlt. Anderen erschien sie mechanisch und trocken. Zu Beginn dieser Praxis fragen sich viele, ob ihr Herz überhaupt zur Vergebung fähig sei. Es dauert manchmal eine Weile, diese recht vernachlässigte Eigenschaft zu entwickeln. Der Geist legt der Offenheit des Herzens alle möglichen „rationalen" Hindernisse in den Weg, und indem er behauptet, Selbstvergebung sei mit Selbstverwöhnung gleichzusetzen, zeigt er seine Unbarmherzigkeit. Sobald wir unsere eigenen unerledigten Geschäfte und die schmerzhaften Verkrustungen des Herzens wahrnehmen, beginnen wir den Schmerz zu spüren, der in allen Herzen existiert. Und Vergebung verwandelt sich in Mitgefühl. Wenn wir Mitgefühl empfinden, löst sich der Schmerz in der Liebe auf. Alles, was so isoliert erscheint, verschmilzt mit dem Einen. Alle sind eins mit uns. Es gibt keine unerledigten Geschäfte mehr.

* * *

Trauer

Als ich sieben Jahre alt war, starb mein bester Freund Eric. Ich selbst war mit einer undichten Herzklappe und systolischem Herzgeräusch auf die Welt gekommen, was dazu führte, daß ich rasch ermüdete und auf sportliche Aktivitäten und turbulente Spiele mit Gleichaltrigen verzichten mußte. Eric hatte Leukämie. Als wir uns begegneten, verstanden wir uns sofort. Unser gemeinsames Spiel bereitete mir eine bis dahin nicht gekannte Freude und führte zu einer Kameradschaft und Gleichberechtigung, wie ich sie vorher nie erlebt hatte. Er war mein erster echter Freund. Ich erinnere mich daran, wie ich auf dem Boden seines Schlafzimmers saß, von Spielzeugsoldaten und Festungen aus Holzklötzen umgeben, glücklich wie nie zuvor. Das Zimmer war von Licht erfüllt. Mein Herz stand weit offen, und wir liebten einander. Wir konnten es kaum erwarten, uns nach der Schule zu treffen. Dann fehlte er eines Tages in der Klasse. Nach der Schule rannte ich an den beiden Häuserblocks vorbei zu seinem Haus und wurde von seiner erschöpften Mutter an der Tür empfangen. Sie sagte, daß Eric zu krank zum Spielen sei. Zwei Wochen später starb er. Ich wollte es nicht glauben, war fassungslos, verwirrt und wütend. Das konnte doch nicht sein! Endlich hatte ich einen guten Freund, und wo war er nun? An wen sollte ich mich nun wenden? Niemand sagte es mir.

Meine Trauer und meine Verwirrung brachten meine Lehrer und meine Eltern in Verlegenheit. In meinem Unglauben ging ich noch einmal zu Erics Haus, trottete auf dem Rasen umher und wartete darauf, daß Eric zum Spielen herauskam. Seine Mutter lugte hinter den zugezogenen Vorhängen hervor und verschwand wieder. Als ich auf die Veranda trat, öffnete sie die Tür und zeigte sich besorgt über meine übergroße Traurigkeit. Sie sagte, ich solle nicht traurig sein - „Eric ist nicht gestorben, er ist jetzt nur woanders" - und schickte mich nach Hause. Wochenlang fühlte ich mich einsamer als je zuvor. Ich hatte das Gefühl, ich könne auf nichts und niemanden mehr vertrauen, nicht einmal auf das Leben selbst.

Im Lauf der Jahre heilte meine Herzklappe, und ich fand andere Freunde, andere Beziehungen. Vielleicht hatte ich Eric sogar vergessen. Dreißig Jahre später assistierte ich zum ersten Mal bei einer Arbeitsgruppe, die sich mit dem Tod und dem Sterben beschäftigte. Als ich den abschließenden Kommentaren von Eltern zuhörte, die überaus kummervolle Erfahrungen aufgearbeitet hatten, sagte ich mir, daß ich ja glücklicherweise noch nie einen lieben Menschen verloren hatte. Da blitzte Erics Zimmer in meiner Erinnerung auf, durchstrahlt von unserer Freundschaft. Ich war plötzlich wieder sieben Jahre alt. Ich hatte die Quelle meiner größten Freude vergessen.

Als Kind konnte ich das Leid anderer oft in meinem Herzen nachempfinden. Es machte mich wütend, in solch einer grausamen Welt leben zu müssen. Ich konnte all den Schmerz und das Leid um mich herum nicht akzeptieren. Ich brauchte Jahre, um die Verwundbarkeit meines Herzen anzuerkennen. Die Trauer hatte es aufgebrochen, aber ich hatte keine Ahnung, was ich mit dem Schmerz anfangen sollte.

Wenn ich jetzt an jene Zeit zurückdenke, kommen mir noch immer die Tränen, und ich fühle Eric noch in meinem siebenjährigen Herzen. Und obwohl ich ihn irgendwie noch immer vermisse, spüre ich, daß sein Tod eine Art Initiation für mich war. Meine Gefühle aus jener Zeit scheinen mich nie ganz verlassen zu haben. Jeder Freund, dessen Sterben ich miterlebe, gemahnt mich, mein Herz aufbrechen zu lassen und erinnert mich daran, daß Liebe niemals stirbt. Wir sind hier, um die Wahrheit zu entdecken und sie in den Dienst der Liebe zu stellen. Aber niemand, der mir je begegnet ist, hat mein Leben mehr mit Sinn erfüllt als Eric.

Ich bin vielen Menschen begegnet, deren Trauer das Maß des Erträglichen überschritt. Und dies war auf mancherlei Weise das beste, was ihnen je widerfahren ist. Denn es wurde für sie zum

Anstoß, die Tiefen ihres Wesens auszuloten. Wenn wir Trauer erfahren, erleben wir nicht nur den Verlust unserer Ehepartner, unserer Eltern oder anderer geliebter Menschen. Wir werden regelrecht in den Abgrund der Verzweiflung und Sehnsucht gestürzt. Wir kommen in Berührung mit dem Ursprung unserer Verlustgefühle. Wir erleben die beständigen Ängste, Zweifel und Sorgen, die wir schon immer in uns trugen. Es ist eine Erfahrung, die sich die meisten von uns nicht ausgesucht haben. Und doch scheint die Konfrontation mit diesem Bereich starker Bindungen auch eine Initiation zu sein, die sich auf der stürmischen Reise zur Befreiung bei vielen Menschen zu vollziehen scheint und von der in den Biographien zahlreicher Heiliger und Weisheitslehrer die Rede ist.

Wir schieben das Unangenehme beiseite, und es gibt wahrscheinlich nur wenige Erfahrungen, die noch unangenehmer sind als die Trauer. Doch wenn man von tiefer Trauer erfüllt ist, versinkt das Bewußtsein im Reservoir des Verlustempfindens, in dem man aller Verklammerungen, Sehnsüchte und Ängste schmerzlich gewahr wird. Manche Menschen sprechen von der Tauer in einer Weise, als wären sie auf den Grund eines tiefen Ozeans hinabgetaucht. Und manche erleben sie als eine wunderbare Gelegenheit, um mit Räumen in Berührung zu kommen, zu denen sie wohl sonst nie Zugang gefunden hätten. Ich sehe, wie sie den auflodernden Geist mit Bejahung, Licht und Sanftmut erfüllen und eine innere Offenheit für die Gefühle des Verlustes und der Trauer schaffen, die so lange in ihnen eingeschlossen waren.

Vor einigen Jahren erzählte mir eine Frau davon, wie ihre Tochter ums Leben kam, als die Familie an der Küste von Oregon Ferien machte. Ihre sechsjährige Tochter und ihr zehnjähriger Sohn ließen sich nicht weit vom Strand auf einem Stück Baumstamm treiben, hingen im Wasser und vergnügten sich johlend damit, in die heranrollenden Wellen einzutauchen. Sie lachten und kreischten, wenn sie von einer Welle überspült wurden und sich an den Baumstamm klammern mußten - es war ein einziges fröhliches Chaos. Aber als eine anrollende Woge den Baumstamm in Drehung versetzte und die Kinder sich festhalten und ihn wieder erklimmen wollten, wurden sie von einer ungewöhnlich großen Welle getroffen, die das sechsjährige Mädchen mit sich riß und in die offene See zog, bevor irgendjemand zu ihr hinschwimmen konnte. Man fand sie nicht mehr wieder.

Einige Tage später wurde die Frau ins Leichenschauhaus bestellt, um den Körper eines Kindes zu identifizieren, der am Morgen an den Strand gespült worden war. Als sie in das Büro des Leichenbeschauers kam, sagte dieser zu ihr, sie müsse sich darauf gefaßt machen,daß er ihr nur die Überreste eines Körpers zeigen könne. Ein Hai habe sich über das ertrunkene Kind hergemacht. Als man das Tuch zurückzog, durchlebte sie den tiefsten Schmerz, den sie je empfunden hatte. Aber sie durchlebte auch die tiefste Erfahrung der Liebe. Der Anblick der angefressenen Überreste ihrer Tochter ließ ihr einfach keine Möglichkeit, der Erfahrung auszuweichen. Sie wurde förmlich aus ihrem Geist herausgeschleudert. Sie ging über sich selbst hinaus. Und sie berührte die Essenz ihres eigenen Lebens. Dieser Augenblick konfrontierte sie mit allem, was sie von anderen Wesen und auf schmerzlichste Weise von sich selbst trennte. Sie konnte sich nicht verstecken. Sie konnte nichts tun, um diese Erfahrung auszuschalten. Sie mußte sich dem gegenwärtigen Moment einfach stellen. Ich glaube wirklich, daß kein erleuchtetes Wesen ihr mehr hätte offenbaren können als jener Augenblick.

Die Macht dieser Trauer war so gewaltig, daß sie loslassen, daß sie sich ergeben mußte. Alles, was in ihr verborgen war, wurde von einem grellen Blitz erleuchtet. Ein Jahr später erzählte sie mir, daß es die tiefgreifendste Erfahrung ihres Lebens war. Sie sagte: „Es hat mich geöffnet. Es hat mein Leben verwandelt. Jetzt ist mir nichts anderes mehr wichtig als in Berührung mit den Herzen der anderen zu kommen, ihre Herzen zu ergründen und mich ihnen zu öffnen."

Wenn wir voraussetzen, daß Gnade ein Gefühl der Verbundenheit ist, daß sie die Erfahrung unseres grundlegenden Wesens bedeutet, dann wird vielleicht deutlich, daß das, was wir oft als Tragödie bezeichnen, den Keim der Gnade in sich birgt. Wir erkennen, daß das, was uns zur Gnade führt, nicht immer angenehm ist, obwohl es uns immer einem wesentlichen Kern in uns selbst näherzubringen scheint.

Eine Geschichte berichtet von dem großen tibetischen Lehrer Marpa, der vor tausend Jahren mit seiner Familie auf einem Landgut in Tibet lebte. Auf dem Gut wohnten auch zahlreiche Mönche, die bei diesem großen Lehrer studierten. Eines Tages wurde Marpas ältester Sohn getötet. Marpa war tief bekümmert, und einer der Mönche kam zu ihm: „Ich verstehe das nicht. Du lehrst uns, daß alles Illusion sei. Aber wenn alles Illusion ist, warum bist du dann so tief betrübt?" Marpa erwiderte: „Alles ist eine Illusion, in der Tat. Und der Tod eines Kindes ist die größte aller Illusionen."

Er würdigte den Augenblick, denn er akzeptierte die Offenheit des Herzens für das Paradoxon, daß die Erscheinungswelt zwar trügerisch, der Schmerz der Trennung von einem innig geliebten Menschen aber gleichwohl eine der leidvollsten Lebenserfahrungen ist. Obgleich er die natürliche, den Körper übersteigende Transzendenz wie auch die stetige Reise des Bewußtseins anerkannte, würdigte er auch die Ebene der tiefen Gefühle des Verlustes, indem er sie nicht ausklammerte. Er öffnete sich der Dynamik des Universums, wie sie sich ihm in diesem Augenblick größten Verlustes und allumfassender Einheit darbot.

Dies ist vielleicht der schwierigste Balanceakt, den wir zu erlernen haben: Dem Schmerz ebenso zu vertrauen wie dem Licht; den Kummer uneingeschränkt in uns eindringen zu lassen und dennoch offen zu bleiben für die Vollkommenheit des Universums.

Wenn wir davon sprechen, jemanden zu lieben, meinen wir, daß jene Person uns als Spiegel für den Raum in uns selbst dient, der die Liebe ist. Jenes Wesen bringt uns in Berührung mit uns selbst. Die Trauer, die wir spüren, wenn dieser Spiegel zerschmettert wird, ist der Verlust des Kontaktes mit diesem Raum der Liebe in uns selbst. Weil wir jene Person für etwas anderes als uns selbst halten, betrauern wir unseren Verlust und erleben wieder das Gefühl der Abtrennung und Isolation, das uns ursprünglich dazu motivierte, außerhalb unser selbst nach jener essentiellen Einheit zu suchen, die wir Liebe nennen.

Indem wir den Verlust unserer widergespiegelten Liebe erforschen, nehmen wir wieder die Verbindung mit uns selbst und der Liebe in uns auf, die keine äußere Form benötigt und nie unterbrochen wurde. Indem wir die Liebe berühren, berühren wir den anderen. Indem wir berühren, was wir miteinander teilten, brennt sich die Trauer einen Weg ins Zentrum des Herzens.

Wie schon gesagt, bezeichnet das Wort „Liebe" gewöhnlich

die Emotion, den Geisteszustand, der sich selbst außerhalb seiner selbst sucht. Es beschreibt die emotionale Liebe jener kommerziellen Art von Beziehung, die Berechnungen anstellt und nur sicherstellen soll, daß wir gut dabei wegkommen. Es ist eine sehr unvollkommene Art von Beziehung. Es ist der Eigennutz, aus dem heraus wir jemanden „fallen lassen", der zwanzig Jahre lang unser Freund war, weil er unser Selbstbild nicht mehr bestärkt. Wir stellen fest, daß wir nur jemanden lieben, der unserem Selbstverständnis Anerkennung zollt. Aber es ist unsere essentielle Liebe, die wir erfahren, wenn der Geist betrübt im ewig gegenwärtigen Herzen versinkt. Er ist betrübt über den Verlust des Spiegels, betrübt über die verlorene Reflexion des inneren Raumes, in dem alle Liebe entspringt.

Vor kurzem verbrachten wir einige Zeit mit einem Paar, dessen elfjährige Tochter entführt und ermordet worden war. Es war der schlimmste Alptraum, den ein Elternpaar erleben kann. Sie hatten keinerlei Möglichkeit, den Lauf des Schicksals zu steuern. Sie hatten keine Möglichkeit, diese Erfahrung auszuschalten. Ihr Schmerz war so außergewöhnlich, daß sie ihn einfach nicht mehr ertragen konnten, und ihre Herzen wurden förmlich zerrissen.

Nicht lange nach dem Tod ihrer Tochter schrieben sie an Ram Dass: ,,Wir machen weiter, obwohl uns nicht danach zumute ist. Wir bemühen uns nach Kräften darum, für unsere anderen beiden Kinder dazusein, und auch das ist manchmal schwer. Ständig erforschen wir unsere eigenen Herzen und die Herzen vieler Freunde und Verwandten, die sich uns geöffnet haben, denn wir wollen zu einem tieferen Verständnis kommen und einen neuen Sinn finden.

Ich sehe Rachel als eine Seele, die sich aktiv für ihre Arbeit engagierte, als sie auf Erden war. Besonders die letzten drei Jahre haben mir gezeigt, wie ihr strahlendes Wesen aufgeblüht ist. Sie kümmerte sich um alle, ob es nun Familienmitglieder, Freunde oder Verwandte waren. Alle wurden von ihr geliebt, und mit allen schloß sie Kontakt, ob jung oder alt. Ständig verschenkte sie kleine Liebes-Gaben - um jemand lächeln zu sehen, um ihn aufzumuntern, um ihm zu zeigen, daß sie an ihn dachte. Sie hatte irgendwie gelernt, ihren Niederlagen und Frustrationen standzuhalten und sich nicht von ihnen einschüchtern oder hemmen zu lassen. Ihre

Blütenblätter waren gerade dabei, sich zu öffnen und zur Sonne zu strecken. Sie war kein Duplikat ihrer Eltern. Sie war sie selbst. Sie war die beste und stärkste von uns. Welche ‚Lehre' auch mit Rachels Tod verbunden sein mag, sie hat in all den Menschen, die sie kannten, und auch in überraschend vielen Leuten, denen sie gar nicht begegnet war, tiefe Wunden gerissen."

Als Ram Dass diesen Brief erhielt, antwortete er: „Rachel hat ihre Arbeit auf der Erde vollendet und den Schauplatz auf eine Weise verlassen, die in unseren Herzen einen Aufschrei des Schmerzes hinterläßt, weil sie mit solcher Gewalt am zarten Faden unseres Glaubens zerrt. Ich weiß nicht, ob irgendjemand die Kraft hat, einer solchen Lehre, wie Ihr sie jetzt empfangt, bewußt standzuhalten. Wahrscheinlich sind es nur sehr wenige, und auch sie könnten inmitten der schrillen Trompeten ihrer Wut, ihrer Trauer, ihres Entsetzens und ihrer Trostlosigkeit wohl nur ein Flüstern von Gleichmut und Frieden vernehmen.

Weder kann ich Euren Schmerz mit Worten lindern, noch sollte ich den Versuch dazu machen. Denn Euer Leid ist Rachels Vermächtnis an Euch. Nicht, daß sie oder ich Euch diesen Schmerz bewußt aufbürden möchten - aber er ist nun einmal vorhanden. Und er muß durch sein reinigendes Feuer zu seiner Erfüllung gelangen... Denn etwas in Euch stirbt, wenn Ihr das Unerträgliche ertragt. Und einzig in dieser dunklen Nacht der Seele werdet Ihr darauf vorbereitet, mit den Augen Gottes zu sehen und mit der Liebe Gottes zu lieben.

Jetzt ist die Zeit gekommen, in der Ihr Eurer Trauer freien Lauf lassen könnt - ohne falsch verstandene Stärke beweisen zu müssen. Jetzt ist die Zeit gekommen, um still dazusitzen, mit Rachel zu sprechen, ihr dafür zu danken, daß sie diese paar Jahre bei Euch war, und sie zu ermutigen, ihre Arbeit weiterzuführen, wissend, daß Ihr durch diese Erfahrung in Eurem Mitempfinden und in Eurer Weisheit wachsen werdet.

In meinem Herzen weiß ich, daß Ihr Rachel wieder und wieder begegnen und der zahlreichen Formen gewahr sein werdet, in denen Ihr Euch gekannt habt. Und wenn Ihr Euch begegnet, werdet Ihr mit einem Male wissen, was zu wissen Euch jetzt noch nicht gegeben ist - warum dies alles so geschehen mußte und nicht anders.

Unser rationaler Geist kann niemals ‚verstehen', was sich zugetragen hat. Doch Eure Herzen werden, wenn Ihr sie Gott geöffnet habt, ihren eigenen intuitiven Pfad finden. Rachel ist durch Euch auf die Erde gekommen, um hier ihre Arbeit zu tun (die Art und Weise ihres Sterbens eingeschlossen). Ihre Seele ist jetzt frei, und die Liebe, die Ihr mit ihr teilen könnt, ist gefeit gegen die Stürme des Wandels von Zeit und Raum."

Weil sich unsere Freunde ihrer Trauer öffneten, öffneten sie sich ihrer Liebe. Sie begegneten Rachel auf einer Ebene, die sie vorher kaum je berührt hatten. Indem sie sich öffneten, verfingen sie sich weniger in den Formen, die Eltern und Kind, die geliebte Menschen immer wieder voneinander trennen. Statt dessen begann die Trauer, die den Geist zerwühlt und verbrennt, still und sanft ins Herz hinabzusinken.

Die Trauer läßt oft erkennen, daß der Geist anfangs vom Schmerz der Trennung erfüllt ist - von Gedanken an den Verstorbenen, von Phantasien, Gesprächen und Erinnerungen. Die noch an die Form gebundene Beziehung läßt den Geist förmlich verglühen. Die Beziehung wird empfunden als die zwischen Mutter und Kind, zwischen Ehemann und Ehefrau, zwischen Körper und Körper. Aber schließlich ergießt sich die Trauer in das Herz, und was nun erfahren wird, ist weniger das Individuum als separater Körper, sondern vielmehr die grundsätzliche Verbindung, die beide ursprünglich zusammengeführt hat. Nur die Liebe bleibt zurück. Der Abgrund zwischen „mir" und dem „anderen", der beide einmal voneinander trennte, verschwindet, und sie werden eins - jenseits der Form, jenseits der Vorstellungen und Modelle ihres Selbstverständnisses. Man blickt durch die Formen hindurch und fühlt nur noch die Liebe. Die Trauer, der offene Riß machen das Herz nun empfindsam und verwundbar. Und die Lektion des Mitempfindens, um derentwillen wir geboren wurden, offenbart sich in ihrer ganzen Tiefe.

Bei einem einige Jahre zurückliegenden Workshop erwähnte ein Professor der Parapsychologie - er lehrte an einer Universität im Südwesten - daß er sich tausendfünfhundert Mal unter Hypnose in vergangene Leben hatte zurückführen lassen. Ein anderer Teilnehmer sagte daraufhin, daß er dazu bereit wäre, eine Rückführung zu erleben, um diesen Prozeß einmal kennenzulernen. Dieser Mann war ein hünenhafter, stämmiger Flößer aus Oregon mit einem mächtigen roten Bart, fast zwei Meter groß und 110 Kilo schwer. Trotzdem war er von einer ganz sanften Art. Als er sich ängstlich auf die große Couch legte, versammelten sich viele Leute aus dem Workshop um ihn.

Der Reinkarnationstherapeut schien sich auf seine Arbeit zu verstehen, hypnotisierte seine Versuchsperson recht schnell und führte den Mann durch seine frühen Kindheitserinnerungen - seine Geburtstagfeier mit sechs Jahren, seinen ersten Schultag, sein Säuglingsalter. Er führte ihn weiter in die Zeit vor seiner Geburt und in das hinein, was ein früheres Leben zu sein schien. Als der Mann in diesem Leben bis zu einem Alter von zwölf Jahren zurückgegangen war, fragte er ihn, wie er sich fühle. Der Flößer wurde sehr unruhig und sagte: „Ich bin verloren. Wir sind alle verloren. Was sollen wir nur machen? Ich habe Angst!"

Der Therapeut beruhigte den Mann und sagte ihm, daß alles in Ordnung käme, daß er sich entspannen und lösen solle. Er holte ihn aus dieser schmerzlichen Erfahrung heraus und ging mit ihm weiter zurück in ein noch früheres Leben, in dem er anscheinend im Alter von zwölf Jahren mit seinem Vater ein sehr glückliches Leben in irgendeinem der norddeutschen Waldgebiete geführt hatte. Sein Vater war Holzfäller, und er war sein Gehilfe und großer Bewunderer. Er erzählte, wie sich sein Leben mit dreizehn, vierzehn und fünfzehn Jahren in den weiten Wäldern abspielte, wie er das Holz stapelte und gelegentlich mit seinem Vater in die Stadt fuhr, um lebensnotwendige Dinge einzutauschen. Nach einer Weile bat ihn der Therapeut, in seiner Muttersprache weiterzusprechen. Eine Linguistin, die am Workshop teilnahm, sagte uns, daß er einen veralteten deutsch-holländischen Dialekt sprach. Vieles von dem, was er erzählte, konnte sie übersetzen. Es machte ihn sehr glücklich, mit seinem Vater zu leben, zu arbeiten und sich die Fertigkeiten eines Holzfällers anzueignen. Als er von seinem achtzehnten Lebensjahr sprach, wurde er sehr unruhig, denn sein Vater war von einem umstürzenden Baum erschlagen worden. Der Flößer begann in seinem Schmerz so sehr zu schluchzen, daß die Couch erzitterte. Sein Gesicht hatte sich gerötet, seine Augenlider waren geschwollen, und die herabrinnenden Tränen benetzten seinen Bart. Sein ganzer Körper wurde von Weinkrämpfen geschüttelt. „Oh, Papa ist tot - mein Papa, mein Papa!" Es war für diesen achtzehnjährigen Jungen zweifellos ein unsagbarer Verlust. Der Therapeut ging mit ihm weiter durch dieses Leben. Mit zwanzig hatte er das Gewerbe seines Vaters übernommen. Man merkte, daß der in Zusammenhang mit seinem Vater stehende Kummer noch immer anhielt. Zweiundzwanzig, dreiundzwanzig. Er hatte in dem Leben Fuß gefaßt, das er mit seinem Vater geteilt hatte. Er war ein Holzfäller, der gelegentlich in die Stadt fuhr, um seine Ware zu verkaufen und gegen andere notwendige Dinge einzutauschen. Als er mit siebenundzwanzig in einem nahegelegenen Dorf Holz verkaufte, lernte er eine Frau kennen, von der er mit großer Anteilnahme erzählte. Sechs Jahre lang warb er um sie. Er war offensichtlich sehr schüchtern. Nachdem er von einigen recht förmlichen Begegnungen mit ihr berichtet hatte, die in den nächsten drei Jahren erfolgt waren, fragte ihn der Therapeut: „Hast Du sie denn noch nicht geküßt?" Und er errötete und sagte: „Oh nein! Nein!"

Als er zweiunddreißig Jahre alt war, heirateten die beiden. Es folgten einige Jahre glücklichen Ehelebens, und dann starb seine Frau. Wieder brach ein gewaltiger Gram aus ihm hervor. Wieder erbebte die Couch, und von seinem Bart tropften die Tränen. Der Therapeut holte ihn sanft in die Gegenwart zurück. Der Mann setzte sich auf, sah sich mit geröteten Augen um und hatte absolut keine Erinerung an das, was er soeben erzählt hatte und was seine Workshop-Gefährten, die ihn in einem schweigenden Kreis umringt hatten, mitleidsvoll mit ihm geteilt hatten. Wir alle waren beeindruckt von dem namenlosen und ungeheuren Leid, das dieser Mann in sich getragen hatte.

Alle im Raum waren tief bewegt von der Macht der verborgenen Trauer, die Leben auf Leben auf ihm gelastet hatte, und jeder von uns gestand sich die Trauer ein, die wir wohl alle mit uns umhertragen - diese Trauer, mit der wir schon geboren werden, diese namenlose Schwere, die uns schon als Kinder zuweilen fragen läßt: „Warum sind wir eigentlich hier? Warum tut es manchmal schon weh, einfach nur zu leben?" Wie viele Leute mögen den Gram in ihrem Innern für ein Resultat traumatischer Erfahrungen aus der gegenwärtigen Lebensspanne halten und sich bemühen, mit psychiatrischer Hilfe Ereignisse zu enthüllen, die doch im

Grunde unenthüllbar sind? Wie viele mögen in ihrer namenlosen Trauer über das reine Dasein sich selbst überlassen bleiben?

Wie vieles von dem, was wir Trauer nennen, beruht auf den Erfahrungen vergangener Leben? Und wie können wir es verhindern, daß solche Trauer zu einer motivierenden Kraft unseres Lebens wird? Wie kommen wir in Berührung mit diesem tief in uns verborgenen Schmerz, diesem Raum des Verlustes, der Angst vor dem Leben selbst erzeugt oder uns angesichts unserer Furcht vor Verlust und Veränderung daran zweifeln läßt, daß wir die Welt in ihrer ganzen Tiefe erleben können?

GELEITETE MEDITATION ÜBER DIE TRAUER

(Man kann sie einem Partner langsam vorlesen und auch allein mit ihr arbeiten.)

Nimm stehend oder sitzend eine bequeme, entspannte Haltung ein und erkunde mit deinem Daumen den überaus empfindsamen Punkt in der Brustmitte, an dem sich das Brustbein befindet und der Druck am deutlichsten spürbar ist.

Lenke die Aufmerksamkeit auf dein Herz-Zentrum, auf das Zentrum deiner Brust. Erspüre es dort, genau am Brustbein, direkt unter dem Knochen. Vielleicht fühlst du dort eine Schwere - etwas Kompaktes, das die Weiträumigkeit darunter zu blockieren scheint.

Manche spüren dort einen deutlichen und anhaltenden Schmerz. Einen Schmerz, der aus den Verlusten und Ängsten eines ganzes Lebens geboren wurde.

Denke nicht, sondern fühle. Ruft das Leben dort Wehmut hervor?

Beschwöre nichts herauf, öffne dich einfach dem, was du

fühlst. Vielleicht ist es ein namenloser Schmerz, der dort schon so lange besteht, wie du denken kannst.

Wenn du ein Kind hast, ist es der Ort, wo du weißt, daß entweder du den Tod deines Kindes erleben wirst oder daß dein Kind Zeuge deines Todes wird - unausbleiblicher Verlust.

Es ist die Trauer über die Unzahl der Wesen, die in diesem Moment an Hunger sterben - die Trauer über die Mütter, die ihre sterbenden Babies an eine vertrocknete Brust halten.

Reflektiere über die Verklammerungen des Herzens - über die Verkrustungen und Panzerungen, welche die dort verwahrten Gefühle schützend zu umschließen scheinen.

Übe allmählich Druck auf diesen empfindsamen Punkt aus und spüre dort das Unbehagen und den Schmerz. Reguliere die Intensität dieser Wahrnehmung durch den Druck deines Daumens, indem du ihn sanft, aber fest gegen diesen Berührungspunkt preßt.

Fühle, wie sich die Trauer des Herzens gegen den Daumen stemmt, der das innere Leiden sanft ergründen will.

Fühle die Trauer im Herzen. Fühle, wie dein Atem sie durchströmt.

Drücke die Daumen fest auf diesen sensiblen Punkt. Aber hüte dich vor der Absicht, diesen Schmerz als Bestrafung zu gebrauchen.

Drücke den Daumen in die Panzerung, welche die schmerzlichen und kummervollen Gefühle umschließt. Richte die Aufmerksamkeit wie einen scharf gebündelten Lichtstrahl auf das Zentrum des Schmerzes.

Gehe tiefer.

Versuche nicht, das Herz zu schützen.

Behalte den ständigen Druck auf die Brustmitte bei und fühle das Leid, das dort eingeschlossen ist - all die Verlassenheit und Angst, all die Unsicherheiten und Selbstzweifel.

Gib dich diesen Gefühlen hin. Laß sie alle zum Vorschein kommen.

Gestatte der Trauer, in dein Herz zu fließen. Laß sie alles durchdringen, was sich ihr entgegenstemmt. Erlaube dem Herzen, absolut verwundbar zu sein.

Laß es zu, daß aller Schmerz sich entfaltet. Fürchte dich nicht vor ihm. Schiebe ihn nicht beiseite. Öffne dich dem tiefsten Kummer, der dort eingeschlossen ist.

Isolation. Völliger Mangel an Kontrolle über den Tod oder über das Leben. Angst vor dem Unbekannten. Schmerzlicher Verlust der Liebe.

Wir alle sind von großer Trauer erfüllt. Öffne dich ihr. Bewerte sie nicht. Erfahre sie einfach so, wie sie ist.

Unausbleiblicher Verlust eines jeden Menschen, den du liebst. Ohnmächtiger Zorn darüber, einem Universum unbeschreiblichen Leidens ausgeliefert zu sein.

Der Tod deines Partners, deiner Eltern, deines Kindes.

Nimm dies alles einfach wahr. Du brauchst nichts hinzuzufügen und nichts beiseitezuschieben. Sieh dir einfach an, was vorhanden ist, was wir ständig in uns tragen.

Behalte den Druck des Daumens bei.

Laß ihn in ein sanftes Gewahrsein übergehen, das die Verklammerungen auflöst. Erlebe deine Neugeburt inmitten all dieses Schmerzes.

Laß dich in den Schmerz hineinfließen. Laß deinen Atem durch ihn hindurchströmen. Laß die so lange zurückgehaltene Trauer zerschmelzen.

Öffne dein Herz diesem Augenblick. Erlaube dem Gewahrsein, in das Zentrum deines Wesens einzudringen. Benutze den Schmerz wie einen Tunnel und bewege dich durch diesen Tunnel ins Zentrum deines Herzens, in ein Universum der

Wärme und Fürsorge.

Fühle, wie sich das Herz immer weiter in den Raum ausdehnt und den Schmerz zerfließen läßt. Angst und Verlassenheit schweben in einem Raum des Mitempfindens. Laß den Atem mitten in das Leid des Herzens strömen. Löse dich von diesem Leid. Laß das Herz über seine Sehnsucht und seine Trauer hinausfließen.

Stelle den Druck des Daumens nun ein und falte die Hände in deinem Schoß. Fühle die im Zentrum deiner Brust zurückbleibende Sensibilität. Es ist, als wäre an dieser Stelle eine Öffnung geblieben, die zu deinem Herzen führt. Laß deinen Atem in diese Wärme und Liebe hineinströmen.

Atme in das Herz hinein und aus dem Herzen heraus.

Atme sanft in dein Herz hinein.

Der Berührungspunkt, der in dieser Meditation freigelegt wird, kann benutzt werden, um das Herz zu öffnen. Diese Art, den Atem wie durch eine Öffnung in dein Herz-Zentrum hinein- und wieder aus ihm herrausströmen zu lassen, stellt eine wirkungsvolle Praktik dar, um mit dem inneren Mitempfinden in Kontakt zu kommen. Mit jedem Atemzug strömt die einzigartige Vollkommenheit der Dinge in dich hinein, und wenn du ausatmest, entläßt du damit alle Dinge, die das Herz daran hindern, seine Vollkommenheit zu erfahren. Du bleibst der Empfindungen des Herz-Zentrums gewahr und fühlst, wie das Herz zerfließt.

Manche Leute arbeiten mit intensiven Meditationspraktiken, um in den Geist einzudringen und Aspekte ihrer selbst zu erfahren, die weit jenseits ihres alten Selbstverständnisses, jenseits ihrer begrenzten Persönlichkeit, ihres Namens und sogar ihrer derzeitigen Inkarnation liegen. Sie wollen uralte Verklammerungen und tief verborgene Ängste und Schrecken enthüllen. Dieser Pfad mag zwar nur von wenigen beschritten werden, aber die Erfahrung zeigt, daß viele diesen Einblick schon durch die Erfahrung tiefer Trauer gewinnen. Sie tauchen so tief in ihre Gefühle hinab, daß es für sie gar nicht mehr nur um den Verlust ihres Kindes oder irgendeines geliebten Menschen geht - so schmerzhaft er auch immer sein mag. Sie betreten den Raum der Verlassenheit selbst. Sie berühren etwas, das tiefer in ihnen wurzelt, als sie es sich je haben vorstellen können.

Das Eindringen in diese tiefe Dunkelheit ist wie der Eintritt in eine Höhle, in die Millionen Jahre kein Lichtstrahl gefallen ist. Doch schon das Licht eines einzigen Streichholzes erhellt die Höhle und verbannt die alte Finsternis. Manche erheben in dieser Trauer schmerzerfüllt ihr Gesicht, blicken sich um und werden all des Schmerzes gewahr, den sie immer in sich getragen haben. Aus dieser Erfahrung, die unsere alten Pfade der Absonderung so überdeutlich sichtbar macht, entspringt eine neue Quelle der Heilung. Wir beginnen zu fühlen, daß wir alle Wesen in uns tragen. Wir durchbrechen unsere Identifikation mit der scheinbaren Solidität getrennter Körper und getrennter Geister. Und wir verschmelzen mit dem einen Herzen, das in uns allen schlägt. Viele scheinen durch die Erfahrungen des Kummers mit der Zeit sensibler für das Leben zu werden, da sie tief in das Potential heilender Kräfte eingetaucht sind. Es ist inmitten solcher Qualen sehr schwierig, eine so schmerzliche Realität zu erforschen. Doch gerade dann, wenn wir uns dieser Ebene des Seins, diesen verborgenen Verlustängsten und Sicherheitsbedürfnissen öffnen, können wir die Möglichkeiten der Befreiung erkennen.

Trauer kann den Wert tiefwirkender Heilung haben, denn wir erreichen zwangsweise eine Gefühlstiefe, die normalerweise unterhalb der Bewußtseinsschwelle liegt. Obwohl wir von dieser Ebene der Angst und Verlassenheit stark motiviert werden, bleibt es uns meist verborgen, worin diese Gefühlsäußerungen ihren Ursprung haben. Wir bemerken einfach nur, daß wir uns in Aktivitäten, Mißstimmungen oder Ängsten verlieren, daß wir uns von anderen zurückziehen, ständig unser Herz behüten und nach allem greifen, was uns scheinbare Sicherheit gibt.

Wenn das Herz aufbricht, sind wir allem ausgesetzt, was in uns und unseren Lieben so oft den Schmerz eingebildeter Isolation hervorgerufen hat. Manche, die dies in ihrer Trauer erfahren, haben das Gefühl, sie würden unter die Erdoberfläche dringen und die Wurzeln eines Baumes betrachten, dessen Äste, Zweige, Blätter und Blüten sie stets für das einzig Bedeutsame gehalten haben. Es ist der Baum des Lebens - deines Lebens. Das Laubwerk entspricht der Persönlichkeit, der äußeren Manifestation deines Wesens, und es ist ein Nebenprodukt der Geburt, das du immer für dich selbst gehalten hast. Du nimmst wahr, wie die Blätter erscheinen und die Blüten sich entfalten, und Du bist stolz darauf oder bestürzt darüber - je nachdem, wie gut sich ihre Formen in das Konzept deines Selbstbildes einfügen. In deinem Bewußtsein hast du dich immer „über der Erdoberfläche" bewegt. Du hast nie die Wurzel gesehen, in denen alles Wachstum seinen Ursprung hat. Du hast den Baum sorgfältig gestutzt und beschnitten, um das Schmerzliche zu eliminieren und das Angenehme hervorzuheben. Das Leben ist zu einer Art Zierstrauch geworden. Die Verlangen danach, die eigenen Wunschbilder zum Maßstab des Lebens zu machen, haben die lebendige Wahrheit Schicht für Schicht unter sich begraben. Aber die Trauer läßt keine Verschleierung zu. Du verlierst deine Entscheidungsfreiheit und Kontrolle und wirst zu den Wurzeln hinuntergestoßen, aus denen deine Lebenserfahrung gewachsen ist. Du dringst in die dunklen Verklammerungen und das Stimmengewirr des Herzens ein und stellst fest, daß du dich der Wahrheit nicht mehr verschließen kannst. Der Baum deiner Persönlichkeit erscheint nun nicht mehr als jenes wundersame Schaubild deiner Selbstinterpretation. Der Kummer treibt dich in einen Schmerz, dem du freiwillig nie auf den Grund gegangen wärst. Du siehst dich in eine jahrtausendealte Finsternis gehüllt und gewahrst all die mächtigen und auch feinen Wurzeln und Ranken, die den Baum deiner Persönlichkeit mit Nahrung versorgt haben. Du beginnst die Wurzeln verschiedener Verlangen, Bewertungen, Gefühle und Zweifel zu erkennen. Du erkennst die Möglichkeit, unabhängig zu sein und zur Gesamtheit des Seins in Beziehung zu treten - nicht nur zu den Blüten und Blättern, sondern auch zum Ursprung, aus dem sie hervorgehen. Du erreichst Tiefen, die dem Bewußtsein gewöhnlich nicht zugänglich sind, und Du erkennst die Unermeßlichkeit des Wachstums- und Daseinsprozesses. Du erkennst, woraus sich die zahlreichen Charaktermerkmale und Präferenzen gebildet haben und wodurch deine Handlungsweisen in der Welt bedingt sind - Handlungsweisen, die sich nun als ungeeignet für die Kommunikation der Liebe und für die Entfaltung der Weisheit erweisen.

In der Trauer verbirgt sich eine Fallgrube für jene, die sich für spirituelle Menschen halten. Sie neigen dazu, tiefe Gefühle zu unterdrücken, weil sie sie für „unspirituell" erachten. „Wenn ich wirklich spirituell wäre, hätte ich nicht solche Angst und wäre nicht so zornig oder verwirrt." Auf der anderen Seite gibt es jene, die nur ihre Emotionen für wirklich halten. Sie sagen: „All dies transzendentale Zeug ist nur dazu da, meine Gefühle zu unterdrücken." Aber im Kummer kann man ebensowenig die Hölle beiseiteschieben, um den Himmel zu erlangen, wie man den Himmel ergreifen kann, indem man die Hölle umarmt. Es gibt kein Entweder-Oder, sondern nur ein Sowohl-Als-Auch. Wir werden erinnert an ein Photo des schweigenden indischen Lehrers Hari Dass. Er hat eine Kreidetafel in der Hand, und darauf steht: „Wir müssen uns allem öffnen."

Die Geschichte erzählt von einem Zen-Mönch, der trauernd am Grab seines kurz zuvor gestorbenen Lehrers sitzt. Einer der anderen Mönche kommt zu ihm und sagt: „Du bist doch eigentlich ein Mönch. Warum weinst du dann?" Der betrübte Mönch wendet sich um und sagt streng: „Ich weine, weil ich traurig bin."

Wenn wir zur Einsicht gelangen und die Wurzeln erkennen, aus denen die Erfahrung entspringt, dann gibt es für alles Raum. Es ist Raum für die Freude unseres ursprünglichen Wesens vorhanden, nach der wir nicht greifen, an der wir uns nicht verklammern und hinter der wir uns nicht verschanzen, um die Verdrängung von Gefühlen zu rechtfertigen. Es ist auch Raum für Traurigkeit vorhanden. Wir sind es nur nicht gewohnt, dieser Traurigkeit so viel Raum zu geben und uns solchen unangenehmen Gefühlen zu öffnen. Wir meinen, wir müßten sie verdrängen, verbergen und die Zähne zusammenbeißen. Einige Leute haben mir erzählt, wie sehr es sie verwirrt, diesen ungeheuren Emotionen nachzugeben. Sie glauben, sie müßten ihren Kummer in irgendeiner gesellschaftlich akzeptablen Weise manifestieren. Wir bedienen uns vieler altgewohnter Möglichkeiten, unsere Trauer auszudrücken. Wir sind verwirrt von der Unermeßlichkeit unserer Gefühle.

Es gibt niemanden, der keine Trauer kennt. Jeder hat schon einen Verlust erfahren. Auch wenn unsere Lieben noch am Leben sind, gibt es in uns eine Ebene der Enttäuschung und der Verlassenheit, denn wir leben in einer Welt, in der nichts so bleibt, wie es ist. Die meisten von uns zeigen deutlich die Narben und Verletzungen, die an ihnen entstanden, weil ihnen ein Objekt des Verlangens nach dem anderen entzogen wurde.

Je mehr man etwas will, was immer es auch sei, desto stärker wird das kummervolle, kränkliche und hohle Gefühl in der Magengrube. Ob es nun das Verlangen danach ist, einen geliebten Menschen noch einmal zu sehen, am Leben zu bleiben, zu sterben, erfolgreich zu sein oder ein schönes neues Spielzeug zu besitzen - im Wesen dieses Verlangens liegt das Potential für die Trauer.

In dieser Welt des Wandels gibt es keine Sicherheit. Es gibt keinen festen Boden, auf den wir unsere scheinbar so robusten Füße setzen könnten. Nichts bleibt so, wie es ist. Da ist nur der konstante Strom wechselnder Ereignisse und an der Wand tanzender Schatten. Und es ist die Verhaftung an diesen vorübergehenden Dingen, aus der das Leiden entsteht.

Trauer resultiert daraus, irgendetwas davor bewahren zu wollen, das zu sein, was es ist - die Wandlung aufhalten zu wollen. Selbst diejenigen, die der Wahrheit Vorrang geben, sind nicht dagegen gefeit, den großen Schmerz eines Verlustes zu spüren, wenn die Bande durchtrennt sind, die sie mit einem geliebten Menschen verbunden haben. Sie sind plötzlich des Kontaktes mit ihrem eigenen Herzen beraubt. Jeder erfährt seine Menschlichkeit in dem Maß, in dem er sich seinen Freuden und Sorgen öffnen kann.

Vielleicht entdecken wir in der Trauer auch die wirkende Kraft, die uns in diese Inkarnation gebracht hat, den Grund, aus dem heraus wir uns überhaupt inkarniert haben. Das Aufbrechen des Herzens enthüllt uns, wie sehr wir unser Leben abgesichert haben, wie klein der Käfig geworden ist, den wir gegen den sicheren Boden eingetauscht haben. Wir erkennen, daß wir daran arbeiten müssen, tiefere Liebe zu empfinden und erfüllter in dieser oft verwirrenden Welt zu leben.

Dies ist eine Welt konstanter Veränderung und endloser Unsicherheit, in der kein Gedanke einen Augenblick überdauert, in der Geisteszustände sich unaufhörlich wandeln und oft im Widerspruch zueinander stehen, und in der alles, was beginnt, ein Ende hat. Wir erkennen, daß uns alles, was wir lieben, vom unaufhaltsamen Strom der Zeit entrissen wird, mögen wir auch noch so hartnäckig daran festhalten. Wir klagen über den Mangel an Frieden, an Kontakt mit dem Unwandelbaren, dem Wesentlichen. Wir beklagen den Verlust unserer eigentlichen Identität. Doch wenn wir uns auf die Grenzenlosigkeit auszurichten beginnen, in der jede sich wandelnde Form ihren Ursprung hat, dann geht unser Blick über das Denken hinaus. Wir sehen, daß gleich hinter den ewig wechselnden Impulsen des illusorischen Geistes eine Stille beginnt, in der wir alles mit einem Gefühl von teilnahmsvoller Nichtverhaftung und Balance aus der Sicht des Zeugen an uns vorüberziehen lassen.

Es ist die Stille, die uns in die Lage versetzt, der ständigen Veränderlichkeit und Wechselhaftigkeit des Geistes gewahr zu werden. In ihr finden wir die ganze Welt widergespiegelt. Und uns wird klar, daß alles ein Ende hat. Jeder Gedanke hat ein Ende. Jedes Gefühl hat ein Ende. Jedes Schmecken, jedes Hören und jedes Sehen hat ein Ende. Und es war nie anders. Jede Erfahrung, jede Beziehung endet. Die Wandlung geschieht in jedem einzelnen Augenblick. Auf einen Moment des Hörens folgt ein Moment des Sehens, und darauf folgt wiederum ein Moment des Schmeckens, des Denkens, des Sich-Erinnerns - und dieser Augenblick löst sich auf in einer weiteren Vorstellung, welche wiederum in eine neue Empfindung übergeht, die sich im Körper erhebt. Unsere Erfahrung des Lebens ist die Erfahrung des Wandels. Wir sehen, daß sich jeder Geisteszustand ständig wandelt. Dein momentaner Atemzug wird gleich zu Ende sein. Geburt und Zerfall sind unabwendbare Manifestationen der Schöpfung. Alles, was einen Anfang hat, hat ein Ende. Nichts bleibt so, wie es ist. Im Fluß der Wandlung gibt es keinen realen oder stabilen Fixpunkt, auf dem wir dauerhaft Fuß fassen könnten. Und es gibt in dieser unaufhörlichen Entwicklung nichts, von dem wir unumstößlich sagen könnten: „Das bin ich."

Ein weithin bekannter thailändischer Meditations-Meister wurde einmal gefragt: „Wie kann man in einer Welt überhaupt glücklich sein, in der sich alles verändert, in der nichts so bleibt, wie es ist, in der wir den Kummer und die Entbehrung schon mit ins Leben bringen? Wie sollen wir Sicherheit finden, wenn wir sehen, daß nichts so ist, wie wir es uns wünschen?" Der Lehrer blickte den Fragenden teilnahmsvoll an, hielt ein Trinkglas empor, das er an diesem Morgen erhalten hatte, und sagte: „Siehst du diesen Kelch?

Für mich ist dieses Glas bereits zerbrochen. Ich erfreue mich an ihm, ich trinke aus ihm. Es erfüllt seinen Zweck vorzüglich, und manchmal spiegelt sich in ihm sogar die Sonne in wunderschönen Mustern. Wenn ich einmal dagegentippe, gibt es einen hübschen Klang. Doch wenn dieses Glas zerbricht, weil ich es auf ein Regal gestellt habe und es vom Wind umgeworfen wird, oder weil ich es mit dem Ellbogen vom Tisch stoße, dann sage ich: ‚Ja, gewiß.' Weil ich einsehe, daß dieses Glas bereits zerbrochen ist, ist mir jeder Moment kostbar, in dem ich es benutze. Jeder Moment ist so, wie er ist, und nichts braucht sich zu ändern."

Wenn wir erkennen, daß unser Körper ebenso wie dieses Glas bereits zerbrochen ist, daß wir in Wirklichkeit bereits tot sind, dann wird das Leben kostbar, und wir öffnen uns ihm, so wie es sich uns in jedem Moment darbietet. Wie kostbar werden uns all unsere Lieben - unsere Kinder, unsere Lebensgefährten, unsere Freunde - wenn uns klar wird, daß sie bereits gestorben sind! Welche Angst kann sich uns dann noch entgegenstellen, welche Zweifel uns dann noch erschüttern? Wenn man sein Leben so lebt, als wäre man bereits tot, gewinnt das Leben eine neue Bedeutung. Jeder Augenblick wird zu einem ganzen Leben, zu einem Universum in sich selbst.

Wenn wir begreifen, daß wir bereits tot sind, dann ändern sich unsere Prioritäten, dann öffnet sich unser Herz, und in unserem Geist löst sich der Nebel alter Fesseln und Selbsttäuschungen auf. Wir beobachten das ganze Leben wie im Vorübergehen, und alles Wesentliche tritt unmittelbar zutage: der Austausch der Liebe, die Auflösung von Verständnisbarrieren, der Verzicht auf unsere Verklammerung, auf das Versteckspiel mit uns selbst. Wir werden der Erbarmungslosigkeit gewahr, mit der wir uns selbst strangulieren, und beginnen sanft in das Licht einzutreten, das uns mit allen Wesen verbindet. Indem wir jede uns begegnende Lehre, jeden Verlust, jeden Gewinn, jede Angst und jede Freude annehmen und völlig durchleben, wird das Leben praktikabel. Wir sind nicht länger ein „Opfer des Lebens". Und nun verwandelt sich jede Erfahrung, selbst der Verlust des am innigsten geliebten Menschen in eine weitere Gelegenheit zum Erwachen.

Wenn unsere einzige spirituelle Praxis darin bestünde, so zu leben, als wären wir bereits tot, verbunden mit allem, was uns begegnet und was wir tun, oder als wären dies die letzten Momente unseres Lebens - wieviel Zeit bliebe uns da noch für alte Spiele, Lügen oder Schauspielereien? Wenn wir unser Leben so lebten, als wären wir bereits tot, als wären unsere Kinder bereits tot, wieviel Zeit bliebe uns dafür, uns selbst zu schützen und uralte Trugbilder wiederzuerwecken? Nur die Liebe und die Wahrheit würden uns zufriedenstellen.

Sterbende Kinder

Aus dem alten China gibt es eine Geschichte über den Kaiser einer großen Dynastie, der die hundertjährige Herrschaft seines Hauses feiern wollte. Er hatte von einem der großen Meisterpoeten des Zen gehört und schickte nun Boten aus, die ihn an seinen Hof bringen sollten. Als der Zen-Dichter eintraf, bat ihn der Kaiser, zum Gedenken der Dynastie ein Gedicht zu schreiben, das ihre lange und mächtige Herrschaft würdigen und preisen sollte.

Einige Wochen später kehrte der Zen-Meister zum Palast zurück. Er zog ein Pergament hervor und las: „Großvater stirbt, Vater stirbt, Kind stirbt."

Als der Kaiser dieses Gedicht hörte, wurde er wütend und drohte, dem Dichter den Kopf abzuschlagen. Der Dichter verneigte sich vor dem Kaiser und sagte: „Herr, dies ist keine Verwünschung deines Hauses, wie du annehmen magst. Es ist vielmehr der größte Segen. Kennt denn unser Leben einen größeren Segen als den, daß die Ältesten zuerst sterben, und daß jeder ein langes und fruchtbares Leben führen darf? Gibt es einen größeren Fluch für eine Familie als den Tod eines Kindes?"

Heute wie eh und je ist der Tod eines Kindes vielleicht die größte aller Tragödien. Doch im Gegensatz zu früheren Zeiten ist es in unserer hochtechnisierten westlichen Welt nicht die Mehrzahl der Eltern, die diese Erfahrung macht, sondern eher die Minderheit. Vor hundert Jahren führten in diesem Land - wie auch heute noch in vielen unterentwickelten Gesellschaften der sogenannten „Dritten Welt" - die Kindersterblichkeit und die verzehrenden

Fieberkrankheiten im Kindesalter dazu, daß die meisten Familien den Verlust eines oder mehrerer Kinder erlebten. Es war allgemeiner Brauch, eine große Familie mit vielen Nachkommen zu gründen, damit die Arbeit auf dem Hof oder im handwerklichen Betrieb weitergeführt werden konnte. Es galt als selbstverständlich, daß nicht alle Kinder das Erwachsenenalter erreichten. Wenn man einen Friedhof aus dem 18. oder 19. Jahrhundert durchstreift, ist man überrascht, wieviele Grabsteine die Gräber von Kindern bezeichnen. Wenn wir in den letzten Jahrzehnten auch große medizinische Fortschritte erzielt haben, so ist der Verlust eines Kindes doch heute um nichts weniger schmerzhaft als eh und je. Obwohl weniger Menschen den Verlust eines Kindes beklagen mögen, wird der Verlust im Herzen, die tiefe Kümmernis und Trauer nicht anders erlebt als seit Anbeginn der Zeiten.

In der buddhistischen Tradition berichtet die Geschichte von Krishna Gotami, deren einziger Sohn starb. In ihrem Gram trug sie ihr totes Kind zu ihren Nachbarn und bat sie um eine Medizin, die ihren Sohn heilen würde. Die Leute dachten, sie hätte den Verstand verloren. So begab sich Krishna Gotami zu dem großen Lehrmeister, der als der Buddha bekannt war, und rief aus: „Herr, gib mir die Medizin, die meinen Jungen wieder gesund macht!" Buddha erwiderte: „Ich werde Dir helfen, aber zuerst brauche ich eine Handvoll Senfkörner." Als die Mutter voller Freude versprach, sie zu besorgen, fügte Buddha hinzu: „Aber du mußt die Senfkörner aus einem Haus beschaffen, in dem niemand ein Kind, einen Ehegatten, einen Elternteil oder einen Freund verloren hat. Jedes Senfkorn darf nur aus einem Hause stammen, in dem der Tod unbekannt ist." Krishna Gotami ging nun von einem Haus des Dorfes zum anderen, und die Leute bemitleideten sie und sagten: „Hier haben wir ein Senfkorn - nimm es." Aber wenn sie fragte: „Ist in Eurer Familie ein Sohn oder eine Tochter, ein Vater oder eine Mutter gestorben?", bekam sie zur Antwort: „Ach, der Lebenden sind wenige und der Toten viele. Erinnere uns nicht an unseren tiefsten Kummer." Es gab kein einziges Haus, in dem nicht irgendein geliebter Mensch gestorben war.

Nach einiger Zeit kehrte Krishna Gotami müde und verzweifelt zurück, setzte sich an den Straßenrand und betrachtete die Lichter der Stadt, wie sie aufflackerten und wieder verloschen. Als schließlich alles in die Dunkelheit der Nacht gehüllt war, saß sie da und sann über das sich ewig wandelnde Los der Menschheit nach.

Als Buddha sie wiedersah, blieb ihm das Verständnis, das ihr während der Nacht gewachsen war, nicht verborgen, und er sagte zu ihr: „Das Leben der Sterblichen in dieser Welt ist sorgenvoll und kurz und mit Schmerz verbunden. Denn es gibt kein einziges Mittel, durch welches die, die geboren wurden, dem Sterben entgehen könnten." Krishna Gotami akzeptierte die Wirklichkeit ihres Schmerzes und begrub ihren Sohn im Wald. Sie kehrte zum Buddha zurück, nahm Zuflucht zu seiner Lehre und begann, den herzerhebenden Pfad der Befreiung zu beschreiten.

Vor einigen Jahren wurde ich zu einem Besuch des Kinderkrankenhauses des presbyterianischen medizinischen Zentrums in New York eingeladen. Die beiden Etagen, auf denen ich diese Zeit verbrachte, waren die Stationen für Krebs und Mukoviszidose. Diese Krankheiten nehmen oft einen langen degenerativen Verlauf, so daß ein Kind, das vielleicht nach der ersten Diagnose für einige Monate ins Krankenhaus kommt und anschließend nach Hause entlassen wird, immer wieder zur Chemotherapie und zu diagnostischen Untersuchungen ins Hospital zurückkehren muß, was sich Jahre über Jahre fortsetzen kann. Wenn sich diese Kinder einfinden, um ein letztes Mal gegen ihre Krankheiten anzukämpfen, sterben sie oft auf diesen Stationen.

Ich verbrachte einige Tage bei einem Mädchen, das wenige Wochen vor seinem zwölften Geburtstag stand, als ich es kennenlernte. Es lag mit Leukämie im Sterben. Seine Mutter war sehr aufmerksam und hielt sich fast immer im Zimmer auf. Das Kind war drei oder vier Jahre lang immer wieder im Krankenhaus gewesen, und nun hatte es den Anschein, als würde es sich dem Ende seines Lebens nähern. Es empfand physische Schmerzen, aber auffälliger war sein innerer Zwiespalt. Irgendwie verstanden wir uns sofort und waren bald in ein Gespräch über die Degeneration ihres Körpers vertieft, den sie allem Anschein nach bald verlassen mußte. Ich fragte sie: „Was glaubst Du, wird passieren?" Sie sagte: „Ich denke, ich werde sterben." Ich fragte sie: „Was, glaubst du, wird geschehen, nachdem Du gestorben bist?"

Ich verzichte in unserer Kommunikation völlig darauf, aus

irgendeinem Wissen oder Verständnis heraus an sie heranzutreten. Ich saß einfach bei ihr, war bereit, Fehler zu begehen und teilte alles mit ihr, was sich aus dem Augenblick ergab. Sie sagte: „Naja, ich glaube, ich werde sterben und in den Himmel gehen. Und ich werde mit Jesus zusammensein." Ich fragte sie: „Wie meinst Du das?" Sie sagte: „Im Himmel ist Jesus gerecht, aber auf der Erde ist er ziemlich ungerecht."

Aus dieser Äußerung entnahm ich, daß sie die Verwirrung ihrer Eltern nachahmte. Das Kind war sich nicht darüber klar, was oder wer Jesus sei, wenn dies auch die unbekannte Größe war, in die sie sich nach dem Verlassen ihres Körpers würde fallen lassen müssen. Wie konnte sie jemandem vertrauen, der im einen Fall gerecht war, im anderen aber nicht? Sie meinte wohl, daß Jesus eigentlich ungerecht, ja sogar weltfremd urteilen würde. Im wesentlichen glaubte sie, sie würde an einen Ort gehen, an dem es nicht völlig gerecht zuginge. Wir traten gemeinsam in eine außergewöhnliche Erforschung ein, deren Ergebnis keiner von uns kannte. Beide waren wir bereit, uns diesem gemeinsamen Moment der Wahrheit zu öffnen. Nicht in einer Art von Selbstbefangenheit, sondern vertieft in die liebevollen Empfindungen des Augenblicks. Ich fragte sie: „Warum glaubst Du, daß Jesus einerseits ungerecht ist, andererseits aber nicht?" Sie erwiderte: „Ich bin so krank, und ich habe nichts Falsches getan. Warum muß ich so krank sein? Warum muß ich sterben?"

Im Vertrauen auf die Intuition, die uns verstehen läßt, was den anderen bewegt, begannen wir über ihren Alltag zu Hause zu sprechen. Sie sagte: „Ein paar Wochen hintereinander gehe ich zur Schule. Dann fehle ich dort wieder, weil ich zu schwach bin oder weil ich ins Krankenhaus muß. Aber ich bemühe mich, meine Schularbeiten zu schaffen." Ich fragte sie, wie ihre Beziehung zu den anderen Kindern in der Schule sei. Und sie sagte: „Naja, ich habe in der Schule eine Freundin, die einen lahmen Arm hat. Und ich bin wirklich die einzige, die nett zu ihr ist und Zeit mit ihr verbringt. Die anderen Kinder sind so mit sich selbst beschäftigt, daß sie sie nur beschimpfen und auf dem Schulhof auf ihr herumhacken. Sie scheinen sich über alles zu ärgern, was sie nicht kennen. Ich glaube wirklich, sie fürchten sich vor etwas." Als ich sie fragte, ob sie genauso sei, sagte sie: „Nein." Und als ich wissen wollte, warum nicht, erwiderte sie: „Nun, ich habe manchmal solche Schmerzen oder fühle mich so schwach, daß ich irgendwie spüren kann, wie es für sie sein muß - es so schwer im Leben zu haben und so ausgestoßen zu sein." Es war deutlich zu sehen, wie sehr sich ihr Herz in dieser jahrelangen Erfahrung der Krebskrankheit geöffnet hatte. Und ich sagte zu ihr: „Sieh doch mal, um wieviel mitleidsvoller, um wieviel offener und liebevoller Du bist als Deine Schulkameraden. Kommt das nicht alles von Deiner Krankheit, von der Du sagst, daß Jesus sie Dir gegeben hat? Ist denn diese Offenherzigkeit, diese Freundlichkeit und Liebe, die Du den anderen entgegenbringst und die sich aus Deiner Krankheit ergeben hat, wirklich ein Unglück? Oder ist es auf irgendeine ungewöhnliche Weise ein Geschenk der Liebe, ein Geschenk der Fürsorge, das Dir eine Sensibilität gebracht hat, die andere offenbar nicht haben?" Sie sagte: „Ja, ich würde dieses Gefühl für nichts anderes hergeben." Und dann erhellte sich ihr Gesicht in einem Lächeln, Tränen traten in ihre Augen, und sie sah mich an und sage: „Jesus ist gerecht auf der Erde. Und er ist auch gerecht im Himmel."

Sie hatte ihre Angst und ihre Verwirrung abgelegt, indem sie in sie eingedrungen war. Sie hatte nicht die Gefühle anderer nachgeahmt, sondern ihrem eigenen Prozeß des Lernens und Reifens vertraut, der zweifellos sehr weit über die Gefühle hinausging, die Gleichaltrige für andere Menschen aufbringen. Sie war fähig, Jesus, dieses Unbekannte, in sich selbst als Mitempfinden zu spüren. Sie sah ihre Krankheit in einem Zusammenhang, der ihr vorher entgangen war. Sie konnte nun mit ihr umgehen. Und ein paar Wochen später, am Vortag ihres zwölften Geburtstages, als ich morgens, bevor ich New York City wieder verließ, einen imaginären Geburtstagskuchen mit ihr teilte, sah sie mich mit müden, friedvollen Augen an und sagte: „Danke." Sie starb an diesem Nachmittag.

Ein anderes Kind, zu dem ich gebeten wurde, war ein zweieinhalbjähriger Junge, der ebenfalls mit Leukämie im Sterben lag. Abgesehen davon, daß er durch die Krankheit sehr geschwächt war, hatte die Behandlung bei ihm zu verschiedenen Nebenwirkungen geführt, beispielsweise zu einem stark rissigen After, einigen Blutgerinnseln in verschiedenen Körperbereichen und einem Shunt zur Unterstützung der Chemotherapie, der er sich unterziehen mußte. Sein Körper machte das degenerative Stadium seiner Krankheit offenkundig. Als ich mit zwei anderen Leuten auf das kleine Metallbett zuging, in dem Tony lag, sah er uns mit weit geöffneten Augen an, die keine Möglichkeit auszuschließen schienen. Sie ruhten einige Augenblicke auf jedem Gesicht, bevor sie zum nächsten wanderten. Sein Blick hatte nichts Flüchtiges an sich. Tony war vollständig wach. In seine Augen zu blicken war, als würde man in den Nachthimmel schauen. Er war sehr offen für den Moment, für den Tod. Er war überaus aufnahmebereit für alles, was geschah.

Obwohl er kaum noch Lebenskraft in seinem Körper hatte, zog sich Tony nicht zurück, sondern bewegte sich auf diesen unbekannten Raum zu, den er so bereitwillig mit allen teilte, die ihm nahekamen. Seine Billigung des Todes hatte sich irgendwie auf seine Mutter übertragen, die mich später beiseite nahm und fragte, was sie tun solle. Sie war verwirrt, denn obwohl sich das Liebste, was sie hatte, zweifellos weiter und weiter von ihr entfernte, spürte sie in ihrem Herzen ein unbeschreibliches Einverstandensein. Sie fürchtete, daß irgendetwas mit ihr nicht in Ordnung war. Ihr Mann, ein Berufssoldat, beharrte darauf, daß sein Junge nicht sterben werde. Es fiel ihm sehr schwer, ihn zu besuchen, den Frieden im Raum zu spüren und zu sehen, wie nah sein Sohn dem Tode war.

Tonys Mutter und ich saßen eine Weile in einem anderen Zimmer zusammen und unterhielten uns darüber, was es für sie bedeutete, diese Offenheit und zugleich diese Verwirrung zu spüren. Sie sprach davon, wie warm es ihr in Gegenwart ihres Sohnes ums Herz sei. Und sie sagte, daß sie es irgendwie verstehen könne - nicht intellektuell, sondern im Grunde ihres Herzens - daß es zwischen ihr und Tony ein Abkommen gebe, um dessentwillen sie beide auf die Welt gekommen seien. Aber sie könne sich nicht vorstellen, wie das gekommen sei. Und ich sagte: „Nun, können Sie sich vorstellen oder einfach für einen Moment ausmalen, daß es da zwei ungeborene Wesen gibt, die von großer Liebe und Sorge für ihr gegenseitiges Wohlergehen erfüllt sind und zwischen den Geburten dahintreiben? Eines dieser beiden Wesen wendet sich dem anderen zu und sagt: ‚Weißt Du, in einem Leben auf der Erde gibt es so viel zu lernen. Vielleicht können wir einander helfen. Stell Dir vor, einer von uns würde als Frau geboren und bekäme mit einunddreißig ein wundervolles, strahlendes Kind. Es ist so engelhaft und liebenswert, wie es sich jede Mutter erträumt. Sie sind vielleicht zwei Jahre zusammen, und dann bricht bei dem Kind eine schwere Krankheit aus, die es aus seinem Körper vertreibt. Und beide Wesen sind dazu gezwungen, den Verlust dieser machtvollen Beziehung miteinander zu teilen. Sie teilen ihn voller Liebe, sie klammern sich nicht an den Körper, sondern behalten sich gegenseitig im Herzen, um die Erfahrung zu vollenden.'

Diese beiden Wesen im Schwebezustand zwischen den Geburten setzen sich hin und sagen: ,Naja, das klingt vielversprechend. Das machen wir. Einer von uns kann der Zweijährige sein, der von Liebe umgeben stirbt, und der andere kann die Mutter sein, die so stark mit all dem konfrontiert wird, was sie isoliert hat, daß sie ihr Wissen völlig aufgibt und einfach in in ihr Herz zurücksinkt - in der Essenz der Beziehung zu ihrem Sohn, auf dessen körperlichen Verfall sie keinen Einfluß nehmen kann. Ihr Herz öffnet sich weiter als jemals zuvor.'

So sagt das eine Wesen zum anderen: ,Gut, ich werde die Mutter sein'. ,Nein, nein', sagt das andere, ,das hast Du ja erst neulich gemacht. Die Mutter werde ich sein'. ,Oh nein, ich werde der kleine Junge sein'. ,Nein, nein'. Und so werfen sie eine Münze. Das eine Wesen tritt ein, und dreißig Jahre später taucht auch das andere auf, und sie spielen ihr Spiel." Tonys Mutter äußerte, daß sie die Realität dieser Möglichkeit durchaus spüren könne. Auch wenn sich ihr Körper in Tränen auflösen würde - ihr Herz sei immer offen für alles, was geschehen könne. Die beiden hatten ihre Wahl also getroffen und sich in der Endrunde dieses außergewöhnlichen Abkommens wiedergefunden, um sich gegenseitig in ein tieferes Gewahrsein und Mitempfinden hineinzuführen.'

Einige Wochen später verließ Tony seinen Körper, und seine Mutter sagte mir, daß sie jenseits ihres Verstandes, jenseits aller Dinge, die man ihr erzählen könne, wüßte, daß dies für ihn richtig war. Die Aufgabe, die sie sich gestellt hatten, wurde mit der Gnade und Liebe vollendet, aus der sie ursprünglich erwachsen war. Nach Tonys Tod war sein Vater zutiefst betrübt, und er verspürte Zorn, Schuldgefühle und Verwirrung. Er glaubte, daß er nicht so leicht über alles hinwegkäme wie seine Frau. Als dann wenige Tage später das Begräbnis stattfand, machte er eine unerwartete Erfahrung. Einen Moment lang leuchteten seine Augen voller Verständnis, und er wandte sich seiner Frau zu und sagte: „Ich glaube, ich weiß, was Du meinst. Ich weiß irgendwie, daß es in Ordnung war, daß Tony gestorben ist. Ich weiß, daß es ihm gut geht, und daß genau das geschehen ist, was richtig für ihn war."

Sie kamen sich in ihrer gemeinsamen Einsicht so nah wie nie zuvor in ihrem Leben. Und obwohl sie den Verlust ihres Sohnes betrauerten, empfanden sie tiefe Freude und innere Erfüllung - eine Offenheit für die Einheit, die der Tod nicht zerbrechen kann, die nicht aufgespalten werden kann und bei der es keines Körpers bedarf, um Liebe auszutauschen und die eigentliche Essenz miteinander zu teilen, die wir sind.

Ein drittes Kind, zu dem ich gerufen wurde, war ein sechsjähriges Mädchen, das durch eine Krebserkrankung an erheblichen Schmerzen litt. Als ich ins Zimmer kam, um mich mit ihr zu unterhalten, freute sie sich offenbar darüber, daß sie noch am selben Tag nach Hause zurückkehren durfte. „Mein Papa kommt und holt mich für's Wochenende ab. Ich werde die nächsten paar Tage nicht hier bleiben müssen." Wir sprachen darüber, was wir gegen ihre Schmerzen unternehmen könnten, und wir begannen mit der Schmerz-Meditation zu arbeiten. Während es ihr gelang, die den Schmerz umgebende Anspannung allmählich zu lösen und die Empfindungen frei fließen zu lassen, gewann sie ein wenig Abstand zu ihrem Schmerz, so daß sie ihn ohne Widerstand und Angst wahrnehmen konnte.

Ihr ganzer Körper schien sich zu entspannen und weich zu werden, und ihr inneres Licht trat nur noch klarer zutage. Nach etwa fünfzehn Minuten der geleiteten Meditation saßen wir in friedlicher Stille beisammen. Einige Minuten später, als wir über ihre Möglichkeiten sprachen, diese Technik anzuwenden, kam eine Krankenschwester herein und sagte: „Dein Vater ist gekommen, aber er spricht unten mit Dr. Brown." Und Charlene, die wie die meisten anderen an Klinikaufenthalte gewöhnten Kinder sehr hellhörig für Krankenhausangelegenheiten war, wußte sofort, daß irgendetwas nicht stimmte. Sie sagte: „Ich kann nicht nach Hause, oder? Ich muß am Wochenende hier bleiben!" Die Schwester nickte und verließ den Raum. Charlene begann zu weinen. Und ich sagte zu ihr: „Warum versuchst du nicht jetzt, es wie bei den körperlichen Schmerzen zu machen und dich auch für den seelischen Schmerz dieser Erfahrung zu öffnen?" Und sie begann ihren Griff zu lockern und die Faust zu lösen, mit der sie sich in ihrem Geist an diese Enttäuschung klammerte. Nach und nach entspannte und öffnete sie sich in der gleichen Weise wie sie es beim physischen Schmerz getan hatte, und ihre Miene hellte sich wieder auf. Sie meinte, das wäre unvorstellbar für sie; sie hätte nie gedacht, daß sie sich einer Enttäuschung so öffnen könne, und daß es seltsamerweise befriedigender sei, sich rings um diesen Knoten des Schmerzes in ihrem Herzen zu entspannen und zu öffnen, als ihren ursprünglichen Wunsch erfüllt zu bekommen. Denn nun spürte sie, daß sie mit ihrer Enttäuschung, ihren Schmerzen, ihrem Krebs und selbst mit dem Verfall ihres Körpers irgendwie umgehen konnte. „Ich habe jetzt eine Hilfe", sagte sie. Sie konnte einen Nutzen aus ihrer Erfahrung ziehen und kannte nun eine Methode, mit der sie sich entspannen konnte, mit der sie sich von ihrem Widerstreben lösen und die Enttäuschung und den Schmerz sogar als Möglichkeit nutzen konnte, inmitten dieses Strudels unbekannter, unkontrollierbarer Ereignisse offenzubleiben.

Man sagte mir, daß sie ein paar Wochen später in Frieden und Bejahung starb.

Von den sterbenden Kindern, mit denen ich arbeitete, habe ich gelernt, daß Kinder eher als Erwachsene dazu neigen, sanft und leicht zu sterben. Vielleicht ist es deshalb so, weil sie sich nicht so sehr in die Bemühung verstrickt haben, die Welt zu kontrollieren. In ihrem Geist bestehen noch nicht so viele Spannungen. Sie sind offener dafür, wie die Dinge sind. Sie haben noch kein festgefügtes Konzept vom Leben oder vom Tod, und sie sind daher den Begriffen Bedeutung, Ruhm, Ansehen und auch ihrem Körper weniger verhaftet. Vielleicht erschrecken viele von ihnen deshalb nicht vor dem Tod, weil es der Punkt ist, von dem aus sie gerade erst aufgebrochen sind. Ich habe festgestellt, daß die Angst vor dem Tod gewöhnlich um so geringer ist, je jünger das Kind ist. Die Angst, die ich dennoch beobachte, ist oft eine Reflexion des Schreckens, den ihre Eltern empfinden.

Was Kinder über den Tod wissen, entnehmen sie normalerweise ihrer unmittelbaren Umgebung. Ihre Angst vor dem Tod ist oft die Angst ihrer Eltern.

Die klassische Psychologie hat natürlich abgegrenzt, wie das „Durchschnittskind" normalerweise mit dem Tod umgeht. Man sagt, daß ein Kind im Alter von ein bis zwei Jahren tatsächlich noch keinen Begriff vom Tod hat. Der Tod existiert nicht. Er ist nicht mehr als ein in der Luft schwebendes Wort. Zwischen zwei und vier Jahren scheint sich die Vorstellung zu entwickeln, daß der Tod etwas Vorübergehendes sei. „Oma ist tot. Wann wird Oma uns wieder besuchen?" „Mein Hund ist tot. . ." - aber noch immer wird der Freßnapf für Waldi hingestellt. Der Tod ist nicht von Dauer. Jeder kommt und kehrt zurück. Wenn Kinder jedoch heranreifen und das Schulalter erreichen, beschäftigen sie sich recht intensiv mit der Welt, streifen umher, kommunizieren, tauschen Ideen aus, lernen und werden sozialisierte Wesen. Sie haben bereits gelernt, wo sie ihre Natürlichkeit aufgeben müssen, um akzeptable Mitglieder der Gesellschaft zu werden. Sie haben sich bereits kulturell angepaßt. Sie reflektieren die kulturellen Ängste, die sie nach und nach aus ihrer Familie in sich aufgenommen haben. Man kann oft beobachten, daß ein Kind in der frühen Schulzeit in einer Weise auf den Tod bezogen ist, als würde er von außen her in Erscheinung treten. Er ist der grimmige Sensenmann, der kommen und dich holen wird. Wenn Kinder weiter heranreifen und in die Grundschule gehen, beginnen sie, zum festen Bestandteil der Welt zu werden. Und nun wird der Tod oft als eine Auslöschung betrachtet, bei der einem das Licht förmlich ausgeblasen wird - als etwas permanent Absolutes, das einen aus dem Weg räumt. Dieses Gefühl vertieft sich zunehmend und kann bei vielen Teenagern bereits die Form spürbarer Todesangst annehmen. Interessant ist, daß der Tod einem Kind umso unangenehmer wird, je älter es wird. Auf eine sehr reale Weise entwächst das Kind mit zunehmendem Alter der Wahrheit. Der ursprüngliche Kinderglaube, daß der Tod nicht existiert, daß er nur ein Augenblick des Lebens ist, liegt der Wahrheit näher. Je länger das Kind im Körper lebt, desto mehr hält es ihn für die einzige Realität und setzt den Verlust des Körpers mit dem Verlust des Erlebens gleich. Je jünger ein Kind ist, desto inniger ist anscheinend die Verbindung mit der Unsterblichkeit und desto geringer die Angst vor Veränderung.

Da Kinder offenbar einen stärkeren Glauben und eine tiefere Beziehung zur Unsterblichkeit haben, erscheint ihnen der Tod nicht allzu problematisch. Es sieht so aus, als bestünde das Problem sterbender Kinder darin, daß sie fühlen, welchen Schmerz sie ihren Eltern zufügen. Ein Kind mag sich schuldig fühlen, weil es eine solche Niedergeschlagenheit hervorruft. Als Erwachsene vergessen wir in der Ichbezogenheit unserer Beziehungen manchmal, daß sich die Sorge um das Wohlergehen eines geliebten Menschen auf beiden Seiten manifestiert. Wir vergessen, wie sehr unsere Kinder an uns hängen, wie sehr sie auf unser Wohlergehen bedacht sind. Wenn sie vielleicht auch mit uns streiten oder sogar etwas tun, das wir ihnen verboten haben, sind sie doch im wesentlichen sehr auf das Glück ihrer Eltern bedacht. Ich sah Kinder in einer außerordentlichen Bejahung sterben (obwohl sie natürlich nicht körperlich leiden wollten); und was sie am meisten quälte, war der tiefe Kummer, den ihre Eltern empfanden. Ich habe erlebt, wie sich Kinder an ihren Körper klammerten und um ihr Leben kämpften, nicht so sehr um ihrer selbst willen, sondern weil sie die Qualen ihrer Eltern mindern wollten.

Eine Freundin von uns, inzwischen Mitte dreißig, befand sich im Alter von zehn Jahren auf einer Kinder-Intensivstation, um sich einem Eingriff am offenen Herzen zu unterziehen. Sie erzählte mir: „Die Kinder wußten alle, in welcher Verfassung sie waren. Aber sie waren sehr unbeschwert. Sie hatten keine große Angst und waren recht fröhlich. Außer wenn ihre bedrückten und ängstlichen Eltern zu Besuch kamen. Dann waren sie manchmal für eine Weile niedergeschlagen. Sie wußten alle, daß sie sterben würden. Ich erinnere mich auch an einen Jungen, der, wie wir glaubten, nur mit einem Beinbruch und sonst völlig gesund eingeliefert wurde. Es schien keine große Sache zu sein. Aber er sagte uns, daß er sterben würde - und zwei Wochen später starb er auch."

Das jüngste schwerkranke Kind, um das ich mich kümmerte, war fünfzehn Monate alt. Das Mädchen lag mit einem Neuroblastom im Sterben. Es war ein Krebs, der sich in der Gebärmutter gebildet hatte - eine genetisch vorprogrammierte Zeitbombe, deren Entwicklung gleich nach der Geburt begonnen hatte und die das Kind schließlich aus der Form verdrängen mußte, in die es erst vor so kurzer Zeit eingetreten war. Acht Monate lang war Sarah bereits im

Krankenhaus behandelt worden. Ich stellte fest, daß sie während meiner Anwesenheit ziemlich ruhig war und ganz still in ihrem Bettchen lag; sie erschien nahezu nach innen gekehrt. Aber kaum traten ihre Eltern in das Zimmer, wurde Sarah unruhig und reizbar. Angesichts dieser Ruhelosigkeit zogen sich ihre Eltern in das Krankenhaus-Café zurück und waren von noch tieferer Sorge erfüllt. „Ach, mein Kind muß unter all dem so leiden." Weil sie ihr Kind außerhalb der Zeiten ihrer Anwesenheit nie sahen, nahmen sie nur ihre eigenen, im Kind widergespiegelten Gefühle wahr. Sie bemerkten nicht, daß mit dem Kind alles in Ordnung war.

Wenn ich den Eltern gegenübersaß, konnte ich spüren, welcher Zorn und welche Unstimmigkeit zwischen ihnen herrschte. Der Vater hatte sich einige Wochen beurlauben lassen, um seine Tochter besuchen zu können. Doch seit alles darauf hindeutete, daß sich ihre Krankheit nicht bessern würde, meinte er, seine Arbeit wieder aufnehmen zu müssen. Auf die Aussicht, „mit der armen Sarah alleingelassen" zu werden, reagierte seine Frau fast hysterisch. Spannungen und Verstimmungen traten auf. Sie meinte, in seiner Absicht, zur Arbeit zurückzukehren, drücke sich nur Gleichgültigkeit aus. Und er hatte das Gefühl, sie verstünde nicht, wie tief sein Schmerz wirklich war und wie sehr er darauf angewiesen war, sich mit ein paar vertrauten Dingen zu beschäftigen. So sah ihre Beziehung aus, während ihre Tochter im Sterben lag.

Als wir dann mehr Zeit miteinander verbrachten, verstanden sie allmählich, daß das, was Sarah durchmachte, zwar für alle schmerzlich, aber dennoch nichts Unnatürliches war. Es war eine Gegebenheit, die sie nicht aus der Welt schaffen konnten. Sie hatten die Wahl, sich entweder in ihrer Angst und Wut zu verkriechen und diese Erfahrung so noch schmerzlicher für alle Beteiligten zu machen, oder aber in alles völlig einzuwilligen - mit einer Liebe, gegenseitigen Unterstützung und tiefen Anteilnahme, die sie aus der von bedrückenden Emotionen geschaffenen Isolation herausführen konnte. Es wurde ihnen bewußt, daß das Geschehen sie nicht nur selbst betraf, sondern ein Teil der Entfaltung Sarahs wie auch der ihren war. Daß ihnen eine Ebene der gemeinsamen Erfahrung zur Verfügung stand, aus der sie bisher nie Nutzen gezogen hatten. Der Vater sagte: „Wissen Sie, ich bete darum, daß es ihr gutgehen möge, und daß es meiner Frau und mir irgendwie

146

gegeben wird, zu verstehen, worum es bei all dem geht - aber mein Gebet wird nicht erhört." Während er dies sagte, spürte ich, daß sein Gebet, hätte sich seine Frau neben ihm niederknien können, sofort erhört worden wäre.

Der Prozentsatz von Ehescheidungen bei Paaren, deren einziges Kind gestorben ist, liegt außerordentlich hoch. Der Grund liegt vielleicht darin, daß sie ihre Trauer nicht miteinander teilen, daß sie sich der Unerträglichkeit dieses Augenblicks nicht öffnen, daß sie ihre Herzen voreinander verschließen und ihr Kind nicht in ihrem Innern spüren. Die Eltern müssen sich gegenseitig dazu ermutigen, sich ihrem Schmerz zu öffnen und ihn zu akzeptieren. Sie müssen ihr Herz aufbrechen lassen und der Wahrheit gegenüber empfindsam und verwundbar werden. Der Tod eines Kindes kann einen tiefen Zusammenhalt schaffen, aus dem die Verpflichtung zur Einsicht, zur Fürsorge und Liebe erwächst.

So kam es, daß Sarahs Eltern am Ende ihrer Kräfte, aber dazu bereit waren, alles zu versuchen und sich ihren Ängsten und Projektionen zu öffnen. Und bei Sarah zeigte sich, daß sie sich in den folgenden Wochen weitgehend beruhigte und offenbar weniger unter Beschwerden litt. Die Liebe, die ihre Eltern jetzt mit ihr teilen konnten, ließ sie ihr Gleichgewicht finden. Und als sie starb, offenbarte ihr Gesicht ein Gefühl der Zufriedenheit.

Zu bedenken, daß die Bindung auf beiden Seiten besteht, daß auch Kinder ihre Lieben beschützen möchten, bedeutet für die Eltern nicht, daß sie ihre Emotionen vor den Kindern verbergen sollten, um sie nicht zu verunsichern. Es bedeutet vielmehr, daß sie sich von ihrem Streben nach Abgrenzung freimachen, den Schmerz offen und liebevoll miteinander teilen und in der Erkenntnis der Gegebenheiten des Augenblicks zusammenarbeiten. Die Brücke zwischen dem Bekannten und dem Unbekannten ist immer die Liebe.

Eine befreundete Krankenschwester arbeitete mit einem sechsjährigen Jungen, der sechs Monate lang im Koma gelegen hatte. Dann hatte man ihn von den zahlreichen Lebenserhaltungssystemen getrennt, die seine körperlichen Funktionen aufrechterhielten. Er starb jedoch nicht. Er lag unbeweglich da und nahm bis auf neun Kilo ab - ein kraftloses Bündel Fleisch, unfähig zu leben und unfähig zu sterben. Unterdessen war sein Anblick für die

Eltern zu schmerzlich geworden, und sie hatten ihre Besuche eingestellt. Niemand konnte verstehen, woran sich Mark noch klammerte und warum er es tat.

Eines Tages verbrachte die Krankenschwester ihre ganze Schicht bei Mark. Obwohl er nicht reagierte, als sie leise mit ihm redete, hatte sie das Gefühl, er könne irgendwie hören, was sie sagte. Das war zwar nicht rational, aber sie vertraute dem Gefühl des Augenblicks. Als sie seinen Körper mit einer Hautcreme einreiben wollte, entschied sie sich, die Creme stattdessen auf seine Hände aufzutragen. Und dann ergriff sie seine Hände und begann langsam seinen Körper zu massieren, während sie mit ihm redete. „Schau' dir diesen Körper an. Sieht es nicht so aus, als ob er dich nicht länger beherbergen kann? Du wirst Dich vielleicht nicht mehr lange in ihm aufhalten können. Warum hältst du an ihm fest? Warum läßt du ihn nicht einfach los?" Sie ließ Musik spielen, von der sie fühlte, daß sie eine beruhigende Wirkung auf ihn hatte, und sie erzählte ihm von der Puppe und dem Schmetterling - ein Gleichnis, das sie oft benutzte: Daß sein komatöser Körper wie ein Kokon sei, wie eine Insektenpuppe, die er bald hinter sich zurücklassen werde, um ein Schmetterling zu werden und einfach weiterzufliegen. Während meine Freundin mit Mark arbeitete, fühlte sie, daß jenseits der Worte gleichsam eine Kommunikation stattfand. Im Verlauf dieses Tages sang sie ihm vor, streichelte ihn und sagte ihm, daß es in Ordnung sei, loszulassen. Und sie begann intuitiv zu verstehen, daß das Problem nicht darin bestand, daß er die „Erlaubnis" zum Sterben brauchte (denn seine Eltern hatten ihm bei vielen Gelegenheiten gesagt, daß es in Ordnung sei), sondern darin, daß er um das Wohlergehen seiner Eltern besorgt war. Er mußte unbedingt wissen, daß es nicht nur für ihn selbst, sondern auch für seine Eltern in Ordnung sei, wenn er sterben würde.

Nachdem ihre Schicht vorüber war, rief die Krankenschwester die Eltern an und bat sie, sich mit ihr im Garten hinter dem Krankenhaus zu treffen. Sie saß dort eine Weile mit ihnen zusammen und schilderte ihre Gefühle während dieses Tages.

Zwei Stunden später rief Marks Mutter bei ihr an. Sie sagte: „Wir sind in sein Zimmer hinaufgegangen und haben die Musik angestellt, die Sie dort zurückgelassen hatten, und die diensthabende Schwester legte Mark in meine Arme. Ich saß da und wiegte seine leblose Gestalt in meinen Armen hin und her. Und ich sagte zu Mark: ‚Du weißt, Schatz, es wird mit dir alles in Ordnung gehen, wenn du stirbst - und mit uns genauso. Mit uns wird auch alles in Ordnung sein, wenn du einfach losläßt und stirbst.'" Und in diesem Moment seufzte er tief auf und starb in meinen Armen".

Wir müssen daran denken, wie mitfühlend Kinder sein können und ihnen versichern, daß wir, die großen, starken und allwissenden Erwachsenen ebenfalls Schmerz empfinden - daß wir aber damit umgehen können und ebenso wie sie durch die gemeinsamen Erfahrungen immer mehr über die Liebe und das Leben lernen.

Ich habe einen Freund namens Wavy Gravy, der für sterbende Kinder in den Krankenhäusern von San Franzisko oft aus eigener Initiative den Clown spielt. Er erzählte mir, daß er manchmal zu einem sterbenden Kind so etwas sagt wie: „Schau dir doch einmal diesen Körper an. Du siehst, daß er kaum noch zu gebrauchen ist. Er ist nicht mehr stark genug, um auf einem Fahrrad zu fahren. Er kann nicht mehr Ball spielen. Er kann nicht mehr nach draußen gehen und beim Seilspringen mitmachen. Ja, er kann nicht einmal mehr zur Schule gehen. Wenn dieser Körper von dir abfällt, wird es dir recht gut gehen. Und du wirst wahrscheinlich ein Licht sehen. Wenn das Licht nach links wandert, geh' nach links. Wenn das Licht nach rechts wandert, geh' nach rechts. Das ist eigentlich schon alles."

Die Kinder beschäftigen sich nicht so stark mit dem Melodrama, sagt er. Die Kinder verlieren sich nicht so sehr in Gedanken an den Tod. Und wenn die Kinder weinen, tupft er ihnen behutsam die Tränen von den Wangen und benetzt mit ihnen seine Lippen. Wenn man mit sterbenden Kindern arbeiten will, ist es gut, wenn man ihre Tränen essen kann. Wenn man sie in der ganzen Realität ihres Leidens und inmitten der Verwirrung lieben kann, die die Menschen um sie herum verbreiten. Denn der wirkliche Schmerz beim Tod der meisten Kinder ist, wie er sagt, nicht der Schmerz der Kinder, sondern der der Eltern. „Du kannst eigentlich nicht viel mehr tun als gemeinsam mit dem Kind seinen Tod akzeptieren, so daß du die Angst und den Schmerz der Eltern nicht noch verstärkst."

Der Tod eines Kindes wirkt im Geist wie ein Feuer. Der Geist verzehrt sich darin, Auswege zu suchen, die sich niemals eröffnen können. Er greift nach Phantasien, in denen eine überraschende Gesundung eintritt, und er träumt von der Vollendung ärztlicher Kunst. Wenn wir diesem Feuer gestatten, unseren inneren seelischen Kummer mitleidsvoll zu verbrennen, beginnen die Phantasien und das innere Feuer allmählich zu verlöschen, und wir nehmen das Kind noch inniger in unserem Herzen auf. Wir können unsere Qual dazu gebrauchen, uns weit zu öffnen und so absolut wie möglich in dieses letzte Miteinander hineinzugehen. Und dann kommt, wie es Rabindranath Tagore in den letzten Zeilen seines Gedichts „Das Ende" ausdrückt, „das liebe Tantchen mit Geschenken und fragt: ‚Schwester, wo ist unser Kleines geblieben?' Und du, Mutter, wirst sanft zu ihr sagen: ‚Es ist in den Pupillen meiner Augen. Es wohnt in meinen Knochen und in meiner Seele'."

Frage: Ich kann verstehen, wie sehr das Zusammensein mit einem sterbenden Kind das Herz öffnen kann, aber was kann man zu der Problematik des plötzlich eintretenden Kindestodes sagen?

Antwort: Manche Eltern verbringen Monate oder Jahre mit einem kranken Kind. Sie haben die Möglichkeit, sich ihrem Verlust allmählich zu öffnen. Aber in jedem Jahr werden zehntausend Kinder ohne erkennbare Todesursache tot in ihren Bettchen aufgefunden. Eltern, die an das Kinderbett treten und die reglose Gestalt ihres Kindes vor Augen haben, sind oft überwältigt von den irrationalen Schuld- und Angstgefühlen, die ihr Geist produziert, wenn er spürt, daß er diesem Geschehen machtlos ausgeliefert ist. Ein solches Ereignis verlangt ihnen ein hohes Maß an Güte für sich selbst ab. Und ich werde an das Gedicht *Von einem Kind, das nur eine Minute lebte* von X. J. Kennedy erinnert, welches mit den Worten schließt:„Wie ist es nur möglich, daß jenseits aller Logik etwas so Großes für einen Augenblick in etwas so Kleinem wohnen kann!"

* * *

150

Mit dem Schmerz arbeiten

Vor einigen Jahren bat mich ein Freund, mit ihm eine junge Frau zu besuchen, die unter Schmerzen im Sterben lag. An ihrer Wirbelsäule hatte sich ein Tumor gebildet. Sein Druck auf den Ischiasnerv hatte zur Folge, daß ihre Beine fast ununterbrochen schmerzten. Ihr Rücken fühlte sich an, als stünde er in Flammen.

In den ersten Minuten wurde deutlich, daß diese Frau hart daran gearbeitet hatte, sich mit dem Krebs auseinanderzusetzen und der Möglichkeit ihres Todes zu öffnen. In den drei Jahren seit ihrer Krebs-Diagnose war sie eine sachkundige Ratgeberin geworden, kümmerte sich um die Nöte anderer und hatte das Sterben einiger Menschen miterlebt.

Sie erzählte mir von den verschiedenen Schmerz-Meditationen und Techniken, die sie von Heilern und in den Holismus-Kliniken gelernt hatte. Ihr waren einige Methoden der Zerstreuung von Schmerzen aus verschiedenen indischen und indianischen Traditionen ebenso bekannt wie neue ganzheitliche Visualisationen und Meditationen - Techniken, mit denen das Gewahrsein auf einen bestimmten Punkt gelenkt wird, so daß die Schmerzen in den Hintergrund treten.

Sie war so geübt im Gebrauch dieser Techniken, daß ihre Therapeuten und Berater sie gebeten hatten, ihnen bei ihrer Lehrarbeit in den Workshops zu helfen. Von einigen der angesehensten Heilern der indianischen Tradition Amerikas war sie zu Healing-Festivals eingeladen worden. Und doch sagte sie, daß der größte Teil ihres Wissens angesichts ihrer körperlichen Qualen nur von geringem Nutzen für sie selbst war. Der Schmerz war so intensiv, daß sie sich kaum konzentrieren konnte. Sie sagte, sie habe seit mehr als zwei Jahren mit dem Schmerz gearbeitet, sei aber jetzt an einen Punkt gekommen, an dem sie nur noch um etwas Erleichterung bete.

Unter großen Schwierigkeiten legte sie sich auf die Couch, während ich mich neben sie an einen kleinen Tisch setzte. Und wir begannen mit einer geleiteten Meditation der Schmerzerforschung zu arbeiten, die schon bei vielen Menschen in ähnlich schwierigen Lagen angewandt worden ist. Es ist ein Versuch, sich um den Schmerz herum allmählich zu entspannen und weich zu machen und sich der ganzen Intensität der Erfahrung zu öffnen - jenseits der Gedanken an Schmerz und jenseits der angstvollen Reaktionen, deren Konfusion die Erfahrung intensiver Beschwerden oft noch verstärkt.

Während sie ihre Aufmerksamkeit auf die in ihrem Rücken und in ihren Beinen entstehenden Empfindungen lenkte, versuchte sie, sich um den Schmerz herum zu entspannen. Sie versuchte - vielleicht zum ersten Mal - dem Schmerz zu gestatten, einfach vorhanden zu sein, um seine wahre Natur enthüllen zu können. Sie versuchte, ihr Widerstreben wahrzunehmen, das sich wie eine Faust um den Schmerz zu schließen schien, und es gelang ihr, langsam die Finger zu öffnen, die den Schmerz umklammerten. Während sie ihr Gewahrsein auf die Vielzahl der Empfindungen in ihren Beinen und in ihrem Rücken richtete, versuchte sie, das Fleisch, die Gewebe, die Muskeln, die Sehnen zu entspannen und rings um all den Schmerz ganz weich zu werden. Sie gestattete dem Widerstreben, weich und fließend zu werden, und versuchte, diese innere Öffnung bis in die zellulare Ebene hinein zu vollziehen. Sie war nicht bemüht, den Schmerz zu verändern oder ihn sogar zu unterdrücken, sondern sie versuchte, ihn frei fließen zu lassen, ihn einfach im Raum existieren zu lassen - sich ihm einfach zu öffnen, so wie er war (siehe Schmerz-Meditation I).

Wenn Schmerz im Körper entsteht, entspricht es unserer Gewohnheit, ihn einzukapseln. Doch unser Widerstreben, unsere Angst und unser Grauen vor dem Unangenehmen verstärken die Schmerzen nur noch. Es ist, als würde man seine Hand um ein Stück glühende Kohle schließen. Je fester man sie zusammenpreßt, desto tiefer wirkt die Verbrennung. Es steht fest, daß ein großer Teil dessen, was wir Schmerz nennen, in Wirklichkeit Widerstand ist, eine mentale Anspannung, die im Körper reflektiert und erfahren wird.

Während sie begann, die den Schmerz umgebende Anspannung zu lösen und ihn frei im Körper fließen zu lassen, versuchte sie, sich auch rings um die Vorstellungen und Ängste des Geistes zu entspannen - rings um die Gedanken an „Schmerz", „Tumor" und „Krebs", die den Widerstand verstärkten und das Ausmaß der Schmerzen nur vergrößerten. Konzepte und Modelle, die die Realität in eine Notlage verwandeln.

Ohne jeden Zwang, ohne jeden Druck auf Geist oder Körper versuchte sie, solche Gedanken und furchteinflößende Bilder zu zerstreuen, indem sie ihnen durch ihr sanftes Loslassen Spielraum verschaffte. Indem sie ihren Körper dazu brachte, nachgiebig und weich zu sein, hielt sie den Kriegszustand mit ihrem Schmerz nicht länger aufrecht. Sie verstärkte den zwanghaften Widerstand nicht, der auf die Elimination des Unangenehmen abzielt. Sie begann in die Empfindungen einzudringen und zu untersuchen, was dieses Etwas namens „Schmerz" wirklich sein mochte. Es war ein Prozeß, der sich, wie sie später erwähnte, völlig von der Art und Weise unterschied, in der sie früher auf ihren Schmerz bezogen war. Indem sie ihre Aufmerksamkeit konzentrierte und in den Schmerz hineinlenkte, versuchte sie jeden einzelnen Moment der Wirklichkeit ihres Schmerzes zu erkunden. Später sagte sie: „Ich hatte jahrelang Schmerzen, aber ehe ich nicht in sie eingedrungen war und sie erkundet hatte, hätte ich kaum beschreiben können, was Schmerz eigentlich ist." Sie begann zu fragen: Wie ist diese Empfindung beschaffen? Ist sie heiß? Oder kalt? Beschränkt sie sich auf eine bestimmte Stelle? Bewegt sie sich? Vibriert sie? Welche Farbe hat sie? Welche Form hat sie? Strahlt sie in andere Körperbereiche aus? Wie ist diese Erfahrung tatsächlich beschaffen, die der Geist nur allzu schnell in Begriffen des Schmerzes und der Notlage erstarren läßt?

(Für die Entwicklung der Sensibilität und Entspanntheit, die eine Entfaltung dieser sanften Bewußtheit und Weiträumigkeit erlaubt, kommt die Schmerz-Meditation II in Betracht).

Sie ging in die in ihrem Rücken und in ihren Beinen entstehenden Empfindungen mit einer Akzeptanz und Offenheit hinein, zu der sie sich selbst vorher nie ermutigt hatte. Sie begann das zu erkunden, wovor sie ihr ganzes Leben geflohen war. Sie drang von Moment zu Moment in die Intensität der Empfindung ein. Von diesem Moment, wo sie in ihren Schmerz eingedrungen war anstatt vor ihm zurückzuweichen, sagte sie später: „Diese Erkundung führte zu einer Weiträumigkeit und Sanftheit, wie ich sie mit meinem Zustand nie in Verbindung gebracht hatte." Die direkte Erfahrung ihres Schmerzes unterschied sich sehr stark von dem, was sie sich selbst vorgestellt hatte. Sie sagte, daß tatsächlich der größte Teil dessen, was sie Schmerz genannt hatte, in Wirklichkeit Widerstand war. Sicher, der Druck und die Intensität waren existent. Aber das Wort „Schmerz" paßte nicht ganz auf diese Erfahrung. Sie errang eine bemerkenswerte Befriedigung, indem sie in etwas eindrang, dem sie immer hatte ausweichen wollen.

Wenn sie sich früher nach und nach zu entspannen versuchte, verdichteten sich rings um den Schmerz Kräfte des Widerstrebens, die ihn mit einem Knoten der Anspannung umschlossen und so noch verstärkten. Ihre Aversion gegen den Schmerz war zu einem Reich der Hölle für sie geworden und vergrößerte und intensivierte ihre täglichen Beschwerden. Je stärker ihr Widerstand war, desto wilder wurde der Schmerz. Je mehr Angst in ihrem Innern herrschte, desto mehr versuchte sie sich zu verstecken - aber einen anderen Ort als die Hölle gab es dafür nicht. Und jetzt, da sie sich dieser Hölle sogar öffnete, fand sie den Raum, der sie erkennen ließ, was wirklich geschah.

Sie sagte, sie könne die Wogen des Widerstandes förmlich sehen, die den kleinen Wellen ihrer neuen Offenheit auf der Linie des Nervs entgegenrollten, um den Schmerz zu verstärken. Ihre Aufgabe des Widerstandes ließ eine Weichheit, innere Ruhe und Entspannung entstehen, die sie vorher nicht für möglich gehalten hatte und in der der Schmerz den Raum fand, in dem er frei fließen konnte.

Sie sagte, dies sei eigentlich widersinnig, denn es geschah in diesen Jahren zum ersten Mal, daß sie das, was einen so großen Teil ihres Lebens ausmachte, direkt erfahren hatte. Ihre Öffnung und ihr Eindringen in die Empfindung hatten ihr gezeigt, daß der Schmerz in Wirklichkeit nicht an einer bestimmten Stelle saß und noch nicht einmal eine bestimmte Form beibehielt. Stattdessen war er amöbenhaft, vibirierend und ständig in Wandlung begriffen. Er war nicht der heiße Laserstrahl, für den sie ihn gehalten hatte. Es war kein fester Knoten des Schmerzes, sondern eher eine mannigfache Vielzahl wechselnder Empfindungen, die sich manchmal als Hitze, manchmal als Brennen oder als Druck manifestierten. Und sie stellte fest, daß sich mit der Aufgabe des Widerstandes ein großer Teil der inneren Unruhe aufzulösen schien. Die Konzentration auf die in jedem einzelnen Moment wechselnden Empfindungen erlaubte ihr, mit ihrer Erfahrung eins zu werden. Und sie brachte Ruhe in den Geist, denn der Schmerz ist ein klares, deutliches Forschungsobjekt. Sie sagte, es sei so gewesen, als habe sie in eine gleißende Sonne geblickt, von der sie sich zuerst habe zurückziehen wollen. Als sie aber in jeden einzelnen Moment der Erfahrung eingedrungen sei, hätten sich ihre Augen an den Glanz gewöhnt, und sie habe fast die Lichtpartikel sehen können, aus denen sich das flammende Gestirn zusammensetzte. (Siehe Schmerz-Meditation III.)

Sie sagte, daß all die Techniken, die sie sich angeeignet hatte, um sich vom Schmerz zu befreien, ihrem eigentlichen Wesen nach den Schmerz, der ihr Leid so vergrößerte, auf subtile Weise eher förderten. Daß diese Methoden, deren Ziel die Beseitigung des Schmerzes war, unmerklich ihren Widerstand und ihr Bedürfnis nach einem Zurückweichen verstärkten - bis zu dem Moment, in dem sie der Erfahrung ihres Schmerzes direkt ins Auge gesehen hatte. Für einen Moment war sie mit dem eins geworden, von dem sie sich immer so verzweifelt zu distanzieren versucht hatte. Aber das Verdrängen des Schmerzes hatte, wie sie sagte, ihr Verlangen nach Kontrolle und ihre Angst vor dem Tod auf subtile Weise intensiviert.

Indem sie ihre Reaktion auf den Schmerz als Spiegel ihres Widerstandes gegen das Leben gebrauchte, erkannte sie, wieviel Verklammerung, wieviel Angst vor dem Leben und dem Tod in ihrem Innern vorhanden war. Sobald sie etwas Einblick in das Wesen des Schmerzes und des Widerstandes gewonnen hatte, war der Schmerz nicht länger ihr Feind, und sie konnte sich mit anderen Methoden beschäftigen, um ihre Beschwerden zu lindern. Indem sie nicht versuchte, ihr Gewahrsein vom Schmerz wegzuzerren, war sie fähig, ihrem Schmerz zu vertrauen, sich um ihn herum zu öffnen und ihr Gewahrsein auf ein Gefühl des Friedens zu lenken. Ein großer Teil unserer Schmerzen wird von Menschen in unserer Umgebung verstärkt, die sich wünschen, daß wir keine Schmerzen hätten. Selbst viele von denen, die helfen wollen - Ärzte, Krankenschwestern, Angehörige, Therapeuten - projizieren aufgrund ihrer eigenen Angst vor Schmerz ein inneres Widerstreben auf andere, indem sie Bemerkungen machen wie: „Ach, Sie armer Mensch!" Oder es geht ein Zucken um ihre Augen, das den Schmerz derer verstärkt, die von ihnen behandelt werden. Diejenigen, die ihrem eigenen Schmerz wenig Spielraum geben und den Schmerz in keiner Weise akzeptieren wollen, werden andere kaum dazu ermutigen, direkt auf ihre Erfahrungen zuzugehen, den Widerstand zu verringern und die Verklammerung zu lösen, die das Leid so intensiviert. Die meisten behandeln den Schmerz wie eine Tragödie. Nur wenige erkennen die Gnade, die in seiner Erforschung liegt. Es ist so, wie jemand sagte, der sich seinem Schmerz geöffnet und ihn erforscht hatte: „Es ist nicht nur der Schmerz in meiner Wirbelsäule oder in meinen Knochen - es sind all die Schmerzen in meinem Leben, denen ich ausgewichen bin und die mich eingekerkert haben. Die Beobachtung der Schmerzen in meinem Körper läßt mich erkennen, wie wenig Raum ich dem Schmerz in meinem Leben und in meiner Seele gegeben habe."

Viele, die mit diesen Übungen gearbeitet haben, haben bekundet, daß es nicht nur ihr körperlicher Schmerz gewesen sei, über den sie sich nicht klargeworden waren. Es waren auch die Empfindungen der Furcht, der Langeweile, der Ruhelosigkeit, des Selbstzweifels und des Zornes, denen sie immer ausgewichen und nie auf den Grund gegangen waren. Sie hatten an ihrem eigenen Leben nie richtig Anteil genommen und sich nie mit dem Tod beschäftigt, weil sie stets darin bestärkt wurden, allem Unangenehmen auszuweichen. Das Unangenehme war immer als ihr Gefängniswärter aufgetreten.

Viele haben uns erzählt, daß sie sich mit ihrer Öffnung für den Schmerz auch den Dingen zu öffnen lernten, die ihr Leben so belastet hatten - daß sie ihren Zorn und ihre Angst, ja sogar ihr ganzes Leben besser verstehen konnten. Das Leben erschließt sich uns, wenn wir beginnen, den mächtigen Einfluß unseres Widerstrebens zu erkennen. So sehr der Körper auch von Schmerzen gepeinigt werden kann, die Furchtsamkeit des Geistes schafft ein noch viel größeres Unbehagen. Viele beginnen, mit ihrem Schmerz Freundschaft zu schließen, ihm so sanft wie möglich zu begegnen, ihn zu erforschen, so wie er ist - nicht nur den körperlichen, sondern auch den seelischen Schmerz. Sie blicken allmählich über den Zorn hinaus und entdecken die Frustration, das blockierte und unerfüllte Verlangen nach einer Änderung der Wirklichkeit. Wenn wir diese Frustration erkunden, finden wir hinter ihr eine große Traurigkeit - und in noch größerer Tiefe entdecken wir eine unermeßliche Liebe. Die Erkundung all dieser Geisteszustände, die uns immer gefangen hielten, wird zu einer faszinierenden Begegnung mit uns selbst. Wir können in alle Geisteszustände und in alle körperlichen Empfindungen eindringen und sie so umfassend erfahren, daß sie ihren dunklen Zauber verlieren und als Wolken erkannt werden, die ihre Dichte und Form ständig verändern und zugleich unablässig in der Weite des Seins dahinziehen.

Viele, die während ihres ganzen Lebens vor dem Schmerz zurückgewichen waren, erkennen schließlich, daß sie durch diesen Rückzug nie über ihren Schmerz hinausgegangen sind. Daß ihr ganzes Leben ein Jonglierakt war, bei dem sie immer einen Ball in der Luft zu halten versuchten und niemals ganz im Leben verwurzelt waren. Sie beginnen die Fesseln der Angst zu durchschneiden, die ihnen durch die Erforschung ihrer Reaktion auf physischen Schmerz bewußt geworden sind. Sie dringen tief in ihr Leben ein und lassen im Augenblick ihres Todes den Körper ohne Widerstand und Kampf hinter sich zurück, in einer Offenheit und Liebe, die ein Vermächtnis der Weisheit ist.

Bei unserer Arbeit haben wir festgestellt, daß es merkwürdigerweise gerade die Patienten mit den größten Schmerzen waren, die am tiefsten ergründen wollten, was sie an die Angst und an das Widerstreben fesselte. Der Schmerz ließ sie erkennen, wie oberflächlich ihre Philosophien und Vorstellungen waren. Bei dieser Erforschung ihres Lebens, zu der sie nie zuvor ermuntert worden waren, stießen sie unmittelbar an ihre Grenzen. Ihr Schmerz agierte wie ein strenger und liebevoller Lehrer, der sie wieder und wieder ermahnte, über ihre Verklammerungen hinauszugehen, ihr Forschen zu vertiefen, diesen Moment zu akzeptieren und zu beobachten, was aus der Fülle des nächsten erwachsen würde.

Sie starben nicht als Menschen, denen es einzig um die Befreiung von ihren Schmerzen ging. Ihr Sterben hatte sie zur Wahrnehmung der Blockaden des Lebens geführt - zu einer klaren Lebenserkenntnis, die sogar den Tod überstieg. Es waren Menschen, die nackt in die Wahrheit hineingingen.

Viele der Patienten die keine Schmerzen hatten, waren nicht so sehr an einer Erforschung interessiert, waren weniger motiviert zu einer Ergründung und allmählichen Preisgabe ihres Leidens. Weil alles „gar nicht so schlimm" war, nahmen sie an, sie könnten sich irgendwie auf die gleiche Weise vor dem Tod verstecken, wie sie sich vor dem Leben versteckt hatten.

Die erste und häufigste Reaktion, die uns im Schmerz einschließt, ist vielleicht die ständige Frage: „Woher kommt das?" Jene, die unaufhörlich mit dem inneren Kreuzverhör des Schmerzes beschäftigt sind, neigen dazu, ihren Widerstand in einer Art angstvoller Erstarrung aufrechtzuerhalten, in der ihnen das Verweilen im Kern ihrer Erfahrung Schmerzen bereitet. Der fragende, schutzbeflissene Geist ruft: „Wann wird der Schmerz endlich vergehen?" Auch diese Haltung verstärkt das subtile Verlangen nach einer anderen Wirklichkeit. Es ist nicht leicht, seinen altgewohnten und vertrauten inneren Selbstschutz aufzugeben. Aber es ist die direkte Erfahrung des von diesen Fragen bewirkten Schmerzes, die uns schließlich dazu ermutigt, mit uns selbst Frieden zu schließen und unser Herz für unsere Erfahrung zu öffnen. Nun fragen wir: „Wer ist es, der die Schmerzen bekam? Wen werden sie wieder verlassen?"

Die Erschöpfung, die der Kampf und der Widerstand gegen den Schmerz in uns hinterläßt, vermindert unsere Fähigkeit, völlig präsent zu sein und im Kern dessen, was so inakzeptabel erscheint, vielleicht die Samen der Freiheit zu finden, der möglichen Befreiung von der Verklammerung an Geist und Körper als unserer einzigen Identität. Solange wir vor dem Schmerz zurückweichen, dringen wir niemals in größere Tiefen vor und fragen nie: „Wer ist es, der stirbt?"

Wenn der Druck auf den Spinalnerv so intensiv ist, daß wir kaum einen Moment Ruhe finden können, beginnen wir zu erkennen, daß aus dem Willen, das Leben zu meistern, Leid entsteht. Wir erkennen, daß die Zielsetzung, den Schmerz als einen gegen uns gerichteten Feind zu kontrollieren, unser Leid in Wirklichkeit noch verstärkt und unsere Faust noch starrer macht. Die Fähigkeit, den Schmerz in Körper und Geist frei fließen zu lassen, eröffnet uns die Möglichkeit, Einsicht zu gewinnen und sogar Frieden im Herzen dessen zu finden, was immer als ein tobendes Inferno erschienen war. Kontrolle bedeutet Leid. Kontrolle bildet die Gitterstäbe des Käfigs unserer vollständigen Identifikation mit unserem Leid.

Viele, die eine Zeitlang in Schmerzen lebten, haben gesagt, daß der Ansturm der Schmerzen ihnen das Gefühl gab, als ob die Wertvorstellungen ihres bisherigen Lebens zusammengebrochen wären. Alles, was sie denken konnten, war: „Wann wird das aufhören?"

Das Leben erschien wie ein Gewirr von Knoten und Schnüren, wie die Knäuel und losen Fäden auf der Rückseite eines Gobelins. Vor dem Hintergrund dieses inakzeptablen Schmerzes erschien ihr ganzes Leben wie ein einziges Chaos. Aber indem sie sich allmählich entspannten und sich in den Schmerz hinein öffneten, indem sie begannen, ihn als Mahnung zum Überschreiten des Schmerzes zu gebrauchen, erschien es ihnen, als würde sich der Gobelin wenden und ihnen sein ganzes Bild präsentieren. Schmerz erscheint vielen als eine aussichtslose Lage. Doch es gibt keine Lage, die aussichtslos ist. Offenheit und Erforschung lassen uns besser verstehen, wer es ist, der die Schmerzen erleidet, und zeigen uns die essentielle Weiträumigkeit unseres ursprünglichen Wesens. (Siehe Schmerz-Meditation IV.)

Unter der Einwirkung von Schmerzen ist es natürlich oft schwierig, den Geist zu konzentrieren und seine Aufmerksamkeit auf eine Meditation oder auch nur auf ein einfaches Gespräch zu richten. In dieser Situation ist die Technik des Zählens der Atemzüge für viele eine Hilfe gewesen. Bei jedem Ausatmen wird weitergezählt, bis die Zahl zehn erreicht ist, wonach man wieder von vorn beginnt. Wenn die genaue Zahl vergessen wurde, wird wieder bei eins gestartet. Der Ablauf ist: Einatmen, „eins" - einatmen, „zwei" - und so weiter bis „zehn". Dann wird beim nächsten Ausatmen wieder mit der Zahl eins begonnen. Diese Konzentration auf die Atemzüge trägt dazu bei, den Geist zu stabilisieren und die möglicherweise aus dem Schmerzgefühl resultierende Beklemmung zu mildern. (Siehe Pauls Erfahrung im Kapitel „AUF DEN TOD ZUGEHEN")

Wenn es gelingt, mit den Schmerzen umzugehen, sind alle Feinde verschwunden. Es gibt nur noch die Erforschung des Unbekannten. Das Leben beginnt sich wieder zu lohnen.

Es ist die Bereitschaft, mit den Gegebenheiten zu arbeiten - jene tiefe Selbstaufgabe, die keine Niederlage ist, sondern ein Sieg - die es uns gestattet, uns selbst von der Rolle des „Opfers" zu lösen. Sie schafft dem Schmerz allmählich einen Spielraum, in dem es keinen isolierten „Leidenden" gibt, der mit aller Anstrengung entfliehen will. Sie läßt uns mit dem Einen verschmelzen.

Die Erkundung des Widerstandes gegen den Schmerz ist eine Erkundung des Widerstandes gegen das Leben. Es ist ein Widerstand, der immer vorhanden war, der durch seine Vorlieben und Aversionen jede Wahrnehmung gefiltert hat - wie ein schimmernder Schleier, den jeder Moment unserer Erfahrung durchdringen muß, bevor er ganz und gar Einlaß in unser Herz findet. Und wir entdecken, was sich vielleicht hinter unserem Selbstbild des gequälten Opfers, des Verlierers, verbirgt. Das Festhalten an Präferenzen und Bewertungen wie auch die Bindung an alte Verlangen verursacht größere Schmerzen als das brennende Feuer in unserem Körper. Die Erkundung des Schmerzes wird zu einer Brücke zurück ins Leben.

Als ich mit einer Frau arbeitete, die unter großen Schmerzen litt, schlug ich vor, sie möge mit einer Schmerz-Meditation beginnen, die ein Hineinwandern des Gewahrseins in den Körper bewirkt. Am Scheitel des Kopfes beginnend, nimmt das Gewahrsein seinen Weg hinab in die Gesichtsmuskeln, wandert durch den Hals und in die Schultern, in die Brust und über die Arme bis in die Finger hinein. Dann bewegt es sich durch die Brust, den Rumpf und das Gesäß in beide Beine hinunter, bis der ganze Körper in klarer Bewußtheit erfahren und erkundet wurde. Jeder schmerzende Bereich wird durchdrungen, um an jedem Punkt festzustellen, ob die Empfindung eigentlich in Schmerz oder Angst besteht.

Zu Beginn dieser Erfahrung klagte sie über beträchtliche Schmerzen. Aber als sie schrittweise einen Körperteil nach dem anderen erforschte, sagte sie, sie erkenne nun, daß der größte Teil dessen, was sie Schmerz genannt habe, in Wirklichkeit aus Angst bestünde, aus einer Sehnsucht nach einer Änderung ihrer Lage. Sie sagte: „Wissen Sie, die Art und Weise, wie ich auf den Schmerz in meinem Körper reagiere, ist eine verkleinerte Widerspiegelung meines ganzen Lebens".

An dieser Stelle möchte ich die Notwendigkeit betonen, in diese neue Beziehung zum Schmerz mit großer Sanftheit hineinzugehen. Man muß einen behutsamen Schritt nach dem anderen vollziehen und sich dessen bewußt sein, daß der Geist nach Kontrolle strebt und ängstliche Ausfälle und Paraden vollführt. Diese Öffnung gegenüber dem Schmerz wird durch eine Öffnung des Herzens vollzogen, andernfalls gerät sie nur zu einer neuen Belastungsprobe, die uns noch stärker an die Rolle einer „handelnden Persönlichkeit" bindet. Sie beinhaltet ein Loslassen der Ursachen unseres Leids und läuft nicht auf eine falsch verstandene Überwindung, auf eine leere, heroische Geste hinaus. Es ist so, wie C. S. Lewis in seinem Buch *Das Problem des Schmerzes* feststellt: „Wenn Schmerz ertragen werden soll, hilft ein wenig Mut mehr als eine Menge Wissen, ein wenig menschliches Mitgefühl mehr als großer Mut und die leiseste Spur der Liebe Gottes mehr als alles andere".

Eine Öffnung, welche die das Herz verkrustende Aversion überschreitet, läßt erkennen, welche Isolation und Anspannung das Leben beherrschte, wenn die vorherrschende Strategie im Ausweichen bestand. Die sanfte Erkenntnis unserer altgewohnten Taktik des Rückzugs von allem, was unbefriedigend erscheint, erinnert uns an die Unbeschwertheit des Geistes, die sich einstellt, wenn wir loslassen und die Dinge in ihrem So-Sein akzeptieren. Die Erkundung des Schmerzes ruft das Mitempfinden wach und läßt uns besser begreifen, wie gnadenlos wir oftmals mit uns selbst umgingen. Wir erkennen, daß man vor der Angst keine Angst haben muß. Daß sie nichts weiter als ein Geisteszustand ist, dessen magnetisches und verführerisches Wesen uns wieder und wieder aus der Weiträumigkeit des Gewahrseins herausgelockt und eine Identifikation mit unserem Leid hervorgerufen hat. Der einzige Weg hinaus führt hinein. Wie alle Zustände des Widerstrebens wird die Angst durch unsere Identifikation verstärkt, durch unser Bemühen, das fiktive Selbst unter dem Eindruck einer Notlage zu schützen. Angst hat die Eigenschaft, den Geist zu verschließen und Zwangsreaktionen hervorzurufen. Doch sie macht uns auch bewußt, daß wir an unsere Grenze gestoßen sind und uns unerforschtem Territorium nähern. Ihre unmittelbare, drückende Enge hilft uns zu begreifen, daß die beste Reaktion darin besteht, daß wir uns sachte entspannen, die Angst anerkennen, uns in sie hineinbewegen und eins mit ihr werden, so daß wir sie schließlich hinter uns lassen und zu der Wahrheit vordringen können, die sich hinter ihr verbergen mag.

Als Rose mit starken Schmerzen ins Krankenhaus kam, herrschte großer Widerstreit und Verwirrung in ihr. Sie hatte ihr ganzes Leben in einer sehr ambitionierten, geschäftstüchtigen Art und Weise verbracht und war sehr auf den eigenen Vorteil bedacht. Sie war mißtrauisch, daß die Leute „nur darauf aus sind, alles zu kriegen, was sie kriegen können", und daß jeder, der anders war, „nur ein Versager ist, der sich hinter irgendeinem verdammten Gemütsquatsch versteckt". Die Krankenschwestern meinten, sie sei ein sehr schwieriger Patient, „ein richtiger Satansbraten", wie es eine ausdrückte. Ihre konkurrierende und übelnehmerische Haltung hatte zur Folge, daß sie an ihrem Sterbebett nie Besuch bekam. Sogar ihre eigene Familie, ihre erwachsenen Söhne und Töchter, die sie mit ihrer stetigen Kritik und Übellaunigkeit verletzt hatte, weigerten sich zu kommen und sie zu sehen. Sie war mit ihren großen Schmerzen allein, ohne irgendetwas tun zu können. Im Verlauf der Tage merkte sie, daß der Widerstand nur dazu führte, daß ihre Krankheit mehr und mehr einer Hölle glich. Tag für Tag unter Schmerzen im Bett liegen zu müssen, war fast mehr, als sie ertragen konnte. Eines Tages erkannte sie dann, wie gleichgültig sie gegenüber dem Schmerz anderer gewesen war, und in ihrem Innern begann etwas aufzutauen. Sie wurde immer weichherziger und begegnete denen, die ihr Hilfe anboten, immer freundlicher. Schließlich brach der Schmerz ihres ganzen Lebens der Isolation und Angst ihr Herz auf. Und sie wurde von Wellen des Mitgefühls für das Leid anderer überflutet. Sie sagte: „Es ist nicht nur mein eigener Schmerz. Es ist der Schmerz des ganzen Universums". Nachdem sie eine Weile im Krankenhaus gelegen hatte, erzählte mir eine der Schwestern, daß sie Rose ein Bild von Jesus in der Gestalt des Guten Hirten gebracht habe, der inmitten zutraulicher

Tiere und kleiner Kinder stand. Und als Rose dieses Bild in den Händen hielt, begannen Tränen aus ihren Augen zu fließen, und sie sagte: „Oh Jesus, vergib ihnen - habe Erbarmen mit ihnen." Sie erkannte, daß ihr Schmerz der Schmerz aller Menschen war. Und daß sie sich auf unerklärbare Weise inmitten eines barmherzigen Universums befand. Ihr Herz hatte sich geöffnet, denn ihr Schmerz hatte sich durch ihren Widerstand gegen das Leben hindurchgebrannt.

Schmerz hat die Fähigkeit, uns für die Liebe in einer Weise zu öffnen, die wir nie für möglich gehalten hätten. Wir sind nie so verwundbar, so wehrlos wie dann, wenn wir Schmerzen haben. Als die Barrieren bei Rose zusammenbrachen, als der Knoten in ihrem Herzen zerschmolz, war es ihr möglich, in Kontakt mit einem Dasein zu kommen, das sie mit allen teilte, die lebten und atmeten.

Wenn wir uns unserem Schmerz mitfühlend öffnen, spüren wir die Herzen aller, die um uns sind. All unser Widerstand gegen unsere Abhängigkeit von der Hilfe anderer, all unser Verlangen nach Kontrolle kann nicht mehr aufrechterhalten werden. Unser Inneres ist aufgebrochen und hat uns die Zerbrechlichkeit unseres Unwissens enthüllt. Wir werden hineingeführt in die ungeheure Stärke und Weite unserer Fähigkeit, etwas zu akzeptieren und über etwas hinauszuwachsen. Und dies nicht aus einer Aversion heraus, sondern in Achtung vor dem Leben und in einer neuen Ehrfurcht, die wir bisher noch nicht kannten. Es ist die Bereitschaft, bis an die Grenze unseres Schmerzes zu gehen, die es uns ermöglicht, uns weiter auszudehnen und tiefer zu verstehen, wer wir wirklich sind. Der Widerstand gegen den Schmerz verdunkelt die Sicht auf unser wahres Wesen. Öffnen wir uns unserem Leid, öffnen wir uns allen.

Ich habe einen Freund, der auf einer Krebsstation für Kinder für die Chemotherapie zuständig ist und die Aufgabe hat, in einem oft abgemagerten Arm nach irgendeiner erreichbaren Vene zu suchen, um Infusionen von Chemikalien vorzunehmen, die sich manchmal über einen halben Tag erstrecken und für die Kinder recht schmerzvoll sind. Er ist wahrscheinlich der größte Schmerzverursacher, dem die Kinder bei ihrem Aufenthalt im Krankenhaus begegnen. Weil er so intensiv an seinem eigenen Schmerz gearbeitet hat, ist sein Herz sehr offen. Seine Verantwortlichkeiten im Krankenhaus handhabt er wie „das Auflegen der Hände in Liebe und Bejahung". In ihm ist kaum etwas, das ihn zum Zurückweichen veranlassen und die Erfahrung für die Kinder noch schmerzhafter machen würde. Er ist ein warmer, offener Raum, der die Kinder ermutigt, jedem ihrer Gefühle zu vertrauen. Und er ist es, nach dem die Kinder am häufigsten fragen, wenn sie im Sterben liegen. Obwohl er der Haupt-Schmerzspender ist, ist er auch der Haupt-Liebesspender.

Es entbehrt nicht der Ironie, daß wir einerseits darauf konditioniert sind, Schmerzen auszuweichen und die Ursachen des Unbehagens zu verabscheuen, und es dennoch zu unserer wirklichen Aufgabe machen müssen, dem Schmerz Liebe entgegenzubringen. Ihm mit einer neuen Offenheit und Akzeptanz zu begegnen, zu der wir früher nie ermutigt worden sind. Nicht an ihm festzuhalten und uns ihm nicht entgegenzustemmen - sondern ihn einfach in unserer Bewußtheit und in unserem Mitempfinden existieren zu lassen. Nichts in uns selbst abzulehnen, sondern mit allen Wandlungen liebevoll und wohlwollend in Beziehung zu stehen und anzuerkennen, wie schwer eine Öffnung fällt, wenn wir fast mit all unserem Wissen am Ende sind.

Viele fragen vielleicht: „Aber wie kann ich meine Schmerzen lieben? Ist das nicht eine Art idealistischer Verrücktheit? Kann man Schmerzen wirklich lieben? So etwas ist leicht gesagt, aber wie soll man das überhaupt machen?"

Wiederum verstellt uns unsere Konditionierung den Weg und will uns glauben machen, daß so etwas unmöglich sei, daß wir der Situation ausgeliefert wären. Wieder einmal kerkern wir uns selbst in einer fixierten Vorstellung vom Leben ein.

Es ist wichtig zu verstehen, daß es verschiedene Ebenen und Intensitäten des Schmerzes gibt. Man kann sich nicht allen Schmerzen gleichermaßen leicht öffnen und manchen vielleicht überhaupt nicht. Wenn wir mit der Öffnung bis zum „großen Schmerz" gewartet haben, ist es durchaus möglich, daß uns der innere Raum für eine tiefere Erkundung fehlt, denn wir haben uns auf eine solche Öffnung nicht vorbereitet. Aber wenn wir schon bei geringen Schmerzen, Enttäuschungen, Ängsten, seelischen Schwankungen und Herzensverhärtungen in einer sanften, täglichen Auseinandersetzung und inneren Ausweitung die Grenzen ausloten, bereitet uns dies auf Späteres vor. Es ist das tägliche Offensein für die kleinen Schmerzen, das uns auf den großen Schmerz vorbereitet. Das Ausloten der Grenzen unseres Schmerzes sollte von großem Mitempfinden begleitet sein. Wenn es auch einer gewissen Standhaftigkeit bedarf, um die Konzentration auf den Schmerz und unsere Offenheit ihm gegenüber aufrechtzuerhalten, sollten wir uns doch jener Eigenschaft des grimmigen Erduldens bewußt sein, die sich auf subtile Weise einschleicht, um mit dem Gefühl eines isolierten Selbst Widerstand gegen das Leben hervorzurufen.

Wir können für einen anderen Menschen nicht die Grenze ausloten und ihm auch nicht die Arbeit abnehmen. In der Arbeit mit jemandem, der Schmerzen hat, erkennen wir, daß unsere einzige Arbeit nur die an uns selbst sein kann. Wir gehen nicht gegen die Grenze eines anderen an. Wir stoßen nur an unsere eigene. Unsere Arbeit besteht nicht darin, einen anderen zum Ausloten seiner Grenzen zu drängen oder aus einer undeutlichen Überzeugung heraus den Verzicht auf Schmerzmittel zu empfehlen. Unsere Arbeit besteht nur darin, Einsicht in unser eigenes Leid zu gewinnen und dadurch auch für jene, die wir begleiten, auf tieferen Ebenen erreichbar zu sein.

Weil wir in einer Gesellschaft leben, die auf die Flucht vor dem Schmerz programmiert ist, einer Gesellschaft, die täglich buchstäblich tonnenweise Aspirin konsumiert, sind es viele gewohnt, dem Leid um jeden Preis auszuweichen. Wenn der Arzt hochwirksame Analgetika verschreibt, werden sie von den meisten ohne Zögern angenommen. Doch wenn man mit einer unter Schmerzen leidenden Person arbeitet und sehr aufmerksam auf seine innere Stimme hört, spürt man vielleicht den rechten Zeitpunkt für eine behutsame Empfehlung eventuell verfügbarer Alternativen. Ein solches Angebot sollte jedoch mit keiner auch noch so subtilen Andeutung verbunden sein, daß die betreffende Person „absolut richtig handelt", wenn sie diese Techniken gebraucht, oder daß sie Bewunderung verdiene, wenn sie einem Ratschlag folgt. Es ist ein weitherziges, ohne Selbstgerechtigkeit oder Bewertung unterbreitetes Angebot, das einem Gespür für seine Zweckmäßigkeit entspringt und vielleicht sogar mit eigenen Erfahrungen korrespondiert.

Eine Freundin bat mich, ihre an Krebs sterbende Mutter zu besuchen, denn sie fühlte, daß diese bald ihren Körper verlassen würde und eine solche Begegnung wohltuend für sie sein könne. Als ich das Zimmer betrat, empfing mich ihre Mutter mit einem warmen Lächeln und dem klaren Blick ihrer Augen, in denen der Ausdruck innerer Ruhe lag. Offensichtlich waren es nicht die Bedürfnisse der Mutter, die mich zu ihr geführt hatten, sondern die Ängste ihrer Tochter, die sich an der offenen Tür herumdrückte und sich bemühte, den Tod ihrer Mutter auf irgendeine Weise zu akzeptieren. Sie erzählte mir, daß sie soeben und nach den Worten der Ärzte wohl zum letzten Mal ins Krankenhaus zurückgekehrt sei, ringelte verspielt die wenigen grauen Haarsträhnen, die ihr infolge der Chemotherapie geblieben waren und schien sich kaum noch mit ihrem Körper zu identifizieren. Sie akzeptierte den deutlichen Verfall ihres Körpers ganz und gar. Es gab anscheinend kaum etwas, womit ich ihr helfen konnte.

Als ich gerade aufbrechen wollte, fragte ich sie noch, ob sie sich irgendeines Umstandes bewußt sei, der ihre so deutlich spürbare Offenheit trüben könne. Sie sagte, daß alles in bester Ordnung sei, daß sie sich jedoch zuweilen ein wenig unausgeglichen und benebelt fühle und nicht wisse, warum. Dies konnte natürlich auf Umstellungen in der Ernährung, auf einen Gewichtsverlust, auf die Toxizität in ihrem Organismus oder auf bestimmte Aspekte ihrer Verfassung zurückzuführen sein. Aber ich ahnte auch, daß es ein Effekt der starken Schmerzmittel sein konnte, die der Arzt ihr nach den Worten ihrer Tochter gegeben hatte. Sie sagte, sie habe keine starken Schmerzen, denn ihre Ärzte hätten gesagt: „Sie haben es zur Zeit schwer genug. Zumindest müssen Sie keine Schmerzen haben." Und sie hätten ihr ein hochwirksames, schmerzlinderndes Mittel in recht hoher Dosierung gegeben, das sie regelmäßig einnehmen sollte. Wir sprachen ein wenig darüber, wie sie sich nach der Einnahme dieser Medikamente fühle, und ich erwähnte, daß sie, wenn sie es wünschte, mit der Herabsetzung ihrer Medikationsdosis experimentieren könne, um herauszufinden, ob es für sie eine bestimmte Grenze gab, an der sie die innere Klarheit nicht mehr gegen die Schmerzkontrolle eintauschen wolle. Vielleicht gäbe es einen Punkt, an dem sie keine weitere Steigerung ihrer Schmerzen spüre und andererseits noch in der Lage sei, dem Geschehen mit klarem Bewußtsein zu folgen. Eine sehr feine Balance, die sie ständig überprüfen und so steuern könne, wie es ihr angemessen erscheine.

Als ich ihr diese Alternative offerierte, achtete ich darauf, ob ich vielleicht in mir selbst den Wunsch nach einer Änderung ihres Zustands verspürte, ob irgendein Verlangen mich dazu motivieren könne, ihr etwas zu „verkaufen", das in meinen Augen das Beste für sie sei. Ich gab ihr diese Anregung ohne den Tonfall der Erwartung, sie „solle" irgendwas tun. Es war einfach eine Alternative, die es ihr ermöglichen sollte, im Rahmen ihrer eigenen Kapazität die für sie richtige Wahl zu treffen.

Die Tochter erzählte mir, daß ihre Mutter die Medikation am nächsten Tag reduzierte und innerhalb weniger Stunden feststellte, daß sie klarsichtiger geworden war und dennoch keine stärkeren Schmerzen hatte. Und daß sie wenige Tage später im Kreis ihrer liebevollen Familie und in großer Klarheit ihren Tod starb, befähigt, ganz direkt und liebevoll Lebewohl zu sagen. Sie starb den Tod eines ganzheitlichen Menschen, der sein Leben in der Liebe zu sich selbst und zu allen anderen verantwortet hatte.

Diejenigen, die in dieser Weise mit ihrem eigenen Schmerz und dem Schmerz anderer arbeiten möchten, werden niemals den Eindruck aufkommen lassen, daß die andere Person ihnen gegenüber verpflichtet wäre, in einer Weise zu sterben oder mit dem Schmerz zu korrespondieren, die nicht ihrem eigenen Wesen entspricht. Es besteht tatsächlich die Schwierigkeit, ja sogar die reale Gefahr, daß die, welche mit Sterbenden arbeiten, einen Patienten zum Sterben ihres eigenen Wunsch-Todes zu bewegen versuchen. Es besteht keine Notwendigkeit, das eigene Wunschbild in eine andere Person hineinzuprojizieren, so wie wir es bei unseren Freunden oder bei unseren Kindern machen, wenn wir frustriert darüber sind, daß sie nicht so werden wie wir selbst sein wollen. Wir brauchen nur dem eigenen Schmerz und Widerstand genügend Raum zu geben, ohne in Selbstbewertung zu verfallen, und uns für uns selbst zu öffnen - für das Universum.

Wenn wir die Grenze unseres Schmerzes auszuloten beginnen, entwickeln wir eine Bereitschaft, zwanghafte Reaktionen auf das Leben zu unterlassen. Wir sind bereit, auf das Leben zuzugehen, unser Mitgefühl und unser Selbst-Verständnis für jeden einzelnen Moment offenzuhalten und tiefer in das Leben einzudringen. Indem wir unsere Konditionierung zu zwanghafter Abwehr klar durchschauen, begreifen wir, daß in einem sehr realen Sinne alle Ursachen in uns selbst liegen. Daß sie im Schmerz und in der Konfusion langfristiger Verklammerungen des Herzens und der Seele begründet sind. Daß Umstände wie der physische Schmerz und die Unmöglichkeit, Kontrolle über unser Schicksal zu gewinnen, Frustrationen schaffen, die sich wie Schlacke in unserer geschmolzenen Seele ablagern.

Vor einigen Jahren wachte ich nachts mit einem stechenden Schmerz auf, der von einem Nierenstein herrührte. Während ich den Rest der Nacht abwechselnd meditierte und in einer mit warmen Wasser gefüllten Badewanne lag, den Inhalt meiner eigenen Predigten zu praktizieren versuchte und mich rings um den Schmerz öffnete und entspannte, konnte ich nur allzu deutlich das Widerstreben erkennen, das mich zu innerer Anspannung und zur Abwehr des Schmerzgefühls veranlassen wollte. Als ich am nächsten Morgen zum Arzt ging, um Aufschluß über meinen Zustand zu erhalten, stellte ich die Einnahme der angebotenen Schmerzmittel erst einmal zurück. Während der folgenden Stunden, die mit Untersuchungen, Röntgenaufnahmen und einiger Rüttelei vergingen, steigerte sich der Schmerz immer mehr. An diesem Punkt akzeptierte ich das, wie es hieß, „milde Analgetikum", das meine Schmerzen dämpfen sollte. „Es reicht, wenn wir ihnen die Spitze abschneiden", sagte ich scherzhaft zum Arzt. Als ich den Rollstuhl sah, der in die Praxis geschoben wurde, hätte ich wissen müssen, daß meine Erwartung doch um einiges übertroffen werden sollte. Einige Minuten später, als die durch das Opiat bewirkte tiefe Betäubung eingetreten war, sackte mein Kinn auf die Brust hinab, und man rollte mich in den Warteraum, um die Röntgenbilder inzwischen weiter auszuwerten.

Wie durch einen Nebel hindurch konnte ich hören, wie zwei Krankenschwestern, die mich kannten und an der Tür vorbeikamen, zueinander sagten: „Schau dir Stephen an. Sogar bei solchen Schmerzen meditiert er noch." Ich meditierte nicht. Ich war nur wie gelähmt.

Alle paar Minuten schwebten Laborantinnen durch meine Betäubung und demonstrierten ihre Angst vor dem Schmerz. Eine sagte: „Wissen Sie, überzeugender als durch die Schmerzen eines Nierensteines kann ein Mann gar nicht erleben, was die Schmerzen einer Geburt bedeuten". Keine sehr hilfreiche Bemerkung! Eine andere sagte: „Oh, das muß schrecklich für Sie sein. Sind Sie sicher, daß wir nicht noch eine Schmerz-Meditation machen sollten?" Sie übermittelten ihre Angst vor dem Schmerz, ihre Angst vor dem Leben.

Der Arzt, der nach einiger Zeit wieder erschien, empfahl mir, einen Spezialisten aufzusuchen, denn der Nierenstein, sagte er, „sitzt an einer Stelle, an der es ziemliche Probleme geben kann. Er ist sehr groß. Mein Gott, was müssen Sie für Schmerzen haben!"

Also wurden die Röntgenbilder unter den Arm geklemmt, und ich wurde zum Nieren-Spezialisten verfrachtet, mitsamt meiner Umgebung in einen opiatischen Schwebezustand versunken. Auf der Autofahrt zum Spezialisten durchgeschüttelt, von stundenlangen Schmerzen erschöpft und von der durch das ständige Rütteln verstärkten Aktivität des Nierensteins beansprucht, hörte ich mich sagen: „Jesus, bitte nimm diese Schmerzen von mir." Und im nächsten Moment kam die Botschaft: „Sie von Dir nehmen? Ich habe sie Dir doch gerade gegeben."

Ich versuchte, meine Präsenz wiederzufinden. Obwohl sich der altgewohnte Widerstand gegen den Schmerz noch behaupten wollte, gab ich den Empfindungen mehr Spielraum. Ich hörte auf, mich gegen den Strom zu stemmen. Meine Identifikation mit mir selbst als einem Opfer, als einem Leidenden, verminderte sich. Und der Schmerz konnte wieder frei fließen.

Als ich im Sprechzimmer des Arztes war, nahm er die Röntgenbilder und legte sie auf die beleuchtete Milchglasscheibe neben seinem Schreibtisch. Dann wandte er sich zu mir um, nahm einen Messing-Brieföffner von seinem Schreibtisch und deutete damit auf den Schatten im Röntgenbild, der den Nierenstein sichtbar machte. „Wir sollten sofort operieren. Und an dieser Stelle können wir den Schnitt machen", sagte er und fuhr mit dem Brieföffner über den fahlen Schatten, der meine Körperseite andeutete. Und ich hatte das deutliche Gefühl, daß er mich ohne langes Federlesen auf seinen Schreibtisch legen und mit dem Brieföffner operieren wollte. Er war ganz aufgeregt. „Oh, er sitzt an einer wundervollen Stelle. Ihn an dieser Stelle zu operieren, ist herrlich." Ich sah den

Schatten von Dr. Mengele über uns schweben und sagte mit flauer Stimme: „Nein danke, nein danke, ich glaube, ich halte es für besser, diesem Ding auf eine andere Art beizukommen als mit einem operativen Eingriff." Und er sagte: „Aber wenn er da stecken bleibt, werden Sie es bereuen." Ich dankte ihm für seine Mühe und zog mich eilig zurück.

Wieder nach Hause zurückgekehrt, fiel mir die Konzentration schwer, da das Opiat noch auf meinen Organismus einwirkte. Aber als sich die Wirkung zu verlieren begann, konnte ich mich geistig wieder zentrieren, rings um den Schmerz entspannen und mich in ihn hinein öffnen. Ich konnte feststellen, daß die Dosis, die man mir gegeben hatte, um meinen Schmerz zu dämpfen, ihn gewissermaßen eher ausweitete, indem sie es nicht zuließ, daß ich mit ihm arbeitete. Als das Schmerzmittel in seiner Wirkung nachließ, war ich wieder in der Lage, dem Schmerz einfach standzuhalten, bis sich meine geistige Fähigkeit zur Konzentration von selbst wieder hergestellt hatte. Der Nebel lichtete sich, und ich konnte mich auf den Nierenstein im Harnleiter konzentrieren und ihn mit Hilfe von Visualisations-Meditationen innerhalb von zwei Stunden hindurch- und hinausbewegen. Als er in das WC-Becken fiel, war es das erfreulichste Klimpern, das ich je gehört habe.

Mir wurde klar, daß sich meine Beschwerden durch das Quantum an Analgetika, das ich zur Linderung der Schmerzen erhalten hatte, kurioserweise eher verstärkt hatten. Die Verhaftung an der Ursache meines Leidens hatte sich gesteigert, indem ich mir wünschte, es möge ein Ende haben. Es war interessant. Ich habe von diesem Nierenstein viel gelernt. Er rief viele der Meditationen ins Leben, die wir seitdem entwickelt haben. Ich war dankbar für diese Gnade.

Ich stellte in diesen Stunden fest, daß sich der Schmerz in dem Maß verstärkte, in dem ich mich selbst mit einem leidenden Körper gleichsetzte. Doch als ich dem Schmerz Spielraum ließ und mich öffnete, anstatt mich einfach auf ihn zu konzentrieren, veränderte sich die Erfahrung, und ich begann den Raum zu spüren, in dem aller Schmerz dahinfloß.

Ich wurde an das Experiment erinnert, das in der Arbeit mit Krebspatienten an der Springgrove-Klinik in Maryland durchgeführt worden war und bei dem Nervenbetäubung, Chordotomien und andere radikale Methoden angewandt worden waren, um die Intensität der Schmerzen in den Griff zu bekommen. Viele der Leute, die an diesem Experiment teilnahmen, waren monatelang dermaßen von Schmerzen gepeinigt worden oder hatten durch hochdosierte Schmerzmittel eine solche Bewußtsseinstrübung erfahren, daß sie nicht in der Lage gewesen waren, ihr Bett zu verlassen, zur Arbeit zu gehen, sexuelle Beziehungen zu unterhalten oder Kontakt mit ihrer Familie zu pflegen. Unter gewissenhafter Vorbereitung und mit großer Behutsamkeit offerierten die Forscher diesen Patienten die Möglichkeit des Gebrauchs sanfter Dosen von Psychodelica wie beispielsweise LSD, um herauszufinden, ob die daraus resultierende Erfahrung irgendeine Wirkung auf die Intensität ihrer Schmerzen hatte.

Einige von ihnen machten Erfahrungen, die sie über sich selbst hinausführten. Es war, wenn man so will, eine transpersonale Erfahrung, in der sie eins mit der Natur waren; sie hatten das Gefühl, ein Baum im Wald zu sein oder ein Teil der universalen Energie - ob nun in einer malerischen kosmischen Verschmelzung mit der Augenbraue Buddhas oder durch ein Einschmiegen in das offene Herz Jesu. Sie schienen anschließend eine andere Beziehung zu ihrem Schmerz zu haben. Ihre Erfahrung, mehr zu sein als sie sich vorgestellt hatten, durchbrach ihre Identifikation mit ihren Modellen - einschließlich des Modells, sie bestünden aus nichts anderem als aus ihrem Körper und aus ihrem Schmerz. Ihre Beziehung zu sich selbst war weiträumiger geworden. Manche, deren Kraftreserven zuvor völlig erschöpft gewesen waren, hatten anschließend monatelang keine Schmerzen. Andere, die eine Chordotomie nicht mehr in Erwägung zogen, konnten ihre Schmerzen mit einfachem Aspirin behandeln und waren wieder recht aktiv. Jeder, der an diesem Experiment teilgenommen hatte, hatte seine eigene Erfahrung gemacht. Bei denen, die jene Bewußtseinserweiterung nicht erfahren hatten, veränderten sich die Schmerzen anschließend kaum. Auch bei der anderen Gruppe waren die Schmerzen nicht verschwunden, aber ihre Kapazität oder ihr Empfindungsspielraum hatte sich erheblich erweitert. Die Kapazität für ihre Empfindungen hatte sich vergrößert. Sie erkannten, daß ihnen mehr zur Verfügung stand als nur der massive Körper oder der begrenzte Geist. Sie hatten ihre Grenzen erweitert. Weil sie nach und nach zu ihrem Schmerz in Beziehung traten anstatt auf ihn bezogen zu sein, wurde ihre Erfahrung nicht mehr vom Schmerz beherrscht. Sie begannen, die innere Weiträumigkeit zu spüren, durch die alle Erfahrungen hindurchströmten. (Siehe Schmerz-Meditationen IV und V.)

Indem sich die Erfahrung des Seins erweitert, ändert sich auch die Erfahrung des Schmerzes. Wenn wir das Gefühl unserer Weiträumigkeit unmittelbar erleben, beginnen wir, uns auf die Frage einzustimmen, „wer" den Schmerz eigentlich erfährt. Wir beginnen zu erkennen, daß das, was einen Gedanken in den nächsten übergehen läßt, genau dieselbe Energie ist, die die Sterne über den Himmel bewegt. Wir erkennen den Kontext, in dem sich unser Geschehen vollzieht. Wir fühlen uns von unseren Schmerzen und Dramen nicht mehr so bedrängt und entmutigt, weil wir uns einem universalen Prozeß öffnen, als dessen Element wir uns empfinden. Die Erfahrung in Springgrove weist Parallelen zu dem auf, was uns ein pädiatrischer Chirurg über seine Erfahrungen mit den Schmerzen seiner Patienten erzählte. Er sagte, er könne vermutlich einen Neugeborenen beinahe ohne Anästhetika operieren. „Sie zeigen eine so minimale Identifikation mit ihrem Körper, einen so geringen Widerstand gegen den Schmerz, daß es scheint, als gebe es in ihnen mehr Raum für die Ausbreitung von Empfindungen." Er meinte, es sei nicht so, daß sie diese Empfindungen etwa nicht fühlen würden. Aber sie würden sie nicht so rasch mit einer Anspannung umschließen. „Die Schmerzschwelle scheint sich zu senken, wenn das Kind älter wird. Je länger es im Körper ist, desto kleiner wird der Bereich des Annehmbaren und desto größer die Identifikation mit seinem Körper. Mit zunehmendem Alter der Kinder erfordern gleiche Stimuli auch vermehrte Maßnahmen der Schmerzlinderung. Zum Beispiel kann ein einjähriges Kind einem Stimulus ausgesetzt sein, dem wir einmal hypothetisch die Stärke drei beimessen, und es ist nicht sonderlich beunruhigt. Um die Spannung zu mildern, reichen vielleicht ein paar sanfte Worte und das Reiben des Bauches aus. Aber wenn dieses Kind zwei oder drei ist, braucht es vielleicht schon eine Aspirin-Tablette. Und wenn es fünf oder sechs oder sieben ist, wird dieser Stimulus noch unangenehmer. Und wenn das Kind zehn ist, wachsen die Widerstände sogar noch mehr und verlangen den

Einsatz noch stärkerer Schmerzmittel. In der Jugendzeit wird dann der Schmerz zu einer Notlage und erfordert Opiate und desgleichen."

Wir sind so sehr darauf konditioniert, uns selbst als einen Körper zu betrachten, und wir haben so viel Angst vor dem Schmerz aus unserer Umgebung absorbiert, daß entstehender Schmerz das ganze Bewußtsein in Anspruch nimmt. Er überdeckt alles andere, beansprucht allen Raum für sich und gerät zu einer Notlage, aus der man sich so schnell wie möglich befreien muß.

Das wirkliche Ende des Leidens liegt nicht im Abtöten von Nervenreizen, sondern vielmehr in der Erfahrung der zugrundeliegenden Realität, in der alle Dinge in ihrem Kontext dahinfließen und alle Dinge praktikabel sind.

Eine Frau, die in einem Krankenhaus unter großen Schmerzen im Sterben lag, äußerte, daß viele der Krankenschwestern rigoros ins Zimmer kämen, ihr Kopfkissen aufschüttelten, einige Bemerkungen über ihr gutes Aussehen machten, sich zum Haarekämmen und Lippenschminken anböten und das Zimmer wieder verließen, ohne auch nur im geringsten zu einer wirklichen Hilfestellung imstande zu sein oder zumindest ein wenig menschliches Interesse zu zeigen. Andere, so sagte sie, kämen ruhig in ihrem Raum, wären offen für ihre Situation und sehr präsent. „Diejenigen, die sich ihrem eigenen Schmerz geöffnet hatten, öffneten sich auch meinem. Die, die sich versteckten, konnten nur ihre Rolle spielen, um dann die erste Gelegenheit zur Flucht zu ergreifen."

Ebenso wie in der Meditation, die zu einer Erweiterung des Seins ermutigen soll und in der die beständige Wandlung jedes Klanges, jeder Empfindung und jeder Vorstellung wie das Entstehen und Vergehen von Seifenblasen in der Weite des Gewahrseins erfahren wird, gelangen wir zu der Einsicht, daß nichts außerhalb von uns geschieht. Alles fließt wie ein Wolkenfeld durch den Himmel des Bewußtseins.

Manche Menschen empfinden, wenn sie diese Meditation praktizieren, eine Art von Unbehagen, welches signalisiert, wie sehr wir an unseren begrenzten und hypothetischen Selbstbildern festgehalten haben. Wir haben uns beharrlich an unseren Schmerz geklammert und wenig innere Offenheit entwickelt. Und während sich dieser zähe Nebel allmählich auflöst und alles in der Weite des

Seins erfahren wird, meinen wir, vor einem Abgrund zu stehen und uns irgendwo festklammern zu müssen. Dies ist nichts anderes als unsere Angst vor dem Tod, unsere Angst vor dem Verlust der Kontrolle. Wir fürchten, daß wir bei unserem nächsten Schritt in einen weiten Raum hineinstürzen könnten und daß nichts unseren Sturz aufhalten würde. Wir erkennen nicht, daß dieser Raum unser wahres Wesen ist, unsere einzige wirkliche Sicherheit.

Es ist die unmittelbare Erfahrung unserer wirklichen Identität, welche die Wurzel des Schmerzes durchtrennt. Es ist das Hineingehen in die Weite des Seins, womit wir die Identifikation mit Körper und Geist hinter uns lassen. Die Erfahrung erzeugt in uns nicht mehr eine so große Anspannung. Wir stellen fest, daß es tatsächlich der Verlust des Kontaktes mit unserer natürlichen Weiträumigkeit ist, worin ein Großteil unseres Leidens wurzelt. Wenn wir unser ursprüngliches Wesen zu würdigen beginnen, wird dem Widerstand gegen das Leben und dem Bedürfnis, die Zähne zusammenzubeißen und unsere Unverwundbarkeit zu bewahren, kein Vorschub mehr geleistet. Statt dessen stehen wir in Verbindung mit der Kraft des geöffneten Herzens, in dem Raum für alles ist. Indem wir auf die Kontrolle verzichten, die das Leben zu ersticken droht, öffnen wir uns der Möglichkeit der Befreiung von unserem größten Leid: der Isolation und Schutzbeflissenheit eines isolierten „Ich".

Die Frage „Wer empfindet den Schmerz?" hallt wie ein Echo in unserem Innern wider. Wir spüren, daß dort nicht einmal ein „Wer" existiert, sondern nur eine Ist-heit, nichts, das von etwas anderem getrennt wäre. Und daß das Wesen dieser Ist-heit die Liebe ist.

Geleitete Schmerz-Meditationen

(Jede dieser Meditationen kann man einem Partner langsam vorlesen oder selbst im stillen durcharbeiten.)

SCHMERZ-MEDITATION I

(Sich rings um den Schmerz öffnen)

Nimm im Sitzen oder Liegen eine Position ein, die angenehm für dich ist. Richte dich in dieser Position so bequem ein, daß du die Präsenz des ganzen Körpers optimal fühlst.

Lenke deine Aufmerksamkeit auf den Empfindungsbereich, der unangenehm für dich ist.

Richte deine Aufmerksamkeit vollständig auf diesen Bereich. Das Gewahrsein erfaßt jeden einzelnen Moment der Gegenwart, damit du alle aufkommenden Empfindungen wahrnehmen kannst.

Fühle das Unbehagen ohne Widerstand.

Jeder einzelne Augenblick scheint neue Empfindungen hervorzubringen.

Verkrampft sich der Körper gegen den Schmerz? Fühle, wie er ihn wie mit einer Faust umschließen will - wie er ihn aus dir hinausdrängen will.

Laß es zu, daß sich dein Körper dieser Empfindung öffnet.

Fühle, wie sich Spannungen und Widerstände bilden, die die Empfindung eindämmen wollen.

Dränge den Schmerz nicht zurück. Laß ihn einfach vorhanden sein. Fühle, wie der Körper ihn isolieren will, ihn aus dir hinausdrängen will. Vergegenwärtige dir diese Faust. Du spürst die Spannung des Widerstandes im ganzen Körper.

Fühle, wie der Körper jede neue Empfindung umklammert.

Beginne allmählich, diese deine Empfindungen einschließende Umklammerung zu lockern. Denn schon das geringste Widerstreben kann so schmerzhaft sein. Öffne dich. Werde weicher. Laß die Empfindung sich entfalten. Laß es zu, daß sich die Faust in jedem einzelnen Moment ein wenig weiter öffnet. Gib der Empfindung einen Spielraum.

Laß den Schmerz los. Warum solltest du noch einen Moment länger an ihm festhalten?

Wie die Hand, die ein Stück glühende Kohle umschließt, wird das Fleisch der geschlossenen Faust durch ihre Umklammerung versengt. Öffne dich. Werde rings um die Empfindung ganz weich. Löse nach und nach den Griff der Faust des Widerstandes.

Die Handfläche dieser Faust wird weich. Die Finger beginnen ihren Griff zu lockern. Laß die Empfindung sich entfalten.

Die Faust gibt nach. Öffnet sich mehr und mehr. Von Augenblick zu Augenblick löst sie sich vom Schmerz. Gib die Angst auf, die ihn umschließt.

Werde der Angst gewahr, die sich um den Schmerz her aufgestaut hat. Laß diese Angst schmelzen. Laß die Spannungen sich lösen, damit die Empfindungen frei ausstrahlen können. Versuche nicht, den Schmerz gefangenzuhalten. Laß ihn frei fließen. Umschließe ihn nicht länger mit dem Griff des Widerstandes. Fühle deine Weichheit und Entspannung. Die Empfindung entfaltet sich in deiner Offenheit.

Die Faust öffnet sich. Ein Finger nach dem anderen löst seinen Griff.

Die Empfindung ist nicht mehr im Widerstand gefangen. Du öffnest dich.

Entspanne den Schmerz. Laß den Schmerz vorhanden sein. Löse dich von dem Widerstand, der die Empfindung erstikken will. Öffne jeder einzelnen Empfindung den Eingang in dein Bewußtsein. Du hältst nichts fest. Du drängst nichts zurück. Der Schmerz beginnt frei im Körper zu fließen.

Du hast dich von aller Verklammerung gelöst. Nur Gewahrsein und Empfindung bestehen noch und fließen ineinander - Augenblick für Augenblick. Sanft dringen sie ein in das weicher werdende Fleisch.

Die Faust hat sich zu einer weichen, weiten Handfläche geöffnet. Die Finger haben sich gelöst. Die Faust ist wieder mit dem weichen, offenen Fleisch verschmolzen. Keine Spannung. Keine Verklammerung.

Der Körper bleibt weich und offen. Die Empfindung kann frei fließen. Leicht. Sanft.

Du bist ganz weich und läßt den Schmerz sich frei entfalten.

Nur eine Empfindung. Frei fließend im weichen, offenen Körper.

SCHMERZ-MEDITATION II

(Eine tiefe Entspannung, die den Körper mit Stille erfüllt)

Atme einige Male tief ein und begib dich in eine bequeme Position.

Richte die Aufmerksamkeit auf den Scheitelpunkt deines Kopfes.

Laß den Geist zur Ruhe kommen, damit du die in ihm aufkommenden Empfindungen wahrnehmen kannst.

Was fühlst du - ein Kribbeln? Wärme? Fülle? Härte? Was auch immer in dir aufkommen mag, laß es vollständig in dein Bewußtsein treten. Es wird von einem ruhigen, offenen Geist aufgenommen.

Wenn sich Empfindungen bemerkbar machen, dann achte auf dieses Gefühl sanfter Gegenwart, worauf auch immer das Gewahrsein gerichtet ist. Beginne allmählich, das Gewahrsein hinunter in den Körper zu lenken.

Spüre die Empfindungen in den Muskeln und Geweben des Gesichts. Gewahrsein und Wärme lassen jeden Teil des Körpers, in den sie eindringen, weicher werden.

Lenke die Aufmerksamkeit, dieses Gefühl der Präsenz, durch das ganze Gesicht. Laß es zu, daß sich alle Spannungen vom Bereich hinter den Ohren her lösen.

Entspanne alle Muskeln im Bereich der Augen. Laß alle Verklammerung zerfließen. Nimm wahr, daß du vielleicht etwas zu sehen „versuchst", und entspanne die Augen.

Gehe in den Kieferbereich hinunter. Laß die Spannung aus ihm herausfließen. Das ganze Gesicht wird vollkommen weich und entspannt.

Lenke die Aufmerksamkeit weiter hinunter in die Kehle und in den Hals. Du fühlst das Fleisch und die Muskeln. Augenblick für Augenblick bilden sich Empfindungen in weicher Offenheit.

In jedem Bereich, dessen Empfindungen wahrgenommen werden, löst sich die Spannung auf. Jede Empfindung entspannt diesen Bereich und öffnet ihn.

Die Schultern - die Knochen und Sehnen - das Fleisch und die Muskeln - alles entspannt sich.

Du brauchst nichts festzuhalten. Du brauchst nichts hervorzurufen. Spüre einfach die Weichheit und Leichtigkeit in den Schultern. Sie sind vollkommen entspannt. Alle Spannungen, alle Verklammerungen lösen sich auf.

Lenke die Aufmerksamkeit langsam in die Arme hinunter. Fühle die Strömung in den Händen, die aus jedem einzelnen Finger hinausfließt und alle Spannungen in den Schultern, Armen, Handgelenken und Fingern abfließen läßt.

Fühle den Unterleib - die Brust - den Rumpf. Spüre die Empfindungen in ihrem Innern. Jedes Organ, das von Gewahrsein durchdrungen wird, wird weich. Der Magen entspannt sich. Die Lungen atmen frei und leicht. Ganz von selbst. Du löst dich von allen Verklammerungen in der Brust und im Oberkörper.

Der Atem atmet sich selbst. Im offenen, warmen Gewahrsein. Es gibt nichts, was du festhalten mußt. Nichts, was du verdrängen mußt. Nur Gewahrsein, das Empfindungen in sich aufnimmt. Augenblick für Augenblick. In einer warmen Stille.

Fühle den Rücken. Lenke die Aufmerksamkeit langsam die Wirbelsäule hinunter. Wirbel für Wirbel entspannt sich. Alle Spannungen, alle Verklammerungen werden weich und zerfließen. Nur die Empfindung bleibt zurück, Augenblick für Augenblick lösen sich alle Spannungen, alle Widerstände, alle Verklammerungen im Fleisch und in den Muskeln. Alles entspannt sich.

Bewege das Gewahrsein langsam weiter durch den Körper.

Durch das Kreuz. Durch das Gesäß. Alles ist vollkommen entspannt.

Richte die Aufmerksamkeit auf den After. Wenn du dort eine Anspannung fühlst, löse sie. Laß alle Verhärtungen los. Entspanne das Becken völlig.

Fühle die Oberschenkel. Spürst du irgendeine Verhärtung? Laß das Fleisch und die Muskeln mit dem Körper verschmelzen. Jeder Moment der Empfindung löst einen Augenblick der Anspannung auf. Die Weichheit breitet sich aus, dringt immer tiefer.

Die Knie. Irgendein Gefühl von Steifheit? Laß es los.

Die Unterschenkel. Die Fußknöchel.

Laß das Gewahrsein in jeden Körperteil eindringen, bis in die Zehenspitzen hinunter.

Fühle deine Fußsohlen. Das Kribbeln. Das Vibrieren. Jeder Augenblick macht den Körper weicher und weicher.

Lenke das Gewahrsein von Zehe zu Zehe. Bei den großen Zehen fängst du an. Dann kommt die nächste. Und die nächste. Und die nächste. Fühle den Strom, der aus jeder Zehe fließt. Der ganze Körper ist weich und offen.

Beginnend bei den Zehen, den Fußsohlen und den Knöcheln wird der ganze Körper von einer sanften Stille erfüllt.

Sie steigt durch die Waden. Durch die Knie. Jeder Körperteil wird von Stille erfüllt. Von einer unbeschreiblichen Stille. Jeder Muskel entspannt sich. Sogar die Knochen scheinen weich zu werden in dieser Stille, in diesem Raum.

Sie steigt durch die Hüften. Eine tiefe Stille. Offenheit.

Durch den Magen. Eine Ruhe, die jedes Organ durchdringt.

Die Brust. Sie atmet in ihrem eigenen Rhythmus. Stille erfüllt die Lungen. Das Herz ist von tiefer Stille umfangen.

Tiefe Ruhe dringt in die Wirbelsäule ein. Es ist ein tiefes Gefühl von Frieden und Entspannung. Empfindungen fließen in der Stille vorüber.

Ruhe strömt in die Arme und in die Schultern. In die Ellenbo-
gen und in die Hände. Stille erfüllt den Körper. Beruhigt die
Seele.

Im Hals. Im Kinn. In der Kehle. Ruhe. Stille. Offenheit.
Allmählich erfüllt die Stille den ganzen Bereich hinter dem
Gesicht. So besteht das ganze Gesicht - Augen, Mund, Ohren
- nur noch aus Empfindungen, die in der Stille dahinfließen.

Die Stille erfüllt den Körper bis hinauf zum Scheitelpunkt des
Kopfes.

Der Körper ist ruhig. Nachgiebig. Still.

Laß das Gewahrsein nun durch den Körper schweben und
jede einzelne Zelle mit Wärme und Geduld erfüllen. Laß es
jeden Muskelstrang, jede Schicht des Fleisches durchtränken.
Die Sehnen, die Gewebe, der ganze Körper geht in Stille und
Wärme auf. Der ganze Körper wird von Ruhe erfüllt. Von
einer weiten und tiefen Entspannung.

Laß dich von dieser Stille einhüllen.

Ruhe ganz sanft in der Stille.

SCHMERZ-MEDITATION III

(Den Schmerz erforschen)

Nimm im Sitzen oder Liegen eine möglichst bequeme Position ein. Atme ein paar mal tief ein und laß deinen Körper in
dieser Position zur Ruhe kommen.

Lenke dein Gewahrsein in den Körper. Richte das Gewahrsein
allmählich auf den Bereich der körperlichen Empfindungen.

Laß den Körper um diese Empfindungen herum weich werden. All diese Bereiche werden weich und warm.

Die Gewebe werden weich. Das Fleisch wird weich. So kann sich nichts mehr am Schmerz verklammern. Die Sehnen werden weich. Die Muskeln werden weich.

Dränge den Schmerz nicht zurück. Laß ihn einfach vorhanden sein. Gestatte dem Körper, sich rings um den Schmerz völlig zu entspannen. Sich zu öffnen.

Laß ihn einfach so sein, wie er ist.

Umklammere ihn nicht. Leiste keinen Widerstand. Du bist einfach weich und offen.

Laß den Schmerz frei im Körper fließen. Fühle die Empfindung in der unbegrenzten Weite des Gewahrseins.

Gestatte dem Körper ganz sanft, zu einem offenen Raum zu werden. Kein Festhalten. Keine Anspannung.

Laß alles los, was den Schmerz umspannt. Selbst auf der zellularen Ebene wird das Fleisch weicher und weicher. Es wird geschmeidig und öffnet sich. Keine Anspannung. Kein Zurückdrängen. Der ganze Körper ist entspannt. Selbst die Knochen. Und die Gewebe.

Weich und offen. Im ganzen Bereich der Empfindung.

Befreie die Atmung von jeglicher Spannung. Laß den Körper einfach von selbst atmen. Der Körper ist ein offener Raum, der die Empfindung ohne jede Beeinträchtigung wahrnimmt.

Und wenn Vorstellungen und Gedanken des Schmerzes den Geist verhärten - löse dich sanft von ihnen. Wenn Du furchteinflößende Gedanken wie ”Tumor“ oder ”Krebs“ bemerkst, dann werde um diese Gedanken herum ganz weich. Löse dich von dieser Angst. Laß sie frei im Körper fließen. Nimm Vorstellungen des Schmerzes, Versuche des Entrinnens, Ängste des Eingeschlossenseins einfach wahr. Verschließe dich ihnen nicht.

Laß diese Gedanken von selbst entstehen und wieder vergehen. Werde um sie herum ganz weich. Alte Gedanken erschaffen alte Widerstände.

Laß alle Widerstände des Körpers und des Geistes fallen. Laß jegliche Erfahrung im weichen, offenen Körper fließen. In der unermeßlichen Weite des Geistes.

Registriere es, wenn die Angst nach einem Ausweg sucht. „Wann wird dieser Schmerz enden?" „Wie ist er entstanden?" „Wie kann ich ihn loswerden?" Solche Gedanken vergrößern den Schmerz. Sie führen zu Anspannung von Körper und Geist.

Nimm jeden einzelnen Augenblick ohne Widerstand in dir auf. Billige dem Geist seine Weichheit und seine Offenheit und seine Nachgiebigkeit zu. Welcher Gedanke auch aufkommen mag - laß ihn kommen und wieder gehen. Keine Notwendigkeit, sich selbst zu schützen. Keine Notwendigkeit, sich zu verstecken. Nur der weiche, geöffnete Geist, durch nichts getrübt.

Laß den Körper zu einem Ozean werden. Jede Empfindung treibt sanft empor zu Oberfläche.

Öffne den Körper und laß ihn ganz ruhig dahinfließen. Alle Härte zerfließt. Alle Starrheit löst sich im weiten Meer des Gewahrseins auf. Fühle die Wellen der Empfindungen im Ozean des Körpers. Fühle die stillen Tiefen. Du bist weich. Du bist offen.

Lenke deine Aufmerksamkeit nun auf den Schmerz. Ohne jegliche Anspannung. Ohne den Versuch, dich von ihm zu befreien. Führe die Aufmerksamkeit ohne Widerstreben direkt in die Empfindung hinein. Erkunde dieses Etwas, das Schmerz genannt wird.

Was ist das wahre Wesen dieser Erfahrung? Was *ist* Schmerz?

Wenn der Geist in seiner Annäherung an die Empfindung ins Wanken gerät, dann konzentriere dich von Augenblick zu Augenblick auf den vorüberziehenden Strom der Empfindungen in diesem Bereich. Laß deine Aufmerksamkeit ohne Widerstreben in das Zentrum der Empfindung eindringen. Öffne dich der unmittelbaren Erfahrung. Der Schmerz ist nicht der Feind.

Erforsche in diesem Augenblick einfach seine Wirklichkeit. Wie ist er beschaffen? Indem du tief eindringst in die sich von Augenblick zu Augenblick wandelnde Empfindung, in das unmittelbare Zentrum des Unbehagens, prüfst du, wie das Gewebe, wie die Struktur dieser Empfindung beschaffen ist.

Der Körper und der Geist bleiben weich und offen. Ermögliche es der Wahrheit dieses Augenblicks, sich in einem Geist zu enthüllen, der frei von Angst und Verklammerung ist.

Wie „fühlt" sich diese Empfindung an? Ist sie heiß? Ist sie kalt? Gestatte dem Geist, in den unaufhörlich vorüberziehenden Strom der Empfindung einzutauchen.

Beschränkt sie sich auf eine bestimmte Stelle?

Bewegt sie sich?

Ist sie rund und hart?

Ist sie flach und weich? Bildet sie Ranken, die sich durch den Körper winden?

Laß die Aufmerksamkeit mit der Empfindung verschmelzen. Werde eins mit ihr. Gestatte dem Gewahrsein, inmitten des sich unaufhörlich wandelnden Stromes jede einzelne Nuance zu erforschen. Durchdringe jedes Partikel der Empfindung. Nimm jede entstehende Empfindung in dir auf - als würdest du sehr aufmerksam einer Melodie lauschen und Note für Note vernehmen. Versuche nicht, dir selbst vorauszueilen. Zögere nicht. Tauche einfach völlig in den Augenblick ein. Stimme dich ein auf den vorüberfließenden Strom der Empfindung.

Bleibt er stabil? Oder verändert er sich ständig?

Verharrt er an einer Stelle? Oder ist er amöbenhaft und ändert ständig seine Form? Verändert er seine Intensität von einem Bereich zum andern, von einem Augenblick zum nächsten? Laß den Geist mit der Empfindung verschmelzen. Weich. Offen. Tief eindringend. Nimm jede Spannung in Geist und Körper wahr. Sei ganz weich.

Erforsche. Was ist das für eine Empfindung? Ist sie eine kompakte Masse? Oder ist sie in ständiger Bewegung?

Fühlst du sie als einen Knoten? Als Druck? Als Brennen? Als Vibration?

Welche Farbe hat sie?

Ist sie schwer oder leicht?

Alles verändert sich von Moment zu Moment. Empfindungen entstehen und vergehen. In jedem einzelnen Augenblick. Du tauchst ein in diesen Strom. Du gibst allen Widerstand auf. Du gibst alle Vorstellungen davon auf, was du gerade tust. Erforsche die Wahrheit für dich selbst. Die Empfindungen fließen einfach in der Weite des Gewahrseins vorüber. Wandeln sich. Von Augenblick zu Augenblick.

Beschränkt sich die Empfindung auf einen einzigen Punkt? Oder besteht sie aus einem vielfältigen Brennen, das von Punkt zu Punkt variiert?

Ist sie schwer und heiß? Oder leicht und kühl?

Tauche von Moment zu Moment direkt in die Erfahrung der Empfindung ein, ohne den geringsten Druck auf dich selbst auszuüben. Offen. Weich. Der Widerstand von Geist und Körper löst sich auf.

Erforsche mit einem weichen, offenen Geist. Erkunde die Erfahrung mit einem offenen Herzen. Mit einem offenen Körper. Mit einem offenen Geist.

Öffne dich sanft und allmählich dem Zentrum der Empfindung. Standhaften und wachen Geistes erfährst du ihr innerstes Wesen. Erfährst sie so, wie sie ist. In der unermeßlichen

Weite des Geistes. Ohne etwas festzuhalten. Selbst ohne zu denken. Du nimmst nur diesen Augenblick in dir auf. Die direkte Erfahrung dessen, was ist. Alles entfaltet sich. Von Augenblick zu Augenblick.

Lenke deine Aufmerksamkeit wieder sanft auf den gleichmäßigen Rhythmus des Atems und öffne, wenn du willst, deine Augen.

SCHMERZ-MEDITATION IV

(Das Gewahrsein jenseits des Körpers erforschen)

Nimm im Sitzen oder Liegen eine möglichst bequeme Position ein. Laß deinen Körper in dieser Position zur Ruhe kommen. Der ganze Körper ist entspannt und weich.

Laß ihn einfach in den Stuhl hineinschmelzen. Laß ihn einfach in das Bett hineinsinken, in dem du liegst. Du versuchst nicht, den Körper zu stabilisieren. Keine Verklammerung.

Lenke deine Aufmerksamkeit in den Körper. Fühle seine Dichte, die scheinbare Festigkeit seiner Masse.

Erkunde die im Körper entstehenden Empfindungen. Fühle die Härte der Knochen. Die Substanz des Fleisches, der Sehnen und Muskeln. Fühle die Dichte des Körpers. Seine Schwere.

Laß das Gewahrsein allmählich vom Scheitel deines Kopfes durch den Körper bis zu den Füßen und Zehenspitzen wandern.

An jedem Brennpunkt des Gewahrseins werden Empfindungen aufgenommen.

Laß das Gewahrsein nun langsam die äußeren Grenzen des Körpers erreichen.

Du fühlst, wie die Haut die Luft berührt. Du fühlst die Kopfhaut, die Oberfläche der Schultern, die Haare auf den Unterarmen. Den Kontakt deines Gesäßes mit der gepolsterten Unterlage.

Laß deine Aufmerksamkeit an der Berührungsfläche zur Außenwelt ruhen. Laß das Gewahrsein die Grenzen des Körpers erkunden.

Ist die Grenze des Körpers die Grenze des Gewahrseins? Fühle, wie sich das Gewahrsein auch jenseits der Haut ausbreitet. Laß das Gewahrsein über die Grenze des Fühlens hinauswachsen. Fühle außerhalb des Körpers. Fühle den äußeren Raum, der die Haut berührt.

Du fühlst, daß das Gewahrsein auch jenseits des Körpers zu existieren scheint. Fühle ein paar Zentimeter in den Raum hinein. Fühle eine halbe Armeslänge weiter hinaus. Fühle, wie die Aufmerksamkeit nach außen strahlt. Erkunde, was jenseits der Haut und des Körpers liegt. Die Luft, die dich umhüllt. Fühle, wie sich das Gewahrsein jenseits des Körpers weiter ausbreitet.

Laß das Gewahrsein allmählich das Zimmer erfüllen.

Fühle die Wände des Zimmers um dich herum. Wie einen weiteren Körper. Und breite dich jenseits dieser Wände aus. Der Geist öffnet sich in den Raum hinein. Er dehnt sich aus. Er macht nirgendwo halt.

Gewahrsein hat keine Grenzen. Gestatte deinem Gewahrsein, der Raum zu sein, in dem der Mond und die Sterne dahinziehen. Nirgendwo sind Grenzen. Unendliche Bewußtheit. Ausgebreitet in den unermeßlichen Raum.

Dein Körper ist der Mittelpunkt des Alls. Dein Gewahrsein breitet sich ungehindert bis ins Unermeßliche aus. Dehnt sich aus. Weich. Offen. Endlos.

Augenblick für Augenblick dehnt sich das Gewahrsein in alle Richtungen aus. Laß dein Gewahrsein bis ins Unermeßliche hinausstrahlen. Sich ausbreiten. Erforsche das Gewahrsein jenseits des Körpers. Den weiten, offenen Raum. Der ganze Planet schwebt in der unermeßlichen Weite des Gewahrseins. Du dehnst dich weiter aus. Die Wolken treiben in dir dahin. Der Mond. All die Planeten. Die Sterne. Das ganze Universum zieht in der unermeßlichen Weite des Geistes dahin. Du dehnst dich überallhin aus. Breitest dich aus bis an die äußersten Grenzen des Alls. Und darüber hinaus. Weit. Offen. Raum. Gewahrsein selbst.

Gehe weiter hinaus. Über das Jenseits hinaus. Und noch weiter. Laß das Gewahrsein sich ausdehnen bis in die Unendlichkeit. Offen. Endlos. Raum.

Fühle, wie dein Körper in der Weite des Gewahrseins schwebt.

Laß deine Aufmerksamkeit wieder zu deinem Atem zurückkehren.

Alle Empfindungen ziehen in der Weite dahin.

Jeder Atemzug durchströmt den Körper. Jede Empfindung wird von grenzenlosem Gewahrsein aufgenommen.

Fühle, wie sich deine Augen allmählich öffnen. Sieh dich um.

Bewege dich, wenn dir danach ist.

SCHMERZ-MEDITATION V

(Alles frei fließen lassen)

Richte deine Aufmerksamkeit auf den Bereich des Unbehagens.

Mache dich rings um diesen Bereich allmählich ganz weich. Laß den Schmerz einfach vorhanden sein. Öffne dich ihm. Laß allen Widerstand schmelzen. Laß die Haut, das Fleisch, die Muskeln um den Schmerz herum ganz weich werden.

Öffne langsam die Faust, die den Schmerz umklammert. Löse die Spannung und Starre, die die Empfindungen umschließt. Laß die Muskeln weich werden und entspanne dich. Löse alle Verhärtungen.

Laß den Schmerz einfach existieren. Umklammere ihn nicht. Dränge ihn nicht zurück.

Mache die Sehnen ganz weich. Und das Fleisch. Laß die Empfindungen frei im Körper fließen. Ohne Zwang. Ohne Anspannung. Laß die Empfindung sich frei entfalten. Ganz sanft. Nichts wird zurückgedrängt. Laß allen Widerstand aus dem Körper hinausfließen.

Auch im Geist - dieselbe Weichheit. Dasselbe Loslassen. Du löst dich von den Gedanken. Öffnest dich dem weiten Raum des Gewahrseins.

Welcher Gedanke auch in dir aufkommt, laß ihn frei fließen. Gedanken an Schmerz, die in der Weite des Geistes dahinziehen.

Werde um den Gedanken herum ganz weich. Erfahre den Raum, in dem er dahinfließt. Angst. Zweifel. Weichheit. Freies Fließen.

Jeder geistige Augenblick zieht wie eine Seifenblase durch

die unermeßliche Weite des Gewahrseins. Was auch immer im Körper und im Geist entsteht ... Zweifel - Verwirrung - Erwartung - Angst ... laß es einfach vorüberziehen. In einem Augenblick ist es entstanden, im nächsten ist es vergangen.

Nimm den Strom der Gedanken und Empfindungen wahr, der sich unaufhörlich wandelt. Ununterbrochen zieht er heran und verschwindet wieder in der Weite des Gewahrseins. Empfindungen fließen durch den Körper. Sie verändern sich. Von Augenblick zu Augenblick. Gedanken schweben durch den Geist. In beständigem Wechsel. In beständiger Entfaltung.

Der ganze Körper ist weich. Offen. Entspannt. Hält nichts fest. Weicht nicht zurück.

Laß die Empfindungen in diese Offenheit eintreten. In einen weichen, unverhafteten Raum, der die Dinge einfach so sein läßt, wie sie sind. Keine Einmischung. Empfindungen erscheinen. Gedanken erscheinen. Kein Widerstand. Kein Greifen nach ihnen. Kein Zurückdrängen. Kein Anspannen. Nur weicher, offener Raum. Jeder Moment wird in der Weite des Gewahrseins erfahren.

Der Klang meiner Stimme entsteht und vergeht im offenen Raum des Gewahrseins. Das Hören geschieht ganz von selbst. Nichts muß getan werden. Nur der Klang verändert sich von Augenblick zu Augenblick in deiner unermeßlichen Weite.

Fühle die Weiträumigkeit des Seins, die sich in alle Richtungen ausdehnt und alles Hören und alles Sehen umfaßt. Auf einen Moment des Hörens folgt ein Moment des Sehens. Und ein Moment des Denkens. Alles fließt im weiten Raum des Geistes dahin. Der Klang meiner Stimme. Ein Auto, das auf der Straße fährt. Ein Flugzeug, das über uns hinwegfliegt. Alles ereignet sich innerhalb der endlosen Weiträumigkeit des Gewahrseins.

Laß den Geist zu einem weiten Himmel werden. Jede Erfahrung ist wie eine Wolke - sie zieht vorbei, ändert sich fortwährend, löst sich in sich selbst auf, entschwindet in der Weite. Fühle, wie das Gewahrsein überall gleichzeitig existiert. Ohne Grenzen.

Der unbegrenzte Raum des Seins. Nicht länger von den äußeren Konturen des Körpers zurückgehalten. Vom Inneren des Zimmers. Gewahrsein, das sich beständig ausdehnt in den endlosen Raum.

Laß das Gewahrsein zu einem Himmel werden, Der nichts umklammert. Der nichts erschafft. Der alles vorüberziehen läßt. Ohne die geringste Verhaftung oder Einmischung. Beobachte den Klang. Das Sehen. Das Sich-Erinnern. Das Fühlen. Alles tritt in Erscheinung und verliert sich wieder im offenen Himmel des Gewahrseins.

Nimm wahr, daß sich jeder Klang in dieser Weiträumigkeit ereignet. Jeder Gedanke. Jedes Gefühl. Alles schwebt in endlosem Gewahrsein. Nirgendwo sind Grenzen. Alles, was sich ereignet, ereignet sich in deiner Weite. In der grenzenlosen Weiträumigkeit des Gewahrseins.

Körper weich. Geist offen und klar.

Laß die Grenzen des Körpers und des Geistes in die Weite hineinschmelzen. Der Körper. Empfindungen. Gefühle. Schweben im unermeßlichen Raum. Jeder Augenblick neuer Empfindungen fließt frei in reinem Gewahrsein. Ein Moment der Erinnerung. Ein Moment der Angst. Ein Moment der Freude. Ständig wechselnde Wolken am offenen Himmel. Jeder Gedanke, jede Empfindung schwebt frei in grenzenlosem Gewahrsein.

In dieser unendlichen Weite des Geistes und des Körpers schweben nur Gedanken-Seifenblasen durch einen offenen, endlosen Raum.

Das Gewahrsein selbst. Alles enthaltend, nichts umklammernd.

Aller Geist hat sich aufgelöst in unendlicher Offenheit.

Der Körper, die Empfindungen schweben dahin, lösen sich auf im weiten Raum.

Lösen sich auf.

Lösen sich auf.

Nur Raum. Nur Frieden.

* * *

Auf den Tod zugehen

Vor einigen Jahren, als wir unser erstes Retreat über bewußtes Leben und Sterben abhielten und im Einführungskreis zusammensaßen, war unter den Teilnehmern eine gutaussehende, grauhaarige Frau, die unbefangen ein farbiges T-Shirt trug, welches nicht verbarg, daß man ihr beide Brüste entfernt hatte. Sie stellte sich mit den Worten vor: „Ich wurde vor zwei Jahren mit Krebs beschenkt." Sie war die erste Person, die mir erzählte, daß sie die Klarheit und Tiefe, die sie fühlte, nicht gegen einen gesunden Körper eintauschen würde. Das Strahlen in ihren Augen machte deutlich, wie kostbar die Konfrontation mit dem Tod und die Kraft der damit verbundenen Lehre für sie gewesen war.

Nur wenige begegnen ihrem idealen spirituellen Lehrer oder entdecken für sich eine Technik, die ihren Bedürfnissen vollkommen entspricht. Nur wenige finden ein Medium für ihre Befreiung: ein Wesen oder eine Lehre, mit dem/der sie so in Einklang stehen, daß es/sie wie ein Spiegel wirkt, der ihnen ihre Verklammerungen zeigt. Doch für manche sterbenskranke Patienten ist ihre Krankheit zu eben diesem Medium geworden. Sie haben den verborgenen perfekten Lehrer gefunden, der sie zu sich selbst führte. Und sie erlebten dieselben Schwierigkeiten und dieselbe Gnade, die man auch bei jeder anderen Lehre erwarten würde, welche die Verklammerungen und Ängste enthüllt, die eine Erfahrung unseres wahren Wesens blockieren.

Indem sie in ihrer Krankheit keine Unzulänglichkeit mehr sehen, haben sie in ihr eine Lehre gefunden, von der sie spüren, daß sie ihnen auf andere Weise nie begegnet wäre. Sie respektieren ihre mißliche Lage mit einer Kraft und Klarheit, welche die ganze Tiefe ihrer Einsicht erkennen läßt.

Wenn wir uns unserem ursprünglichen Wesen und der Wahrheit des Seins öffnen wollen, müssen wir damit beginnen, den Tod in uns einzulassen, anstatt ihn von uns wegzuschieben. Dann können wir über den Tod und über das hinauswachsen, was unserer Vorstellung nach stirbt. Wir können zu einer Weite des Seins finden, die von vielen Unsterblichkeit genannt wird. Und der Tod wird für uns zu einem Mittel der Konfrontation mit den verborgenen Bereichen unserer Innenwelt, den Bereichen, zu denen wir dem Herzen den Zugang verwehren.

Wie viele von uns könnten sich wohl jetzt, in diesem Moment, dem Tod überlassen? Uns alle könnte der Tod treffen. Doch könnten wir voll und ganz sterben, uns einfach über uns selbst hinaus ausdehnen und alles so akzeptieren, wie es ist? Ohne zu versuchen, unseren Tod irgendwie umzuändern und ihm das Flair der berühmten letzten Worte aus einem Filmmelodram zu geben? Könnten wir ohne jede Verhaftung einfach mit einem „Ahhh...” aus dem Körper hinausfließen?

Jeder von uns durchläuft einen Prozeß des Erwachens, in dem wir so vollständig geboren werden, daß wir jenseits aller Angst und Isolation jederzeit sterben könnten. Die Illusion des Abgesondertseins erstirbt in uns, um die Unsterblichkeit unserer essentiellen Natur zu enthüllen.

Während eines Workshops in Kalifornien wurde der Raum mitten in einem Vortrag von einem Erdbeben erschüttert. Da sich die Gruppe über einige Tage hinweg mit dem Tod beschäftigt hatte, hätte man annehmen sollen, daß sie auf ein Loslassen gar nicht besser hätten vorbereitet sein können. Aber als ich die erschrockenen Gesichter von einigen der hundert Anwesenden sah, sprach aus ihnen nur allzu deutlich die Angst und Verhaftung, die innere Unruhe angesichts der Todesgefahr. Als anschließend ein Seufzer der Erleichterung durch die Reihen ging, fragte ich die Gruppe: „Was wäre gewesen, wenn dieser Moment der letzte in Eurem Leben gewesen wäre? Wenn das alles gewesen wäre? Woran Ihr auch in diesem Moment gedacht habt, es wäre Euer letzter Gedanke gewesen. Vielleicht hättet Ihr gedacht: „Du meine

Güte!" Das war's. Nun seid Ihr tot. Es gibt keine Rückvergütung. Alle Offenheit, die Ihr hättet aufbringen können, wäre die gewesen, die Ihr Euch bis zu diesem Zeitpunkt erarbeitet habt. Das Maß der Wahrheit, die Ihr in Euren Herzen gefunden habt, und das Maß, in dem Ihr Euch von Euren Namen und Selbstbildern gelöst habt, wäre auch das Maß an Liebe und Weisheit gewesen, das Ihr in alles Kommende mitgenommen hättet."

Wie viele Menschen fahren abends mit ihrem Auto nach Hause, sehen das Aufblitzen von Scheinwerfern in ihrem Rückspiegel, hören das Kreischen von Bremsen, spüren den Stoß einer Kollision und denken „Oh, verdammt!", wenn sich die Dunkelheit über sie senkt. Wie viele Menschen sterben mit einem „Oh, verdammt!" anstatt mit dem Namen Gottes auf den Lippen? Wie viele Menschen haben „Oh, verdammt!" zu ihrem Todesgesang gemacht?

Die tibetischen Buddhisten, die in der Erkenntnis leben, daß jeder Moment der letzte sein könnte, nutzen den Tod als Mittel zum Erwachen. Viele Mönche trinken aus Schädel-Tassen, die aus dem oberen Teil von Totenschädeln bestehen, welche man sich von den Verbrennungsstätten holt. Viele benutzen aus menschlichen Knochen geschnitzte Gebetsperlen, um sich den Tod ständig vor Augen zu halten. Denn sie erkennen, daß jeder von uns im nächsten Moment sterben könnte, und daß dann keinerlei Entschlüsse und Versprechungen mehr möglich wären, es morgen besser zu machen. Das Leben wird unermeßlich, wenn wir allmählich erkennen, daß wir keine Garantie haben, das Ende dieses Tages zu erleben. Die Phantasien und Vorstellungen von der Ewigkeit unseres Lebens führen beim Eintritt in den Tod zur Konfusion. In Wirklichkeit steht uns nicht mehr Zeit zur Verfügung als dieser eine, gegenwärtige Moment. Die Vergangenheit und die Zukunft sind Träume. Wirklich ist nur dieser Moment. Wenn wir neu geboren in jeden Augenblick eintreten, erfahren wir das Leben unmittelbar und träumen es nicht. In jedem Augenblick neu geboren, lassen wir die altgewohnten Kommentare des Verstandes, seine Bewertungen und seine erbarmungslose Schutzbeflissenheit in uns ersterben.

Es gibt nicht viele Augenblicke in unserem Leben, in denen wir völlig wach sind. Vielleicht ist das auch ein Grund dafür, daß wir mit dem Tod solche Schwierigkeiten haben: Weil wir unser Leben fortwährend nur träumen, träumen wir auch den Tod.

Viele haben mir erzählt, daß eine Krankheit sie aus diesem Traum erwachen ließ. Daß sie durch ihre Vorstellungen eher begrenzt worden waren, als eine Zielsetzung in ihnen zu finden. Daß ungeachtet der Schwächung des Körpers ihr Inneres stärker geworden war. Manche sagten, daß die Degeneration des Körpers ihnen gezeigt habe, daß sie nicht dieser Körper seien. Sie tragen leicht an ihrem Körper. Ihre Stimmen klingen sanft und liebevoll.

Was nun folgt, sind Auszüge aus einem Tagebuch. Es wurde von Paul geführt. Ich war ihm in einem Frühling begegnet, kurz nachdem er sich ins Bett begeben hatte, um „der Hodgkin-Krankheit ein jahrelanges Rückzugsgefecht zu liefern". Jeder Eintrag spiegelt die Höhen und Tiefen seiner Fähigkeit wider, mit der Intensität dieser Situation fertig zu werden. Er liefert ein gutes Beispiel dafür, daß es in jeder Art von Entwicklung Höhepunkte und Phasen des Stillstands gibt. Daß wir uns manchmal öffnen können und manchmal nicht. Daß unsere Fähigkeit zur Entfaltung jedoch von unserer inneren Bereitschaft abhängt. Paul war ein einunddreißigjähriger Toningenieur, der ein aktives und interessantes Leben geführt hatte. Sein Hauptproblem war eine extreme Rastlosigkeit, die daher rührte, daß er als „Mann", als „jemand, der selbst für sich sorgen kann" oder als „Aufsteiger" immer neue Formen der Selbsteinschätzung entwickelte, aus denen er infolge zunehmender körperlicher Schwäche und seines unzweifelhaft nahenden Todes herausgerissen wurde. Er sagte, er fühle sich in seiner Ruhelosigkeit manchmal so, als müsse er „aus der Haut fahren". Ich empfahl ihm, mit Hilfe der Technik des Zählens der Atemzüge an der Ausbalancierung dieser Ruhelosigkeit zu arbeiten. Bei jedem Ausatmen wird weitergezählt, bis die Zahl zehn erreicht ist, und dann beginnt man wieder von vorn. Hat man sich verzählt oder weiß nicht mehr, ob es Atemzug sechs oder sieben ist, beginnt man wieder bei eins. Er arbeitete mehrmals täglich zwanzig Minuten lang mit dieser Übung oder praktizierte sie immer dann, wenn er fühlte, daß seine Energien nicht im Gleichgewicht waren. Während Ruhe in seinem Innern einkehrte, öffnete sich auch sein Herz.

Als er sich bewußt mit seiner mißlichen Lage auseinanderzusetzen begann, wuchs auch seine Einsicht, und er sagte: „Das Melodrama hat sich gar nicht mal so sehr verändert, aber die Bühne ist ein verdammtes Stück größer geworden." Während sein Widerstand immer mehr dahinschmolz, war er über den neu gewonnenen Frieden erstaunt. „Bejahung ist die reinste Magie", sagte er eines Tages mit einem skeptischen Lächeln. Und einige Tage vor seinem Tod, als jemand seinen Katheterschlauch ausspülte und eine zweite Person seine Bettpfanne ausleerte und eine dritte in der Küche einen Karottensaft zubereitete, blickte er um sich und sagte: „Wißt Ihr, irgendwie ist das alles ein bißchen wie in einem Film der Marx-Brothers!"

Hier einige Auszüge aus Pauls Tagebucheintragungen während seiner letzten Lebensmonate:

Es ist wichtig zu lernen, daß du dich nie überstürzt zu einer Schmerztablette hinreißen lassen mußt. Nimm sie also nicht unbedacht, sondern versuche, in Bewegung zu bleiben und dein Bewußtsein wieder zu konzentrieren. Denke daran: Sofortige Erleichterung hast du sowieso nicht, selbst wenn die Tablette wirkt. Also gib zuerst deinem eigenen Kopf eine Chance!

Man staunt manchmal, daß es wirklich nicht schwer ist, „unerträgliche" Beschwerden akzeptieren zu können.

Allgemein gesagt - solltest du Schmerztabletten *nicht* gegen „Beschwerden" einsetzen. Letztere kannst du mit Meditation viel besser in den Griff bekommen.

ICH BIN NICHT MEINE BESCHWERDEN!

Und auch sie werden vergehen.

(1) ANERKENNUNG - *benannt:*

Aha, Angst. . .

Aha, Ruhelosigkeit. . .

(Geisteszustände, gehen bald vorüber) -

das sind nur konditionierte Reaktionen.

(2) Sich öffnen - loslassen -

sich nicht verklammern.

Was auch immer vorher so unveränderlich erschienen sein mag, es ist nur eine vorüberziehende Wolke.

Es ist ziemlich erschreckend, daß es Perioden gibt, in denen du nicht mehr weißt, wo du bist - wenn wir diese Perioden auch hundertmal am Tag erleben. Aber wenn du bettlägerig bist, hast du die Zeit, viel intensiver darauf zu achten.

Es ist interessant, daß ich instinktiv dagegen ankämpfe, indem ich in diesem Buch schreibe oder mich im übrigen „ständig beschäftige".

Diese ständige innere Unruhe macht mich verrückt. Ich habe Empfindungen im Rücken und im Magen, die mich ständig „ablenken" und es mir schwer machen, mich zu entspannen. Naja, vielleicht ist das besser als die Schwindelanfälle, die ich vorher hatte.

Ich glaube, der beste Schritt, den ich jetzt machen kann, ist TOTALE, LIEBEVOLLE BEJAHUNG -

Der Nachmittag schleppt sich dahin wie ein spanischer Personenzug der 3. Klasse. Ich muß die Langeweile, die scheinbare Bedeutungslosigkeit, die in Wirklichkeit ein großer Lehrer ist, akzeptieren.

Rief meine Eltern an. Die Sicherheit des Vertrauten. Naja, warum auch nicht? Warum soll ich mir nicht ein bißchen Sicherheit gönnen nach all dem seltsamen Kram, den ich hinter mir habe? Es beginnt mir wieder Spaß zu machen, zu beobachten, wie sich mein Kopf an Vorstellungen zu klammern versucht.

ES IST WUNDERBAR!

DIESE SACHE POSITIV ZU SEHEN, ALS EINE ERFAHRUNG DES LERNENS.

Ich fühle mich sehr enthusiastisch, wie ein Mönch in seiner Lehrzeit.

Die größte Herausforderung ist, daß wir da allein hindurchmüssen. Mit einem Gefährten wäre es viel leichter.

Während das Sonnenlicht schwächer wird und der Tag zu Ende geht, beginne ich dieses Alleinsein zu spüren. Vielleicht wäre es sehr tröstlich und hilfreich, jemanden zu finden, der die Nacht über bleiben kann, für einfachen menschlichen Kontakt sorgt und hilft, das gelegentliche Gefühl der Isolation zu überbrücken.

Mittlerweile bin ich mir immer wieder der Tricks bewußt, mit denen mein Verstand herumspielt, indem er auf einen Köder nach dem anderen hereinfällt.

Scheine in Sachen Schlaf und Selbstaufgabe tiefe Krisen durchzumachen. Ich bin verwirrt, versuche aber weiterhin, mein Herz zu öffnen und einen Ausweg zu finden.

Anscheinend habe ich Angst davor, aufs Glatteis zu geraten. Ich liege einfach hier im Bett, ruhe meinen ermatteten Körper aus und kämpfe um sein Ego-Gefühl, sein Selbst-Gefühl.

Was für Illusionen! Aber sie erscheinen tatsächlich sehr real!

Es ist wirklich seltsam, solche Angst im Körper zu fühlen und doch in der Lage zu sein, sie mit stiller Geduld zu ertragen und zu warten. Als wolle „ich" nicht in Panik verfallen und dies stattdessen meinen Körper tun lassen - und „ich" schaue nur zu.

Wenn du Sinn für Humor hast, hast du alles. Humor führt zur Liebe. Also lächle weiter.

Arbeite einfach mit dem, was dir in diesem Moment zur Verfügung steht. Denn mehr bekommst du nicht. Alles ist relativ. Wie kommst du darauf, daß niemand sonst aufs Glatteis gerät? Das geht uns allen so. Du hast nur das Glück, öfter daran erinnert zu werden.

Die Zeit vergeht langsam, wenn du leidest. Es wäre in Ordnung, wenn ich mich nicht so miserabel fühlen würde. Der einzige Ausweg führt mitten hindurch, und da drinnen ist die Hölle. Die beste Verteidigung scheint darin zu bestehen, stillzuhalten und mich aufs Schreiben zu konzentrieren. Auf diese Weise kann ich mich vielleicht zeitweise selbst vergessen oder verlieren. Aber ich brauche ein dauerhafteres Vergessen. Einen Entschluß, nicht die Person zu sein, für die ich mich hielt. Nicht der gelangweilte, gequälte Leidende zu sein. Jemand zu sein, der einfach da ist - niemand Besonderes.

Schon nach fünf Minuten schmerzen meine wundgelegenen Stellen. Ganz schlimm ...

Wieder aufgewacht aus einem Schlaf der Erschöpfung. . . ich fühlte mich ein wenig ausgeruht, aber ich spürte auch sofort wieder die Angst im Bauch. Es ist seltsam. Ich kann zwar zurücktreten, die Angst beobachten und rational über sie nachdenken, aber trotzdem fühle ich mich in ihr gefangen oder dazu gezwungen, sie in meinem Körper zu *fühlen* - egal, was ich mache.

Sieh mal, es ist verwirrend, denn ich würde gerne denken, daß ich überhaupt nichts zu fürchten habe. Ich dachte, ich sei zu „fortschrittlich", um Angst zu haben. Und doch - hier bin ich, und hier ist die Angst. (Naja ... hier sind wir alle.)

Eine Zeitlang fühlte ich Liebe und Schönheit in meiner mißlichen Lage. Ich bin unsicher, *vollkommen* unsicher, was den morgigen Tag angeht oder auch nur die nächste Stunde. Ich fürchte mich vor dem Schmerz, besonders vor qualvollen Schmerzen,die nicht nachlassen wollen. Ich fürchte mich vor den Gefühlen der Unwirklichkeit, die mich überkommen. Ich fürchte mich davor, mit Amnesie aufzuwachen. Ich fürchte mich davor, niemals richtig wach werden zu können. Ich fürchte mich vor totaler Hilflosigkeit.

Ich fürchte mich vor dem nächsten Stuhlgang. Ich fürchte mich davor, was mit mir geschehen wird. Ich fürchte mich, weil ich nicht weiß, was geschehen wird. Ich fürchte mich vor Krankenhaus-Geschichten, Operationen, Medikamenten. Ich fürchte mich, weil ich mein Leben nicht mehr unter Kontrolle habe. Jetzt bin ich machtlos und nicht mehr in der Lage, irgendetwas zu tun - außer zu versuchen, zu lieben und ein offenes Herz zu bewahren.

Wer hätte jemals gedacht, daß Essen und Schlafen zu solchen Abenteuern werden könnten! Ich empfinde Liebe für das Leben.

Denn das Leben wird immer ein Abenteuer sein, egal, wie verschlungen seine Wege sind!

Gestern glaubte ich wirklich, daß dieser Zustand der Ruhelosigkeit ewig dauern würde. Und wie lächerlich erscheint mir das jetzt.

Ich bin dankbar für diese Gelegenheit, aber ich darf sie nicht vertun.

Das Beste ist jetzt für mich,

MICH DIESEM SCHAUSPIEL GEGENÜBER IN STILLER BEWUßTHEIT UND BEJAHUNG ZU ÜBEN. ES IST NICHT SO SCHLIMM, WIE DU DENKST!

(Eigentlich ist es nur so schlimm, wie Du denkst.)

In Pauls letzten Wochen, in denen sein Körper immer weiter abmagerte, teilten wir bei unserer gemeinsamen Arbeit die Erkenntnis, daß das, was er war, zweifellos nicht in diesem Körper bestand, der sich ihm offensichtlich immer mehr entzog. Jedesmal, wenn ich zu ihm sagte, daß er nicht sein Körper sei, konnte ich spüren, daß die Worte bis zu einer gewissen Tiefe in ihn eindrangen und dann irgendwie gegen eine undurchdringliche Mauer stießen, gegen ein Stück Konditionierung, gegen eine Furcht oder einen Zweifel, der nicht weichen wollte.

Nach einer Woche raschen Verfalls und noch tieferer Meditation rollte ich Paul eines Morgens vorsichtig auf die Seite, um seinen Rücken zu waschen, und mir trat wieder einmal vor Augen, wie schwach und hinfällig sein Körper war. Und ich sagte zu ihm: „Paul, schau doch nur, wie dieser alte Körper von dir abfällt - du siehst doch, daß du nicht dieser Körper bist. Wie konntest du nur für einen Moment glauben, daß du dieses abgetragene, alte Etwas bist?" Aber diesmal spürte ich keinen Widerstand - ich fühlte, wie die Worte tief in Paul eindrangen und er mit ihnen im Einklang stand - da war kein Widerstand, nur ein Loslassen in den leeren Raum hinein. Eine Freundin wiegte Pauls Kopf in ihren Armen und sagte: „Ich glaube, er ist gegangen". Seine Rastlosigkeit und Furcht waren mitsamt seiner Identifikation mit dem Körper von ihm abgefallen. Was der Krebs ihn über lange Zeit gelehrt hatte, hatte ihn für das Leben geöffnet - und für den Tod. (Siehe Anhang I.)

FRAGE: Du sprichst von denen, die sterbenskrank und dem Tod nahe sind. Doch was ist mit denen, die merken, daß sie alt geworden sind?

ANTWORT: Eine liebe Freundin in den späten Siebzigern erzählte mir, daß sie jeden Morgen in den Spiegel schaue und dem alten Gesicht, das ihr da entgegenspäht, nicht viel abgewinnen könne. „Ich habe alte Leute nie leiden können, und jetzt gehöre ich selbst zu ihnen". Sie redet darüber, wie sich die Dinge verändert haben. Über Freunde, die nicht mehr da sind. Sie macht sich Sorgen, wer sich um sie kümmern wird, wenn sie krank werden sollte. Sie ist besorgt, daß sie vielleicht einmal in eines dieser Pflegeheime gehen muß, die sie verachtet. „Es gibt Pillen gegen Krankheiten, aber keine Pille gegen das Altern. Mein ganzes Leben hat sich verändert. Ich schlafe anders, ich esse anders. Ich gehe sogar anders ins Badezimmer - alles ist langsamer geworden. Nichts ist so, wie ich's mir vorgestellte habe. Wer hätte sich das träumen lassen!"

Die meisten Leute haben im Alter das Gefühl, daß der Körper sie überlebt habe. Nur wenige wachsen über ihren Körper hinaus. Viele wollen ihn verlassen, bevor er stirbt. Die geistige Vorstellung vom Körper verändert sich langsamer als der Körper selbst. Der Körper zerfällt zu Asche, während im Herzen noch eine mächtige Flamme brennt. Viele sind nicht mehr in der Lage, ohne Mühe zu laufen, obwohl noch immer das Bild athletischer Jugend in ihren stillen Träumen lebt.

„Meine Batterien sind bald erschöpft." Man sieht die Energie der Lebenskraft in den äußeren körperlichen Erscheinungen schwinden, die Muskeln werden weich, die Haut wird fleckig, die Augenlider sinken herab. Für diejenigen, die sich selbst für den Körper halten, ist es die Hölle. Aber ich kenne auch die anderen, die sagen, daß nichts weiter geschehen sei, als daß sich ihre Lebenskraft in ihr Herz zurückgezogen habe - und daß es ihr Herz sei, in dem sie das Glück schließlich gefunden hätten. „Es ist wie mit dem Lebenssaft, der im Herbst und Winter in die Wurzeln zurückfließt."

Für manche verändert sich die Welt so rapide, daß sie keinen Einklang mehr mit sich selbst fühlen und sich als Eigenbrötler und Fremde in einer Kultur empfinden, an der sie einst teilhatten. Sie sitzen die meiste Zeit vor dem Fernseher, um ihre freie Zeit auszufüllen, und werden mit einem „Jugendkult" konfrontiert, bei dem 80 Prozent der Fernsehakteure zwischen fünfundzwanzig und vierzig Jahre alt sind, obwohl nur 20 Prozent der Gesellschaft zu dieser Altersspanne zählen. Es ist wie in einem fremden Land, in dem man für das Altsein bestraft wird. Manche empfinden sich als Opfer.

In Indien betrachtet man die ersten zwanzig Lebensjahre als eine Zeit des Studiums, des Heranreifens. In den zweiten zwanzig Jahren ist man der Familienvater, der seine Familie ernährt. In den dritten zwanzig Jahren vervollkommt man seine spirituelle Praxis und sieht zu, wie die Kinder heranwachsen und für das Wohl der Großeltern sorgen. Wenn man sechzig ist, wird vorausgesetzt, daß man die meisten seiner Verpflichtungen gegenüber Familie und Gesellschaft erfüllt hat, und viele verbringen den Rest ihres Lebens als „Sanyasins", als frei umherziehende Entsagende. Es ist eine Zeit der Pilgerschaft, der stillen Kontemplation und des devotionalen Gesangs.

In vielen Kulturkreisen werden die Alten um ihrer Weisheit willen geehrt, die sie in einem langen Leben erworben haben. Unsere Gesellschaft begegnet dem Alter nicht mit dieser Ehrfurcht, sondern vielmehr mit einer heftigen Antipathie, so daß jeder sich die ihm gebührende Achtung notgedrungen selbst verschaffen muß. Gerade in den letzten Jahren haben viele zu einem neuen Lebensgefühl gefunden, wenn auch nur wenige ein so großes Vertrauen in sich setzen, daß sie diesem Gefühl freien Lauf lassen - daß sie sich gestatten, der/die zu sein, der/die sie wirklich zu sein glauben. Doch es gibt auch viele, die den tieferen Sinn des Dienens entdeckt haben: Sie verrichten freiwilligen Dienst im Krankenhaus, besuchen die Menschen in den Pflegeheimen, spielen für andere die Bruder- oder Schwesterrolle, machen Babysitting, wirken in Lesetherapie-Gruppen und in der Lebensberatung. Sie zeichnen sich durch Weisheit und Mitempfinden aus.

Es scheint nicht darauf anzukommen, ob jemand zwanzig oder siebzig Jahre gelebt hat - wenn dieses Leben sein Ende erreicht hat, scheint es sich in einem einzigen Augenblick erschöpft zu haben. Die Vergangenheit ist unwiderruflich dahin, aber das Lebensgefühl ist stets präsent. Wenn man einen Menschen an der Schwelle seines Todes fragt, ob er sich in diesem Moment weniger lebendig fühlt als zu irgendeiner anderen Zeit seines Lebens, wird er dies bestimmt verneinen. Jene, die dem Leben bis ins Innerste ihres Herzen folgen, leben das Leben ganz.

In den Workshops, die wir in den vergangenen Jahren überall im Land durchgeführt haben, sind wir vielen Menschen in den späten Sechzigern und Siebzigern und auch in den Achtzigern begegnet, die den Weg nach Innen gehen wollten. Sie spürten, daß ihre Lebenserfahrung tiefere Grundlagen hatte als flüchtige Verhaftungen und einstmalige Verluste. Sie vertrauten dem jugendlichen Herzen, das die zunehmende körperliche Beschränkung zu überwinden sucht. Wenn der Blick durch die Reihen der Meditierenden schweift, fällt er hier und da auf ältere Menschen, deren Gesichtszüge sich allmählich glätten, deren Atemzüge sanfter werden und deren Augen hinter den geschlossenen Lidern Ruhe finden. Die Liebe, die sie ausstrahlen, ist Liebe in Vollendung.

Auf den Alten, die in ihrem Körper leben, ruht eine schwere Last. In den Alten, die in ihrem Herzen leben, erstrahlt ein Licht.

Freund, hoffe auf die Wahrheit, solange du am Leben bist.
Stürze dich in die Erfahrung, solange du am Leben bist!
Überlege ... und überlege immer wieder ... solange du am Leben bist.
Was du „Erlösung" nennst, gehört der Zeit vor dem Tod.

Wenn du deine Fesseln nicht durchtrennst, solange du am Leben bist,
meinst du dann, daß irgendwelche Geister
dies später für dich erledigen werden?

Die Vorstellung, daß die Seele
ekstatische Zustände erreiche,
nur weil der Körper vermodert -
ist nur ein Hirngespinst.
Was du jetzt gefunden hast, wirst du auch dann vorfinden.
Wenn du jetzt nichts findest,
wirst du einfach in einer Wohnung in der Stadt der Toten enden.
Wenn du dich aber jetzt voller Liebe mit dem Göttlichen vereinst,
wird dein Gesicht im nächsten Leben den Ausdruck befriedigten Verlangens tragen.
Tauche also in die Wahrheit ein, finde heraus, wer Der Lehrer ist,
vertraue in den Großen Klang!

Dies sagt Kabir: Wenn nach dem Gast gesucht wird, ist es die Fülle der Sehnsucht nach dem Gast, die alle Arbeit verrichtet. Sieh mich an, und du wirst einen Sklaven dieser Fülle erblicken.

Kabir, nach Bly

* * *

Mit dem Sterben arbeiten

Kürzlich rief mich eine alte Freundin an und erzählte mir, daß ihr Bruder gerade von einer allgemeinen Untersuchung zurückgekehrt sei, bei der man zwei Tumore in seiner Lunge gefunden habe. Eine Biopsie sei bereits im Gange. Was sollte sie tun? Wie konnte sie einem geliebten Menschen helfen, der allem Anschein nach eine sehr schwere Zeit durchleben würde?

Auf diese Frage muß natürlich geantwortet werden, daß du zu einem Kranken in der gleichen Weise in Beziehung stehst wie zu irgendeinem anderen Menschen. Du begegnest ihm in Offenheit und in Achtung der Wahrheit, die wir alle teilen. Arbeite daran, die Isolation aufzuheben, die uns in der Dualität gefangen hält. Werde eins mit dem anderen. Leiste keine Hilfe, sei einfach. Erkenne die konditionierte Illusion der zwischenmenschlichen Isolation. Löse jene uralte Verhaftung. Laß es zu, daß ihr beide zusammen sterbt. Gehe über die Vorstellung getrennter Körper und getrennter Seelen hinaus. Stellt euch auf den gemeinsamen Boden des Seins.

Deine Beziehung zu einem Sterbenden gleicht der Beziehung, die du zu dir selbst hast. Sie ist offen, aufrichtig und fürsorglich. Du bist einfach da und hörst zu - mit einem Herzen, das bereit ist, die Freude und den Schmerz eines anderen mit gleichbleibender Bereitschaft und Anteilnahme in sich aufzunehmen. Mit einem Geist, der den Tod nicht vom Leben trennt, der nicht in Konzepten und Schatten lebt, sondern in der direkten Erfahrung dessen, was sich offenbart.

Wenn dich etwas schmerzt, schmerzt es. Wenn dich etwas

glücklich macht, macht es dich glücklich. Du versuchst nicht, die Dinge zu verändern. Du versuchst nicht, irgendetwas oder irgendjemanden anders zu machen, als es oder er ist. Du hast einfach Achtung vor der Wahrheit, die der Augenblick dir bietet.

Als ich vor einigen Jahren gemeinsam mit Ram Dass ein einwöchiges Retreat durchführte, begegnete ich Elisabeth Kübler-Ross. Ram Dass hatte Elisabeth bereits am Jahresbeginn zur Teilnahme eingeladen. Elisabeth und ich verbrachten auf dem Retreat nur ein paar Minuten miteinander, und ich ahnte damals nicht im mindesten, daß wir uns je wiedertreffen würden. Doch einige Monate später zeigte es sich, daß auf Elisabeth und mich gemeinsame Arbeit wartete. Ich nahm Kontakt mit ihr auf, und sie sagte: „Gut, wir machen das". 1976 begann ich damit, auf ihren Retreats Meditation zu lehren. Ich stellte mich darauf ein, lediglich einige Techniken weiterzugeben, die es ermöglichen, anderen und sich selbst gegenüber offen zu sein. Aber das Universum in seiner unendlichen Weisheit und Gnade ließ es nicht zu, daß ich so einfach davonkam.

Als das erste Retreat in Texas begonnen hatte und ich mich schon glücklich schätzte, in einer so liebevollen Umgebung „meine Sache durchziehen" zu können, wandte sich Elisabeth eines Tages an mich und sagte: „Lassen Sie uns in die Stadt fahren und eine Freundin von mir im Krankenhaus besuchen." Sie sprach von Dorothy, einer Frau, die ein paar Kilometer entfernt in Houston mit Leukämie im Sterben lag. „Ich denke, wir sollten hinfahren und sie besuchen. Vielleicht kann es ihr helfen, ein wenig Zeit mit Ihnen zu verbringen." Ich hielt es für eine wunderbare Gelegenheit, Elisabeth in Aktion zu sehen. Ich hatte noch nie am Bett eines Sterbenden gesessen. Ich dachte: „Ich werde einen Platz in der ersten Reihe haben und Elisabeth bei ihrer subtilen und intuitiven Arbeit zusehen können."

Auf dem Weg ins Krankenhaus erzählte mir Elisabeth, daß diese Frau auf ihrer Station zur Zeit eine Art Superstar sei. Sie hatte sich einer Knochenmark-Transplantation unterzogen, einem Verfahren, das sich damals noch im reinen Versuchsstadium befand. Und sie hatte anschließend noch einundzwanzig Tage gelebt, erheblich länger als die meisten, die nach diesem neuen Verfahren behandelt worden waren.

Als wir durch den Korridor auf Dorothys Zimmer zugingen, dachte ich: „Elisabeth weiß, was sie zu sagen hat, aber was werde ich dabei machen?" Ich konnte die Anspannung in meiner Magengrube spüren. Im Zimmer zog Elisabeth einen Stuhl neben das Bett und sagte sanft zu mir: „Hier, setzen Sie sich doch." Sie ging zu einem Stuhl in der Zimmerecke und ließ sich darauf nieder. Ich saß steif neben dem Bett, und in all meiner Angst und in meinem Drang, irgendetwas tun zu müssen, war ich unfähig, meinen Gefühlen des Selbstzweifels und der Unwürdigkeit auszuweichen oder sie zu leugnen. Die situationsabhängige Offenheit meines Herzens wurde mir schmerzlich bewußt: Ich erkannte, wie sehr meine Offenheit davon abhing, ob ich mich in einer „sicheren" Umgebung befand oder nicht. Ich erkannte, daß ich nur dann offen war, wenn ich mich wohlfühlte. Und ich fühlte mich nicht wohl. Ich war nicht völlig präsent, als ich auf diesem Stuhl saß und mich fragte, wer ich sei und was ich tun müsse.

In diesen Momenten hatte ich das Gefühl, dem Tod näher zu sein als diese ermattete, achtundzwanzigjährige Frau, die mit blassem Gesicht vor mir lag.

Während ich mich zu beruhigen versuchte, begannen wir mit der Meditation, die auf die Öffnung des Herzens ausgerichtet ist. Man atmet mit dem Herz-Zentrum ein und aus, läßt alles los, was die Entfaltung der inneren Weiträumigkeit blockiert, und öffnet sich der zugrundeliegenden Realität. Indem Dorothy und ich alles ausatmeten, was unser Gewahrsein blockierte, traten wir gemeinsam in einen Raum größerer Klarheit ein. Wir atmeten das Licht und die Weisheit des Universums ein und gestatteten dem Geist, weich und transparent zu werden, so daß wir in seine Tiefe hineinblicken konnten. Während wir zusammen meditierten, konnte ich wahrnehmen, wie sehr mich die Klammer der Angst und des „Jemand-Seins" in der Isolation festhielt und wie sehr sie es mir erschwerte, mein Herz diesem anderen Wesen völlig zu öffnen. Ich glaube, daß sich während dieser Meditation in meinem Geist und in meinem Herzen eine größere Klärung vollzog als in Dorothys. Ich brauchte die Meditation in diesen Augenblicken mehr als sie.

Dorothy, die mein Unbehagen vielleicht spürte, war sehr teilnahmsvoll. Neben ihr saß eine Person, die gekommen war, um ihr zu helfen - die jedoch derartig von ihren eigenen Problemen in Anspruch genommen wurde, daß sie gar nicht richtig anwesend war. Meine Schultern fühlten sich an, als hätte ich sie gegen die Ohren gepreßt. Mein ganzer Oberkörper war angespannt. Es war offenkundig, wie unbehaglich ich mich außerhalb meines Käfigs fühlte.

Wenn ich im Rahmen des Workshops lehrte, bewegte ich mich auf meinem eigenen Territorium. Es fiel mir leicht, zu „wissen", der weise Mann in der Gruppe zu sein. Es war einfach, nur eine Rolle zu spielen. Aber hier, wo es darum ging, für diese andere Person dazusein, stellte ich fest, daß Verwirrung und Zweifel mich ablenkten. Obwohl ich wußte, daß man durch das Gefühl eigener Isolation auch die Isolation des anderen verstärkt und sein Leid vergrößert, gab es in jenen Momenten überraschend wenig, was ich hätte dagegen tun können. Ich konnte nichts anderes tun, als so tief in die Meditation hineinzugehen, wie ich es von Dorothy erwartete. Als ich sah, wie sich meine Verklammerungen lösten, erkannte ich auch, wie viele Mauern mein Herz umgaben.

Ich konnte erkennen, daß mein Bemühen um die Aufrechterhaltung meiner Besonderheit eine Isolation zwischen uns schuf, welche die Angst vor dem Tod weiter vergrößerte. Denn das, was wir wahrscheinlich beim Tod verlieren, ist die Fähigkeit, an unserer vermeintlichen Identität festzuhalten - an unserem Körper, unserem Namen, unserer Persönlichkeit, unseren Neigungen. Mir wurde klar, daß sich mir in diesem Moment die kostbare Gelegenheit bot, durch den Tod zu gehen und alles loszulassen, was meine Erfahrung und Teilhabe am Dasein blockierte - aus meiner Besonderheit herauszusterben.

Als wir das Zimmer verließen, erkannte ich, daß ich die erstaunliche Möglichkeit gehabt hatte, Einblick in meinen Geist zu gewinnen. Ich war vor einen gnadenlos polierten Spiegel gestellt worden, der mir ganz und gar nicht zeigen wollte, daß ich der „Schönste im ganzen Land" war. Mein Aufenthalt in diesem Zimmer präsentierte mir meinen Geist so deutlich, daß ich der Realität meiner Schauspielerei und Verklammerung ins Auge blicken mußte. Ich konnte in meiner vermeintlichen Identität keinen Halt finden. Ich konnte mich nirgendwo verstecken. Ich erkannte, wo sich Blockaden in mir bildeten, und auf welche Art mein Geist das Universum nach seinem eigenen Bild und Muster formte.

Es wurde mir jetzt klar, warum ich am Retreat teilgenommen

hatte. Ich war nicht gekommen, um zu lehren. Ich war gekommen, um zu lernen. Um zu entdecken, daß mir die Arbeit mit anderen eine machtvolle Möglichkeit gab, an mir selbst zu arbeiten.

In den seither vergangenen Jahren habe ich in jeder neuen Begegnung mit einem Menschen, dem ich mich öffnete - ob es nun ein Sterbender, ein Taxifahrer oder eine Kassiererin in einem Restaurant war - immer deutlicher feststellen können, daß ich mich diesen Menschen zu öffnen und von den Dingen zu lösen vermag, die sich zwischen unsere Herzen stellen. Je mehr ich dies lerne, desto tiefer kann ich mich meinem eigenen Sein öffnen, und um so öfter kann ich mit anderen Menschen das Wesentliche teilen.

Ein Jahr später traf ich Schwester Patrice Burns, eine Dominikanernonne , die mich bat, mit ihr auf der onkologischen Station eines Krankenhauses in San Franzisko zu arbeiten. Viele Zimmer, die wir betraten, beherbergten Patienten, deren Lebenskreis augenscheinlich kurz vor der Vollendung stand. Man konnte beobachten, wie sich die Einflüsse eines ganzen Lebens in jenen letzten Tagen verdichtet hatten.Alles, was verstreut gewesen war, war wie durch ein Vergrößerungsglas gebündelt worden und hatte sich durch alles andere hindurchgebrannt. Jeder Raum war wie die letzten Seiten eines langen Romans.

Man hatte beim Betreten eines Zimmers den Eindruck, in einen karmischen Strudel hineinzuschwimmen. (Karma ist keine Bestrafung. Es ist eine Erscheinung der barmherzigen Natur des Universums, durch welche uns Lehren angeboten werden, die wir in der Vergangenheit nicht gewürdigt haben, und die uns gestatten, aus Erfahrungen zu lernen, denen wir früher nicht genügend Beachtung geschenkt haben). Menschen, deren Leben vom Glauben und von brüderlicher Liebe geprägt gewesen war, waren nun von Freundlichkeit und Mitgefühl umgeben. Und diejenigen, die in Rivalität und Angst gelebt hatten, fanden sich jetzt in einer Umgebung von Rastlosigkeit und Verwirrung wieder.

Wenn man von Zimmer zu Zimmer ging, war es, als würde man eine Seele nach der anderen besuchen. Es waren die Standpunkte, Vorlieben und Vorurteile eines ganzen Lebens, die sich im Szenarium dieser letzten Tage verkörperten. Die Lebensart einer Person bestimmte auch die Art ihres Sterbens. In einem Zimmer lag eine krebskranke Frau, die schon sehr hinfällig geworden war und

- Diamantringe an ihren dürren Fingern trug. Sie deutete auf die Bilder, auf denen ihre Kinder in ihren akademischen Würden und Roben zu sehen waren: „Er ist Rechtsanwalt. Sie ist Atomphysikerin." Ihre schmalen Lippen waren dick mit Lippenstift übermalt, und ihren durch die Chemotherapie kahl gewordenen Kopf verbarg sie unter einer Perücke. Sie war eine „Stütze der Gesellschaft" gewesen, ein prominentes Sinnbild einer Person, so emsig damit beschäftigt, „das Richtige zu tun", daß sie kaum die Zeit zum Atmen und noch viel weniger die Zeit zum Sterben fand. Wenn ihre Kinder zu Besuch kamen, rückte sie ihre Perücke zurecht und trug eine weitere Schicht Schminke auf. Wenn sie gefragt wurde, warum sie nicht über ihre Gefühle sprach, sagte sie: „Oh, ich bin es nicht gewohnt, über so etwas zu reden." Sie biß immer noch die Zähne zusammen und kannte sich selbst gegenüber kaum Erbarmen. Der Schein, der in diesem Zimmer gewahrt wurde, hielt sie in der Knechtschaft des Todes gefangen.

In einem anderen Zimmer lag John mit der sanften Stimme, der fünfundzwanzig Jahre lang auf einem Omnibus-Betriebshof gearbeitet hatte. Ein paar Monate vor seiner Pensionierung wurde ihm eines Tages schwindlig, und er brach zusammen. Ein guter Freund und Kollege hatte ihn ins Krankenhaus gebracht, wo die Ärzte bald einen großen Gehirntumor bei ihm entdeckten. Johns Freund saß an seinem Bett und sagte, daß er seinen Job aufgeben und John auf seine Farm in Oregon bringen werde. Er sagte, dort könnten sie eine schöne Zeit verbringen und zum Angeln gehen. Die Liebe und Kameradschaft, die John den Menschen in seinem Umkreis entgegengebracht hatte, spiegelte sich in den Energien wider, die um sein Bett herum zu spüren waren. Man fühlte die Hilfsbereitschaft und Freigebigkeit derer, die zu Besuch kamen. John starb fünf Tage nach seiner Diagnose, umgeben von einer Liebe und Sorge um sein Wohlbefinden, die ihn nicht zurückhielt, sondern ihm den Antritt seiner Reise erleichterte.

Ein anderes Zimmer beherbergte den einundsechzigjährigen Alonzo, der mit Magenkrebs im Sterben lag. Sein ganzes Leben lang war er bemüht gewesen, das zu tun, was „gut für die Familie" war. Er hatte sich zwanzig Jahre zuvor in eine geschiedene Frau namens Marilyn verliebt, die er aber aufgrund seines italienisch-katholischen Umfeldes nicht heiraten durfte. Dennoch hatte er die Beziehung mit ihr bis zu ihrem Tod vor einem Jahr aufrechterhalten. Weder sein Vater noch seine Schwestern und Brüder hatten ihre Existenz wirklich anerkannt, denn zwanzig Jahre lang sprachen sie von ihr nur als „dieser Frau". Er hatte vieles in seinem Leben aufgegeben, um seine „Familie zu beschützen". Und jetzt, als sein einundneunzigjähriger Vater an seinem Bett saß und sagte: „Mein Junge kann nicht sterben. Nein, mein Junge wird nicht sterben!", versuchte er noch immer, der brave Sohn zu sein. Er versuchte, seinen Vater vor dem Tod zu beschützen. „Es ist gut. Ich werde nicht sterben." Aber er lag im Sterben. Sein Bruder und seine Schwester standen an seinem Bett und versuchten, ihn zu einer Änderung seines Testaments zu überreden, damit Marilyns dreißigjährige verheiratete Tochter, für die er so gut gesorgt hatte, nichts von seinem Geld bekäme. Er lag da, hörte sich alles an, sagte kein Wort und bemühte sich, nicht zu sterben, damit seine Familie keinen Kummer mit ihm hatte. Ich sah, wie dieses dichte karmische Netz ihn umspann, saß in einer Ecke und beobachtete dieses außergewöhnliche Melodrama, in dem die Leute miteinander stritten und seinen Tod nicht wahrhaben wollten. Als ich so dasaß, hörte ich mich selbst durch mein Herz mit ihm reden. Ich sprach mit ihm in meinem Herzen und mit all der Liebe, die ich fühlte, und dachte: „Weißt du, Alonzo, es ist in Ordnung, daß du stirbst. Du machst nichts falsch. Da stecktst du nun in dieser äußerst mißlichen Lage und kannst deinen Lieben nicht eingestehen, was du brauchst oder was du willst. Du beschirmst sie bis zuletzt. Aber es ist in Ordnung, zu sterben. Es ist gut. Es ist das Richtige im rechten Moment. Öffne dich dir selbst. Habe Erbarmen mit diesem verwirrten Alonzo, der da in seinem Krankenbett liegt. Laß den Kummer los, daß du nicht jeden vor allem beschützen kannst. Dies ist jetzt dein Augenblick. Vertraue dir selbst. Vertraue dem Tod. Du mußt niemanden beschützen. Du brauchst nur das loszulassen, was dich festhält. Öffne dich deinem inneren Wesen, der endlosen Weite deiner wahren Natur. Löse dich jetzt aus allem, was dich hier umgibt. Laß dich sterben. Laß dich selbst aus Alonzo heraussterben. Laß dich aus deiner Rolle des Sohnes heraussterben. Laß dich aus demjenigen heraussterben, um dessen Habe gestritten wird. Laß dich den Weg in das offene Herz Jesu finden. Du hast nichts zu fürchten. Es ist alles in Ordnung." Und durch das Gedränge der Menschen, die sein Bett umringten, traf mich der Blick aus Alonzos engelblauen Augen, die mir in Bestätigung dieser wortlosen Berührung der Herzen zublinzelten. Keines dieser Worte hätte in diesem Raum laut ausgesprochen werden dürfen. Seine Familie hätte einen Schrei ausgestoßen, den man bis hinunter in die Vorhalle gehört hätte. Alonzo aber warf mir von Zeit zu Zeit einen Blick zu, in dem die tiefe Anerkennung lag, daß alles in Ordnung sei. Es waren keine Worte, die da kommuniziert wurden, sondern das Gefühl in meinem Herzen. Es scheint, daß viele schwerkranke Menschen für eine so tiefe Fühlungnahme empfänglich sind.

Von Zeit zu Zeit wandte er sich an seine Schwester und sagte: „Weißt du, es ist irgendwie anders, wenn er (und er deutete auf mich) im Zimmer ist." Denn dies waren die einzigen Gelegenheiten, bei denen er in diesem Raum überhaupt Verständnis dafür spüren konnte, was er durchlebte. Später gestand er ein, daß er sich seiner mißlichen Lage gegenüber offener gefühlt habe, wenn ich da „so still in der Ecke" saß.

Wir fanden tatsächlich nach und nach heraus, daß die Technik der Kommunikation mit dem Herzen sehr wirksam war. Selbst Patienten, die sich in ihrem Schlaf ruhelos hin und her wälzten, wurden ruhiger, sobald jemand bei ihnen war, der durch sein Herz im stillen Liebe und Verständnis auf sie ausstrahlte. Sogar Patienten, die sich im Koma befanden, schienen sich zu entspannen. Es ist nicht etwa so, daß eine Person die Worte irgendwie empfangen könnte. Vielmehr schafft die innere Haltung der Liebe und Fürsorge einen so weiten Raum der Bejahung dieses Augenblicks, daß dieser Person ein Freiraum zuteil wird, in dem sie ihr Dasein so akzeptieren kann, wie es notwendigerweise ist.

Als wir diese Fähigkeit zur Herzenssprache entdeckten, begannen auch viele der Krankenschwestern auf diesem Stockwerk damit, diese Möglichkeit zu erproben. Diejenigen, die von ihr Gebrauch machten, berichteten von einer Veränderung der Beziehung sowohl zu vielen ihrer Patienten als auch zu ihrer oft mühevollen Tätigkeit im Allgemeinen. Sie hatten ein Instrument gefunden, sich einem anderen öffnen zu können und diese Offenheit vielleicht auch zu vermitteln.

Als wir uns über diese Technik des stillen Sprechens mit dem Herzen zu unterhalten begannen, traten viele Krankenschwestern an uns heran und sagten, daß es großartig sei, jemanden von einer Methode sprechen zu hören, die sie selbst schon seit langem intuitiv angewandt hätten. Wenn man solche subtilen Techniken gebrauchen will, ist es wichtig, seine eigenen Motivationen zu überprüfen. Versucht man, im Bewußtsein des anderen eine Veränderung zu bewirken, von der man glaubt, daß sie „das beste für ihn" sei? Oder ist man einfach für den anderen da, strahlt Liebe aus und gibt ihm das Gefühl, daß alles in Ordnung ist? Man nimmt einer Person nicht das, was sie nicht von sich aus geben möchte. So wie man jemandem nicht sein Geld oder sein Essen raubt, raubt man ihm auch nicht seinen Geisteszustand. Die Bemühung, jemandem seine „Ablehnung" zu rauben, ist ein Akt der Selbstgerechtigkeit und des Separatismus.

Uns kam die Geschichte einer Krankenschwester zu Ohren, welche die Videobänder der Workshops gesehen hatte, in denen ich über diese Kommunikationsmethode sprach, und die sich entschied, „es einmal auszuprobieren". Sie hatte einen besonders widerspenstigen Patienten, der nicht über seine Krankheit sprechen mochte, und sie wollte versuchen, „seine Ablehnung zu durchbrechen". Mehrmals am Tage saß sie diesem Mann zehn oder fünfzehn Minuten lang still gegenüber und übermittelte ihm durch ihr Herz, wie er mit seiner mißlichen Lage umgehen „solle". „Steigern Sie sich nicht so sehr in Ihre Angst hinein. Verschließen Sie Ihre Augen nicht vor dem Tod", sagte sie im stillen zu ihm. „Es gibt nichts, wovor Sie Angst haben müßten. Ablehnung macht Sie nicht frei".

Eine Woche lang setzte sie dieses Zusammensitzen mit „ihrem Patienten" fort, dem sie ihrer Meinung nach half, indem sie ihm sagte, was er ihrer Ansicht nach tun sollte. Als sie nach einem freien Wochenende wieder ihren Dienst antrat, begegnete sie der Oberschwester, die ihr mitteilte, daß ihr Lieblingspatient ihre Besuche nicht mehr wünschte. „Warum denn nicht?" fragte sie ziemlich bestürzt. Und die Oberschwester erwiderte: „Er hat gesagt, Sie reden zuviel".

Wenn du dein Herz sprechen läßt, dann sendest du Liebe aus und nicht deine Bedürfnisse oder dein Verlangen danach, daß ein Mensch so sein soll, wie du es für besser hältst.

Es ist nicht nur eine Technik für das Zusammensein mit

Sterbenden. Dies würde aus dem Sterben etwas Spezielleres machen, als es ist. Es ist einfach ein Weg, sein Herz zu öffnen, damit andere Menschen das ihre ebenfalls öffnen können. Oft wirkt es am Frühstückstisch ebensogut wie auf der Intensivstation.

Weil er mir offenbar vertraute, fragte mich Alonzo eines Tages, wie es wohl sei, zu sterben. Was es bedeute, den Körper hinter sich zu lassen und den Weg in das Licht Christi zu finden, den er sehr liebte. Als wir darüber sprachen, berührten sich unsere Herzen in tiefer Liebe und Zeitlosigkeit. Und als ich sein Zimmer an diesem Tag verließ, war mein Gemüt regelrecht von Stolz erfüllt. „Ich habe wirklich den Durchbruch geschafft", ging es mir durch den Kopf.

Am nächsten Tag steuerte ich auf Alonzos Zimmer zu und malte mir aus, wie erfreut er darüber sein würde, mich zu sehen. Doch als ich das Zimmer betrat, warf er mir nur einen kurzen Blick zu und drehte sich mit einem „Oh nein!" wieder von mir weg. Mein Herz schnürte sich zusammen. Gestern war er doch so offen für den Tod gewesen! Und heute wollte er davon überhaupt nichts mehr wissen. Meine Anwesenheit repräsentierte für ihn nur den Tod. Gestern war ich der willkommene Retter und mußte mich mit dem peinlichen Stolz auseinandersetzen, der in mir aufstieg. Heute war ich die persona non grata, und meine Aufgabe bestand darin, mein Herz trotz der Zurückweisung nicht zu verschließen. Es war nicht meine Aufgabe, ihn zu ändern, sondern mich jenseits meiner Verklammerungen zu öffnen. Meine eigenen Erwartungen, Verlangen und Projektionen im Auge zu behalten. Meine Modelle fallen zu lassen, eins nach dem anderen. Mich nicht zu verschließen, sondern denjenigen in mir sterben zu lassen, der ich zu sein glaubte. Hineinzusterben in die Kostbarkeit des Augenblicks, der die Wirklichkeit des Seins immer wieder von neuem offenbart. Es gibt niemanden mehr, der stirbt und niemanden, der hilft. Es gibt nur diesen einen Moment der Klarheit und Liebe.

Die Vorstellungen, zu „sterben", „krank" zu sein und zu „helfen", bilden nicht mehr den Ersatz für die lebendige Gegenwart - es gibt einfach nur zwei Wesen, die eins werden. Jeder gebraucht den anderen als einen Spiegel, der ihm seine Verhaftungen und Ängste zeigt, so daß beide Fortschritte machen können. Denn jeder von uns braucht Hilfe.

Eine Person liegt sterbend in ihrem Bett. Aber um das Bett

herum sind zehn Menschen versammelt, die ebenfalls sterben, indem sie einen wesentlichen Teil ihrer selbst verlieren. Je mehr ein Leben der Erforschung der Wahrheit gedient hat, desto eher wird sich die Wahrheit auch am Ende dieses Lebens offenbaren. Der Tod wird zu einer gemeinsamen Erfahrung des Geistes. Doch wenn sich ein Leben hauptsächlich an der Ansammlung materieller Güter orientiert hat, stirbt für die, die am Bett sitzen, nur der Körper, und es ist nur ein weiteres Stück Materie, das bei diesem Übergang verloren geht.Ein solcher Tod ist schreckensvoll und verwirrend, und dieser Mensch gerät in Vergessenheit.

Wer bist du im Bewußtsein jener, die dir ganz nahestehen? Welche „Bedeutung" wird deine Abwesenheit haben? Bezieht sich die Wertschätzung deiner Person darauf, was du machst oder was du bist? Wie kannst du deinen Tod zu einem Geschenk der Liebe machen?

Als ich im Krankenhaus von Zimmer zu Zimmer ging, wurde mir klar, daß ein Patient vielleicht Tage oder Wochen braucht, um in unserer Zusammenarbeit mit ihm so viel Vertrauen und Zuversicht zu entwickeln, daß er sich einer Erforschung des ganzen Geschehens öffnen kann. Aber manchen bleibt eine so lange Zeit nicht mehr. Ich habe jedoch beobachtet, daß eine Schwägerin, eine Nichte, eine Enkelin oder ein Schwiegervater am Bett saß, der oder die eine sehr tiefe und klare Beziehung zum Patienten hatte. Oft war es nicht ein Verwandter ersten, sondern zweiten Grades. Es war nicht der Ehemann oder die Ehefrau, nicht der Bruder oder der Sohn, sondern jemand, der etwas weiter außerhalb stand und auf eine andere Weise am Leben des Patienten beteiligt war, und der dennoch mit ihm den innigen Kontakt hatte, der notwendig ist, um die Wahrheit ohne Verstellung und Verhaftung miteinander teilen zu können. Wenn ich mit diesen Besuchern im Wartezimmer zusammensaß, entstand oft eine Unterhaltung über das Sterben ihrer Lieben und darüber, was sie tun konnten, um es ihnen zu erleichtern. Ihre tiefe Herzensverbundenheit mit dem Patienten erweckte die Frage in ihnen, ob sie in irgendeiner Weise Hilfestellung geben könnten. Sie brauchten keine langen Anleitungen und Versuche, um eine tiefe Beziehung zum Patienten aufzubauen. Sie hatten Zugang zu seinem Herzen und konnten einfach fragen, was noch getan werden mußte, bevor ihr Freund oder ihre Freundin loslassen konnte. Sie konnten an der Erkundung dessen teilnehmen, was der Tod vielleicht bedeutet und was auf ihn folgt.

So saßen wir oft eine oder zwei Stunden zusammen und sprachen über das Einverstandensein mit dem Tod, und ich bestärkte sie darin, ihre liebevolle Kommunikation nicht durch ihre eigene Angst vor dem Tod zu blockieren. Ich erinnerte sie daran, daß sie, die sie das Vertrauen jener Person in weit höherem Maße genossen als ich, ihr als wichtigster Beistand und Führer in den Übergang dienen konnten, ohne meiner Mitwirkung zu bedürfen - und daß ihnen dies umso eher möglich war, als sie sich über ihre Ängste hinaus öffnen und der Herzensfülle des Augenblicks vertrauen konnten. Ich beantwortete ihre Fragen und teilte mit ihnen die Erfahrungen, die andere bei der Überwindung ähnlicher Barrieren gemacht hatten. Ich ermutigte sie, dem Augenblick gegenüber verwundbar zu sein, der Liebe, die sie empfanden, zu vertrauen und sie als Brücke zwischen dem Bekannten und dem Unbekannten zu gebrauchen, so daß die geliebte Person offenen Herzens den Übergang vollziehen konnte. Wir sprachen darüber, wie man Techniken nutzt, um Schmerzen zu lindern, um Probleme zu bereinigen und um das Gewahrsein zu vertiefen, ohne an einer Änderung der Situation des Patienten verhaftet zu sein. Ich empfahl Bücher, aus denen sie ihm laut vorlesen konnten. „Tun Sie alles, was Ihnen richtig erscheint. Halten Sie nicht mit den Gefühlen Ihres Herzens zurück. Vertrauen Sie ihm. Es ist ein sehr kostbarer Moment." Oft gingen sie ins Zimmer zurück und erlebten eine außergewöhnliche Kommunikation, die ein Außenstehender mit diesem Patienten, vielleicht erst nach Monaten erreicht hätte. Denn wenn wir jemandem vertrauen, dann kann er oder sie uns darin bestärken, uns selbst zu vertrauen und auf uns selbst zu hören. Viele Spannungen lösen sich schon, wenn sie in Worten zum Ausdruck gebracht werden. Wenn wir erfüllte und unerfüllte Träume miteinander teilen, wird es uns möglich, unserer mißlichen Lage ins Auge zu sehen. Ich habe erlebt, daß Patienten ihrer Fähigkeit zum Loslassen einen großen Schritt nähergekommen waren, nachdem sie solch ein intimes und aufrichtiges Gespräch mit einem besonders nahestehenden Menschen geführt hatten.

Eine der einfachsten und grundlegendsten Techniken, um das Gewahrsein mit Patienten oder nahestehenden Menschen zu teilen, wurde mir von Richard Boerstler beschrieben. Es ist eine Methode, die auf seine Erfahrungen in der Clear Light Society in Boston zurückgeht und von vielen als außerordentlich hilfreich bezeichnet wurde.

Nachdem man den Patienten gefragt hat, ob er gerne an einem kleinen Experiment teilnehmen würde, gibt man ihm zu verstehen, daß er nichts weiter zu tun braucht, als sich zu entspannen und ganz ruhig zu atmen. Man sitzt neben ihm und sagt ihm, daß man mit ihm zusammen atmen wird. Man beobachtet das Heben und Senken seines Bauches, damit man sich auf seinen Atemrhythmus einstellen kann. Man stimmt sich auf dieses Heben und Senken ein und gleicht den Takt der eigenen Atmung dem seinen an, Atemzug für Atemzug. Nachdem einige gemeinsame Atemzüge vollzogen worden sind, läßt man, während der Patient ausatmet, den Lippen gleichzeitig ein „Ahhhh" entfahren. Jedesmal, wenn der Patient ausatmet, stößt man ein tiefes und hörbares „Ahhhh" aus. Jedes Ausatmen wird begleitet von einem „Ahhhh". Der Patient braucht nichts zu tun, obwohl er sich anschließen kann, wenn er möchte. (Wie oft sind wir anderen gegenüber so unaufmerksam, daß wir nicht richtig darauf achten, was sie sagen, geschweige denn, daß wir uns auf ihren Atemrhythmus einstimmen!) Oft geschieht etwas Unerwartetes. Beide begegnen sich in einer Einheit, die so tief und so einfach ist, daß es einen überrascht. Diese Meditation kann über einen Zeitraum von zwanzig bis sechzig Minuten (wenn man will) ausgeübt werden. Gemeinsam teilt man das „Ahhhh" und verschmilzt miteinander in einem weiten, endlosen Raum. „Ahhhh" ist der große Klang des Loslassens.

Die aus dieser Technik resultierende Lockerung löst Spannungen und Schmerzen in einem Gefühl der Einheit auf. Nachdem man diese Erfahrung einige Male miteinander geteilt hat, steht dem Patienten ein Mittel zur Verfügung, mit dem er sein Bewußtsein selbst zentrieren kann. Vielleicht entdeckt er morgens um vier, wenn alles trostlos aussieht, wenn ihn die Schmerzen am meisten quälen und an Schlaf nicht mehr zu denken ist, daß mit jedem ausgeatmeten „Ahhhh" eine Ebene der Anspannung nach der anderen hinwegschmilzt und in ihm ein größerer Raum für die Erfahrung seiner schwierigen Lage entsteht.

Was man mit dieser Technik gemeinsam erfährt, geht über

jede philosophische und ideologische Konstruktion hinaus. Es ebnet den Weg für eine tiefere Kommunikation. Der Patient braucht nichts zu tun und kann sich völlig entspannen. Er braucht sich dieser Situation nur anzuvertrauen. Oft erleben beide Beteiligte eine Einheit, indem sie ganz in der Stille und Fürsorge des Herzens aufgehen.

Wenn du mit schwerkranken Menschen arbeitest, solltest du nicht vergessen, daß *du* es nicht bist, der irgendetwas machen muß. Alles, was du tun mußt, ist, dich nicht in den Weg zu stellen, damit sich die passende Antwort auf den Augenblick von selbst einstellen kann. Du brauchst niemanden zu retten außer dich selbst. Mit dem Sterben zu arbeiten heißt, an dir selbst zu arbeiten.

Einer der Fallstricke, in die du bei dieser Arbeit geraten kannst, wenn du vom Begriff des „Helfens" ausgehst, ist die Tendenz, deinen eigenen Tod auf jemand anderen zu projizieren. Aber niemand kann deinen Tod sterben. Vielleicht hättest du bei deinem Tod gerne ein paar Trompetenfanfaren und eine Schar himmlischer Boten, die dir im Verlöschen deiner Atemzüge den Weg aus dem Körper weisen. Aber das sind Phantasien. Du kannst niemanden dazu bringen, deinen Tod für dich zu sterben. Du wirst ihn so durchleben, wie du ihn schon jetzt durchlebst und wie es deinen Möglichkeiten entspricht. Wie du jetzt mit deinem Sterben umgehst, bestimmt auch die Voraussetzungen, die du mitbringst, wenn du auf diesen Moment wirklich zugehst.

Aber dieses Schicksal ist das eines anderen. Du bist nicht dazu da, ihn zu retten. Du bist da, um ein offener Raum zu sein, in dem er tun kann, was auch immer er tun muß, ohne in seiner Entfaltung auch nur im geringsten von dir beeinflußt zu werden.

Wenn du auf den Schmerz eines anderen mit Angst reagierst, wird dies oft Mitleid genannt. Wenn Mitleid dein Beweggrund ist, orientierst du dich an begrenzten eigenen Interessen. Wenn Mitleid dich motiviert, paßt du dich deiner eigenen Aversion dagegen an, die mißliche Lage eines anderen selbst erfahren zu müssen. Das Lindern seiner Beschwerden ist für dich ein Mittel, deine eigenen zu lindern. Mitleid erzeugt nur noch mehr Angst und Isolation. Wenn Liebe mit dem Schmerz eines anderen in Berührung kommt, sagt man dazu Mitempfinden. Mitempfinden ist einfach nur Raum. Was immer die andere Person erfahren mag, du hast in deinem

Herzen Raum dafür. Es wird zu einer Arbeit an dir selbst - du läßt los, du bleibst offen, du fühlst jenes Wesen in dir selbst. Obwohl du, wenn jemand unbeschreibliche Schmerzen hat, nichts tun kannst, um sie zu lindern, ziehst du dich nicht zurück. Wenn eine Person sagt: „Hilf mir!", dann bleibst du ganz weich, hältst ihre Hand und teilst ihren Schmerz, ohne ihn mit Anspannung zu umgeben. Mitempfinden bedeutet, im Herzen Raum zu haben für jeglichen aufkommenden Schmerz und nicht zwischen „dir" und dem „anderen" zu unterscheiden.

Während der Tod in diesem Land zur Zeit stärker ins Blickfeld der Öffentlichkeit rückt, entwickelt sich nach und nach eine neue Aufgeschlossenheit gegenüber dem Sterben. Die „Hospizbewegung" ist Ausdruck des menschlichen Verlangens, ohne Schmerzen und mit größtmöglichem psychologischen Beistand sterben zu können. Man will seine „Geschäfte erledigen" und mit Würde sterben. Viele der Gruppen, die diesen Beistand leisten, ermöglichen es Menschen, in der Wärme und Obhut ihrer familiären Umgebung zu sterben. Andere Gruppen haben Bereiche geschaffen, in deren fürsorglicher und heimischer Atmosphäre man friedlich sterben kann. Doch auch in dieser neuen Offenheit gegenüber dem Tod kann es manche Konfusion geben. Hospizmitarbeiter, wie es manche von uns sind, sind auch nur Produkte ihrer Konditionierung, und es kann oft geschehen, daß sie die Angst vor dem Leben und die Verhaftung am Körper, die das Sterben so erschweren, auf andere übertragen. Viele, die in Hospizen arbeiten, sind sich der Fallstricke des „Helfens" nicht bewußt - einer separatistischen Haltung, die sich einstellen kann, wenn man einen anderen dazu benutzt, das eigene Selbstbild zu festigen und sich selbst das Gefühl zu geben, denjenigen zu repräsentieren, für den man gehalten wird.

In vielen Hospizen ist das erste Ziel die Linderung von Schmerzen die palliative Pflege des Patienten. Was jedoch kaum gefördert wird, ist die Abkehr von der Identifikation mit dem Körper als unserer scheinbar wirklichen Identität und von dem denkenden Geist als der gesamten Wirklichkeit. In Hospizen wird oft übersehen, daß Sterben ein Mittel geistigen Erwachens sein kann. Obwohl die Herzen vieler Mitarbeiter in den Hospizen angesichts der Konfrontation mit der Unbeständigkeit des Körpers weit geöffnet sind, nutzen nur wenige dies als Gelegenheit, die tiefsten Bereiche ihres Inneren zu berühren und die ihnen innewohnende Weisheit und Lebensfreude zu erforschen. Die meisten betrachten den Tod noch immer als eine Tragödie, als ein Unglück, als einen Verlust. Selten findet man die Erkenntnis, daß er Bestandteil einer tieferen Entfaltung ist, daß der Körper notwendigerweise sterben muß, damit sich eine neue Lebenserfahrung formen kann. Es gibt nur wenige Hospize, in denen die Mitarbeiter dazu ermutigt werden, aus ihrer Sterbe-Arbeit eine Arbeit an sich selbst zu machen. Nur wenige sind sich der inneren Reife bestimmter Patienten bewußt und fragen: „Wer ist es, der stirbt?" Wenige regen einen solchen Patienten zu einer Erforschung an, die ihn der Erfahrung öffnet, nur ein Reisender im Körper zu sein. Wenige unterweisen den Patienten darin, wie man inmitten tiefster Qualen ein offenes Herz bewahren kann. Man kann dies niemandem als Fehler oder als „Schuld" anlasten, es ist lediglich ein weiteres Beispiel dafür, wie leicht der unerforschte Geist seine verborgenen Ängste und Konfusionen auf andere übertragen kann, sei es auch mehr oder weniger unbeabsichtigt.

Selbst in einer so hilfreichen Umgebung werden nur wenige darin bestärkt, alle Besonderheit in sich absterben zu lassen und in die reine Essenz ihrer Teilhabe einzutreten - in die Einheit des Seins selbst. Doch es ist gerade die Erfahrung dieser Einheit, die Berührung mit der Unsterblichkeit, die die Fesseln der Angst, etwas zu verlieren, durchtrennt. Die Erfahrung, ein Teil des Ganzen zu sein, tötet den Tod.

Eine Frau, die mit großen Schmerzen im Krankenhaus im Sterben lag, sagte: „Wenn Leute ins Zimmer kommen, weiß ich genau, wer sich seinem Leid geöffnet hat. Es sind die, die sich auch dem meinen öffnen können. Und die Leute, die sich ihrem eigenen Leid verschlossen haben, die sich ihrem Schmerz verschlossen haben und all dies nicht als eine Gelegenheit nutzen, um größere Tiefen zu erkunden, sind einfach starr. Sie sind nervös. Sie sind keine große Hilfe. Wenn ich Schmerzen habe, schneiden sie Grimassen. Sie machen den Schmerz zum Feind."

Als ich auf einer Krebsstation für Kinder mit einigen Krankenschwestern zusammensaß, äußerten einige von ihnen: „Je länger ich hier bin, desto schwerer fällt mir das alles." Wenn sie mit den

Kindern über viele Jahre der Behandlung hinweg arbeiteten, ihre Geburtstagsfeiern miterlebten und Anteil an ihren Triumphen und Niederlagen hatten, bildeten sich oft sehr enge Bande. Dann erlebten sie mit, wie diese Kinder starben, und der Wunsch, daß dies nicht geschehen möge, brannte wie ein Feuer in ihnen. Sie versuchten, den Tod beiseite zu drängen.

Wir begannen über den Augenblick zu sprechen, in dem einem bewußt wird, wieviel Schmerz es in der Welt gibt. Daß man sich entweder verstecken oder sich sanft auf ihn einlassen kann. Widerstand gegen den Schmerz um uns her läßt unser Herz verdorren. Wenn wir zulassen, daß dieser Schmerz Eingang in uns findet, bricht unser Herz auf, und wir sind der Wahrheit ausgeliefert. Wenn man dem Tod Widerstand zu leisten versucht, leistet man zweifellos auch dem Leben Widerstand. Eine Krankenschwester nach der anderen brannte auf dieser Station innerlich aus. Es war für sie ein Reich der Hölle. Sie erzählten, wie schwierig es sei, sein Herz in dieser Hölle nicht zu verschließen. Wie schwierig es sei, klarsichtig zu sein, wenn alles um einen herum anders ist, als man es ersehnt. Wir sprachen darüber, wie man das im Geiste aufkommende Widerstreben als eine Mahnung nutzen kann, sich auf das Herz einzustimmen: „Entspanne dich allmählich rings um den Widerstand, als wäre es ein körperlicher Schmerz. Setze dich zum Widerstand in Beziehung, anstatt auf ihn bezogen zu sein. Laß den Widerstand im Herzen los, damit du nicht aus Mitleid heraus handelst, sondern für die, um die du dich kümmerst, ganz und gar da sein kannst- aus Liebe anstatt aus Angst." Diese Krankenschwestern, die schon so lange an den Grenzen ihres Leistungsvermögens standen, bemühten sich so aufrichtig um Einsicht, daß viele von ihnen alles, was wir miteinander teilten, fast augenblicklich in sich integrierten. Manche von ihnen erkannten, daß das, was sie für eine „unhaltbare" Situation gehalten hatten, ihnen sogar genau jene Offenheit erschließen konnte, nach der sie gesucht hatten.

Zwei der Schwestern, die ihre Arbeit fast schon niederlegen wollten, entschieden sich einige Monate später dazu, sogar noch weiter ins Feuer hineinzugehen, indem sie sich den Mitarbeitern des Sloan-Kettering-Krankenhauses anschlossen, in welchem das Hauptgewicht auf die wissenschaftliche Erforschung fortschrittlicher technischer, mechanischer und chemischer Methoden zur

Erhaltung des Lebens schwerkranker Kinder gelegt wird. Sie gingen bereitwillig in die Hölle und sahen diesen Weg als eine Methode der Selbsterforschung und des Dienens an. Auf diesen Stationen ist es oft so, daß sich die Eltern mit all ihrer Kraft an ihre Kinder klammern, wenn deren Atem allmählich erstirbt. Den Schmerz auf diesen Korridoren kann man förmlich mit Händen greifen. Die Bewahrung eines offenen Herzens in einer solchen Umgebung würde die meisten von uns über die Grenze ihrer Leistungsfähigkeit beanspruchen. Wer an einem solchen Ort aus Liebe für andere da sein will, muß über den Tod hinausgehen. Diese Krankenschwestern waren fähig, ihre Arbeit als ein Mittel der Selbstläuterung zu nutzen.

Wenn das, was wir anderen geben, nur aus unserem kleinen Selbst kommt, aus unserem kleinen Geist, dann brennen wir innerlich aus. Wir geben von dem, der wir zu sein glauben. Wir werden „Helfer". Denn dieser kleine Geist, diese kleine Persönlichkeit bietet nicht viel Platz, und wir haben nicht genügend Raum für das Leid anderer. Wir fühlen uns isoliert und kämpfen, um in unserem separaten Leiden nicht unterzugehen.

Es ist so, als wolltest du einem Verdurstenden Wasser geben. Wenn du ihm zu trinken gibst, indem du die Flüssigkeit aus deinen Körperzellen herauspreßt, wirst du bei diesem Vorgang selbst austrocknen und zusammenschrumpfen. Wenn du aber zum Brunnen gehst, zur mächtigen Quelle der Lebenskraft und Eimer voll klaren Wassers zu denen trägst, die es brauchen, wirst du entdecken, daß es auch für dich genug zu trinken gibt. Diejenigen, die aus sich selbst geben, brennen innerlich aus. Diejenigen, die aus der Quelle geben, werden selbst genährt. Indem sie den Brunnen aufsuchen, finden sie den Weg in die Intuition, spüren die Feinheiten des anderen und antworten ihm aus ihrem Herzen, nicht aus dem Verstand.

Du handelst aus einem Gefühl der Angemessenheit und nicht aus einem Wissen heraus. Du läßt los, was den Strom aufhält und erfährst die Harmonie zwischen den Wesen. Indem die kostbare Individualität fallengelasssen wird, wird einzig und allein das Sein miteinander geteilt.

Es ist die Fürsorge, die du entwickelst, die eine Heilung ermöglicht. Doch für viele, die in Krankenhäusern arbeiten und

Angst vor einer zu starken „Verstrickung" haben, liegt das Problem darin, daß sie Angst davor haben, sich in sich selbst zu verstricken und an ihrem eigenen Leben zu partizipieren. Es ist die Schwierigkeit, uns der mißlichen Lage eines anderen so weit zu öffnen, daß wir sie in unserem Geist und unserem Körper fühlen können und gleichzeitig für den Gesamtkontext offen zu bleiben. Wir erkennen unsere Tendenz, uns zurückziehen zu wollen und gehen dennoch in das Feuer heinein, das sich durch unsere Verklammerungen hindurchbrennt.

Vielleicht haben wir vergessen, daß das lateinische Vort für „Pflege" und „Fürsorge" derselben Wurzel entstammt wie unser Wort „Kultur". Pflegen bedeutet, mit dem anderen eins zu werden, sich mit einer anderen Person zu einer größeren „Kultur" der Menschheit zu vereinen, zu einer Kultur des Lebens selbst. Denn in Wirklichkeit gibt es den „anderen" nicht. Es gibt nur ein einziges Sein, das von verschiedenen Brennpunkten aus erfahren wird. Wenn du völlig präsent bist, erkennst du, daß es so etwas wie eine „andere Person" nicht gibt. Es gibt nur zwei Wahrnehmungen der einen Existenz. Es gibt „deine" Entfaltung, und es gibt „meine". Unsere Arbeit besteht darin, uns in der Wahrheit zu begegnen - jedem anderen Menschen die perfekten Voraussetzungen für die Erkenntnis zu bieten, daß es keinen anderen gibt, sondern nur das Eine, das wir miteinander teilen.

Der Brief einer Freundin

Liebe Freunde,
ich habe nun eine ganze Weile als Krankenpflegerin in einer Klinik gearbeitet, und mir ist klar geworden, wie schwer es an einem solchen Ort ist, sich in den Tod zu fügen. Die meisten Leute erkennen nicht einmal die Existenz des Todes an, und die, die im Sterben liegen, werden fortwährend darin bestärkt, am Leben festzuhalten, sich wohlzufühlen, die Tatsache ihres Sterbens zu ignorieren und unter keinen Umständen darüber zu sprechen - kurz gesagt mit dem Tod auf jede erdenkliche Weise Versteck zu spielen. Es ist ein seltsamer Film, der da abläuft. Die Freunde und Verwandten „trösten" die sterbende Person, indem sie so tun, als würde es keinen Tod geben, und der oder die Sterbende tröstet seine Lieben in der gleichen Weise. Keiner wagt es, ihn zur Sprache zu bringen. Alle verbergen ängstlich und zitternd ihr Gesicht.

Diese große Freiheit versetzt die meisten Leute in Schrecken, und was sie miteinander teilen, ist nichts anderes als Angst. Sie glauben, daß der Tod etwas anderes als das Leben und mit ihm unvereinbar sei; und sie vermeiden es, ihres eigenen Todes täglich gewahr zu werden oder ihn so anzunehmen, daß sie seine Freiheit verstehen.

Ich habe festgestellt (glaube es also nicht nur), daß alle Menschen in ihrem individuellen Selbst, in ihrem Ego, in ihrer Persönlichkeit eine Art von Bruchstelle haben - so etwas wie ein Offensein, einen lebendigen, inneren Gott, eine Kenntnis der Wahrheit, einen Ort ewiger Freiheit. Und wenn man selbst fest in der Wahrheit ruht und ihnen Liebe (bedingungslose Liebe) schenkt, dann lockern sie ihren Griff und lassen los.

Nur sehr wenige Menschen, mit denen ich arbeite, können auf der verbalen Ebene auf Konzepte vom Sterben (egal, wie zutreffend sie sein mögen) eingehen. Ihnen aber zu *sagen:* Das ist es, sei jetzt hier, laß los, verschmelze mit dem Einen oder ruhe in Jesus, beschwört nur Verwirrung oder intellektuelle Diskussionen herauf.

Man muß mit ihnen irgendwie den Weg in einen Raum hinein finden, der Liebe, Offenheit, Freiheit oder Gott genannt wird. Man lädt sie ein in diesen Raum, indem man sich einfach selbst in ihm befindet - ein liebendes, offenes Wesen, das ihre Vollkommenheit wahrnimmt und anerkennt (und ihre Vorstellungen in keiner Weise bewertet). Da sind nur offene Hände, ein offenes Herz und Frieden. Oft sitze ich einfach still an einem Krankenbett. Ich sitze wartend da, bin ganz offen und erfüllt von einer Liebe, die keine Bedingungen stellt - offen für dieses Wesen, offen für Gott, der Seinem Kind durch mich etwas vorsingt, in der Bereitschaft zu helfen und das Notwendige zu tun, in einem Zustand der Bejahung. Und ich höre zu. Ich lausche mit meinem Herzen, um zu hören, was Gott in diesem Augenblick flüstert, in dieser Stunde, in diesem Wesen, in dieser Erfahrung.

Jedesmal, wenn ich dem Tod gegenüberstehe, ist es eine völlig neue Erfahrung. Ich weiß *nichts* über ihn. Ich kann nur offen sein und es dem Sterbenden durch diese Offenheit vielleicht erleichtern, selbst offen zu sein und diese unmittelbarste Annäherung an Gott anzunehmen. Was für ein Lehrer ist doch der Tod!

Zum größten Teil besteht meine Arbeit im Krankenhaus darin, Leid zu mindern. Selbst die, die dem Tod nahe sind, fangen sich oft in der Falle des Leidens und kämpfen erbittert dagegen an. Ich sehe voller Erstaunen, welche Erleichterung einfaches Mitempfinden jemandem bringen kann, der intensive physische Schmerzen erleidet (z.B. Krebs im Endstadium).

Es gab da einen alten Mann, Mr. Pine, den ich tief in mein Herz geschlossen hatte. Er lag mit terminalem Krebs im Sterben, und ich betreute ihn eine Weile als Krankenschwester. Er bekam irgendwann Schmerzen auf der rechten Seite seines Rückens, und nachdem er eine Tablette nach der anderen genommen hatte, um sie zu betäuben, sagte er es mir endlich. Und ich massierte ihm den Rücken und sang ihm den 23. Psalm vor, seinen Lieblingspsalm (ein Gesang, der ihn immer in ein Baby verwandelte und ihm half, sich in das Vertrauen zu Gott zu ergeben).

Ich nenne es massieren, aber was eigentlich geschieht, ist, daß das Medium der Berührung bis in das Licht hineinwirkt, aus dem er besteht. Und indem ich weiß, daß er dies ist und nichts anderes (und es mit meinen Händen auf ihn übertrage), verschwindet der Schmerz und Frieden breitet sich statt dessen aus. Nun, jedenfalls etwas in dieser Richtung. Es passiert einfach.

Darf ich euch ein paar besondere Geschichten erzählen? Zum Beispiel von Mrs. Goodall - Gott gab ihr für ihre Rolle in diesem Spiel genau den richtigen Namen. Sie war eine alte schwarze Lady, die ihr ganzes Leben hindurch liebevolle Arbeit geleistet hatte und nun mit Krebs im Sterben lag. Ströme von Besuchern kamen an ihr Bett, und alle gingen getröstet, aufgemuntert und von diesem strahlenden Licht geliebt wieder weg. Monatelang lag sie unter großen Schmerzen in ihrem Bett und verströmte nur Liebe. Wenn man auch nur ihre Bettdecke glattstrich, drückte sie tiefe Dankbarkeit aus, als hätte man ihr den ganzen Tag damit versüßt. Diese Frau war bereit zu sterben (wie sie auch bereit gewesen war zu leben - sie nahm beides mit der gleichen Offenheit an). Wir empfanden füreinander eine sehr innige Liebe und hatten Gelegenheit, über unsere Liebe zu Gott (Christus) zu sprechen und uns auch ein wenig über den Tod zu unterhalten. Als ihre letzten Stunden begannen, konnte sie sich nur noch unter großen Schmerzen bewegen. Ich wurde zu ihr geschickt, um ihr Bettzeug und ihre Verbände zu wechseln. Sie schien sich in einem Koma zu befinden und hatte glasige Augen. Aber ich erinnerte mich daran, was sie einmal zu mir gesagt hatte: „Sie glauben, ich liege hier und schlafe. Aber ich liege hier und bete für Sie." Ich wußte, daß dieses Wesen im Bilde war. Sie war wachsam wie ein Luchs und völlig präsent, egal was ihr Körper machte.

Ich versah meine Pflichten mit Sanftheit. Es gibt eine Art der liebevollen Berührung, die für einen schmerzenden Körper eher heilsam als peinvoll ist. Ich pflegte ihren Körper mit Händen, die Gott dargebracht und von Seiner Liebe erfüllt waren. Ich sah den gebrochenen Körper Christi vor mir in diesem Bett liegen. Es war nicht jemand, der wie Christus war, aber jemand, der mich durch sein Leid an Ihn erinnerte. Dieser Körper war/ist Christus. Ich wurde von dem Licht, das von ihr/Ihm ausstrahlte, förmlich gegen die Wand geschleudert. In diesem Zustand der Ehrfurcht vor dem Angesicht Gottes verband ich ihre Wunden und sang ihr dabei vor. Ich weiß nicht, was für ein Lied es war, denn es sang sich einfach selbst aus dem Licht heraus. Ich glaube, es handelte davon, in Jesu Händen zu liegen. Mrs. Goodall war zu schwach, um zu sprechen, aber sie schaffte es, einen Arm zu heben und ihn um meine Schulter zu legen. Die Güte dieser Lady brachte mein Herz zum Weinen. Noch im Ersterben ihres Atems streckte sie ihre Hand aus, um Liebe zu teilen. Wie im Leben, so im Sterben. Mrs. Goodall verließ ihren Körper in einem himmlischen Glanz. Und wenn die Engel je für irgendjemanden gesungen haben, dann sangen sie, als diese Lady zu ihrem Herrn heimkehrte. Der Tod war für sie die liebevolle Umarmung Christi.

Mrs. Thayler hingegen war nicht bereit. Freilich hatte sie Krebs, aber an ein schnelles Ende dachte sie nicht. Der Doktor schlug eine Operation vor, bei der eine vom Krebs verursachte Wucherung im Dickdarm entfernt werden sollte, damit sie ohne Erbrechen essen, sich in einen kleinen Beutel entleeren und auf diese Weise etwas wohler fühlten könnte.

Ich verbrachte nur wenig Zeit mit ihr. Sie reichte zwar für ein wenig Liebe, aber nicht dafür, mit ihr den Raum zu teilen, den man Gott nennt. Sie wurde aus dem Operationssaal zurückgebracht, und es war unverkennbar, daß sie im Sterben lag. Sie lag stundenlang im Todeskampf und stöhnte bei jedem Atemzug. Ihr Schmerz vertrieb alle. Die Ärzte und Schwestern ertrugen es nicht, das Zimmer zu betreten, und so hatte ich Gelegenheit, längere Zeitperioden ungestört bei ihr zu verbringen. Ich saß da, war offen und wartete ab, ob irgendetwas in Erscheinung treten wollte. Doch es kam nichts. Nur das Stöhnen. Ich saß da und war bereit, alles zu tun, damit sich ihre Seele frei emporschwingen konnte. Und Mrs. Thayler kämpfte sich weiter in den Tod hinein. Ich dachte: „Was mache ich hier eigentlich? Was für eine Anmaßung läßt mich hier bei dieser Frau sitzen, die ihre Todesqualen durchlebt? Was weiß ich schon!" Sie kämpfte, und ich fühlte ihren Kampf in mir. Als ich ging, war ich bedrückt, und mein ganzer Körper war von ihrem qualvollen Stöhnen erfüllt.

Erst am nächsten Tag stellte sich das Verständnis bei mir ein. Ich traf meinen Freund, um mit ihm über diesen Todeskampf zu sprechen, den ich immer noch in meinem Körper fühlte, und ich streckte mich aus und legte den Kopf auf seinen Schoß. Ich wußte nicht mehr, ob zwischen Mrs. Thayler und mir ein Unterschied bestand. Ihr Körper und mein Körper waren derselbe. Mein Körper begann wie der ihre zu stöhnen, und während ich ihr, mein, unser Stöhnen aus mir herausließ, kehrte schließlich Klarheit ein. Es war so, als würde ich in einem Baum einen singenden Vogel erblicken. Der vollkommene Lobpreis Gottes. Das Leben des Vogels, das Lied des Vogels - ein Ausdruck der Vollkommenheit Gottes. Und Mrs. Thaylers Leben und ihre Todesqualen - ein Lied der Lobpreisung Gottes. Ein perfektes Lied, ein perfekter Ausdruck Gottes. Das Stöhnen waren Wehenschmerzen, unter denen sie aus ihrem Mund heraus ihre Seele gebar, die sich frei aus ihrem Körper emporschwang; und die Todesqualen - Wehenschmerzen. Dies alles hatte ich nicht verstehen können, weil ich nur den Wunsch hatte, sie möge dem entrinnen, was ich für einen Kampf gehalten hatte.

Mrs. Karas war bereit. So bereit, daß sie dem Tod förmlich hinterherjagte. Alt und schwach wie sie war, entschloß sie sich, nicht mehr zu essen. Bereits etwa ein halbes Jahr zuvor (als sie zum ersten Mal die Nahrungsaufnahme einstellte) war sie wegen ihres Gewichtsverlustes im Krankenhaus gewesen. Sie wog 34 Kilo. Der Arzt sagte: „Es fehlt ihr überhaupt nichts, außer daß das Weibstück nicht essen will", und schickte sie wieder nach Hause. Aber ich hatte Gelegenheit, sie ein wenig kennenzulernen. Sie war wie ein zarter kleiner Vogel, erhellte das Zimmer mit ihrem Lächeln, war die Frau eines Geistlichen, haßte es, das Bett schmutzig zu machen und hielt entschlossen an ihrer Essensverweigerung fest. Es funktionierte. Sechs Monate später lag sie auf dem Sterbebett.

Ihre Familie bewacht sie im Krankenhaus rund um die Uhr, aber manchmal legen sie eine Pause ein, und ich kann zu ihr hineinschlüpfen und mich zu ihr setzen. Sie macht einen Eindruck, als wolle sie das Sterben üben. Für einige Stunden ist sie weggetreten. Dann ist sie für fünf Minuten da, bittet flüsternd um Wasser oder will gedreht werden, und dann geht sie wieder. Alles ganz friedlich, fast ohne Schmerzen. Sie verläßt ihren Körper zum letzten Mal und verschwindet. Etwa zwanzig Minuten nach ihrem Tod trete ich meine Schicht an, komme in das Zimmer und reibe mir die Augen wie eine Betrunkene, die rosa Elefanten sieht. Es ist wie auf einem Acid-Trip. Mrs. Karas ist nicht mehr da. Sie wurde hinweggeweht bis an die Grenzen des Universums. Ihr Blick reicht hinaus in die Ewigkeit, ihr Mund ist ein unermeßliches schwarzes Loch. Alles flutet hinaus in die Freiheit. Keine Mauern. Keine bestimmte Persönlichkeit. Ihr ganzes Wesen ist in die Unendlichkeit hinein explodiert. Ich trete an das Nachbarbett und denke, daß mit mir etwas los sein müsse. Mir ist unheimlich zumute. Hat vielleicht jemand Acid in meinen Beruhigungstee getan? Die alte Lady im Nachbarbett ist emsig damit beschäftigt, die ganz besondere Mrs. Ruth zu sein, ein perfekt definiertes, kompaktes Paket aus Persönlichkeit und Körper. Sie ist ganz exakt Mrs. Ruth, macht alles auf die Mrs.-Ruth-Art, rümpft ihre Nase, greift nach ihrem Taschentuch und murmelt vor sich hin. Ich wende mich wieder Mrs. Karas zu (die ich vor ihrem Tod auch als eine Besonderheit wahrgenommen hatte), und der Acid-Trip schwingt noch immer hinaus in die Unendlichkeit. Was für eine Freiheit bringt doch dieses Etwas mit den Namen Tod! Ich bleibe bei ihr und lasse mich in dieser stürmischen Explosion, die wir einmal Mrs. Karas genannt haben, dahintreiben - bis sie den Körper ins Leichenschauhaus bringen.

Auch von Granny möchte ich erzählen: Als sie das erste Mal in die Klinik kam, wollte sie nur ja niemandem zur Last fallen. Sie erledigte alles selbst, verbrachte die meiste Zeit allein in ihrem Zimmer und drückte nie auf den Klingelknopf. „Ich möchte auf keinen Fall jemanden stören." Dann verschlimmerte sich ihr Zustand rapide, vor allem der ihres Herzens. Sie konnte kaum noch gehen und war sehr wacklig in ihren Bewegungen.

Sie fiel hin, brach sich ein Hüftbein und war nun bei allen grundlegenden Tätigkeiten auf Hilfe angewiesen: beim Aufstehen, beim Ankleiden, beim Gang zur Toilette, beim Haarekämmen. Und mit ihrem Kranksein kam die Angst. Ihr Körper verursachte ihr eine Menge Schmerz, sie konnte nur mit Mühe Atem holen und sich „einfach nicht mehr hochrappeln". Sie wollte jemanden haben, der ihr fortwährend Gesellschaft leistete, und sie beklagte sich, wenn eine Schwester auf ihr Klingeln nicht sofort erschien. Für die meisten Schwestern wurde sie regelrecht zu einer Plage. Alle fünfzehn oder zwanzig Minuten ertönte Grannys Schrei: „Schwester!!!" Sie war sehr zornig, wenn jemand ihr Leid nicht lindern konnte. „Kann denn der Doktor nichts machen?" „Kann mir die Schwester nicht ein bißchen mehr geben?" „Können Sie denn nichts machen?" „Warum unternimmt man denn nichts?"

Nun, es ist unschwer zu erkennen, was los ist. Granny kämpft gegen ihren Tod an. So fragt sie wie ins Leere hinein: „Glauben Sie, daß ich überhaupt wieder auf die Beine komme?" Und ich sage zu ihr: „Ihr Körper ist sehr krank, und der Doktor hat getan, was er konnte." „Warum kommt der Doktor nicht?" „Weil er nichts tun kann." Es stünde in völligem Widerspruch zu den ethischen Richtlinien in einem Krankenhaus, wenn ich zu dieser Lady sagen würde: „Granny, Sie liegen im Sterben." Aber sie muß es erfahren. Alle halten die Illusion aufrecht, daß sich ihr Zustand bessern werde, und dadurch steigert sich ihr Leiden um das Zehnfache. Und nach einigen weiteren Fragen und Antworten, nach einigen weiteren Besuchen in ihrem Zimmer beginnt sie zu verstehen. Wir sprechen über „den Herrn" (so nennt sie Ihn), und ich empfehle sie in Seine Hände, damit sie Trost und Stärke von ihm empfangen kann, anstatt ihre Erwartungen in den Doktor zu setzen. Und sie gibt den Kampf auf und seufzt so etwas wie: „Oh, welch eine Erleichterung, endlich weiß ich, was los ist - es gibt nichts mehr, was noch zu tun wäre."

Den ganzen Tag lang klingelt sie nach mir, und ich erledige den ganzen physischen Kram, der zu erledigen ist, mit Liebe und Freundlichkeit, mit kleinen Küssen und Umarmungen, und sie sagt: „Ich bin froh, daß Sie mir zugeteilt worden sind", und ich sage: „Nicht zugeteilt. Ich bin hier, weil ich Sie mag." Und sie sagt: „Ich liebe Sie, denn Sie sind gut und freundlich, und ich kann die Liebe Jesu in Ihnen spüren." Und ich sage ihr , daß auch ich sie liebe, und daß ihre Liebe zu mir und meine zu ihr von Jesus kommt und daß wir Ihm beide angehören. Und sie entgleitet in die Seligkeit und sagt, daß sie die Gegenwart des Herrn fühle, und ich weiß, daß das stimmt. Denn wir haben den Weg in diesen offenen Raum gefunden, und es gibt zwischen uns keine Trennlinie mehr, und ihre Seele liegt in ihrer ganzen Reinheit vor mir wie meine vor ihr, und wir stehen in tiefem Einklang miteinander und brauchen überhaupt keine Worte mehr. So beten wir zusammen, und die Worte spielen keine Rolle, wir sind einfach beieinander, und ich knie neben ihrem Bett, und sie hält meine Hand an ihrem Herzen, und wir schwimmen im Licht. Ihre Familie betritt das Zimmer, und sie fragen gleich: „Stimmt irgendetwas nicht?" Wie komisch. Ich sage ihnen, daß alles in bester Ordnung sei und daß wir nur zusammen beten würden. Und sie sehen, von welchem Frieden Granny erfüllt ist, und sie sagen: „Gott segne Sie" und „Wir danken Ihnen", und ich schwebe aus dem Zimmer. Granny sagt: „Sie haben mehr Gutes für mich getan als all die Ärzte." Und ich weiß, daß sie das bekommen hat, wonach sie zwei Wochen lang geklingelt hat. Und ich weiß auch, daß dies ein Kreiskrankenhaus ist, und daß das ihre Verwandten sind, und daß niemand von ihnen diese Realität bestätigen wird. Sie werden ihr versichern, daß es ihr schon besser ginge, werden von den Enkelkindern erzählen und fragen, ob sie heute Stuhlgang hatte. Sie braucht jemanden, der ihr die Tatsache bestätigt, daß sie im Sterben liegt, jemanden, der mit ihr betet und bei ihr ist, damit sie ihr Gesicht Gott zuwenden kann. Wie kann sie den Tod annehmen, wenn alle anderen es nicht einmal zugeben, daß sie im Sterben liegt?

Eine Zeitlang war ich nur mit Menschen zusammen, die sich „auf den Pfad" begeben hatten, die es zumindest vorhatten, auf Gott zuzugehen. Ich war drei Jahre lang Leiterin eines Ashrams, bis ich herausfand, daß ich eigentlich überhaupt nichts wußte; dann zog ich die nächsten drei Jahre in Indien und in den Vereinigten Staaten umher. Mit dem Schritt aus diesem „heiligen" Leben heraus in die handfeste, harte Un-Realität des Krankenhauses hatte sich für mich im Grunde nicht allzuviel geändert; einmal fühlte ich mich geistig ungebunden, ein anderes Mal wieder nicht. In Wahrheit ist das Krankenhaus eine perfekte Lehre gewesen. Wo die Realität Gottes von der Umgebung in keiner Weise bekräftigt wird, muß ich selbst fest in der Wahrheit stehen und kann nicht an Äußerlichkeiten festhalten. Ich muß selbst die Wahrheit sein und sie leben. Mit Worten oder Glaubenssätzen kommt man hier nicht weiter. Allein das Wahre, allein die reine, bedingungslose Liebe haben hier Bestand. Ihr öffnen sich die Menschen immer, und sie wenden sich ihr zu wie die Blumen der Sonne. Auch einer alten schwerhörigen

Dame, die in ihrer Senilität nicht mehr zur Toilette findet, kann man nichts vormachen.

Ein wundervoller Umstand in der Arbeit mit Wesen in wirklich alten Körpern ist, daß die meisten von ihnen auch nicht die leiseste Vorstellung davon haben, wer du bist. Sie lassen dir die freie Wahl, ihre Mutter, Tochter, Seelsorgerin oder Krankenschwester zu sein, je nachdem. Aber sie tauchen ganz und gar in die Liebe ein. Sie sind nie zu alt oder zu weit weggetreten, um sie entbehren zu können. Sie sind wie Motten, die um eine Flamme tanzen. Sie kennen das Licht. Je mehr Dunkelheit sie umgibt, desto eifriger eilen sie darauf zu. (Viele der Alten habe ich innerhalb der Privatklinik betreut, die an das Krankenhaus angeschlossen ist. Sie hatten sich von den Rollen, die sie im Leben spielten, mehr gelöst als die Leute im normalen Krankenhaus.)

Nun, wenn es irgendeinen Platz für mich gibt bei eurer Arbeit mit Sterbenden, wie auch immer sie aussehen mag, würde ich gerne meine Dienste anbieten und in diesem Sinne weiterlernen. Vielleicht braucht ihr jemanden, der die Bettpfannen schleppt.

In Gottes Liebe

Marge Koenig

* * *

Wer stirbt?

„Du fürchtest den Tod, weil du glaubst, du wärst geboren worden. Wer ist es denn, der geboren wurde? Wer ist es denn, der stirbt? Schaue nach innen. Welches war dein Gesicht, bevor du geboren wurdest? Der du in Wirklichkeit bist, wurde nie geboren, noch wird er jemals sterben. Laß denjenigen los, der du zu sein glaubst, und werde der, der du immer gewesen bist."

Im Glauben, geboren zu sein, halten wir uns selbst für den Körper. In der Erwartung zu sterben, identifizieren wir diesen Körper mit dem, der wir sind. Wenn wir schlafen, arbeitet der Geist ungeachtet der Inaktivität des Körpers weiter. Der Traum des Lebens setzt sich ohne den Körper fort.

„Wenn ich sterbe, werde ich nicht mehr existieren." Dies ist das „Ich" des denkenden Geistes. Des Geistes, der das Leben träumt. Wir fürchten uns davor, daß wir aus diesem Traum erwachen, daß der Geist nicht mehr in der Lage sein wird, diese Phantasie aufrechtzuerhalten.

In dem Maß, in dem wir den Körper mit „mir" oder „mein" identifizieren, fürchten wir auch den Tod. Der Körper stirbt, dessen sind wir gewiß. Nicht lange nach dem Tod beginnt der Zerfall einzutreten. Aber zerfällt ebenso die Energie, die diese leere Form belebte?

Wenn das „Ich" sich selbst als den Körper bezeichnet, sieht es sich der Unbeständigkeit ausgesetzt. Wenn sich das „Ich" mit dem Geist identifiziert, fürchtet es die Auflösung. Doch der erkundete Geist sieht sich fortwährend in der Auflösung und im Wiederentstehen begriffen. Fortwährend stirbt er und wird wiedergeboren, Augenblick für Augenblick.

Wenn wir den Körper und den Geist für uns selbst halten, sind wir verwirrt, weil wir erkennen, daß weder das eine noch das andere Bestand hat. Alles ist in fortwährender Wandlung begriffen. Wenn wir das „Ich" für den Geist halten, ist dieses „Ich" dann dieser Gedanke? Oder vielleicht der nächste? Oder ist er beide Gedanken, obwohl sie vielleicht im Widerspruch zueinander stehen?

Wer ist dieses „Ich", das traurig und das glücklich ist? Ist es die unablässige Entwicklung und Entfaltung des Geistes? Die Gedanken denken sich selbst.

Wir sitzen bequem in einem Sessel, sind in ein Buch vertieft. Ein Freund kommt ins Zimmer und bietet uns ein Glas Wasser an. Aber weil unser Gewahrsein auf das Sehen ausgerichtet war, sagen wir: „Ich habe dich nicht gehört. Ich habe gelesen." Wer ist dieses „Ich", das liest, aber nichts hört? Wenn unsere Aufmerksamkeit sich wieder dem Ohr und dem Hören zuwendet, sagen wir: „Ja, ich habe gehört, was du eben gesagt hast." Wo auch immer Gewahrsein ist, tritt Bewußtsein in Erscheinung. Wenn unser Gewahrsein auf das Auge und das Sehen fokussiert ist, wenn wir vertieft sind in das, was wir mit den Augen wahrnehmen, dann tritt dieses Gewahrsein, welches die Bewußtwerdung eines Objektes ermöglicht, mit dem Hören nicht in Kontakt, obwohl alle Voraussetzungen für das Hören vorhanden sind: der Klang und die Hörfähigkeit des Ohres. Wenn unser Gewahrsein sich nicht auf das Hören richtet, findet kein bewußtes Hören statt. Es gibt keine Erfahrung ohne das Vorhandensein von Gewahrsein. Beziehen wir uns auf das Gewahrsein selbst, wenn wir „Ich" sagen?

Gewahrsein ist wie ein Lichtstrahl, der endlos weit in den Raum hineinleuchtet. Wir nehmen dieses Licht nur wahr, wenn es von irgendeinem Objekt reflektiert und wenn Bewußtsein hervorgerufen wird. Wenn das Licht des Gewahrseins auf ein Objekt des Denkens, Hörens, Schmeckens oder Sehens fällt, dann wird das Licht von jenem Objekt in der Wahrnehmung reflektiert, ebenso wie das reflektierte Sonnenlicht den Mond während der Nacht sichtbar werden läßt. Gewahrsein ist das Licht, durch welches wir die Welt sehen. Es ist das ewige Leuchten, das die Gedanken und

Gefühle erhellt. Je konzentrierter das Gewahrsein ist, desto heller ist das Licht und desto klarer können wir sehen. Und hier ist der Punkt, an dem wir die Illusion unserer Identifikation mit dem Bewußtsein als dem „Ich" aufdecken.

Wir verwechseln das klare Licht reinen Gewahrseins mit den Schatten, die es im Bewußtsein wirft. Reines Gewahrsein, reine Ist-Heit weist keine persönliche Identifikation auf - sie ist die Essenz des Seins selbst - identisch mit der bedingungslosen Liebe, die alle Dinge gleichermaßen umfaßt. Wenn diese Ist-Heit Bewußtsein hervorbringt, entsteht das universale Gefühl des „Ich bin". Wir verwechseln die reflektierte Ist-heit des „Ich bin" mit dem Objekt des Gewahrseins und sagen: „Ich bin dieser Gedanke." Wir sind bereits zwei Schritte von der Wahrheit des reinen Seins entfernt. Gewahrsein ermöglicht das Entstehen von Bewußtsein. Es ist das Licht, durch welches unsere Erfahrung wahrgenommen werden kann. Und das Bewußtsein läßt das Gefühl von Gegenwart entstehen, das „Ich bin" des Seins. Verhaftung an und Identifikation mit den Objekten, die durch das Bewußtsein ziehen, lassen das kleine Selbst entstehen, das glaubt, nichts weiter als sein Inhalt zu sein. In vielen spirituellen Praktiken bezeichnet das Wort „Unwissenheit" nicht einen Zustand der Dummheit oder des Intelligenzmangels, sondern vielmehr die Fehlidentifikation mit dem Bewußtseinsinhalt als der Gesamtheit unseres Seins.

Nur wenige können zwischen dem Gewahrsein selbst und dem Objekt des Gewahrseins unterscheiden. Nur zu oft verwechseln wir Gedanken, Gefühle, Wahrnehmungen und sogar das Bewußtsein selbst mit einem „Ich" und vergessen unsere wahre Natur, die uns alles erkennen läßt. Wir vergessen, daß wir das Licht selbst sind und stellen uns vor, wir seien die Verdichtungen, welche das Licht auf uns reflektieren.

Das Gewahrsein tritt beispielsweise in Kontakt mit einer Empfindung im Knie, und wir sagen: „Ich bin dieser Körper", anstatt zu erkennen, daß das Gewahrsein die Empfindung nur reflektiert hat. Auch das, was wir den Körper nennen, ist nur eine Fülle von Empfindungen, eine Vorstellung im Geist. Es ist ein wenig wie bei jenen Bildern, die sich erst zeigen, wenn man eine Vielzahl von Punkten mit Linien verbindet. Da gibt es einfach Augenblicke der Empfindung, Momente der Erfahrung, die der

Geist zusammenfügt, mit einer Kontur umgibt und dann für solide Realität hält. Wenn wir uns fragen „Wer bin ich?", untersuchen wir zuerst die Gedanken und Gefühle, die uns haben annehmen lassen, wir seien der Körper und der Geist. Ist das „Ich", mit dem du den Körper bezeichnest, wenn du vier Jahre alt bist, dasselbe „Ich" wie der vierzig Jahre alte Körper?

Ist es derselbe Körper, dasselbe persönliche „Ich"? Nur das dahinter liegende Gefühl des Seins kann als unverändert erkannt werden. Irgendwie gibt es ein Sein, das gleich bleibt, eine „Gegenwart", die nicht von den Permutationen des Gefäßes berührt wird. Und ist in unserem Geist das „Ich" dieses Augenblicks dasselbe „Ich" wie das vor einem Jahr? Geisteszustände ändern sich, aber das Gewahrsein, mittels dessen sie wahrgenommen werden, bleibt unbewegt.

Wenn wir fragen „Wer bin ich?", dann ist es so, als würden wir ins Kino gehen, nur um zu beobachten, wie die Bilder auf der Leinwand erzeugt werden. Wenn wir zum ersten Mal im dunklen Vorführraum sitzen, stellen wir fest, daß wir völlig auf die Objekte des Melodramas, auf die Bewegungen auf der Leinwand bezogen sind. Wir verfolgen den Verlauf der Geschichte, von der wir feststellen, daß sie dem Geistesinhalt ähnlich ist und gestatten ihr, sich frei von unserer Bewertung und Einmischung nach Belieben zu entfalten. Indem wir unsere Aufmerksamkeit auf diesen Vorgang richten, beginnen wir festzustellen, daß die Einzelbilder, aus denen sich der Film zusammensetzt, wie separate Gedanken sind; und dann erkennen wir allmählich den Prozeß, durch den diese Bilder produziert werden, und dies macht den Zauber zunichte, den der Verlauf der Geschichte auf uns ausübte. Uns wird klar, daß alle Aktivität nur eine Projektion auf einer leeren Leinwand ist. Daß all diese Figuren, die dort an uns vorübertanzen, eine Illusion sind, die von Licht erzeugt wird, das durch unterschiedlich eingefärbtes Filmmaterial hindurchgeleitet wird. Wir erkennen, daß der Film unserer Konditionierung ähnelt, einer eingeprägten Abfolge alter Bilder. Wir erkennen, daß das ganze Melodrama nichts anderes als ein vorüberziehendes Schauspiel der Bewegung und Veränderung ist.

In der zweiten Phase dieses Prozesses beginnen wir, uns auf die Leinwand, auf das Bewußtsein selbst zu konzentrieren. Die

Objekte des Bewußtseins, die Formen auf der Leinwand verleiten uns nicht mehr zur Identifikation mit ihnen als etwas wirklich Existierendem. Statt dessen wird der Raum zur Realität, in der sich das Bewußtsein selbst repräsentiert. Indem wir uns auf die Leinwand konzentrieren, erkennen wir, daß die aufblitzenden Bilder nur eine vorübergehende Illusion ohne wirkliche Substanz sind, die keine andere Bedeutung hat als die, die wir ihr zumessen.

In der letzten Phase gelangen wir zu der Erkenntnis, daß das Schattenspiel nur entsteht, weil eine konstante Lichtquelle vorhanden ist. Und wir konzentrieren das Gewahrsein allmählich auf sich selbst. Wir erleben das weiträumige Gefühl des „Ich bin" als die Leinwand des Bewußtseins. Da das Gewahrsein sich selbst jedoch nicht als eine „Sache", als etwas Separates erfährt, existiert kein Gefühl von „Ich", sondern nur ein homogenes Sein.

Wenn sich diese tief eingeprägte Tendenz, das Gewahrsein mit seinen verschiedenen Objekten zu identifizieren, abschwächt, enthüllt sich die Grenzenlosigkeit des Seins, das Licht selbst, welches nicht von Bedingungen und falschen Identifikationen gefiltert und modifiziert wird. Wir untersuchen die endlosen Filmspulen unserer Konditionierung und projizieren die aufgefundenen Bilder auf die Leinwand des Bewußtseins. Und wenn wir in den Vorführraum hineinspähen, um zu sehen, wer den Film betrachtet, stellen wir fest, daß der Raum auch nur ein weiteres Bild auf der Leinwand ist.

Wir entdecken, daß all das, was wir für uns selbst gehalten haben - also unser Benehmen, unser Gedächtnis, unser Geistesinhalt - nur ein alter Film ist, der sich abspult. Der Filmvorführer existiert nicht mehr. Die Frage „Wer bin ich?" kann nicht beantwortet werden. Wir können die Wahrheit nicht wissen. Wir können nur die Wahrheit sein. Wenn wir das Leben fortwährend in der Vergangenheit leben und das Bewußtsein durchstöbern, um festzustellen, wer und was wir sind, wird die Wahrheit verdeckt. Man kann die Wahrheit nicht im Inhalt des Geistes entdecken. Nur die Unwahrheit falscher Identifikation kann aufgedeckt werden. Die Wahrheit wird enthüllt, wenn wir über die Täuschung hinausblicken.

Welches war dein Gesicht, bevor du geboren wurdest? Hat das Gefühl der Gegenwart, des reinen Seins, wenn du es erforschst, einen Anfang oder ein Ende? Oder hat es die Qualität eines konstanten Vorhandenseins, eines reinen Seins, das von nichts abhängt und aus sich selbst heraus existiert? Wodurch kann es beeinflußt werden? Obwohl das Bewußtsein fortwährend die Veränderung von Körper und Geist wahrnimmt, verwechselt es diese Veränderungen nicht mit dem Licht, durch welches die Veränderung wahrgenommen wird.

Folge dem „Ich bin" bis an seine Wurzel. Erfahre das Bewußtsein selbst. Identifiziere dich nicht mit der Reflexion. Laß das Rätsel „Wer bin ich?" unlösbar werden, jenseits jeder Definition. Werde der Raum, in dem alles seinen Ursprung hat und in den alles zurückkehrt.

Albert Einstein hat einmal gesagt: „Ein menschliches Wesen ist Teil eines Ganzen, das wir „Universum" nennen, ein Teil, der begrenzt ist von Zeit und Raum. Es erlebt sich selbst wie auch seine Gedanken und Gefühle als etwas, das von allem anderen getrennt ist - eine Art von optischer Täuschung des Bewußtseins. Diese Täuschung ist für uns so etwas wie ein Gefängnis, das uns auf unsere persönlichen Verlangen und auf die Zuneigung zu einigen wenigen uns nahestehenden Personen beschränkt. Unsere Aufgabe muß sein, uns selbst aus diesem Gefängnis zu befreien, indem wir den Bereich unseres Mitempfindens erweitern, um alle lebenden Kreaturen und die Gesamtheit der Natur in all ihrer Schönheit in uns aufzunehmen."

Doch es ist nicht so einfach, diese optische Täuschung des Bewußtseins zu durchbrechen. Wenn wir Körper und Geist loszulassen beginnen, kann sich Verwirrung einstellen. „Aber ich muß doch irgendetwas sein - ich muß doch irgendjemand sein!" wiederholt der Geist ständig. Weil der Geist hauptsächlich über sich selbst nachdenkt, entstehen Zweifel und Verwirrung, wenn er die Möglichkeit des Überschreitens seiner Vorstellungen und Modelle betrachtet. Der Geist erschafft seine Existenz ständig von neuem. Indem wir uns von der Beteuerung des Geistes lösen, daß es jenseits seiner selbst nichts gebe, stellen wir fest, daß der Gedanke „ich muß jemand sein" nichts anderes ist als ein weiterer unbeständiger Moment in der unermeßlichen Weite.

Wir erkennen, daß das, was der konditionierte Geist uns sagt, nicht unbedingt stimmt - mag er uns auch noch so überzeugende

Autoritätsbeweise präsentieren, um uns von seiner Zuverlässigkeit und von seiner Fähigkeit zu überzeugen, uns vor unseren Ängsten beschützen zu können. Es ist schwierig, auf die Sicherheit eines eingebildeten „Ich" zu verzichten und sich auf das Nicht-Wissen des reinen Seins einzulassen.

Indem wir nicht mehr jemand sind, der sich überlegt: „Wer bin ich?", verschmelzen wir mit unserem Forschen. Konzentriert auf das Licht, fragen wir uns in jedem einzelnen Augenblick: „Wer ist es, der diesen Gedanken denkt? Wer ist es, der sieht? Wer ist es, der auf diesem Stuhl sitzt und in diesem Buch liest?" Und es kommt ein Moment, in dem der Körper und der Geist nicht mehr so wirklich und fest umrissen erscheinen. Nachdem wir alle Indizien durchforstet haben, wissen wir einfach nicht, wer oder was wir sind. Du mußt dich von dem lösen, der du zu sein glaubst, um der zu werden, der du wirklich bist. Wenn du dich sogar von deiner Erinnerung als einer Realität gelöst hast, stellst du fest, daß du im freien Raum schwebst, und daß all die Bezugspunkte fehlen, von denen der Geist so abhängig ist. Wenn sich der Geist aus seinen Gewohnheiten zurückzieht, durchläuft er eine Art „kalten Entzug", der ihn in Ängste und Zweifel stürzt. „Wo bin ich?", schreit er auf.

Der Geist klammert sich daran, irgendjemand oder irgendetwas zu sein. Ein Gefühl der Leere entsteht in ihm, wenn er keine Gewißheit mehr darüber hat, wer er ist. Er tappt in einer Art von Dunkelheit umher, weil da niemand ist, der er sein kann, weil er sich der Welt oder auch nur seiner eigenen separaten Existenz nicht mehr sicher sein kann. Es ist wie in der dunklen Nacht der Seele des Hl. Johannes vom Kreuz. Uns ist bange in der Stille, die die Loslösung von der Vergangenheit geschaffen hat, und in der auch die Zukunft noch unsichtbar ist: Diese Phase erinnert mich an die Kletterbögen, an denen die Kinder auf dem Spielplatz hin und herschwingen. Wenn sie sich ohne Mühe von einer Stange zur nächsten weiterhangeln, kann man beobachten, wie unbesorgt sie eine Stange loszulassen und sich der nächsten anvertrauen. Die Kinder scheinen förmlich von einer Seite des Kletterbogens zur anderen hinüberzugleiten. Und oft beobachte ich Erwachsene, die sich anstandshalber am Spiel ihrer Kinder beteiligen und sich mit ihnen an den Kletterbogen hängen. Ihnen fällt es nicht so leicht, wie die Kinder an den Stangen entlangzuschaukeln. Steif hangeln sie sich von einer Stange zur nächsten. Sie lassen keine Stange los, bevor sie nicht die nächste fest im Griff haben, und sie baumeln hin und her wie ein invalider Schimpanse, der im nächsten Moment auf den Boden zu fallen droht. Sie vertrauen nicht auf den Schwung, der sie den nächsten Moment so erleben läßt, wie es sich ergibt, und sie klammern sich am vergangenen Moment fest. Wir müssen uns von der letzten Phase lösen, bevor wir in die nächste eintreten können. Um die Wahrheit zu verstehen, müssen wir es zulassen, in grenzenloser Ungewißheit zu schweben. Aber wenn wir an einer Sicherheit festhalten, an irgendeinem Trugbild von Solidität, dann wird unser Fortschritt an diesem Punkt gestoppt. Wir erkennen die Grundlosigkeit des sich unaufhörlich wandelnden Geistes, seine ständig wechselnden Standpunkte. Wir sehen, daß in ihm nichts und niemand ist, in dem wir irgendein „Ich"-Gefühl verankern können. Alles ist nur ein sich von selbst entfaltender Prozeß.

Wenn wir uns von dem lösen, der wir zu sein glaubten, angelt der Geist oft nach einem neuen Selbstbild und entwirft Vorstellungen davon, was er in Zukunft sein wird. „Bald werde ich erleuchtet sein. Schluß mit den Kletterbögen! Ich werde tiefen Frieden finden. Ich werde unendliche Geduld haben. Ich kann's kaum noch erwarten!"

Die Vorstellung von Erleuchtung entwickelt sich dann zu einer neuen geistigen Phantasie. Das Ego möchte seinem eigenen Begräbnis beiwohnen. Schließlich stellt es sich vor, daß es einen würdigen Gegner gefunden hat - sich selbst. Auf diese Weise untermauert es seine eingebildete Existenz. Aber die Frage „Wer bin ich?" geht über die schlagfertigen Antworten des Geistes hinaus; es ist das Ende der Illusion, es gäbe irgendetwas oder irgendjemanden, das oder der vom Ganzen abgetrennt sei. Wir verzichten darauf, jemand Besonderes zu sein. Wir lösen uns von der Besonderheit selbst. Die Präferenzen des Geistes erweisen sich als der Leim, mit dem wir an der letzten Stange des Kletterbogens festkleben. Eingetaucht in das Sein erfahren wir die Unbeständigkeit in einem weiten Raum, der von irgendwelchen Zuständen kaum beeinflußt wird. Befreiung ist nicht etwas, das du erlangst. Sie wohnt deinem Wesen inne.

„Erleuchtung ist der letzte aller Alpträume". Die Anstrengung, besser zu sein als man ist, läßt die Handflächen schwitzen und verkrampft die Finger; der Geist wird furchtsam. Von Phase zu Phase verlieren wir an Schwung.

Eine Freundin, die an einem degenerativen Nervenleiden erkrankt war, an dem sie aller Voraussicht nach sterben würde, suchte einen koreanischen Zen-Meister auf, der kurz zuvor ins Land gekommen war. Nachdem sie ihm von ihrer mißlichen Lage erzählt hatte, bewegte er beschwichtigend die Hand und sagte. „Machen Sie sich keine Sorgen. Sie werden nicht sterben." Er wußte, daß das, was sie war, nicht ihr Körper, nicht ihr Geist oder überhaupt etwas Unbeständiges war. Was sie wirklich war, konnte niemals sterben. Denn Gewahrsein *ist* einfach.

Es gibt eine Realität, die älter ist als Himmel und Hölle;
wahrlich, sie hat keine Form und noch weniger einen Namen.
Augen können sie nicht sehen, und sie hat keine Stimme,
die Ohren vernehmen könnten.
Sie Geist oder Buddha zu nennen, liefe ihrer Natur zuwider,
denn dann schwebte sie als eine imaginäre Blume
durch die Lüfte.
Sie ist weder Geist noch Buddha.
Vollkommen ruhig ist sie und verbreitet doch
auf unerklärliche Weise Licht;
sie enthüllt sich nur dem Blick des Klarsichtigen.
Sie ist wahrhaftig das Dharma jenseits von Form und Klang;
sie ist das Tao, das mit Worten nichts gemein hat.
Im Wunsch, die Blinden zu verlocken,
ließ der Buddha voller Güte Worte über seine
goldenen Lippen fließen;
Himmel und Erde sind seitdem durchwirkt
von verführerischen Dornensträuchern.
O meine guten, achtbaren Freunde, die ihr hier
versammelt seid,
wenn es Euch verlangt, der donnernden Stimme
des Dharma zu lauschen,
entleert Euch der Worte, entledigt Euch der Gedanken,
denn dann werdet Ihr vielleicht diese Eine Essenz erkennen.

Dai O Kokushi

* * *

Die Kontrolle aufgeben

Der chinesische Dichter und Weise Chuang Tse erzählt von einem Mann, der in seinem Boot einen Fluß überquert. Während er es durch die Wellen steuert, bemerkt er ein anderes Boot, das seinen Kurs zu kreuzen droht. Da er in dem näherkommenden Boot jemanden zu erblicken glaubt, schreit er: „Lenke zur Seite!" Er flucht und rudert mit den Armen, da das Boot unverändert auf ihn zusteuert.

Aber Chuang Tse schlägt nun vor, wir sollten uns vorstellen, wie dieser Mann, der den Strom überquert und aufblickt, um der Person im anderen Boot etwas zuzurufen, plötzlich entdeckt, daß jenes Boot leer ist. „Obwohl er ein übelgelaunter Mann ist, gerät er kaum in Zorn." Das Boot wird von der Strömung auf ihn zugetragen, doch da sich niemand darin befindet, fühlt er sich nicht bedroht oder verärgert. Es ist ja nur ein leeres Boot. Und als es sich ihm genähert hat, streckt er geschickt sein Ruder aus und lenkt jenes Boot zu Seite, so daß keines der beiden Fahrzeuge durch eine Kollision beschädigt wird.

Chuang Tse empfiehlt, daß wir unser Boot leeren. Daß wir uns zur Welt in Beziehung setzen aus jener offenherzigen, inneren Leere heraus, die im Strom dessen, was *ist,* dahinfließt, so daß alles, was aus uns hervorgeht, frei von der „Jemand-Heit" ist, die sich dem Fluß entgegenstemmt. Er schlägt uns vor, die Kontrolle über die Welt aufzugeben und vollkommen ins Sein einzutreten.

Sobald die geistige Konditionierung entsteht, jemand zu sein, zieht eine Art von Schmerz in unser Herz ein. Ein Gefühl des

Alleinseins. Es ist die Einsamkeit unserer Absonderung. Unsere Entfremdung vom Universum. Aber wenn wir voller Ruhe in dieser Einsamkeit sitzen und sie frei im Geist fließen lassen, dann löst sie sich in einer „Alleinheit" auf, die nichts Einsames hat. Vielmehr beinhaltet sie die Erkenntnis, daß jeder von uns im Einen allein ist. Es ist die große Stille des Universums, die im Raum „allein" ist. Ihr wohnt eine Ganzheit inne. Aber um jene tiefe Einsamkeit unserer persönlichen Isolation in ein „Alleinsein mit Gott" zu verwandeln, müssen wir behutsam die Kontrolle aufgeben und der Wiedererschaffung des eingebildeten Selbst ein Ende setzen. Wir müssen auf unsere Besonderheit, unser Konkurrenzdenken und unseren ständigen Vergleich mit anderen verzichten.

Kontrolle stellt unseren Versuch dar, die Welt unseren persönlichen Verlangen anzugleichen. Das Aufgeben der Kontrolle bedeutet, über das Persönliche hinauszugehen und mit dem Universalen zu verschmelzen.

Kontrolle erzeugt Knechtschaft. Kontrolle ist die Beschützerin des verhafteten Geistes. Sie stellt sich der Offenheit des Herzens entgegen. Wenn unsere Boote leer sind, gibt es, obwohl noch immer ein Fahrzeug vorhanden ist, das von den vorherrschenden Winden und Strömungen vorangetrieben wird, keinen „Jemand" mehr in ihm, der verkannt werden könnte. Es ist niemand da, der die Rolle eines Opponenten spielen könnte. Es gibt einfach nur leeren Raum, das Boot, das Wasser und den Wind. Alles ist in perfekter Harmonie. Nichts wirkt dem natürlichen Fluß entgegen. Es ist niemand im Boot, und so kann auch niemand leiden.

Chuang Tse schrieb über die innere Ruhe, die entsteht, wenn wir die Kontrolle aufgeben und uns auf das einstimmen, was man im alten China das Tao nannte - den Fluß, den mühelosen Gang der Dinge. Tao bedeutet auch „nur so viel".

„Als das Leben erfüllt war, gab es keine Geschichte."

„In jenem Zeitalter, als das Leben auf Erden noch erfüllt war, schenkte niemand den angesehenen Menschen besondere Beachtung, noch wurde jemand zum Fähigsten erkoren. Herrscher waren einfach am Baum die höchsten Äste, und die Menschen waren das Hochwild, das im Wald lebte. Sie waren ehrlich und rechtschaffen, ohne sich darüber im klaren zu sein, daß sie ‚ihrer Pflicht genügten'. Sie liebten einander und wußten nicht, daß dies ‚Liebe zum Nächsten' war.

Sie betrogen einander nicht und hatten dennoch keine Kenntnis davon, daß sie ‚ehrliche Menschen' waren. Man konnte sich auf sie verlassen, und sie wußten nicht, daß sie ‚vertrauenswürdig' waren. Sie lebten zwanglos zusammen im Geben und im Nehmen, und sie wußten nicht, daß sie freigebig waren. Dies sind die Gründe, warum es keine Erzählungen über ihre Taten gibt. Sie haben keine Geschichte gemacht."

Wie oft fühlst du dich so sehr als Teil des Ganzen, daß in dir keine „Besonderheit" mehr zurückbleibt, die nach Beachtung schreit?

In der taoistischen Tradition ist davon die Rede, daß man unsichtbar wird - daß man niemand Besonderes ist, sondern nur der Raum, in dem sich die Schöpfung entfaltet. Unsere Konditionierung läuft andererseits aber darauf hinaus, so sichtbar wie möglich zu werden. Ein Freund, der in Thailand ein Mönch geworden ist, erzählte, daß er darin bestärkt worden sei, mit dem Verzicht auf seine Besonderheit schon bei der Besonderheit seiner äußeren Erscheinung anzufangen: Er schor seinen Kopf, trug einfache Kleidung und aß die Nahrung, die er auf seinem täglichen Bettelgang erhielt, aus einer einfachen Schale. Sein Blick war still und nach innen gekehrt. Mit einer Reihe anderer Mönche verbrachte er täglich viele Stunden meditierend in einer abgelegenen Klause in den Wäldern. Er berichtete, daß er, während er sich an seinen neuen Lebensstil allmählich gewöhnte und seinen Geist zum Verzicht auf jede Besonderheit erzog, zunehmend die Erfahrung machte, daß alte Prägungen in Erscheinung traten, um dieser Anonymität Widerstand zu leisten. Er sagte, es hätte Perioden gegeben, in denen er aufgewühlten Geistes in der Meditationshalle saß und dachte: „Sie können mich nicht daran hindern. Ich glaube, ich gehe jetzt ‚raus und färbe mein Gewand mit Batikmustern ein. Oder vielleicht male ich einfach ein paar Blumen auf meine Bettelschale." Es fällt uns offenkundig schwer, auf unsere Besonderheit zu verzichten. Doch ebenso offenkundig ist sie es, die uns von der Wahrheit trennt.

Unser Versuch, etwas Besonderes zu sein, stellt ein Zurückweichen vor dem natürlichen Fluß der Dinge dar. In Wirklichkeit sind wir schon verschiedenartig, ohne speziell dazu beitragen zu müssen. Aus diesen Unterschieden „etwas Besonderes" zu machen, erzeugt eine Isolation und verstärkt die geistige Haltung, sich selbst zu bewerten und mit anderen zu vergleichen. Denn wenn wir uns im Vergleich zu anderen für besser oder schlechter halten als sie, dann unterbrechen wir den Kontakt der Herzen.

Im Schmerz und im Widerstand erkennen wir, daß das Bestreben nach Kontrolle, das „Jemand-Sein" im Boot Leid hervorruft. Gewissermaßen kommt unser Körper/Geist einem solchen Boot gleich. Wer ist der Steuermann? Kämpfst du in fieberhafter Anstrengung gegen den Fluß an? Knirscht das Ruder unter dem Zug deiner Arme? Kannst du fühlen, wie sich die Strömung deinem Willen entgegenstemmt? Was ist, wenn du das Ruder nicht festhalten kannst, wenn die Hand der starken Strömung nicht gewachsen ist? Wenn das Boot Feuer fängt und sich „jemand" in ihm befindet, dann verbrennt er (der Tod ist eine Tragödie). Aber wenn das Boot leer ist, verbrennt es einfach während der Nacht geräuschlos zu Asche und sinkt, ohne „jemanden", der ertrinkt.

Wenn du versuchst, jemand zu sein, der etwas macht, wenn du den Fluß kontrollieren willst und etwas Unkontrollierbares in Erscheinung tritt, dann wächst dein Widerstand, und dein Leid verstärkt sich. Indem du die Kontrolle aufgibst, erkennst du, wie Paul, der an der Hodgkin-Krankheit starb, daß „Bejahung Magie ist". Er erkannte, obwohl uns in unserer Konditionierung, in unserer persönlichen Geschichte kaum etwas an die Freiheit des Loslassens erinnert, es die innere Öffnung für den Fluß der Dinge ist, die dem Sein die Fülle gibt. Wenn du einfach nur präsent bist, dich dem Tao, dem Fluß und der natürlichen Entwicklung öffnest, dann stellst du fest, daß in jedem einzelnen Augenblick alles in Ordnung ist. Jeder Moment ruft den nächsten ins Leben. In diesem Fließen geht nichts schief und ist nichts verkehrt. Es ist die Vollkommenheit. In dem Augenblick jedoch, in dem du dich mit einer Luftblase in diesem Fluß identifizierst und sie für „dich" hältst, entfernst du dich augenblicklich vom Ganzen. Und du siehst diese Luftblase des „Ich" in deiner Hand zerplatzen.

Weil wir über lange Zeit hinweg dazu ermuntert wurden, etwas Besonderes zu sein, haben wir das Vertrauen ins Universale verloren. Das, was uns allen gemeinsam ist, scheint keinen Wert zu besitzen. Lieber polieren wir die Gitterstäbe unseres Käfigs, als daß wir uns befreien wollen.

Wenn wir tiefer erforschen, wer es ist, der stirbt, stellen wir fest, daß wir uns nur allzu leicht wünschen, unsere spirituelle Praxis möge uns zu einer gewissen Besonderheit verhelfen. Doch wenn wir ruhigen Menschen begegnen, die offenen Herzens sind und zuhören können, ohne eine Komponente ihrer selbst ins Spiel zu bringen, die nach Anerkennung heischt, dann merken wir: Die Eigenschaft, die sie von anderen unterscheidet, ist nicht ihre Besonderheit, sondern ihre Empfindung, nur ein ganz gewöhnlicher Mensch zu sein. Viele von denen , die dem Zen-Meister Suzuki Roshi begegnet sind, welcher so viel dafür getan hat, die Zen-Praxis bei uns bekannt zu machen, waren nicht selten überrascht, daß er so gewöhnlich war. Die meisten, die ihm begegneten, bewunderten und liebten ihn, weil nichts in ihm war, was die Liebe und das Verständnis hätte blockieren können. Er war ein makelloser Spiegel ihrer wahren Natur.

Kurz bevor er an Krebs starb, sagte er: „Ihr wißt ja - falls Ihr mich, im Augenblick meines Todes, leiden seht, dann macht Euch keine Sorgen. Es ist nur der leidende Buddha. Es hat nichts mit Verwirrung zu tun. Vielleicht quält Ihr Euch alle, weil Ihr mich in physischer oder auch spiritueller Agonie erlebt. Aber macht Euch keine Sorgen. Das ist kein Problem. Wir sollten sehr dankbar dafür sein, einen begrenzten Körper zu haben, wie den meinen und wie den Euren. Wenn Euer Leben keine Grenzen hätte, wäre das ein echtes Problem für Euch."

Interessanterweise starb die Frau, die seine Vorträge für das Buch *Zen-Geist - Anfänger-Geist* zusammenstellte, ebenfalls an Krebs.

Im folgenden schildert sie ihren Eindruck von der Begegnung mit Suzuki Roshi (ein Roshi ist übrigens ein Lehrer): „Ein Roshi ist ein Mensch, der jene vollkommene Freiheit verwirklicht hat, die im Potential jedes menschlichen Wesens liegt. Er lebt völlig befreit in der Fülle seines ganzen Seins. Der Fluß seines Bewußtseins kommt nicht den starren, sich wiederholenden Mustern unseres normalen, auf sich selbst fixierten Bewußtseins gleich. Vielmehr entspringt er natürlich und spontan aus den konkreten Gegebenheiten des

Augenblicks. Die sich daraus ergebenden Folgeerscheinungen sind in Hinsicht auf die Qualität seines Lebens außergewöhnlich: Spannkraft, Vitalität, Offenheit, Bescheidenheit, Einfachheit, Gelassenheit, Heiterkeit, unglaublicher Scharfblick und unermeßliches Mitempfinden. Sein ganzes Wesen bezeugt, was es heißt, in der Realität der Gegenwart zu leben. Allein schon der Eindruck einer Begegnung mit einer derartig entwickelten Persönlichkeit kann, ohne daß etwas gesagt oder getan wird, das Leben eines Menschen verändern. Doch schließlich ist es nicht die Ungewöhnlichkeit des Lehrers, die den Schüler verblüfft, fesselt und anzieht. Es ist die völlige Einfachheit des Lehrers. Weil er schlicht er selbst ist, ist er für seine Schüler wie ein Spiegel. Wenn wir mit ihm zusammen sind, spüren wir unsere eigenen Stärken und Unzulänglichkeiten, ohne das Gefühl zu haben, von ihm gelobt oder kritisiert worden zu sein. In seiner Gegenwart erkennen wir unser ursprüngliches Wesen. Und das Außergewöhnliche, das wir sehen, ist nur unsere eigene wahre Natur. Wenn wir lernen, unserer eigenen Natur freien Lauf zu lassen, verschwinden die Grenzen zwischen Meister und Schüler in einem tiefen Strom des Seins und der Freude an der Entfaltung der Buddha-Natur."

Die Motivation zum Lesen von Büchern wie diesem besteht bei vielen Menschen möglicherweise darin, daß sie dabei etwas ganz Besonderes gewinnen wollen. Ich frage mich, wie wenige es sein mögen, die zu einem solchen Buch greifen, um sich von ihrer Besonderheit zu lösen.

Aber es kann sehr erschreckend sein, loszulassen, frei zu werden, völlig leer zu sein.

Wer sich im Fernsehen dokumentarische Tierfilme angesehen hat, kennt wahrscheinlich die Berichte über Tiere, die in eine andere Umgebung gebracht werden, in der sie bessere Überlebenschancen haben. Ein Tiger zum Beispiel, der in den Bergen nicht mehr genügend Nahrung vorfindet oder dort der Ausrottung zum Opfer fallen würde, wird mit einem Betäubungsgewehr beschossen und in einen Käfig gelegt, den man in ein anderes Gebiet wie zum Beispiel die Steppe bringt, ein saftiges Grasland, das reich an Gazellen und Weißschwanzgnus ist - der perfekte Lebensraum für einen Tiger. Aber wenn er im Käfig aus seiner Betäubung erwacht, sieht er sich von dieser neuen, leuchtend grünen Weite umgeben und weigert sich, seinen Käfig zu verlassen. Man hat den Käfig geöffnet, aber er kommt nicht heraus. Es könnte sogar einen Arm kosten, wenn man ihn aus dem Käfig herausholen wollte. Er würde bis zum Tod kämpfen, um sein Territorium zu verteidigen, auch wenn dieses Territorium nur aus kaltem, hartem Stahl besteht - während ihn die Natur, aus der er einst hervorgegangen ist, mit ihrem zarten Glanz umgibt. Überall erwartet ihn seine natürliche Nahrung, aber seine Furcht hält ihn gefangen. Die Freiheit des Unbekannten jenseits der Gitterstäbe versetzt ihn in Schrecken.

Wir haben uns sozusagen selbst in eine Sackgasse hineinmanövriert. Das Manöver besteht aus unseren Modellen der Realität, mit denen wir die So-Heit der Dinge verdecken. Und diese Sackgasse ist unser eingebildetes Selbst.

Was die meisten Menschen Freiheit nennen, ist nichts anderes als die Fähigkeit, Verlangen zu befriedigen. Viele sagen: „Ich will mehr Freiheit", aber sie meinen damit, daß sie imstande sein wollen, mehr von dem zu besitzen, was sie haben wollen. Doch das ist keine Freiheit, sondern eine Art von Knechtschaft. Freiheit ist die Fähigkeit, das, was du willst, zu haben oder *nicht zu haben*, ohne daß die Offenheit deines Herzens davon berührt wird. Freiheit bedeutet nicht, sich zwanghaft auf den jeweiligen Inhalt des Geistes zu fixieren, sondern diesen Inhalt weiterfließen zu lassen und sich einzustimmen auf das, was sich entfaltet. Die Inhalte deines und die Inhalte meines Geistes mögen verschieden sein, aber der Prozeß, in dem sie sich entfalten, ist genau derselbe.

Indem wir uns auf diesen Prozeß einstimmen, finden wir den Weg in das Tao.

Hier noch einmal Suzuki Roshi:

„Ich besuchte den Yosemite-Nationalpark und sah gewaltige Wasserfälle. Der größte von ihnen hat eine Höhe von über 400 Metern, und sein Wasser fällt wie ein Schleier vom Gipfel des Berges herab. Es stürzt nicht in raschem Fall hinunter, wie man es vielleicht erwarten würde, sondern es scheint sich aufgrund der großen Höhe sehr langsam herabzusenken. Und das Wasser kommt auch nicht in einem einzigen Schwall herunter, sondern fächert sich auf in viele kleine Ströme. Von weitem sieht es aus wie ein Vorhang. Und ich dachte mir, es müsse für die einzelnen

Wassertropfen sehr schwierig sein, vom Gipfel eines so hohen Berges hinabzufallen. Es dauert lange, sehr lange, bis das Wasser den Grund des Wasserfalls erreicht. Und es scheint mir, als wäre es in unserem menschlichen Leben genauso. Wir machen in unserem Leben viele schwierige Erfahrungen. Aber gleichzeitig dachte ich mir, waren auch die Wasserfluten nicht von Anfang an aufgefächert, sondern waren ein einziger ganzer Fluß. Nur wenn er sich zerteilt, fällt es ihm schwer, herabzufallen. Es ist so, als hätte das Wasser überhaupt kein Gefühl der Isolation, wenn es ein ganzer Fluß ist. Erst wenn das Wasser in viele Tropfen zerfällt, entwickelt es isolierte Gefühle und fängt an, sie auszudrücken."

„Bevor wir geboren wurden, hatten wir ein solches Gefühl nicht; wir waren eins mit dem Universum. Dies nennt man ‚Nur-Geist' oder ‚Essenz des Geistes' oder ‚Großer Geist'. Erst nachdem wir durch die Geburt von dieser Einheit getrennt wurden wie die Fluten des Wasserfalls, die vom Wind und von den Felsen zerteilt werden, entwickelten wir solche Gefühle. Und diese Gefühle verursachen dir Schwierigkeiten. Du verhaftest dich an ihnen, ohne eigentlich zu wissen, wie diese Art von Gefühlen verursacht worden ist. Wenn du nicht erkennst, daß du mit dem Fluß oder mit dem Universum eine Einheit bildest, hast du Angst. Wasser ist Wasser, ob es sich nun in einzelne Tropfen aufgeteilt hat oder nicht."

„Mit unserem Leben und unserem Tod ist es das gleiche. Wenn wir diese Tatsache erkennen, haben wir keine Angst mehr vor dem Tod, und wir haben in unserem Leben keine wirklichen Schwierigkeiten." *)

Es ist einfacher als du glaubst, den kleinen Geist und das Leid loszulassen, und gleichzeitig ist es die schwerste Arbeit, die du jemals verrichten wirst. Indem wir jenes Nicht-Wissen entwickeln, treten wir in diesen Prozeß ein und werden zum Tao.

Die Betrachtung des Todes ermutigt uns dazu, unsere Besonderheit aufzugeben. Die Tatsache, daß wir sterben, daß wir diese

---

*) Wenn du diese Sicht nicht mit der in dem Kapitel über Trauer angeführten Geschichte des Reinkarnationstherapeuten vereinbaren kannst, dann gestehe es dir zu, über das Unbekannte keine Schlüsse zu ziehen - laß alles im Nicht-Wissen dahinfließen. Dem Herzen, das auf alle Möglichkeiten vorbereitet ist, offenbart sich die Wahrheit von selbst.

Welt hinter uns lassen müssen, läßt uns erkennen, daß wir augenblicklich die Möglichkeit haben, alles loszulassen, was den Fluß hemmt. Oder willst du deine Besonderheit mitnehmen? Wird dein Tod zu einem Kampf und zu einer Tragödie werden? Die Betrachtung des Todes kann als eine Gelegenheit und sogar als eine Technik genutzt werden, um alle Besonderheit hinter sich zu lassen und im Universalen aufzugehen. Das Sterben scheint eine Erfahrung der Auflösung zu beinhalten, die sich manchmal schrittweise, manchmal rasch vollzieht und diejenigen in Schrecken versetzt, die an ihrem Selbstbild festhalten wollen. Doch jene, die über den verhafteten Geist hinausschreiten wollen, empfinden Freude daran. Für manche ist der Tod eine große Initiation, eine Gelegenheit, wirklich und wahrhaftig loszulassen. Zum Zeitpunkt des Todes treten deine Prioritäten sehr klar zutage. Wenn sie darin bestehen, das Universum zu kontrollieren und so viel wie möglich aus allem herauszuholen, dann wirst du nach den Objekten deines Verlangens greifen und die Verbindung zur Unsterblichkeit verlieren. Das ist es vielleicht auch, was Jesus meinte, als er sagte: „Was nützte es dem Menschen, wenn er die ganze Welt gewönne und nähme doch Schaden an der Seele."

Die Angst wird die Weisheit und Einheit blockieren, die dir aus der Erfahrung erwachsen kann. Aber wenn dich nach der Wahrheit mehr verlangt als nach allem anderen, dann wird dein Tod eine weitere Gelegenheit für dich sein, die Kontrolle aufzugeben und mit dem Mysterium zu verschmelzen. Es sind gerade die lebendigsten Menschen, die mehr nach der Wahrheit trachten als nach dem Leben selbst. Wenn dir das Leben wichtiger ist als die Wahrheit, wirst du mit der Wahrheit deines Lebens selten in Berührung kommen. Aber wenn du der Wahrheit Vorrang gibst, wird der Tod vergehen, und nur die Wahrheit wird weiterbestehen.

Unsere ursprüngliche Natur ist wie klares Wasser. Doch die Vorstellung, wir seien etwas vom Ganzen Abgesondertes, strebt nach einem Körper. In der Sehnsucht nach neuen Erfahrungen treten wir aus dem Mutterleib aus. Wir trachten eher danach, daß sich „unser Schicksal erfüllt", als daß es sich leert.

Wieder hineingeboren in eine Welt der sich stürmisch wandelnden Formen nehmen wir, wenngleich wir keine eigene essentielle Form besitzen, die Gestalt des Gefäßes an, in das wir hineingeboren werden. Wir werden „Söhne" oder „Töchter", und man weist uns an, entsprechend von uns zu denken. Man lehrt uns, „verantwortungsbewußt" zu sein. Kulturell angepaßt unterwerfen wir uns den Krümmungen dieser willkürlichen Umstände. Allmählich verfestigen wir uns in der Anpassung an jene „annehmbare" Gestalt, mit der wir uns identifizieren sollen. Wir nehmen die Biegungen und Krümmungen und die feste Kontur dieses Gefäßes an. Langsam erstarren wir in dieser Gestalt. Je vollständiger und fester die Konturen sind, desto mehr lobt man uns als „jemanden", der Anerkennung verdient. Wenn die Gußform schließlich entfernt wird, behalten wir unsere erstarrte Form bei - und von dieser Zeit an bildet dieses eingeprägte Selbstbild den Maßstab für alle anderen Formen. Wir werden „gefrier-getrocknet". Unser Geist wird zu einem ungebändigten Fluß und unser Herz zu einer Wüste.

Aber Wasser ist Wasser, welche Form es auch immer annimmt. Das feste Eis hält sich selbst für dessen Kontur und Dichte.

Im Schmelzen erinnert es sich, im Verdampfen steigt es empor.

Wenn du die Kontrolle über das Universum aufgibst, wenn du alles losläßt, dann bleibt nur die Wahrheit bestehen. Und wie ein Roshi beginnst du aus dem Moment heraus zu reagieren. Dein Handeln entspringt der Gegenwart. Es gibt keinen Zwang. Dein Boot ist leer. Die Strömungen drücken dich nach links......"Ahh - nach links." Sie drücken dich nach rechts......"Ahh - nach rechts." Doch du hast nie das Gefühl, dich links oder rechts zu befinden. Du spürst nur, daß du jetzt hier bist, in der Gegenwart. Du bist offen für alle Möglichkeiten und Gelegenheiten des Augenblicks. Du bist völlig präsent. Diese Reaktionen werden nicht von persönlichen Abläufen bestimmt, sondern stehen im Einklang mit deiner Intuition. Sie ergeben sich aus dem Fluß selbst, oder genauer ausgedrückt, der Fluß reagiert auf sich selbst. Nirgendwo gibt es eine Trennung. Du mußt nirgendwo hingehen. Du mußt nichts tun. Du mußt niemand sein.

EINE GELEITETE MEDITATION ÜBER DAS LOSLASSEN

(Man kann sie einem Partner langsam vorlesen und auch allein mit ihr arbeiten.)

Lenke deine Aufmerksamkeit auf den Atem. Nicht auf die Gedanken an den Atem, sondern auf die direkte Erfahrung des Atems, der von selbst kommt und geht.

Richte dein Gewahrsein auf den Brennpunkt der Empfindung, während der Atem in die Nasenlöcher hinein- und aus ihnen herausströmt.

Dein Gewahrsein wird ganz weich und öffnet sich, und es vereint sich mit jedem einzelnen Atemzug, ohne im geringsten beeinflußt zu werden.

Nimm das natürliche Auf und Ab der Atemzüge wahr, ihr Kommen und Gehen.

Versuche nicht, sie zu kontrollieren oder zu variieren. Beobachte sie einfach.

Öffne dich und nimm jede Veränderung der Empfindungen wahr, die den Atem von Augenblick zu Augenblick begleiten.

Laß den Atem sich selbst atmen. Denke nicht darüber nach. Versuche nicht, ihn in irgendeiner Weise zu kontrollieren. Laß den Atem so sein, wie er ist. Wenn er langsam ist, laß ihn langsam sein. Wenn er tief ist, laß ihn tief sein. Wenn er flach ist, laß ihn flach sein. Laß Gewahrsein und Empfindung verschmelzen, von Augenblick zu Augenblick, bei jedem Einatmen, bei jedem Ausatmen.

Laß den Atem vollkommen natürlich und frei fließen. Ohne jede Beeinflussung des Geistes. Da ist nur der Atem, der sich selbst atmet. Von Augenblick zu Augenblick entstehen die Empfindungen in der unermeßlichen Weite des Gewahrseins.

Wenn du merkst, daß der Geist den Atem gestalten will, daß

er ihn auch nur im geringsten kontrollieren will, dann nimm diese Absicht einfach wahr und laß den Atem frei weiter-fließen. Keine Verklammerung. Keine Kontrolle.

Laß den Atem vollständig los. Laß den Körper von selbst atmen. Mische dich in diesen subtilen Fluß nicht ein.

Nur Gewahrsein. Unermeßlich wie der Himmel. Weiter Raum.

Die Empfindungen des Atems entstehen und vergehen in dieser Offenheit. Du mußt nichts festhalten. Du mußt nichts tun. Da ist nur der Atem, so wie er ist.

Andere Empfindungen des Körpers entstehen und vergehen im grenzenlosen Gewahrsein. Die Hände liegen gefaltet im Schoß. Das Gesäß berührt das Kissen. Jeder Augenblick der Empfindung fließt frei dahin. Es ist nicht nötig, irgendetwas zu beschreiben, irgendetwas zu unterbrechen.

Du definierst die Erfahrung nicht, du bist direkt mit ihr verbunden. Du *bist* einfach. In der endlosen Weite des Gewahrseins.

Die Empfindungen des Atems. Die Empfindungen des Kör-pers. Sie fließen frei dahin. Du übst keinen Einfluß auf den Atem aus. Du gibst dem Körper keine Gestalt. Da sind nur Augenblicke der Erfahrung, die in der unermeßlichen Weite erscheinen und wieder vergehen.

Nimm wahr, wie die Gedanken entstehen. Wie sie definieren, sich erinnern, Vorstellungen ersinnen. Jeder Gedanke zieht wie eine Seifenblase durch den weiten Raum des Geistes. Existiert nur für einen Augenblick. Löst sich wieder im Fluß auf. Du brauchst nichts zu kontrollieren. Da ist nur der weite, offene Fluß der Wandlungen. Nur der Prozeß der unaufhör-lichen Entfaltung.

Die Gedanken denken sich selbst. Du brauchst nichts zu bewerten, nichts zu kommentieren. Gib auch den leisesten Anflug von Kontrolle auf. Laß alles so sein, wie es ist, wie es in der endlosen Weite des Seins erscheint und wieder ver-geht.

Laß den Körper los. Laß die Empfindung im weiten Raum dahinfließen. Laß den Geist los. Die Gedanken. Die Gefühle. Sie enstehen und lösen sich wieder auf. Du brauchst nichts festzuhalten.

Du brauchst nur zu sein. Du bist ganz weich. Du öffnest dich in die grenzenlose Weite des Gewahrseins hinein.

Die Gedanken, daß dir der Geist "gehört", daß du verantwortlich bist, reihen sich in die Kette der Gedanken-Seifenblasen ein. Die vorüberschwebenden Gedanken an „mich" und „mein" tauchen auf und verschwinden wieder. Augenblick für Augenblick. Laß sie kommen. Laß sie gehen.

Du brauchst niemand zu sein. Du brauchst nichts zu tun. Du brauchst nirgendwo hinzugehen. Es gibt nur das Jetzt. Nur so viel.

Laß den Körper los. Laß den Geist los. Erfahre das Sein, das sich ganz von selbst entfaltet. Es gibt nicht die geringste Notwendigkeit der Unterstützung oder der Kontrolle. Keine Bewertung. Kein Eingreifen. Nur Sein. Nur Fluß und Wandlung.

Sei still und wisse. Verzichte ein für alle Mal vollkommen auf jede Kontrolle. Löse dich von Ängsten und Zweifeln. Überlasse alle Dinge dem Fluß ihrer eigenen Natur.

Löse dich auf in der unermeßlichen Weite des Gewahrseins. Kein Körper. Kein Geist. Nur Gedanken. Nur Gefühle. Nur Empfindungen. Seifenblasen. Dahinschwebend im unermeßlichen Raum.

Augenblicke des Denkens. Des Hörens. Der Erinnerung. Der Furcht. Sie sind wie Wellen, die sich für einen Moment erheben und dann wieder im Ozean des Seins auflösen. In der Unermeßlichkeit deiner wahren Natur.

Du brauchst niemand zu sein. Du brauchst nichts zu tun.

Jeder Augenblick entfaltet sich ganz von selbst.

Nirgendwo ist Widerstand. Laß den Wind direkt durch dich hindurchwehen.

Du brauchst niemand zu sein - nur so viel. Dieser Augenblick genügt.

Es gibt keinen Ort, wo du hingehen mußt - nur das Jetzt.

Nur das Hier.

Du mußt nichts tun - nur sein.

Die Freiheit kommt wie ein Dieb in der Nacht - indem wir an nichts festhalten, sind wir überall zurgleich.

Begegnungen des Zen-Meisters Yasutani mit Leuten aus dem Westen (nach einer Schilderung von Roshi Philip Kapleau):

Roshi (scharf): Wer sind Sie? (Keine Antwort) Wer sind Sie?!
Schüler (nach einer Pause): Ich weiß es nicht.
Roshi: Gut! Wissen Sie, was Sie mit „ich weiß nicht" meinen?
Schüler: Nein.
Roshi: Sie sind Sie! Sie sind *nur* Sie - das ist alles.
Schüler: Was haben Sie mit „Gut!" gemeint, als ich antwortete „ich weiß es nicht"?
Roshi: Im eigentlichen Sinne können wir nichts wissen.
Schüler: Als Sie gestern sagten, Sie würden mich fragen, wer ich sei, habe ich daraus geschlossen, ich müßte eine Antwort parat haben, und ich habe mir verschiedene Antworten überlegt. Aber als Sie mich jetzt fragten: „Wer sind Sie?", konnte ich keinen einzigen Gedanken fassen.
Roshi: Ausgezeichnet! Das zeigt, daß Ihr Geist von allen Vorstellungen entleert ist. Jetzt können Sie mit Ihrem ganzen Wesen antworten, nicht nur mit Ihrem Kopf. Als ich sagte, ich würde Sie fragen, wer Sie sind, wollte ich nicht, daß Sie sich eine Antwort ausdenken, sondern daß Sie mit der Frage „Wer bin ich?" immer tiefer und tiefer in sich selbst eindringen.
Wenn Sie zur plötzlichen Erkenntnis Ihrer wahren Natur kommen, werden Sie in der Lage sein, ohne Nachdenken augenblicklich zu antworten.

Schüler: In der Frage „Wer bin ich?" bin ich zu der Schlußfolgerung gekommen, daß ich dieser Körper bin, das heißt, diese Augen, diese Beine und so weiter. Gleichzeitig ist mir klar, daß diese Organe nicht unabhängig existieren. Wenn ich zum Beispiel mein Auge herausnehmen und es vor mir hinlegen würde, könnte es nicht als Auge funktionieren. Auch mein Bein könnte nicht als Bein funktionieren, wenn es vom Körper getrennt werden würde. Zum Gehen brauchen meine Beine nicht nur den Körper, sondern auch den Boden, genau wie meine Augen Objekte der Wahrnehmung brauchen, um den Akt des Sehens vollziehen zu können. Außerdem ist das, was meine Augen sehen und worauf meine Beine gehen, ein Teil des Universums. Deshalb bin ich das Universum. Ist das richtig?

Roshi: Richtig, Sie sind das Universum, aber was Sie mir gerade beschrieben haben, ist eine Abstraktion, eine bloße Rekonstruktion der Realität, nicht die Realität selbst. Sie müssen die Realität direkt begreifen.

Schüler: Aber *wie* soll ich das machen?

Roshi: Einfach indem Sie so lange fragen „Wer bin ich?", bis Sie Ihre wahre Natur plötzlich in völliger Klarheit und Gewißheit wahrnehmen. Denken Sie daran, Sie sind weder Ihr Körper noch Ihr Geist. Und Sie sind auch nicht die Kombination aus Ihrem Geist und Ihrem Körper. Wer sind Sie dann? Wenn Sie das wirkliche Ich begreifen wollen und nicht bloß eine reine Einbildung, dann müssen Sie sich die Frage „Wer bin ich?" mit völliger Hingabe stellen.

Schüler: Das letzte Mal sagten Sie, ich sei nicht mein Geist und nicht mein Körper. Das verstehe ich nicht. Wenn ich keines von beiden bin und auch keine Kombination von beiden, was bin ich dann?

Roshi: Würden Sie einen Durchschnittsmenschen fragen, wer er sei, dann würde er sagen „mein Geist" oder „mein Körper" oder „mein Geist und mein Körper". Aber nichts von all dem trifft zu. Wir sind mehr als unser Geist oder unser Körper oder beides zusammen. Unser wahres Wesen befindet sich jenseits aller Kategorien. Was auch immer Sie sich denken oder vorstellen können, ist bloß ein Fragment Ihrer selbst. Folglich kann man das wirkliche Ich durch logische Schlußfolgerung oder intellektuelle Analyse oder endloses Nachdenken nicht finden.

Wenn ich meine Hand oder mein Bein abtrennen würde, würde sich das wirkliche Ich um keinen Deut vermindern. Genaugenommen sind Ihr Körper und Ihr Geist ebenfalls Sie, aber es ist nur ein Fragment. Die Essenz Ihres wahren Wesens unterscheidet sich nicht von der dieses Stabes, der hier vor mir liegt, oder dieses Tisches oder dieser Uhr - eigentlich jedes einzelnen Objektes im Universum. Wenn Sie diese Wahrheit direkt erfahren, wird diese Erfahrung so überzeugend sein , daß Sie ausrufen werden: „Wie wahr!" Denn nicht nur Ihr Gehirn, sondern Ihr ganzes Wesen wird an diesem Wissen teilhaben.

Schüler (fängt plötzlich an zu weinen): Aber ich habe Angst! Ich habe Angst! Ich weiß nicht warum, aber ich habe Angst!

Roshi: Sie brauchen vor nichts Angst zu haben. Vertiefen Sie Ihr Fragen einfach immer weiter, bis sich all Ihre vorgefaßten Meinungen darüber, wer und was Sie sind, verlieren, und Sie werden sofort erkennen, daß es keinen Unterschied zwischen Ihnen und dem gesamten Universum gibt. Sie sind in einer kritischen Phase. Weichen Sie nicht zurück - gehen Sie weiter!

Heilen/Sterben-
Der große Balanceakt

Das Gleichgewicht zwischen Geist und Herz spiegelt sich im Körper wider. Wenn Geist und Herz nicht miteinander harmonieren, tritt manchmal etwas ein, das wir Krankheit nennen. Aber ich glaube, daß dies nicht die einzige Ursache von Krankheit ist. Viele heilige Wesen sind an Krebs gestorben (Ramana Maharshi, Suzuki Roshi, Ramakrishna). Manche scheinen die Krankheit als ein Mittel der Reinigung auf sich zu nehmen, oder, wie es ein Freund ausdrückte, „Krebs ist das Geschenk für einen Menschen, der alles hat". Möglicherweise entsteht Krankheit bei einigen Wesen nicht, weil Disharmonie in ihnen herrscht, sondern weil sie „reinen Tisch machen", weil sie alte Geschäfte erledigen wollen.

Heilung ist unsere Bezeichnung für das Phänomen der Wiederherstellung des Gleichgewichts zwischen Geist und Herz. Wenn diese Harmonie wieder vorhanden ist, sagen wir, jemand sei geheilt. Oft aber haben wir eine vorgefaßte Meinung darüber, was Heilen bedeutet. Die Verhaftung an unseren Vorstellungen von Gesundheit verwehrt uns den Ausblick darauf, worum es bei Krankheit und Heilung geht. Die tiefgreifendste Heilung scheint uns über die Identifikation mit den Krankheitsursachen und mit dem von der Krankheit Betroffenen hinauszuführen.

Eine Bekannte hatte sehr hart daran gearbeitet, ihren Krebs zu überwinden. Nach mehreren Monaten der Meditation und der tiefen psychologischen Durchforschung schien es, als habe sich der Krebs zurückgebildet. Einige Monate lang fühlte sie sich stark, gesund und sicher. Dann spürte sie den Krebs eines Tages während der Meditation wieder in ihrem Körper. Untersuchungen bestätigten ihre Ahnung. Ein „Heilungskreis" wurde zusammengerufen. Einige der angesehensten holistischen und indianischen Heiler/innen der Westküste kamen zu ihr nach Hause und bildeten einen schweigenden Kreis um sie. Länger als eine Stunde leiteten sie ihre Energie in sie hinein. Einige berichteten später, daß diese Kraft fast greifbar gewesen sei. Eine Woche darauf bildeten sich dreißig neue Metastasen, also Tochtergeschwülste, an anderen Stellen ihres Körpers. Sie sagte jedoch, die Heilung sei gelungen. Sie fühlte, daß sie einen entscheidenden Schritt in ihrer Entwicklung gemacht habe. Sie bereitete sich auf den Tod vor, indem sie nicht davon abließ, sich dem Leben zu öffnen.

Es hat den Anschein, als könne das Ausbalancieren von Herz und Geist entweder eine Krankheit aus dem Körper verbannen oder aber einen Menschen manchmal in eine Harmonie hineinführen, die außerhalb des Körpers liegt. Eine Heilung tritt in beiden Fällen ein. Wenn die Verhaftung an erwarteten Resultaten aufgegeben wird, kann es für ein Ungleichgewicht kaum noch eine Ursache geben. Wie es unsere Freundin mit trockenem Humor ausdrückte, wird „das Überleben sehr stark überbewertet".

Wenn es für den Heilenden vorrangig ist, daß jeder Mensch seine ursprüngliche Natur erfährt, wird das Heilen zu einer Linse, die alle Möglichkeiten des Augenblicks in einem Brennpunkt vereinigt. Doch wenn die Priorität darin besteht, den Menschen zu verändern, ihn zu „heilen", etwas von ihm wegzunehmen, dann kann man im besten Falle eine Stärkung des Körpers erwarten. Aber die geistige Schwäche, die das Herz blockierende Verhaftung, wird nicht beeinflußt oder zur Auflösung gebracht.

Solange wir im Heilen und im Sterben einen Gegensatz sehen, wird es Verwirrung geben. Solange wir das Leben vom Tod trennen, trennen wir den Geist vom Herzen. So wird es immer etwas geben, was wir beschützen müssen, was wir sein müssen und was einen Grund für Disharmonie und Krankheit liefert. Wenn die Einstellung zum Heilen ausbalanciert ist, ist es auch die Einstellung zum Tod.

Es ist so, wie meine Bekannte sagte, als man die dreißig neuen Tumore entdeckt hatte: „Die Heilung ist geglückt. Ich erkenne jetzt, daß die vollkommene Heilung für mich darin besteht, daß ich mich allem Kommenden in Liebe und Gewahrsein öffne. Es bleibt für mich nichts anderes zu tun als zuzuhören, mich zu öffnen und zu sein".

In Gesprächen mit verschiedenen Heilern und Heilerinnen - Krankenschwestern, Ärzten, Kräuterkennern, Akupunkteuren, Parapsychologen, Polaritäts-, Körper-, Auratherapeuten etc. - habe ich gelegentlich gespürt, daß sie zu dem mehr oder minder prätentiös ausgeprägten Glauben neigten, sie selbst würden die Heilung bewirken. Vielleicht ist es gerade diese Haltung der Selbstgefälligkeit und der Besonderheit, die den Kanal für die im Universum stets verfügbaren heilenden Kräfte blockiert. Aber je größer das Gefühl der Besonderheit ist, das Gefühl, „jemand" zu sein, der „etwas macht", desto größer ist die Verhaftung am Resultat. Eine solche Person läßt die Heilung nicht zu, sie klammert sich daran. Doch das Herz verschließt sich angesichts solcher persönlichen Zwänge, und Harmonie kann kaum entstehen. Es liegt in der Hingabe an die zugrundeliegende So-Heit begründet, wenn jemand offenbar dazu fähig ist, einem anderen die essentielle Harmonie des Seins zur Verfügung zu stellen. Alles, was den „Geheilten" in seinem Gefühl bestärkt, eine vom Universum abgesonderte Entität zu sein, verstärkt die Trennung von Herz und Geist und vergrößert sowohl die Angst vor dem Tod als auch die zur Krankheit führende Disharmonie.

Der wahrhaft Heilende ist unsichtbar. Er ermöglicht es dem Potential des Augenblicks, zur Erfüllung zu gelangen. Ramana Mahrshi, der indische Heilige und Lehrer, war als großer Heiler bekannt. Tausende waren zu ihm gekommen und fanden bei ihm ihr Gleichgewicht wieder. Eine Geschichte berichtet davon, daß ihn eines Tages ein nordindischer Arzt aufsuchte und zu ihm sagte: „Ich habe gehört, daß Du ein großer Heiler bist, und ich möchte gerne mehr darüber wissen, wie Du das machst." Doch Ramana erwiderte voller Aufrichtigkeit und Reinheit: „Nein ‚ich bin kein Heiler. Ich heile niemanden." Der Besucher sagte: „Man sagte mir, daß Du Tausende geheilt hast." Da wandte sich einer von Ramanas Devotees an ihn und sagte: „Bhagwan, ich glaube, der Doktor meint, daß die Heilung durch Dich in Erscheinung tritt." „Oh ja, die Heilung tritt in Erscheinung." Er spielte nicht das Zen-Spiel der Konfrontation, er war ganz einfach der, der er war. Er tat nichts anderes, als daß er es den im Universum wirkenden Energien ermöglichte, sich barmherzig auf jedes Wesen zu konzentrieren, das in seine Nähe kam. Ähnlich ist es in der Geschichte über den tibetischen Lama Kalu Rinpoche, der ein hochgeschätzter Meditationsmeister und ein Lehrer von unbeschreiblicher Güte und machtvoller Weisheit war. Als er eines Tages das Haus eines Freundes besuchte, trat eine Gruppe von Leuten an ihn heran, die an Okkultismus und verschiedenen yogischen Kräften interessiert war, die man denen andichtete, welche sich den Einweihungen in seinen speziellen Pfad unterzogen hatten. Sie fragten ihn: „Kannst Du fliegen?" „Nein", sagte er, „ich fliege nicht." „Kannst Du in die Zukunft und in die Vergangenheit blicken?" „Nein, ich blicke nicht in die Zukunft und in die Vergangenheit." Alle gerieten in Verwirrung, und einer aus der Gruppe wandte sich an ihn und sagte: „Ja, aber was machst Du dann?" Und er sagte ganz sanft: „Ich übe nur Mitempfinden mit allen fühlenden Wesen."

Wenn du einfach nur einen solchen Raum darstellst, wirst du keinerlei Zwang ausüben. Du schiebst das Leben oder den Tod nicht beiseite. Du gehst in Wirklichkeit nicht einmal gegen die Krankheit an. Du ermöglichst es einfach, daß ein Gleichgewicht eintritt, indem du dich selbst im Gleichgewicht befindest. Viele Heilende haben zu mir gesagt: „Ich weiß, daß es Gott ist, der heilt. Ich bin nur Sein Double". Dies ist der Raum, aus dem heraus sich Heilung manifestieren kann.

Liebe bildet die optimale Voraussetzung für das Heilen. Der Heilende mag intuitiv wissen, welche Hilfsmittel auch immer den größten Nutzen bringen, doch seine Energie kann er nicht aus dem Geist beziehen. Seine Kraft entspringt der Offenheit seines Herzens. Er fühlt etwas, das erhabener ist als die mißliche Lage des Körpers. Er versucht nicht, etwas zu zerstören oder etwas zu blockieren, was vielleicht den nächsten Schritt ermöglichen könnte, sondern er geht zur Quelle, aus der alle Heilung entspringt. Er versucht nicht, es besser zu wissen als das Universum.

Bei vielen Heilern ist es sogar der Wunsch, daß es jemandem besser gehen möge, die Hoffnung auf Resultate, die die Tiefe und das Potential der Heilung begrenzen.

In der tibetischen Tradition des Heilens werden diejenigen, die die Verpflichtung eingegangen sind, ihre Energien zum Wohle anderer einzusetzen, zu Beginn ihrer Ausbildung zu Heilern darin unterwiesen, sich dem Tod weit zu öffnen. Sie beschäftigen sich in den ersten zwei oder drei Jahren mit dem Sterben, so daß ihnen alle Möglichkeiten vertraut und willkommen sind. Man lehrt sie, in ihrer Betrachtung der Vollkommenheit aller Dinge nichts auszuschließen. Leben und Tod werden als perfekter Ausdruck des Seins angesehen, jedes in seiner eigenen Bedeutung, jedes zu seiner entsprechenden Zeit. Der Heiler wendet sich eher dem Prozeß des Seins zu als dessen separater Manifestation. Der wahre Heiler dringt zur Quelle des Seins vor und ermöglicht es ihr, sich beliebig und in perfekter Symmetrie zu den Tendenzen zu entfalten, die ein Individuum in die „Lehre" hineingeführt haben, die man Krankheit nennt.

Diese Eigenschaft der bedingungslosen Liebe und der Hilfsbereitschaft läßt sich auch bei manchen von denen erkennen, die die Konzentrationslager der Nazis überlebten. Viktor Frankl berichtet von einigen der Menschen, die den Gaskammern entkamen und Typhus, Ruhr, Lungenentzündung und Verzweiflung überstanden - von den Rabbis, Krankenschwestern, Ärzten, Laien und Geistlichen, die anderen helfen wollten und Jahr um Jahr überlebten, während die meisten anderen zugrundegingen. Im Gedenken an jene Zeit sagte er: „Es kam eigentlich nicht darauf an, was wir vom Leben erwarteten, sondern wir hatten uns vielmehr zu fragen, was das Leben von uns erwartete." Es war ihre selbstlose Liebe, die es ihnen ermöglichte, ihr Gleichgewicht zu bewahren, während viele um sie herum den Mut verloren und getötet wurden.

Wenn die Rede vom Heilen ist, wird oft die Frage gestellt: „Wie weiß man, wann man mit dem Heilen aufhören und mit der Vorbereitung auf den Tod beginnen soll?" Auch dieser Frage liegt ein begrenztes Verständnis zugrunde. Die Hingabe an das Heilen und die Vorbereitung auf den Tod sind in Wirklichkeit ein und dasselbe.

Wenn wir zwischen dem Heilen und der Vorbereitung auf den Tod einen Unterschied machen, vergessen wir, daß beides Aspekte eines einzigen Ganzen sind. Beides ist Teil der inneren Haltung, mit der man ins Leben findet.

Wenn wir unsere Symptome nicht als einen Hinweis auf unsere Verklammerung verstehen, dann vernichtet jeder Heilungsversuch, der diese Lehre verdrängen will, einen noch tieferen Aspekt des Seins. Liegt eine Heilung, die nur auf den Körper wirkt, wirklich in unserem Interesse? Wenn man den Tod andererseits als eine Möglichkeit zur Flucht begrüßt, bedeutet dies eine Ablehnung des Lebens, und die gleichen imaginären Unterschiede zwischen Leben und Tod stellen sich ein. In beiden Fällen werden wir gewiß keine Unsterblichkeit erlangen. Wir vertiefen nicht im geringsten die Erforschung des undifferenzierten Seins, aus dem alle Heilung und Weisheit entspringt.

Ich bin Menschen begegnet, die erbittert gegen ihre Krankheit angekämpft haben. Erst als sie sich auf das Sterben vorbereiteten, konnten ihr Herz und ihr Geist zu einem Gleichgewicht finden und die Heilung im Körper einleiten.

Weil ich der Meinung bin, daß ich nicht den unverkennbaren Wert einer Heilung und des Lebens in einem Körper hervorheben muß, in dem man lernen und dienen kann, glaube ich, daß es nicht notwendig ist, den Nutzen physischer Heilung zu unterstreichen. Aber ich kann an dieser Stelle vielleicht versuchen, einige der Mißverständnisse über die dem Tod innewohnende natürliche Form des Heilens in Betracht zu ziehen. Der Tod ist kein Feind. Der „Feind" ist die Unwissenheit und die Lieblosigkeit. In der Identifikation mit unseren Geistesinhalten vertrauen wir der Weiträumigkeit unseres Herzens nur sehr selten. Vielleicht sind viele Krankheiten sogar das Resultat unseres Mißtrauens gegen unsere höhere Natur, ein Resultat der Disharmonie, die sich aus unserem Zurückweichen vor der Wahrheit ergibt.

Eine Krankheit mag für viele der Auslöser dafür sein, daß sie zum ersten Mal nach innen schauen. Für manche mag sie die einzige Erfahrung sein, die sie aufmerksam werden läßt und dazu bewegt, den Geist/Körper zu erforschen, um ein Gefühl der Ganzheit zu entwickeln. Bei vielen könnte man sagen, daß Krankheit eine Gnade für sie ist, denn sie bringt sie in einer Weise in Kontakt mit sich selbst, wie sie sich im Wirrwarr der lebenslangen Bemühungen um die Aufrechterhaltung des Selbstbildes niemals vollzogen hätte. Sie führt zu einer Erkundung der Mechanismen, mit denen sie sich vor dem Leben zu schützen versuchen.

Manche haben mir gesagt, daß sie ihr ganzes Leben nach einem Lehrer oder einer Lehre gesucht hätten, die sie in eine tiefempfundene Ganzheit hineinführen würde, und daß es schließlich ihre Krankheit, daß es der Krebs gewesen sei, der zu ihrem Lehrer und zu einem Spiegel der Wahrheit wurde. Für viele ist Krankheit der Weg zurück ins Leben.

Ich habe Situationen erlebt, in denen bei zwei Menschen, die dasselbe Alter und einen ähnlichen Lebenshintergrund hatten, derselbe pathologische Befund und dieselbe Prognose konstatiert wurden. Der eine kämpfte gegen seine Krankheit an, indem er Methoden gebrauchte, die seine Aggression im Kampf gegen die Krankheit konzentrierten und die ihn darin bestärkten, sich selbst als Opfer und die Krankheit als eine unnatürliche Störung zu betrachten. Seine Spannungen und Ängste nahmen zu, er klammerte sich an das Leben. An Tagen abklingender Symptome fühlte er sich „ganz wunderbar" und „auf der Höhe". In Augenblicken spürbarer Beschwerden jedoch fühlte er sich „niedergeschlagen" und „scheußlich". Man konnte erkennen, daß sein Selbstwertgefühl sich darauf stützte, wie gut er in der Lage war, sich selbst zu heilen. Wenn sich die Symptome geltend machten, verminderte sich sein Selbstwertgefühl, und die von ihm entwickelte Aggression richtete sich in Form von Haß- und Schuldgefühlen gegen ihn selbst.

Der andere erkannte seine Krankheit als einen Hinweis darauf, daß Arbeit auf ihn wartete. Er bemühte sich, seine Harmonie wiederzufinden, Herz und Geist ins Gleichgewicht zu bringen und seine Lebensqualität zu verbessern, indem er Dinge in Einklang brachte, die offenbar aus dem Lot geraten waren. Er investierte seine Energie nicht einfach nur in eine Verlängerung seines Lebens, sondern er drang tiefer in die Fülle ein, die sein Leben lebenswert machte. Er beschränkte sich nicht darauf, an der Oberfläche zu bleiben und alles „tapfer durchzustehen", wie es der andere ausgedrückt hatte.

Als der Erste spürte, daß sich keine Heilung einstellen wollte, hatte er das Gefühl, daß alles verloren sei, beim Zweiten aber war genügend Raum für das Leben und / oder den Tod vorhanden. Er ergründete das Leben und bekämpfte es nicht. Er erkannte den Wert einer Heilung, ohne daß dies seine Einsicht verdunkelte, daß auch der bewußte Eintritt in den Tod von großem Nutzen sein könne. Sein Leben gewann ebenso an Tiefe wie die Wärme, die er auf andere ausstrahlte. Er stand in Kontakt mit der lebendigen Wahrheit. Er kämpfte nicht um das Leben und verdammte die Krankheit nicht; er erforschte die Frage: „Was ist Krankheit? Wer ist krank?"

Ein Mann, der sich damit auseinandersetzte, daß Heilung die Möglichkeit des Sterbens nicht ausschließt, und der ergründen wollte, was dieses Etwas in ihm war, das am Leben hing, die Heilung erschwerte und das Sterben unerträglich machte, sagte, daß er seltsamerweise das Gefühl habe, als würde der sogenannte „Lebenswille" zu großer Verklammerung und Verwirrung führen. „Wie soll man mit dem Drang fertig werden, den Körper nicht verlassen zu wollen, wenn der Körper doch zweifellos stirbt? Ist es nicht der 'Lebenswille', der unserem Eigeninteresse, unserem Verlangen nach völliger Wunscherfüllung Nahrung gibt? Ist es nicht 'der Lebenswille', der die Grundlage unseres Verlangens bildet, jemand zu sein, und der die Energiebarriere schafft, die Krankheit hervorruft? Ist es nicht seltsamerweise gerade der Lebenswille, der uns tötet?"

Ist es möglich, daß sich das Eigeninteresse des Lebenswillens im Gleichgewicht damit befindet, was manche „ein Heimweh nach Gott" nennen, ein Streben nach Wahrheit? Wenn man sich den Lebenswillen zunutze macht, kommt er einem dann in derselben Art und Weise zugute, wie es der Fall wäre, wenn man von einem „Heimweh nach der Wahrheit" geleitet würde? Welche von diesen Qualitäten geben dem Leben einen Sinn und öffnen Wege, auf denen sich eine Teilhabe am Mysterium und Wunder des Seins vollziehen kann?

Den Lebenswillen aufzugeben bedeutet nicht, den Willen zum Sterben in sich wachzurufen. Beides ist eine Verhaftung am Körper, beides beruht auf einer falsch verstandenen Identität.

Solange der Tod ein Feind ist, solange ist das Leben ein Kampf. Das Leben spaltet sich auf in Himmel und Hölle. Der Geist setzt seine unaufhörliche Achterbahnfahrt der Angst und Anspannung fort, die ironischerweise vielleicht sogar Krankheit erzeugt.

Ich verbrachte einige Zeit mit einer Frau, deren Melanom verschiedene Tochtergeschülste gebildet hatte, die sie offenbar bald aus ihrem Körper vertreiben würden. Während sie das Wachsen ihrer Tumore verfolgte, war sie sehr darum bemüht, mit ihren

Kindern ins reine zu kommen. Es sah ganz so aus, als würde sie sehr bald sterben. Zu dieser Zeit hörte sie von der Gerson-Diät, mit der beim Krebs zuweilen Heilungserfolge erzielt werden. Es ist eine komplizierte Ernährungsweise, bei der man neben drei täglichen Mahlzeiten stündlich ein großes Glas frischen Gemüsesaft und zwei Gläser Lebertran zu sich nehmen muß. Sie hatte immer gerne gekocht und gegessen und hatte einen recht anspruchsvollen Geschmack. Sie sagte: „Eigentlich habe ich überhaupt keine Lust, dieses ganze Zeug zu trinken. Warum kann man das nicht einfach in eine Tafel Schokolade hineinmischen?" Sie hatte eine solche Abneigung gegen den Geschmack dieser Säfte, daß sie es sich kaum vorstellen konnte, sich dieser Methode zu unterziehen. Doch eines Tages sagte sie: „Wißt Ihr, es ist in Ordnung, wenn ich sterbe, aber es ist auch in Ordnung, wenn ich am Leben bleibe. Ich liebe meine Kinder und würde so gerne mit ihnen zusammenbleiben. Es wäre wunderbar, sie heranwachsen zu sehen und mit ihnen älter zu werden. Ich denke, ich werde es versuchen, es spricht nichts dagegen. Aber wie soll ich, die ich das Essen immer so geliebt habe, in eine Ernährungsweise einsteigen, die so viel Zeit und Energie beansprucht und so miserabel schmeckt?"

Sie hatte monatelang mit dem Jesus-Gebet „Herr Jesus Christus, erbarme dich meiner" gearbeitet, welches sie oft über die Dualität ihrer selbst und Jesu hinaus in einen Raum der Einheit geführt hatte und das heilige Herz in ihrer Brust erstrahlen ließ. Sie hatte gelernt, sich auf die Barmherzigkeit des Universums einzustimmen, auf die grundlegende Realität des Seins, auf die Liebe selbst.

Einige Tage später rief sie an und sagte, sie sei zu der Erkenntnis gekommen, daß sie all diese Gläser voll Gemüsesaft nur dann Stunde um Stunde trinken könne, wenn sie dies als ein Sakrament des Abendmahls auffassen würde. So begann sie sogar ihren Widerwillen als ein Mittel einzusetzen, mit dem sie etwas heilen konnte, das tief in ihrem Innern lag. Sie konnte sich von ihren Verhaftungen, Freuden und Schmerzen lösen und über die Verlangen der Zunge hinaus ins Zentrum des Herzens gehen. Und sie sagte: „Auch wenn es meinen Körper nicht heilen sollte, wirkt es doch Wunder in meinem Herzen."

Eine Woche später ging sie in eine Klinik, an der diese

Methode intensiv praktiziert wird, und sie vertiefte sich während der nächsten zwei Wochen in die tägliche Diät. Sie sagte, daß das Abendmahl sie manchmal mit einer großen inneren Wärme erfülle, daß sie sich zu anderen Zeiten aber sogar schon durch den Lärm im Nebenzimmer irritiert fühle. Nach ihrer Entlassung setzte sie die Einnahme dieser reinigenden Säfte fort und meinte, daß sie sich körperlich viel besser fühle. Einige Wochen später bekam sie jedoch einen Hautausschlag und rief die Klinik an. Als sie anfangs in die Klinik gegangen war, hatte man ihr gesagt, daß man ihr aufgrund ihrer Befunde keine Garantie für den Erfolg der Methode geben könne. Ihr Immunsystem war durch die Wirkstoffe der Chemotherapie bereits zum großen Teil zusammengebrochen. Als sie dem Berater jetzt von dem Ausschlag berichtete, war es einen Moment still in der Leitung, und dann hörte sie ihn sagen: „Ich fürchte, der Ausschlag deutet darauf hin, daß diese Methode bei Ihnen nicht funktioniert."

Sie hatte ihr Todesurteil empfangen und stellte in diesem Moment zu ihrer eigenen Überraschung fest, daß sie ziemlich enttäuscht war. „Ich glaube, während der ganzen Zeit, in der ich das Jesus-Gebet praktizierte und mich der Barmherzigkeit des Universums überließ, dachte ich irgendwie, die Gnade Christi bestände darin, daß es mir körperlich besser gehen würde. Aber nun weiß ich, daß man sich nicht einen Gott nach seinen Vorstellungen erschaffen kann."

Es erwies sich, daß die „Gnade Christi" nicht darin bestand, ihren Körper zu heilen, sondern darin, ihr eine Tiefe der Einsicht zu erschließen, die über ihre Identifikation mit dem Körper hinausging. Sie starb ohne Mühsal, erfüllt von ihrer hingebungsvollen Liebe. Ihre Heilung gehörte zu den wunderbarsten, die ich je erlebt habe.

Alles, was im Augenblick ihres Todes von ihr ausstrahlte, war leuchtende Leere und Liebe. Sie klammerte sich weder an das Leben, noch ließ sie sich in den Tod hineinfallen. Sie löste sich einfach auf wie ein Nebel aus Kristallen, der sich in der klaren Luft verflüchtigt.

Maharajji war bekannt für seine außerordentliche Fähigkeit, Kräfte zu manifestieren, die des Heilens inbegriffen. Es gibt viele Geschichten von Menschen, die zu ihm kamen, um geheilt zu werden.[*] In manchen Fällen gab er ihnen einen Stock oder eine Frucht, oder er segnete sie, und am nächsten Tag waren der Typhus, der Krebs und die Ruhr verschwunden.

Aber es gibt auch Geschichten von Leuten, die zu ihm kamen und einen Sterbenden in ihren Armen hielten - und er sah sie nur an, schüttelte den Kopf und sagte: „Wie soll ich helfen, wenn der Doktor nichts mehr tun kann?" Zweifellos war er nicht bereit, das zu verhindern, was für eine bestimmte Person genau das Richtige war. Anscheinend erkannte er, daß die perfekte Heilung für manche im Verlassen ihres Köpers bestand.

Eines Tages saß Maharajji mit einigen seiner Devotees in einem Hofraum. Er wandte sich einem von ihnen zu und sagte: „Nein, ich werde nicht kommen - sage ihm, daß ich nicht kommen werde." Der Devotee sah sich um und fragte: „Wem soll ich das sagen? Was meinst Du denn?" Gerade in diesem Moment kam der Diener eines seiner Devotees auf den Hof gerannt und rief: „Du mußt mitkommen, Du mußt mitkommen! Mein Herr liegt im Sterben, Du mußt ihm helfen!" „Nein, ich komme nicht mit", sagte Maharajji, „ich komme nicht mit."

„Du mußt mitkommen, Du mußt zu uns kommen", bettelte der Diener. „Ich komme nicht zu Euch", sagte Maharajji, „da ist nichts mehr zu machen." Aber die Devotees bedrängten Maharajji und beschworen ihn, doch etwas für den sterbenden Freund, den sie alle kannten, zu tun. „In Ordnung", sagte Maharajji, zog eine Banane aus dem vor ihm stehenden Korb, gab sie dem Diener und sagte: „Gib sie ihm, und alles wird in Ordnung sein." Von einer Frucht, die unter solchen Umständen angeboten wird, sagt man in Indien, daß die Gnade des Gurus in ihr enthalten sei. In großer Zuversicht eilte der Diener nach Hause zu seinem geliebten Herrn. Die Frau des Sterbenden zerdrückte die Banane sofort zu einem Brei und fütterte ihn langsam damit, Löffel für Löffel. Als der Mann den letzten Bissen der Banane hinuntergeschluckt hatte, starb er.

Es war tatsächlich alles in Ordnung. Die Heilung, die ihm bestimmt war, war eingetreten.

---

[*] Viele dieser Geschichten sind in dem im Sadhana Verlag erschienenen Buch *Subtil ist der Pfad der Liebe - Geschichten über Neem Karoli Baba* enthalten.

Ich verbrachte einige Zeit mit einer Krebspatientin, die mit einer der gegenwärtig populären holistischen Heilmethoden gearbeitet hatte. Diese regen den Patienten dazu an, seine Energien in aggressiven Visualisierungen zu konzentrieren, um das Immunsystem so zu stimulieren, daß es den Krebs förmlich verschlingt. Die hinter dieser Methode stehende Philosophie besteht darin, daß Krebs ein Resultat des Leugnens bestimmter Ereignisse und Erfahrungen sei, die verdrängt worden sind und für die man Verantwortung übernehmen muß. Der Krebs repräsentiert eine Verfestigung von lange zurückgehaltenen Gefühlen wie Abneigung, Furcht und Zweifel. Aber sie sagte, daß diese Methode ihr nicht zeigen könne, wie sie den Zorn „leeren" und ihn ergründen könne, um sich seine Energie als ein praktisches Werkzeug zunutze zu machen, und deshalb sei sie darauf ausgerichtet, daß man „den Krebs loswerden" und „ihn verjagen" müsse. Aber dies gäbe ihr das Gefühl, als würde sie widersinnigerweise überhaupt keine Verantwortung für den Krebs übernehmen - als würde diese Aggression genau jenen Prozeß der Negation verstärken, der ihren Krebs vielleicht überhaupt erst hervorgebracht habe. „Es ist, als würde ich einen Teil meiner selbst von neuem aus mir verdrängen." Eine andere Patientin, die sich ihrem Krebs geöffnet und die ihre prognostizierte Lebensfrist schon weit überschritten hatte, drückte sich so aus: „Ich weiß, woraus mein Krebs besteht. Er besteht aus den Bildern, die ich nicht gemalt habe, aus den Skulpturen, die ich nicht geformt habe, aus den Liebhabern, die ich nicht geliebt habe. Mein Krebs ist schön. Er ist einfach nur fehlgeleitete kreative Kraft, nur Energie, die sich nach innen gerichtet hat und auf einen engen Raum zusammengepreßt wurde, anstatt in die Welt hinauszufließen."

Eine andere Frau, die sich ihrem Heilungsprozeß weit geöffnet hatte, sagte: „Wie soll ich meinen Krebs angreifen, während ich gleichzeitig versuche, mich all den ungelösten Fragen in meinem Leben zu öffnen, die vielleicht in diesem Tumor verkörpert sind? Es scheint mir, daß ich nicht eine noch stärkere Aggression, sondern vielmehr Liebe entwickeln muß, wenn ich diesen Tumor auflösen will."

Eine weitere Patientin erzählte, daß sie eines Tages, als sie über die Qualitäten der Aggression meditierte, um ihren Krebs vielleicht mittels heftiger Energieimpulse zerstören zu können, eine Stimme in ihrem Innern sagen hörte: „Warum tötest du Krebszellen, warum tötest du etwas?" Und sie erkannte, daß es eigentlich notwendig war, Liebe und Harmonie in diesen Bereich hineinfließen zu lassen. Daß sie zur Wurzel gehen mußte, anstatt die Symptome, die Tumore so zu behandeln, als seien sie das eigentliche Problem. Und von diesem Moment an erzeugte sie in sich selbst Gefühle liebevoller Güte und goldenes Licht, um den Krebs reinzuwaschen, um ihn in den Fluß zurückzubringen, in dem es keine Hemmnisse gibt und nichts die Heilung blockiert, in welcher Form sie auch immer erscheinen mag.

Viele werden darin bestärkt, für ihre Krankheit „Verantwortung zu übernehmen", aber sie werden nur selten über den Unterschied zwischen Verantwortung und Schuld unterrichtet. Viele, die Verantwortung für ihre Krankheit übernehmen und sich doch außerstande fühlen, ihren Verlauf zu beeinflussen, fühlen sich schuldig, weil sie sich als verantwortungslos empfinden. „Jetzt lasse ich auch noch meine Familie im Stich, mit mir war eigentlich nie viel los." Aber Verantwortung ist nicht dasselbe wie Schuld; sie beinhaltet die Fähigkeit der Erwiderung, und die erwächst aus der Präsenz im Hier und Jetzt. Ebenso wie die Menschen, die Schmerzen haben und versuchen, sich ihres Leidens zu entledigen, bevor sie sich über dessen Ursachen völlig klar geworden sind, intensivieren auch diejenigen ihre eigenen Beschwerden, die sich selbst zu heilen versuchen, ohne zu verstehen, wer oder was aus dem Gleichgewicht geraten ist. Diejenigen, für die eine Heilung nur mit der Vorstellung des „körperlichen Überlebens" verknüpft ist, gehen oft in tiefer Depression und Selbstverachtung in den Tod hinein. „Nur wenn es mir gelingt, gesund zu werden, kann ich mich selbst achten". Der innere Zwiespalt, die aus Angst geborene Hoffnung und die zur Überwindung der Krankheit entwickelte Aggression können sich sehr wohl gegen die eigene Person richten.

Wenn wir uns in verschiedenen Krankenhäusern vorstellten, wurden wir gelegentlich gefragt, ob wir die Einrichtung von Heil- und Schmerzkliniken unterstützen würden. Auf entsprechende Fragen schlugen wir vor, daß die Einrichtung einer solchen Klinik darauf basieren sollte, Liebe zu erwecken und zur Behandlung der

Krankheiten und des Schmerzes einzusetzen. Liebe ist die bestmögliche Strategie für das Heilen. Nichts wird gewaltsam erzwungen, es gibt keine „Opfer". Liebe enthält das Potential, mit dem man über die sich als Krankheit manifestierenden Verhaftungen hinausgehen kann. In der Weiträumigkeit des Herzens, in der alle Gegensätze im Einen verschmelzen, wird nichts zurückgehalten. In dieser Offenheit lösen wir die aufgestauten Emotionen auf und gelangen in einen Zustand des Wohlbefindens, in welchem die Gesundheit nur eine Nebenerscheinung der Offenherzigkeit ist. Es scheint, daß einige Heilmethoden, unter ihnen sogar manche der „ganzheitlich" genannten, nicht zur Ganzheit führen, sondern zuweilen Eigenschaften begünstigen, die sich gegen die Krankheit richten und dazu geeignet sind, den Einzelnen seiner inneren Harmonie zu berauben.

Einer der Therapeuten, der beim Einsatz aggressiver Vorstellungen mit am erfolgreichsten ist und der vielen Patienten, deren Krebs sich bereits im vierten Stadium befand und bei denen alle traditionellen Therapien fehlgeschlagen waren, zu einem relativ gesunden Körper verhalf, nennt seine bemerkenswertesten Erfolgspatienten seine „Superstars". Er sagt, daß manche, die in der Bekämpfung ihres Krebses zunehmend Erfolge erringen, separatistische Tendenzen und eine Art von individualistischer Grausamkeit zu entwickeln scheinen, die den Umgang mit ihnen sehr schwierig macht. Er sagt, wenn zwei seiner Superstars sich in einem Raum befänden, könne man die Dissonanz zwischen ihnen förmlich spüren. Ihre Individualität habe sich sehr stark ausgeprägt und ihre Aggression sehr subtil entwickelt. Dennoch haben mir einige, die mit diesen Methoden gearbeitet haben, gesagt, daß sich ihr Herz spontan geöffnet habe und daß sie das Vertrauen in die Heilkraft ihrer Liebe gefunden hätten, statt Aggression zu fühlen

Dies führt uns zur Frage der Prioritäten. Ist es wichtiger, den Körper durch die Entwicklung aggressiver Eigenschaften zu retten, die sich vielleicht in den weiteren Inkarnationen fortsetzen, Schmerz verursachen und uns einen tieferen Zugang zu unserer ursprünglichen Natur verbauen, oder ist es wichtiger, loszulassen und eine Liebe zu entfalten, in der nicht der vergängliche Körper Priorität hat, sondern die Offenheit gegenüber dem Sein, die über den Tod hinausgeht?

Hat Jesus dieses gemeint, als er sagte: „Wer sein Leben findet, der wird es verlieren, und wer sein Leben verlieret um meinetwillen, der wird es finden"? Wenn wir Aggressionen entwickeln und nicht gesund werden, dann ist „alles verloren". Doch wenn wir Liebe entwickeln und das, was wir gewöhnlich Heilung nennen, tatsächlich nicht eintritt, haben wir keinen Teil unser selbst aufgegeben, sondern sind in eine höhere Ganzheit eingetreten. Die Kultivierung der Liebe ist gewissermaßen ein „Angebot ohne Nachteile". Denn auch wenn die Liebe den Körper nicht heilt, begleiten ihre Offenheit und Weisheit einen Menschen doch in den nächsten vollkommenen Augenblick hinein.

Ich kenne keine Statistiken über die Heilkraft der Liebe, aber ein intuitives Gefühl ihrer Gültigkeit. Liebe ist bedeutender als jede Emotion: In ihr verflüchtigt sich die Angst und verfliegt der Zorn. Der Schmerz kann frei fließen.

Wenn man Kliniken einrichtet, die auf dem Gleichgewicht von Herz und Geist basieren und in denen die Liebe zum Heilen eingesetzt wird, wird man wohl auch an die Anwendung verschiedener Meditationspraktiken denken.

Als erste wäre die „Atmung der Wärme und Geduld" zu nennen: Bei jedem Einatmen entfaltest du allmählich das Gefühl der Wärme und der Offenheit, die innere Nahrung, die deine Loslösung von den Verkrustungen des Herzens so sehr erleichtert. Beim Ausatmen entwickelst du die Eigenschaft der Geduld. Es ist nicht die Geduld, mit der man darauf wartet, daß etwas geschieht, denn das ist Ungeduld. Wirkliche Geduld ist eine Offenheit, eine Bereitschaft dafür, in allem, was geschehen mag, präsent zu sein. Es ist keine zielorientierte Erwartung, die nur weitere Spannung, Sorge und Rastlosigkeit schafft. Du atmest einfach nur Wärme ein und läßt bei jedem Ausatmen allmählich Geduld in dir entstehen. Diese Atmung der Wärme und Geduld sollte man eine oder zwei Wochen lang dreimal täglich für zwanzig Minuten praktizieren, bis man spürt, daß die Zeit für den nächsten Meditationsschritt gekommen ist.

Der zweite Schritt ist die im Kapitel „Erledigte Geschäfte" beschriebene Meditation der Selbstvergebung - das Loslassen des Unwillens und der Verhaftungen, die die Panzerungen des Herzens bilden.

In jeder Meditation ergründet man tiefer und tiefer, auf welche Weise Verhaftungen das Herz verschließen können.

Die Meditation der Selbstvergebung hinterläßt in uns ein Gefühl der Offenheit und der Versöhnlichkeit mit uns selbst, und unsere schmerzhafte Isolation beginnt sich zu verflüchtigen. Die Disharmonie, aus der heraus Krankheit enstehen könnte, wird ausbalanciert.

Die dritte empfohlene Meditation widmet sich der Entfaltung liebevoller Güte. Zunächst erweckt man die Liebe zu sich selbst, den Wunsch nach dem eigenen Wohlergehen. Und das ist nicht gerade einfach. Dann strahlt man diese liebevolle Güte zunehmend auf andere aus, so daß im Zuge der Entfaltung der Meditation schließlich alle Wesen in diese ausströmende Liebe einbezogen sind.

Diese Meditation schafft allmählich eine immer tiefere Konzentration, die es einem schließlich ermöglicht, den ganzen Körper der universalen Harmonie dessen zu öffnen, was man in Ermangelung eines besseren Begriffes wiederum Liebe nennen kann.

Wenn sich das Herz nach und nach öffnet, mag es sein, daß man dieses universale Gefühl der Liebe auf alle Bereiche der Disharmonie konzentriert, indem man seine Aufmerksamkeit einfach auf die dort wahrgenommenen Empfindungen lenkt und die Energie der Liebe dann direkt in sie hineinleitet. Wir spüren, wie sich diese Liebe ausbreitet, allmählich unseren ganzen Körper durchdringt, und wie wir sie mit allen teilen, denen wir begegnen. Wir erkennen, daß unser Leid uns mit dem Leid aller anderen verbindet, und daß sich unser Mitempfinden und Verständnis vertieft. Wir entwickeln Empfindungen der Liebe für alle fühlenden Wesen auf allen Ebenen der Existenz. Aus solchen Meditationen erwächst uns ein tiefes Empfinden für die Unermeßlichkeit der Energie der Liebe, die jedes Wesen auf sich selbst und auf alle anderen auszustrahlen vermag.

Die abschließenden Meditationen, wie zum Beispiel die Achtsamkeits-Meditation, basieren auf der Erforschung: Man erkennt die Tatsachen an und öffnet sich ihnen. Man akzeptiert den Moment so, wie er ist, ohne ihn mit einem Ring der Anspannung zu umgeben. Man durchschaut sein Selbstbild und erkennt das

Leid und die Disharmonie, die es erzeugt.

Die Schmerz-Meditationen (siehe das Kapitel „Mit dem Schmerz arbeiten") sollten ebenfalls angeboten werden, denn sie ermöglichen es, Sanftheit und Offenheit selbst bei jenen Haltungen zu entwickeln, die sich so tief eingeprägt haben wie die Abneigung gegen den Schmerz.

Und stets sollten diese Meditationen durchdrungen sein von der Frage: „Wer ist es, der Schmerzen hat?" - „Wer ist es, der Angst empfindet?" - „Wer ist es, der gesund wird?" - „Wer ist es, der stirbt?"

DER BUDDHA IM MUTTERLEIB

Im Fruchtwasser schaukelt sie hin und her,
die kleine Gottheit mit zehn Zehen und zehn Fingern,
erfüllt von unendlicher Hoffnung,
kopfüber auf der Reise durch die Welt.

Ich weiß, meine Knochen sind nur ein Käfig für den Tod.
In der Meditation kann ich meinen Schädel sehen,
einen Totenkopf,
von innen erleuchtet
durch Kerzen,
die vielleicht die Sonnen
anderer Galaxien sind.
Ich weiß, der Tod
ist ein Weg zum Licht,
ein glückverheißender Traum,
aus dem man nur ungern erwacht.
Ein Geliebter,
der in einem Lande zurückbleibt,
für das du kein Visum hast -
und ich weiß, daß die Pferde des Geistes
galoppieren und immer weiter galoppieren,
aus der Zeit heraus
und in den Augenblick hinein, der JETZT genannt wird.
Warum kümmere ich mich dann

um diesen kopfstehenden Buddha,
der durch die Welt schaukelt,
dessen Zehen und Finger
von Blut durchströmt werden,
das nur singen und sterben wird?

Ein Licht leuchtet in meinem Totenschädel
wie auch in seinem.
Wir meditieren über unsere Knochen,
nur um sie zerbersten zu lassen,
ohne großes Bedauern.

Das Fleisch ist nur eine Lektion.
Wir lernen sie
und ziehen weiter.

Erica Jong

* * *

Selbstmord

Hamlet fragt „Sein oder nicht sein...", doch das ist hier nicht die Frage. Die Frage heißt: „*Wie* ist das Sein?" In einer Welt, in der so viele Sehnsüchte keine Erfüllung finden und die voller physischer und mentaler Schmerzen ist, interessiert uns vor allem, wie man sie durchstehen kann, ohne bereits abgetötet zu werden, bevor man stirbt.

Ein griechischer Philosoph sagte: „Die Tragödie des Lebens, mein Freund, besteht nicht darin, daß es ein Ende haben muß. Sie besteht darin, daß wir den Tod schon vor unserem natürlichen Hinscheiden so oft herbeiwünschen müssen". Ich kenne nur wenige Menschen, die nicht irgendwann einmal glaubten, daß der Tod ihrer derzeitigen mißlichen Lage vorzuziehen sei. Es scheint sogar, daß der Tod bereits wenige Jahre nach der Geburt zu einer stets gegenwärtigen Alternative wird.

In jedem Jahr sind es Tausende von Schulkindern, die sich das Leben nehmen.

Die dominierende Todesursache bei Jugendlichen ist der Selbstmord.

Es ist unschwer einzusehen, daß jede im Geiste aufkommende Pein und Konfusion von einem intensiven Verlangen nach Beendigung des Leidens begleitet wird. Vielleicht stellt die Selbsttötung tatsächlich den Versuch dar, Kontrolle über eine Situation zu gewinnen, von der man meint, daß man sie anders nicht meistern könne. Sie scheint für viele die einzige Alternative zur völligen Niederlage zu sein. Selbstmord entspringt nicht aus einem

Haß gegen das Leben, sondern aus der Begierde nach ihm, aus einem Verlangen nach einer wunschgemäßen Entwicklung der Dinge, nach einer Lebenserfüllung in Augenblicken scheinbarer innerer Leere. Bei vielen mag der Selbstmord die Manifestation eines enttäuschten „Lebenswillens" sein. Anderen wiederum mag das Leben aufgrund ihrer körperlichen Schmerzen nicht mehr lebenswert erscheinen.

Ich bin vielen an degenerativen Krankheiten leidenden Menschen begegnet, die sich nichts sehnlicher wünschten als das Ende ihrer Qualen und die den Selbstmord ernsthaft ins Auge faßten. Für viele aber war es diese Erwägung einer Selbsttötung, welche sie zu einer tieferen Erkundung des Lebens, zu einer Ergründung ihrer Prioritäten zwang. Das Nachdenken über den Selbstmord kann bei vielen tatsächlich die erste Gelegenheit sein, den Tod zu verinnerlichen und die Art und Weise ihrer bisherigen Existenz ernsthaft in Frage zu stellen.

Es scheint, als gäbe es nur zwei Arten von Wesen, die freien Willens in den Tod gehen: Die einen, deren Herz weit geöffnet ist, die sich nicht an den Körper klammern, die in jeden neuen Augenblick hineinfließen und offen für das Unbekannte sind. Die anderen, deren Geist müde und deren Herz verängstigt ist, lassen sich in den Tod hineinfallen, um dem Leben zu entfliehen. Die einen gehen auf das Licht zu. Die anderen bewegen sich rückwärts. Beide verdienen dieselbe Achtung, dasselbe Mitempfinden wie auch die Gebete und das Verständnis derer, die sie zurücklassen.

Kürzlich hörte ich den Vater eines Jungen, der Selbstmord begangen hatte, sagen: „Jeder hat ein Skelett in seinem Schrank versteckt. Aber wer sich selbst tötet, läßt sein Skelett im Schrank eines anderen zurück." Die Kümmernisse und Schuldgefühle, die einem Selbstmord zugrunde liegen, stellen oftmals ein Vermächtnis an Schuldbewußtsein und Verwirrung dar. Jeder, der dem Toten nahestand, zermartert seinen Geist und zerreißt sich das Herz mit der Frage: „Was hätte ich tun können, um das zu verhindern?"

Die Anerkennung der Tatsache, daß Menschen aus dem Kontext ihres eigenen Lebens heraus handeln müssen, erweckt Mitgefühl sowohl für die, die sich selbst töten, als auch für jene, die zurückbleiben. Wenn man mit dem Selbstmord einer befreundeten oder sehr nahestehenden Person konfrontiert wird, bringt der ruhelose Geist all die Zwiespälte und Ängste zum Aufwallen, die sich im Laufe eines Lebens angesammelt haben. All die Augenblikke, in denen wir meinten, ein besserer und liebevollerer Mensch sein zu müssen, treiben an die Oberfläche empor.

„Was hätte ich tun können? Wie hätte ich ihr/ihm zu einem erfüllteren Leben verhelfen können?" Ein Gefühl der Niederlage erhebt sich im Geist, auch wenn es noch so unbegründet ist. Jene, die nach einem Selbstmord tief bekümmert zurückbleiben, denken sogar oft selbst daran, sich das Leben zu nehmen. „Was soll das alles noch? Warum soll ich mich noch plagen?" - diese verzweifelten Fragen übertragen sich auf die Hinterbliebenen. Vielleicht sind es dieselben Fragen, die das Gift zur Wirkung brachten oder den Abzug betätigten - Gefühle der Hilflosigkeit angesichts der Unwägbarkeiten des Lebens.

Ich glaube, daß es in der Folge eines Selbstmordes von Nutzen ist, Meditationen der Vergebung zu praktizieren und den geliebten Menschen auf der anderen Seite Gefühle der Vergebung zuzusenden, damit sie nicht von dem Schmerz gequält werden, den sie verursacht zu haben glauben. Sie werden dazu ermutigt, sich selbst zu vergeben, so daß sie sich nicht von neuem in Schuldgefühlen verlieren. Dann vergibt man sich selbst, vergibt sich seine Unwissenheit und die unablässigen Wertungen und Selbstzweifel des Geistes, die einem das Gefühl geben, für die Taten anderer verantwortlich zu sein.

Wir geraten nicht in Hader mit uns selbst. Wir werden einfach dazu ermutigt, loszulassen und uns rings um den Schmerz zu öffnen, um das im Selbstmord widergespiegelte mentale Leid nicht von neuem zu erschaffen. Die Vergebung uns selbst und anderen gegenüber läßt das Leben weitergehen und ermöglicht es dem Herzen, über die Schuldgefühle und quälenden Gegenbeschuldigungen des Geistes hinauszuwachsen.

Wenn wir mit Menschen zusammenarbeiten, die durch ihren Beruf praktisch in die Position eines „Selbstmord-Beraters" versetzt wurden, erinnern wir sie immer wieder daran, daß sie sich wahrscheinlich die falsche Tätigkeit ausgesucht haben, wenn sie Schwierigkeiten mit der Tatsache haben, daß andere sich das Leben nehmen. Um wirklich ein „Selbstmord-Berater" zu sein, muß man jeder Alternative im Geiste eines anderen in sich selbst Raum geben können. Andernfalls ist man nur einer oder eine von jenen, denen man nicht vertrauen kann und die anderen ihren Willen aufzudrängen versuchen. Wenn man sein Herz für andere Menschen öffnen will, darf man sich keiner Dimension ihres Wesens verschließen. Unsere Vernunft sagt uns, daß der Selbstmord eine schändliche Tat, ja sogar eine Sünde sei. Wir glauben, wir wüßten es besser als jene, die an einen Selbstmord denken. Doch wir haben keinen Bezug zu dem Schmerz in ihrem Innern, weil wir vor dem Schmerz in uns selbst so große Angst haben. Unser Verlangen danach, Menschen davon abzuhalten, sich selbst zu töten, führt nur zu weiterer Absonderung. Wie wollen wir ganz und gar für sie da sein, wenn wir glauben, daß sie im Unrecht sind? Wenn wir aber den Schmerz anerkennen, der zuweilen unseren eigenen Geist erfüllt, dann werden wir auch in der Lage sein, uns auf den Schmerz eines anderen einzustellen. Wir werden unsere Liebe nicht aufkündigen, nur weil die Handlung, über die der andere nachdenkt, im Widerspruch zu unseren Anschauungen steht. Wir müssen daran denken, daß viele sterben möchten, weil die Liebe, die sie in sich fühlen, nie eine Erfüllung fand. Sie bekommen nicht das, was sie wollten. Es handelt sich nicht um Interesselosigkeit. Sie töten sich selbst aus Schmerz und infolge unerfüllter Verlangen.

Hunderte springen jedes Jahr von der Golden Gate-Brücke in den Tod. Fast alle springen auf der Seite der Brücke, die nach San Franzisko weist und nur sehr wenige auf der Seite, die der endlosen Weite des Pazifischen Ozeans zugewandt ist. Selbst in ihrem Freitod ist ihre Beziehung zu der Welt, die sie verlassen wollen, von größter Symbolik.

Wir müssen erst die Hoffnungslosigkeit in uns selbst kennenlernen, bevor wir andere dazu ermutigen können, sich dem Leben zu öffnen.

Man könnte sagen, daß es zwar nicht absolut „falsch", wohl aber unklug ist, Selbstmord zu begehen. Eine andere Möglichkeit der Hingabe, der Loslösung vom inneren Schmerz wurde weder wahrgenommen noch ergriffen. Die lebenslang geförderte Aversion gegen das Unangenehme tat weiter ihre Wirkung und verstärkte sich von neuem. Viele haben, bevor sie sich das Leben nahmen, langanhaltende Depressionen durchlebt, in denen sie viele Male an einen Selbstmord gedacht und ihn sogar geprobt haben, ohne letztlich die Energie oder Willenskraft zu seiner Durchführung gefunden zu haben - und dann vollzogen sie diesen Schritt widersinnigerweise zu einem Zeitpunkt, in dem sie nach jener Depression einen seelischen Aufschwung erlebten. Sie taten es gerade dann, wenn die Energie zurückkehrte, wenn das Licht zu dämmern begann.

Viele begehen Selbstmord, wenn sie das Gefühl haben, daß es „keine Hoffnung mehr" gäbe. Hoffnung aber entspringt aus Furcht, aus Mangel. Erst wenn wir keine Furcht mehr kennen, werden wir fähig sein, ohne Hoffnung zu leben. Jene, die in Dantes *Inferno* durch das Tor schritten, lasen die Worte: „Laßt, die Ihr hier eintretet, alle Hoffnung fahren." Sie stellen keinen Fluch, sondern einen Segen dar. Sie besagen, daß alles Klammern an zukünftigen Möglichkeiten das schmerzvolle Unvermögen hervorruft, die Gegenwart zu erleben. Die Hoffnung veranlaßt uns, uns wieder und wieder selbst zu töten. Dies läßt sich leicht sagen, doch es ist denjenigen schwer zu vermitteln, die sich töten wollen. Aber wenn man sein Leben schließlich so voll und ganz lebt, daß man die Hoffnung aufgeben kann, wird man fähig sein, jene furchtlose Weiträumigkeit auch anderen zu erschließen, so daß sie dem Leid in ihrem Herzen Raum geben können. Wenn wir die Verhaftung an unserer Angst losgelassen haben, dann umgeben wir jene, die einen Selbstmord erwägen, mit einer optimalen Sphäre. Wir werden dann zu einem Raum, in den sie eintreten und sich nach Belieben von ihrem Leid lösen können. Sie können den nächsten kleinen Schritt vollziehen, den nächsten sanften Eintritt in das Unbekannte.

Unsere tief eingeprägte Verurteilung des Freitodes wurde mit dem Bild eines buddhistischen Mönches konfrontiert, das vielen in der Mitte der sechziger Jahre auf der ersten Zeitungsseite ins Auge sprang. Er hatte sich auf einer Straße in Saigon selbst mit Benzin übergossen und zum Opfer gebracht. Im vietnamesischen Volkstum herrscht nämlich der weitab vom orthodoxen buddhistischen Denken angesiedelte Glaube, daß das bewußte Sterben eines herzensreinen Menschen das Leben von zehntausend anderen retten kann.

Durch die Photographie dieses Mönches, der sich in tiefer Stille den lodernden Flammen aussetzte, nahmen viele zum ersten Mal vom Leiden des vietnamesischen Volkes Notiz. Er zog sich nicht aus dem Leben zurück und ging auch nicht in irgendeiner unsicheren heroischen Geste zugrunde. Er versuchte, das Leid anderer Wesen zu erleichtern, indem er seinen eigenen Körper vergehen ließ. Ist das Selbstmord?

Maharajji sagte: „Jesus gab alles hin, auch seinen Körper."

In einem Wesen, für das der Selbstmord ein Weg ist, um dem Leben zu entrinnen, offenbart sich unser aller Schmerz. Selbstmord ist nicht die Antwort. Doch besteht sie ebensowenig in einem Leben, in dem man um Hoffnung ringt und sich an die Erwartung klammert, daß sich die Umstände ändern würden oder daß man um des Überlebens willen jeden Preis zahlen müsse. Frage nicht „Sein oder nicht sein", sondern „Was ist Sein?". Ergründe den Schmerz im Herzen und bringe ihn in Übereinstimmung mit der Verpflichtung, anderen zu dienen, damit das Leid der Menschen ein Ende findet.

Selbstmord ist das Töten des Körpers. Gewahrsein ist die Wiedergeburt des Geistes. Liebe ist die Verwirklichung des Unaussprechlichen.

* * *

Bestattung

Das Ritual der Bestattung diente ursprünglich dem Zweck, daß die Menschen von ihren Lieben Abschied nehmen konnten. Es bot ihnen eine Möglichkeit, den Tod anzuerkennen, und es sollte sie ermutigen, den Blick auf das zu richten, was vom Vergehen des Körpers nicht berührt wird, damit sie sich der vor ihnen liegenden Aufgabe widmen konnten: in Frieden und innerer Ruhe den nächsten optimalen Schritt der Entwicklung zu vollziehen.

Die Bestattung bietet eine Gelegenheit zur Würdigung der Liebe, die wir miteinander geteilt haben, und sie soll die verstorbene Person daran gemahnen, ihre Reise ohne jede Verhaftung an dem hinter ihr liegenden Leben fortzusetzen. Sie soll dem Verschiedenen helfen, eins mit seiner ursprünglichen Natur zu werden, sich von der Individualität zu lösen und mit dem Universalen zu vereinen. Sie stellt das Gleichgewicht zwischen Besitzdenken und Liebe her, und sie versöhnt die Bestrebungen, den Verstorbenen einerseits bei sich behalten und ihm andererseits eine gute Reise wünschen zu wollen. Sie ist ein Ritual, welches das Herz dazu ermutigt, sich sowohl seinem Kummer zu öffnen als auch dem zu vertrauen, was jenseits der Sinne existiert. Sie bietet uns Gelegenheit, unseren Schmerz auszudrücken und die Persönlichkeit des geliebten Menschen zu ehren, die wir irrtümlich mit dem Körper gleichgesetzt haben, der nun als leere Hülle vor uns liegt.

Die Bestattung ist eine Initiation sowohl für die, die ihren Weg fortgesetzt haben, als auch für die Trauernden. Vor beiden liegt dieselbe klare Aufgabe: sich von den Bindungen an die Gedanken der Trennung zu lösen und mit dem Essentiellen zu verschmelzen. Die Bestattung gemahnt uns, nach innen zu gehen und den Geist im Herzen versinken zu lassen. Die Bestattung ist eine Möglichkeit, die Geschäfte zu erledigen, alles Trennende loszulassen und die grundlegende Einheit aller Wesen anzuerkennen. Wenn auch ein lebloser Körper vor uns liegt und das Bewußtsein an einem anderen Ort weiterbesteht, vermittelt sie uns die Erkenntnis, daß die Arbeit an uns selbst immer die gleiche ist: mit dem Glanz unserer ursprünglichen Natur zu verschmelzen, die Türen des Herzens liebevoll aufzustoßen, statt sie furchtsam zu verbarrikadieren, und unsere Verwundbarkeit und Vergänglichkeit anzuerkennen.

Wenn jemand in einem Krankenhaus oder daheim stirbt, rät unsere Gruppe den Trauernden, den Körper nicht sogleich fortzuschaffen, sondern in Ruhe von ihm Abschied zu nehmen, bevor die Kunst des Leichenbestatters den Tod überdeckt. In den Stunden nach dem Tod fühlt man das Erkalten des Körpers und sieht die Haut verblassen, während sich die Gesichtszüge entspannen. Ein deutliches Gefühl des Friedens breitet sich aus. Trauer und Liebe können sich neben der nun leeren Körperhülle entfalten.

Wenn jemand zu Hause oder in einem Krankenhaus gestorben ist, in dem das Verweilen beim Leichnam möglich ist, reinigen wir das Zimmer, entfernen die Medikamente und sonstigen Utensilien zur Lebenserhaltung, legen dem Leichnam seine oder ihre Lieblingskleidung an, kämmen das Haar, lassen seine oder ihre Lieblingsmusik spielen, stellen ein paar Blumen hin und zünden vielleicht Weihrauch an. Dann lassen wir die Hinterbliebenen eintreten, und sie können dem oder der Verstorbenen die letzte Ehre erweisen und sich bewußt werden, daß das, was sie geliebt haben, nicht mehr zugegen ist. Sie können sehen, daß die Person, die sie liebten, nicht einfach nur ein Körper war. Eine der tiefgreifendsten Erkenntnisse beim Anblick eines Leichnams besteht sogar darin, daß das, was diesen Leichnam betrachtet, genau jenes ist, was nun im leeren Körper nicht mehr vorhanden ist. Dieses Bewußtsein ist fortgegangen, und das ist alles.

In Bestattungsinstituten, welche die Leichname so zurechtmachen, daß sie aussehen, als müßten sie öffentlich präsentiert werden, wo sie in ihren Sonntagsstaat gekleidet und mit Lippenstift und Kosmetika so hergerichtet werden, als würden sie nur schlafen, wird der Erfahrung des Todes nur wieder ausgewichen. Die Möglichkeit, Abschied zu nehmen und den geliebten Menschen zu berühren, wird beschränkt. Der oder die Verstorbene liegt in einem Metallkasten einen halben oder ganzen Meter über dem Boden, und wenn man daran vorübergeht, hat man nicht das Gefühl, sie berühren, umarmen und küssen oder weinen und beten zu können. Die Trennungslinie erscheint unüberwindlich. Aber wenn ein Körper in seinem eigenen Bett liegt, wenn die Familie hereinkommen kann und die Kinder sich neben ihren Vater oder ihre Mutter setzen und ihren Kopf auf ihre Brust legen können, dann finden Tod und Liebe zueinander. Der Abschied von einem geliebten Menschen wird zu einer sehr realen und ganzheitlichen Erfahrung.

Unsere Gesellschaft hat kaum Rituale des Abschiednehmens entwickelt. Vielleicht mißt sie der Bestattung deshalb eine so eigentümliche Bedeutung bei, weil unsere Ablehnung des Todes unsere Verhaftung am Verstorbenen so sehr verstärkt.

Wir hatten einige Monate Kontakt zu einer sterbenden Freundin, die mit ihrem Mann an den Workshops teilgenommen hatte und gelegentlich zu Besuch kam. Als sie damals das Krankenhaus aufsuchte, um das letzte Stadium der Prognosen und Behandlungen zu durchlaufen, ging es ihr so schlecht, daß man ihr alle zwei Stunden hohe Dosen Morphium geben mußte, um die von Metastasen im Bereich der Wirbelsäule verursachten quälenden Schmerzen zu dämpfen. Nachdem sie eine Woche im Krankenhaus gelegen hatte, bat sie mich darum, sie regelmäßig zu besuchen, damit sie dem Tod ein wenig gelassener begegnen könne. Ihrer Familie, die sie am Vortag des Muttertages nach Hause geholt hatte, sagte sie, daß sie endlich dazu bereit sei, den letzten Schritt zu tun. Als wir uns am nächsten Tag unterhielten und ich sie daran erinnerte, daß Muttertag war, sagte sie: „Oh, das ist ja mein Tag - laßt uns eine Party feiern!" Wir legten eine Picknick-Decke auf den Rasen und breiteten die belegten Brötchen und Kekse darauf aus. Doch als das Picknick vorbereitet war, fühlte sie sich zu schwach, um daran teilzunehmen. So gingen alle Familienmitglieder und Freunde einzeln in ihr Zimmer, um ihr zum Muttertag alles Gute zu wünschen. Ihre engen Freunde, ihre Brüder, ihr Mann und ihre

Tochter kamen alle zu ihr herein, um ihre Empfindungen mit ihr zu teilen und ihr in den letzten Stunden ihrer Reise zur Seite zu stehen. Während der ersten anderthalb Tage meines Besuches war die von ihr benötigte Menge an Schmerzmitteln geringer als das Quantum, das man ihr im Krankenhaus wochenlang während einer einzigen zweistündigen Periode verabreicht hatte. Indem sie sich dem Tod öffnete, verminderte sich ihr Widerstand gegen den Schmerz und die Verklammerung an ihren Körper. Und weil sie sich dem Licht zu öffnen begann, empfand sie in den Tagen ihrer Vorbereitung auf das Verlassen des Körpers nur wenig Schmerz und Verwirrung. Sie starb drei Tage nach ihrer Heimkehr um sechs Uhr morgens in Gegenwart ihres Mannes, der still an ihrem Bett saß. Als ich im Haus eintraf, waren auch ihre Brüder und ihr Vater, die einige Kilometer entfernt wohnten und verständigt worden waren, schon auf dem Weg. Ihre besten Freunde legten ihr ihr langes purpurrotes Lieblingskleid an, während die lyrischen Klänge der Musik von Judy Collins den Raum erfüllten. Ein Gefühl der Liebe durchdrang die Aktivitäten aller Anwesenden. Jedes Wort wurde bewußt im Angesicht der Unermeßlichkeit des Unbekannten gesprochen.

Diejenigen, die es sich selbst nie zugestanden haben oder niemals Gelegenheit dazu hatten, in den auf den Tod folgenden Stunden bei einem Leichnam zu verweilen, haben eine kostbare Gelegenheit versäumt. Während des Prozesses des subtilen Herausfließens der Lebenskraft wird ein Gefühl der Vollendung spürbar. Wenn man die Gesichtszüge in den Stunden nach dem Tod beobachtet, bemerkt man, wie sie weicher und weicher werden, wie sich ein Lächeln in ihnen ausbreitet, das nicht auf die Erstarrung der Muskeln zurückzuführen ist - eine Weichheit, die man in diesem Gesicht in den letzten Tagen oder Monaten vielleicht nie gesehen hat, besonders dann nicht, wenn es ein schmerzvoller Tod war. Alle Anwesenden spüren, daß alles in Ordnung ist, daß sich der geliebte Mensch „in Gottes Hand" befindet.

Etwa eine halbe Stunde später traf der Vater dieser jungen Frau ein, niedergeschmettert vom Tod seiner Tochter. Wie viele Monate oder sogar Jahre wir auch Zeit haben, uns auf den Tod eines lieben Menschen vorzubereiten - wenn der Tod tatsächlich eintritt, trifft uns das Gefühl des Verlustes mit aller Macht. Die Unwiderruflichkeit vom Austritt des Bewußtseins aus dem Körper hinterläßt in uns ein Gefühl tiefer Verlassenheit und schweren Verlustes. Ihr Vater trat ein und hatte den einzigen Wunsch, daß dies alles nicht wahr sein möge. Er stand am Rande des Zusammenbruchs und war nahe daran, laut um die Rückkehr seiner Tochter zu flehen. Aber das Zimmer, in welches er eintrat, war ein Raum der Liebe. Seine Tochter sah in dieser dritten Stunde nach ihrem Tod wunderschön aus - auf ihrem Gesicht lag ein Lächeln, und ihre Hände waren über ihrem Herzen gefaltet. Ihn überkam die Ahnung eines Einverstandenseins, das er nie mit dem Tod in Verbindung gebracht hatte. Ihr Bruder, ein Tischler, der mit der Arbeit an ihrem Sarg begonnen, jedoch mit der Fertigstellung gezögert hatte, in der Hoffnung, daß man ihn vielleicht doch nicht brauchen werde, vollendete seine Arbeit nun bei sich zu Hause. Ihre fünfjährige Tochter saß auf dem Bett neben ihrer toten Mutter und sprach leise mit ihr, während sie den Schmuck sortierte, den ihre Mutter ihr in einem Kästchen hinterlassen hatte, damit sie damit spielen und ihn nach Belieben tragen konnte. Als sich der Vater der Toten dem Leichnam näherte, ermunterte man ihn, seine Finger leicht auf den Scheitel des Kopfes seiner Tochter zu legen. Denn oft, wenn auch nicht immer, ist es so, daß man die den Körper verlassenden Lebensschwingungen noch für Stunden nach dem Tod erspüren kann. Obwohl man ihm gesagt hatte, daß er vielleicht etwas fühlen werde, führte er diese Geste eher aus Unsicherheit und dem Bedürfnis aus, keine Szene zu provozieren. Er erwartete nichts. Als er seine Fingerspitzen für einen Moment leicht auf ihren Kopf legte, brummte er nur vor sich hin und trat dann wieder zurück, um jedoch im nächsten Moment zu zögern. Er starrte auf seine Hand, sah auf und sagte: „Ich spüre ein Kribbeln. Was mag das sein?". Er legte seine Hand wieder auf den Scheitel seiner Tochter und konnte die entweichende Lebenskraft fühlen. Er war sehr erstaunt. Während er neben seiner Tochter stand und erlebte, wie ihre Energie aus ihr herausströmte, wandelte sich sein Verhältnis zum Tod. Es war eine Fühlungnahme mit der Essenz ihrer Beziehung, wie er sie nicht für möglich gehalten hatte. Als ihre Brüder eine Stunde später mit dem Sarg eintrafen, wurde sie sanft hineingelegt, und nachdem der Sarg in die Mitte des Wohnzimmers gestellt worden war, versammelte sich die Familie um ihn. Doch anstatt uns zu wünschen, daß dies alles hätte anders kommen mögen, reichten wir uns die Hände zu einer andächtigen Meditation, um ihr zu sagen, daß sie ihre Reise fortsetzen möge, daß ihre Arbeit hier getan sei und ihre einzige Aufgabe nun darin bestünde, mit ihrem reinen Sein zu verschmelzen, dem Licht zu vertrauen und auf das Licht zuzugehen. Was für ein Kontrast war das doch für diese Familie! Anstatt zurückzuweichen oder sich zu verklammern, würdigten alle die Vollkommenheit dieses Augenblicks, wenn sie auch seine Schmerzlichkeit empfanden. Es war ein Ritual des Herzens, das alle Anwesende zu heilen schien.

Das Verweilen bei dem Leichnam eines Menschen, der erst vor vier, fünf oder acht Stunden gestorben ist, vermittelt eine Einsicht in den Sterbeprozeß, die in unserer Erfahrungswelt keine Parallele findet. Wir können die Leichtheit spüren, mit der dieses Wesen seinem Körper entschwebt, dringen in die Tiefe der Gefühle der Trennung, in die Tiefe des Schmerzes unserer Verklammerung ein und fühlen uns wohltuend darin bestärkt, ins Licht hinein loslassen zu können, um unser selbst und aller anderen willen.

Für eine zunehmende Zahl von Menschen ist die Feuerbestattung eine willkommene Möglichkeit, sich des Körpers zu entledigen. In Asien ist sie für die meisten Menschen ein gebräuchliches Mittel, um die Elemente der leeren Körperhülle der Auflösung zu überlassen.

Manche asiatische Lehrer meinen, daß die Einäscherung vorzuziehen sei, weil sie dem Verstorbenen unmittelbar vermitteln könne, daß der Körper mit seiner wahren Natur und seinen gegenwärtigen Bedürfnissen wenig gemein habe.

Nach der liebevollen Ermutigung des Verstorbenen zur Fortsetzung seines Weges findet im Kreise der nächsten Angehörigen zu einem späteren Zeitpunkt oft ein Gedenkgottesdienst statt. Bei manchen dieser Gottesdienste wird die Asche des verbrannten Körpers an einer Bergschlucht in alle vier Winde zerstreut. Sie bieten all jenen eine Gelegenheit der Zusammenkunft, die dieser Tod in irgendeiner Weise berührt. Bei solchen Gedenkgottesdiensten wird oft die lyrische Weisheit des Kahlil Gibran vorgetragen, man hört den Liedern eines einfühlsamen Gitarrenspielers zu, oder es ergibt sich eine gemeinsame Meditation, vielleicht auch ein stiller Tanz, in dem die Unbeständigkeit aller Dinge ihren Ausdruck findet.

Ein Gedenkgottesdienst ist nicht nur eine Gelegenheit, des Verstorbenen zu gedenken, sondern bietet auch die Möglichkeit, sich der Essenz zu erinnern, die wir alle teilen. Er stellt den Tod in einen Zusammenhang. Er läßt uns den Tod verinnerlichen.

Ein anderer Brauch, den viele als hilfreich erkannt haben, besteht darin, ein Bild des Verstorbenen auf einen Tisch zu stellen und vielleicht eine Kerze oder Weihrauch anzuzünden. So können wir uns eine oder zwei Wochen lang jeden Tag für eine Weile davorsetzen und mit dem geliebten Menschen über unsere Gefühle der Verbundenheit kommunizieren und ihn ermutigen, seine Reise fortzusetzen. Nach einer Zeit, die das Herz bestimmt, führt man diese Kommunikation vielleicht nur noch einmal wöchentlich, bis eine Gesamtzeit von sieben Wochen erreicht ist, oder zum jährlichen Todestag aus. Dies hilft sowohl dem Verstorbenen als auch der trauernden Person, denn er ermöglicht ein Loslassen und Weitergehen, das für beide von Nutzen ist. Er erlaubt es, ins reine zu kommen und den Umstand des Todes und des Verlustes voll und ganz zu akzeptieren.

Wir haben in Montana einen Freund, dessen Arbeit als Tischler darin besteht, Wiegen und Särge herzustellen. Er hält auch sehr einfache Beerdigungen ab. In abgelegenen Landstrichen gräbt man oft eine Grube und läßt den Leichnam, in einem schlichten Kiefernsarg oder einfach nur in ein gebatiktes Tuch gewickelt in die Erde hinab. Ein Obstbaum wird auf dem Grab gepflanzt. Dessen Wurzeln nähren sich von der Rückkehr dieses Körpers in die Erde, die sein Leben erhalten hatte. Wenn man dann in späteren Jahren die Früchte dieses Baumes ißt, ist es so, als würde man dieses geliebten Menschen teilhaftig werden. Dieser Brauch kommt dem heiligen Abendmahl gleich.

Die Bestattung ist ein sinnvolles Mittel, um sowohl den Verstorbenen als auch die Hinterbliebenen zu mahnen, daß sie nicht einfach ein Körper sind - daß das Leben eine weit tiefere Bedeutung hat.

Für Gedenkgottesdienste eignet sich vielleicht auch die folgende Rezitation, die vom Sutra des Herzens der Vollkommenen Weisheit inspiriert wurde:

Ansprache für die Trauerfeier

Bleibe jetzt nicht stehen. Das Universale bleibt immer gleich. Und verändert sich doch ständig.

Richte hier, im klaren Geist, in der offenen Weite der Nicht-Verhaftung, in der Unermeßlichkeit des ursprünglichen Geistes, der keine isolierte Persönlichkeit kennt, den Blick auf die Leere aller Sinne und aller Bindung an den Körper. Wisse jetzt, daß Form nur Leere ist. Und Leere nur Form. Form ist nichts anderes als Leere. Und Leere nichts anderes als Form.

Die Gefühle, die Gedanken, selbst die Möglichkeiten des freien Willens und das Bewußtsein selbst - dies alles besteht aus derselben essentiellen Leere. Jeder einzelne Moment ist so leer wie die ursprüngliche Weiträumigkeit des Seins.

In dieser Grenzenlosigkeit des Seins wird offenbar, daß niemand geboren wird oder stirbt. Niemand ist befleckt oder rein. Niemand geht oder kommt. Nur der Körper entsteht und vergeht. Das, was wir sind, bleibt zurück, ohne Anfang, ohne Ende.

In dieser lichtvollen Leere erfahren wir unsere essentielle Natur als etwas, das jenseits der Formen, der Gefühle, der Gedanken und des freien Willens besteht. Es gibt kein Auge, kein Ohr, keine Nase, keine Zunge, keinen Körper und keinen Verstand. Keine Farbe, keinen Klang, keinen Geruch, keinen Geschmack, nichts, wonach die Sinne greifen könnten. Nicht einmal Wahrnehmung. All das fließt in dieser essentiellen Leere dahin, doch nichts davon veranschaulicht die Unermeßlichkeit.

Gehe jetzt weiter. Es gibt weder Unwissenheit, noch ein Ende der Unwissenheit, noch all das, was aus ihr entspringt. Es gibt kein Vergehen. Keinen Tod. Keinen Schmerz, keine Ursache von Schmerz, kein Ende des Schmerzes und nicht einmal eine aus dem Schmerz herausführende Befreiung. Du mußt nichts erreichen, du mußt nichts sein, und du mußt nirgendwo hingehen. Was wir Leben nennen, ist eine Illusion. Was wir Tod nennen, ist ein Traum. Wir sind niemals vom Einen getrennt. Die Natur des Einen ist Leere. Die Natur der Leere ist Liebe.

Gib alles hin. Halte an nichts fest, was es auch sei. Trete ein in die Weite des Herzens, frei von Verblendung und Beschränkung. Frei von der Furcht, die aus alten Sehnsüchten erwächst. Wenn es in Wahrheit auch keine Trennung gibt - laß es zu, daß die Illusion der Trennung in das schimmernde Licht deiner ursprünglichen Natur eintreten kann, welches alle Dinge offenbar werden läßt.

Gehe jetzt weiter. Verwechsle nicht das, was du siehst, mit dem Licht, durch welches es erkannt wird. Gehe über allen Zweifel hinaus, laß alle Vorstellungen von „Geist" und „Körper" hinter dir, und erkenne die Wahrheit als das, was sie ist.

Du gehst, gehst weiter, gehst über das Gehen hinaus, weit über das Gehen hinaus.

Tauche tief ein in das Licht.

Ramana Maharshi (1879-1950)

„Sri Ramana Maharshi wurde im Jahre 1879 in Indien geboren. In seinem siebzehnten Lebensjahr erlangte er Erleuchtung durch eine bemerkenswerte Erfahrung, in der er bei vollem Bewußtsein den Tod des physischen Körpers erlebte. Infolge dieser Wandlung verließ er sein Zuhause, unwiderstehlich angezogen vom heiligen Berg Arunachala. Dort blieb er während seines ganzen Lebens. In dem Ashram, der um ihn herum errichtet wurde, lehrte er die reinste Form des Advaita Vedanta (Nicht-Dualität) vermittels der überaus einfachen Disziplin der Selbsterforschung."

Arthur Osborne

Mit siebzehn Jahren erlebte er seine erste innere Öffnung: „Ungefähr sechs Wochen bevor ich Madura verließ, trat die große Veränderung in meinem Leben ein. Sie kam ganz plötzlich. Ich saß allein in einem Zimmer im Erdgeschoß von meines Onkels Haus. Obwohl ich nur selten krank war und an diesem Tag keinerlei gesundheitliche Probleme hatte, überfiel mich plötzlich eine heftige Todesangst. Mein Gesundheitszustand konnte dafür nicht verantwortlich sein. Ich versuchte auch nicht, eine Erklärung dafür zu finden oder festzustellen, ob es für diese Angst irgendeinen Grund gab. Ich spürte nur ‚Ich werde sterben' und dachte darüber nach, was ich in dieser Situation tun sollte. Es kam mir nicht in den Sinn, die Älteren oder meine Freunde um Rat zu fragen; ich fühlte, daß ich das Problem selbst lösen mußte, hier und jetzt.

Der Schrecken der Todesangst lenkte all meine Sinne nach

innen, und ich sagte im Geiste zu mir selbst: ‚Jetzt ist der Tod gekommen; was bedeutet das? Was ist es, das stirbt? Es ist der Körper, der stirbt.' Und sogleich ließ ich den Eintritt des Todes in dramatischer Form ablaufen. Ich lag mit steifen, ausgestreckten Gliedern da, als hätte die Totenstarre bereits eingesetzt und imitierte einen Leichnam, um dieser inneren Erkundung eine größere Realität zu verleihen. Ich hielt den Atem an und preßte meine Lippen zusammen, so daß ich weder das Wort ‚ich' noch irgendein anderes Wort äußern konnte. ‚Nun', sagte ich zu mir selbst, 'dieser Körper ist also tot. Er wird erstarren, und man wird ihn zur Verbrennungsstätte tragen, und dort wird er verbrannt werden und zu Asche zerfallen. Doch sterbe ich mit dem Tod meines Körpers ebenfalls? Bin ich der Körper? Er ist stumm und leblos, aber seiner ungeachtet spüre ich in mir die ganze Kraft meiner Persönlichkeit und sogar die Stimme des ‚Ich'. Also bin ich Geist, der über den Körper erhaben ist. Der Körper stirbt, aber der Geist, der ihn übersteigt, kann nicht vom Tod berührt werden. Das bedeutet, daß ich der unsterbliche Geist bin.'

Dies alles war nicht das Ergebnis eines langen Denkprozesses, sondern blitzte deutlich in mir auf wie eine lebendige Wahrheit, die ich fast ohne jedes Denken unmittelbar erkannte. Mein ‚Ich' war etwas sehr Reales, und alle mit meinem Körper in Verbindung stehende bewußte Aktivität war in diesem ‚Ich' zentralisiert. Von diesem Moment an konzentrierte das ‚Ich' alle Aufmerksamkeit durch eine mächtige Faszination auf sich selbst. Die Todesangst war ein für allemal verschwunden. Von jener Zeit an setzte sich das Vertieftsein in dieses Selbst ununterbrochen fort. Andere Gedanken mochten kommen und gehen wie die verschiedenen Töne einer Musik, doch das ‚Ich' bestand fort wie der elementare *sruti*-Ton, der allen anderen Tönen zugrundeliegt und mit ihnen verschmilzt. Ob der Körper nun mit Sprechen, Lesen oder irgendetwas anderem beschäftigt war, ich war dennoch auf das ‚Ich' konzentriert. Vor diesem Wendepunkt hatte ich von meinem Selbst keine klare Vorstellung und fühlte mich nicht wissentlich zu ihm hingezogen. Ich spürte kein merkliches oder direktes Interesse an ihm und erst recht keine Neigung, ständig darüber nachzudenken."

Als Ramana achtzehn Jahre alt war, begab er sich zum heiligen

Berg Arunachala, wo er den Rest seines Lebens mit Meditation und Unterrichtung verbrachte.

Einige Jahre später fragte ihn ein vornehmer Inder, wie man die Angst vor dem Tod überwinden könne.

Ramana: „Bevor Du über den Tod nachdenkst, solltest Du Dich fragen, ob Du überhaupt geboren wurdest. Nur wer geboren wurde, kann auch sterben. Auch wenn Du schläfst, bist Du so gut wie tot. Verspürst Du dann etwa Todesangst?"

„Wenn ein Mensch meint, daß er geboren wurde, kann er der Angst vor dem Tod nicht ausweichen. Laß ihn ergründen, ob er geboren wurde oder ob das Selbst jemals ins Leben trat. Er wird herausfinden,daß das Selbst immer existiert, daß der Körper, der geboren wurde, sich selbst im Denken auflöst, und daß der Beginn des Denkens die Wurzel allen Unheils bildet. Finde heraus, woher die Gedanken kommen. Dann wirst Du im stets gegenwärtigen innersten Selbst verweilen und frei von der Idee der Geburt oder der Angst vor dem Tode sein."

„Wenn ein Mensch stirbt, wird ein Scheiterhaufen hergerichtet. Der Körper wird auf den Scheiterhaufen gelegt. Der Scheiterhaufen wird angezündet. Erst verbrennt die Haut, dann das Fleisch und dann die Knochen. Schließlich zerfällt der ganze Körper zu Asche. Was bleibt danach zurück? Der Geist. Es erhebt sich die Frage: ‚Wieviele sind in diesem Körper vorhanden - einer oder zwei?' Wenn es zwei sind, warum sagen die Leute dann ‚ich' und nicht ‚wir'? Deshalb gibt es dort nur einen. Woraus ist er geboren? Was ist seine Natur? Infolge dieser Fragen verschwindet auch der denkende Geist. Was dann übrigbleibt, wird als das ‚Ich' erkannt. Die nächste Frage lautet: ‚Wer bin ich?' Allein das Selbst. Dies ist innere Einkehr. So ist es bei mir gewesen. Durch diesen Prozeß wird die Verhaftung am Körper zerstört. Das Ego löst sich auf. Nur das Selbst erstrahlt."

Ranganatha Ayyar, einer seiner Jünger, fragte: „Wie lange dauert die Zeit zwischen dem Tod und der Wiedergeburt?"

Ramana: „Sie kann lang oder kurz sein. Aber ein befreites Wesen unterliegt diesen ganzen Wandlungen nicht; es verschmilzt mit dem allumfassenden Sein, so wie es in der *Brihadaranyaka*

Upanischad geschrieben steht. Manche sagen, daß die, welche nach dem Tod den Pfad des Lichtes beschreiten, nicht wiedergeboren werden, während jene, die nach ihrem Tod den Pfad der Dunkelheit wählen, wiedergeboren werden, sobald sie sich an den Früchten des Karma in ihrem feinstofflichen Körper erfreut haben.

Aber eigentlich gibt es weder Geburt noch Tod. Man bleibt nur das, was man wirklich ist. Das ist die einzige Wahrheit."

Jünger: Ist es möglich, Kenntnis vom Zustand eines Menschen nach seinem Tod zu erlangen?

R: Es ist möglich. Aber warum sollte man versuchen, Kenntnis darüber zu erlangen? Alle Tatsachen sind nur so wahr wie der Suchende selbst.

J: Die Geburt eines Menschen, seine Existenz und sein Tod sind aber für uns Wirklichkeit.

R: Weil Du Dein Selbst fälschlicherweise mit dem Körper gleichgesetzt hast, siehst Du den anderen als Körper. Keiner von Euch beiden ist der Körper.

J: Aber aus der Sicht meiner eigenen Stufe des Verständnisses betrachte ich mich selbst und meinen Sohn als wirklich.

R: Die Geburt des „Ich"-Gedankens ist die eigene Geburt, sein Tod ist der Tod der Person. Sobald der „Ich"-Gedanke entstanden ist, entsteht die falsche Identifikation mit dem Körper. Wenn Du Dich selbst für den Körper hältst, schätzt Du die anderen falsch ein und identifizierst sie mit Körpern. So wie Dein eigener Körper geboren wurde, herangewachsen ist und zugrunde gehen wird, so glaubst Du auch, daß Dein Sohn geboren wurde und älter geworden und gestorben ist. Hast Du an Deinen Sohn gedacht, bevor er geboren wurde? Der Gedanke entstand nach seiner Geburt und besteht selbst über seinen Tod hinaus weiter. Insofern, als Du an ihn denkst, ist er Dein Sohn. Wohin ist er gegangen? Er ist zu der Quelle gegangen, aus der er entsprungen ist. Er ist eins mit Dir. Solange Du da bist, ist auch er da. Wenn Du aufhörst, Dich selbst mit dem Körper zu identifizieren, und wenn Du das wirkliche Selbst erkennst, wird sich diese Verwirrung verlieren. Du bist ewig. Und Du wirst entdecken, daß auch die anderen ewig sind. Solange diese Wahrheit nicht erkannt wird, wird es stets diesen

Kummer geben, der von verfehlten Einschätzungen herrührt, die falschem Wissen und falscher Identität entspringen.

J: Sind der Intellekt und die Emotion Entwicklungsstufen, die mit der Geburt des Menschen einhergehen? Lösen sie sich nach dem Tod auf oder bestehen sie darüber hinaus weiter?

R: Bevor Du darüber nachdenkst, was nach dem Tod geschieht, solltest Du einfach überlegen, was in Deinem Schlaf geschieht. Der Schlaf ist nur das Intervall zwischen zwei Wachzuständen. Überdauern sie dieses Intervall?

J: Ja, das tun sie.

R: Dasselbe gilt auch für den Tod. Die Wachzustände stellen Körperbewußtsein dar, mehr nicht. Wenn Du der Körper bist, lassen sie Dich nicht los. Wenn Du nicht der Körper bist, üben sie keine Wirkung auf Dich aus. Derjenige, der geschlafen hat, befindet sich jetzt im Wachzustand und spricht gerade. Du warst im Schlaf nicht der Körper? Bist Du jetzt der Körper? Finde es heraus. Dann ist das ganze Problem gelöst.

Gleichermaßen muß das, was geboren wurde, sterben. Wer wurde geboren? Wurdest Du geboren? Wenn Du das bejahst - von wessen Geburt sprichst Du dann? Es ist der Körper, der geboren wurde, und er ist auch das, was sterben wird. Wie sollen Geburt und Tod auf das ewige Selbst einwirken?

Frage Dich: „Wer stellte sich diese Fragen?" Dann wirst Du verstehen.

R: Sieh mal, das Selbst ist nur Sein, es ist nicht dies oder das. Es ist einfach nur Sein. Sei - und die Unwissenheit hat ein Ende. Finde heraus, wessen Unwissenheit es ist. Das Ego erscheint, wenn Du aus dem Schlaf erwachst. Im tiefen Schlaf sagst Du nicht, daß Du schläfst, oder daß du aufwachen wirst oder daß du schon so lange geschlafen hast. Und trotzdem bist Du da. Nur wenn Du wach bist, sagst Du, daß Du geschlafen hast. Deine Wachheit schließt auch den Schlaf in sich ein. Erkenne Dein bloßes Sein. Laß keine Verwirrung über den Körper entstehen. Der Körper ist das Resultat von Gedanken. Die Gedanken werden wie gewöhnlich ablaufen, aber sie werden Dich nicht berühren. Du hast Dich nicht um den Körper gekümmert, als Du geschlafen hast. In diesem Zustand kannst Du immer bleiben.

J: Beeinflussen die eigenen Handlungen nicht die späteren Geburten eines Menschen?

R: Bist Du denn geboren? Warum denkst Du über andere Geburten nach? Tatsache ist, daß es weder Geburt noch Tod gibt. Laß den, der geboren wurde, an den Tod und seine Linderung denken. Was geboren wurde, muß ein Ende haben. Die Verblendung ist nur eine Begleiterscheinung des Ego. Sie erhebt sich und versinkt wieder. Aber die Wirklichkeit erhebt sich nicht und versinkt nicht. Sie bleibt ewig bestehen.

Als Ramana mit Krebs im Sterben lag, baten ihn seine Jünger darum, sich selbst zu heilen. „Warum macht Ihr Euch Sorgen? Dieser Körper ist völlig verbraucht - warum an ihm festhalten, warum ihn am Leben erhalten?" sagte er. Aber sie flehten ihn an: „Oh, Meister, bitte verlasse uns nicht!" Er blickte sie an wie eine Schar kleiner Kinder und erwiderte sanft: „Euch verlassen? Wohin könnte ich denn schon gehen?"

Am 13. April, einem Donnerstag, brachte ein Arzt Ramana ein schmerzlinderndes Mittel, das den Blutandrang in seinen Lungen reduzieren sollte, aber er wies es zurück. „Das ist überflüssig, alles wird innerhalb von zwei Tagen in Ordnung sein".

Ungefähr zur Zeit des Sonnenuntergangs bat Ramana seine Gefährten, ihn aufzurichten. Sie wußten, daß ihm jede Bewegung und jede Berührung Schmerzen bereitete, aber er sagte ihnen, sie sollten sich darüber keine Gedanken machen. Er saß aufrecht, während einer der Gefährten seinen Kopf stützte. Ein Arzt wollte ihm Sauerstoff geben, aber mit einem Wink seiner rechten Hand wies ihn Ramana ab.

Unvermutet fing eine Gruppe von Jüngern auf der Veranda vor der Halle an, ‚Arunachala-Siva' zu singen. Als Ramana sein Lieblingslied hörte, öffneten sich seine Augen und leuchteten. Über sein Gesicht ging ein kurzes Lächeln unbeschreiblicher Güte. Aus seinen Augenwinkeln rannen Tränen der Seligkeit. Er schöpfte noch einmal tief Atem, dann war Stille. Es gab weder einen Kampf, noch eine Verkrampfung, noch irgendein anderes Anzeichen des Todes bei ihm; er atmete einfach nicht mehr weiter.

* * *

Stadien des Sterbens

In den sechziger Jahren beobachtete und beschrieb Elisabeth Kübler-Ross während ihrer Arbeit mit unheilbar Kranken in einem in der Nähe Chicagos gelegenen Krankenhaus bestimmte, allgemeine Geisteszustände und Stadien, die jeder Mensch vor seinem Tod zu durchlaufen scheint. Sie sind recht populär geworden und dienen vielen, die mit Sterbenden arbeiten, mittlerweile als ein Modell, mit dessen Hilfe sie deren Erfahrungen zu verstehen suchen.

Vielen Menschen hat dieses Konzept eine neue Einstellung zum Sterbeprozeß erschlossen. Die meisten von uns sind wahrscheinlich mit jenen fünf Stadien vertraut, die sich auf die Abwehr, den Zorn, den Hader, die Depression und schließlich auf das beziehen, was man gemeinhin Bejahung oder Sich-Ergeben nennt. Sie bilden zusammen das Szenarium des Verlustes - nicht nur des durch den Tod bedingten Verlustes des eigenen Körpers, eines Kindes, eines Lebensgefährten oder Elternteils, sondern auch des Verlustes, den eine Scheidung oder die Abkehr eines herangewachsenen Kindes vom Elternhaus nach sich zieht. Es kann sich auch um den Verlust einer gesellschaftlichen Position handeln, um den Verlust eines Arbeitsplatzes oder um die möglicherweise im Zuge des Altwerdens verlorengegangene Fähigkeit, ein Auto zu fahren, zu gehen oder zu kommunizieren. Es kann ebenso der Verlust eines Armes oder der Verlust des Selbstvertrauens sein.

Die Stadien beginnen damit, daß sich der Geist infolge einer von uns nicht herbeigewünschten Entwicklung verdunkelt und von Abwehr, Zorn und Hader erfüllt wird. Oft führen sie weiter in das Licht, das uns erhellt, wenn wir uns dem gegenwärtigen Moment ergeben. Es ist nicht das Sich-Ergeben, das wir als Niederlage beargwöhnen, sondern die Stärke und Macht des Herzens, sich selbst unter den widrigsten Umständen zu öffnen. Es sind die Stadien des Weges von der Hölle zum Himmel, vom Widerstreben zur Bejahung.

In Wirklichkeit gibt es jedoch keine klar abgegrenzten Stadien, sondern nur die unaufhörlichen Wandlungen des Geistes. Ein momentaner Zustand der Abwehr und des Zornes kann sich in ein Gefühl der Bejahung hinein öffnen, und im nächsten Moment verstrickt sich der Geist wiederum voller Niedergeschlagenheit und Furcht, voller Bestürzung und Verwirrung in sich selbst. Er befindet sich auf einer Achterbahnfahrt fortwährender Veränderung, öffnet und schließt sich und flattert im Angesicht der Realität unruhig hin und her. Diese Stadien sind Bestandteil unseres ganz normalen Alltags. Es sind die Stadien des Sterbens, die uns bereits begegnen, wenn wir die Dinge, die unsere ursprüngliche Natur blockieren, anerkennen, zu uns einlassen und uns schließlich von ihnen lösen.

Es sind die Stadien, in denen sich unsere mißliche Situation von einer Tragödie in eine Gnade verwandelt, in denen Verwirrung in Einsicht und Weisheit übergeht und Unruhe in Klarheit. Sie sind unsere Pilgerschaft zur Wahrheit. Sie sind der Prozeß, den wir durchleben, wenn wir dem Verlust einer Sicherheit gegenüberstehen, die uns bisher zu innerer Bestätigung verhalf. Vielleicht handelt es sich um den Zerfall unseres Selbstbildes, um die verzweifelte Verklammerung an alten Gewohnheiten, bevor wir etwas Neues entdecken. Die Stadien des Verlustes und des Sterbens entsprechen sogar deutlich den Stadien spirituellen Wachsens: Wir erleben die sprunghaften, oft verwirrenden Veränderungen, die der Tod unseres isolierten Selbst in der Verschmelzung mit dem Ganzen nach sich zieht. Wir erfahren Augenblicke der Abwehr und des Widerstandes gegen den Gang der Dinge und sind erzürnt darüber, daß sie nicht so laufen, wie sie sollen. Eben noch voller Verzweiflung, öffnen wir uns im nächsten Moment den Gegebenheiten, um uns dann doch wieder gefangennehmen zu lassen. Es geht nicht so klar und einfach zu wie in der Abfolge von A bis Z oder von eins, zwei, drei, vier, fünf. Schon das reine

Denkmodell der Stadien geht an der Wahrheit vorbei, weil es etwas erstarren läßt, was eigentlich ständig fließt und in Bewegung ist. Man sollte daher diese Stadien, anstatt sie als absolute Realität hinzunehmen, eher als Mittel zur Fokussierung gebrauchen. Als eine Möglichkeit, die Einsicht in die Unbeständigkeit aller Dinge zu vertiefen, so daß man über die Einschätzung anderer aus der Sicht ihres weiteren Werdens hinausgehen und sie statt dessen so erleben kann, wie sie sind. Dann kann man die lebendige Wahrheit ihres Wesens berühren und die Realität miteinander teilen, die über den Tod hinausgeht.

Manche Helfer haben sich der Stadien des Sterbens nicht bedient, um sich der lebendigen Wahrheit des Todes zu nähern, sondern um den Tod hinter Vorstellungen und Modellen zu verstecken. Und bei vielen haben solche Konzepte nicht zu einer Teilhabe an den Erfahrungen anderer geführt, sondern über die Versachlichung der fließenden Erfahrungen eher eine Herauslösung aus diesem Prozeß bewirkt. Oft habe ich auf den Krankenstationen gehört, wie jemand sagte: „Sie steckt in der Abwehrphase", oder „Er befindet sich im Stadium des Zorns", oder „Er nähert sich jetzt der Depression". Menschen sind keine Stadien, sie lassen sich nicht längere Zeit in ein Modell einpassen. Jedes Wesen ist ein Prozeß, der unaufhörlich der Erfüllung zustrebt. Jeder besteht aus dem gleichen, sich stetig wandelnden Säuglingsleib und der Stille des Seins.

Es ist wichtig, die Abwehr zu erkennen, denn jeder findet diese Haltung in sich selbst. Wir verstecken uns, leisten dem Leben Widerstand und greifen auf alte Muster zurück. Wenn wir über die Abwehr in uns selbst oder in anderen nachdenken, sehen wir all die Dinge, mit denen wir im Leben nicht ins reine gekommen sind. „Ach, das werde ich später erledigen", sagt man, obwohl man nicht die geringste Garantie dafür hat, daß man jemanden, den man liebt, jemals wiedersehen wird - daß man diese Wohnung jemals lebend verlassen wird.

Es gibt kein Später. Du bist bereits tot.

Abwehr ist der Widerstand gegen unsere Trauer und unser Gefühl des Verlustes, das wir mit uns umhertragen und täglich vermehren.

Kann es überraschen, daß der Geist den Tod leugnet, wenn er

nicht einmal von seiner Lebendigkeit voll und ganz Kenntnis genommen hat? Wie könnte es auch anders sein! Kann ein Geist, der sich der Wahrheit des Augenblicks meist verschlossen und gegen das Nicht-Wissen gesträubt hat, die Entwicklung so akzeptieren, wie sie ist? Mit unserer Abwehr versuchen wir, dem Verlust unseres Selbstbildes und der Enttäuschung unserer Zukunftsträume auszuweichen.

Viele Kulturen haben aus der Abwehrhaltung ein großes Geschäft gemacht. Die milliardenschwere Kosmetikindustrie, Haarfärbemittel, Toupets, Korsetts und „Schönheits"-Operationen - all dies kennzeichnet die Ablehnung des Verfalls, das Hadern mit den Veränderungen und die Depression deswegen, daß sich der Körper von Geburt an fortwährend auf den Tod zubewegt.

Wie undankbar sind wir doch gegenüber den Mahnungen des Verfalls, die uns zeigen wollen, daß dieser Körper, mit dem wir geboren wurden, beständig altert und eines Tages von uns zurückgelassen werden und vermodern muß. Daß sich das Fleisch und die Sehnen von den Knochen lösen werden. Daß die Knochen zu Staub zerfallen. Daß ein sanfter Wind diesen Staub über die Moose und Ranken des Waldes bläst. Und daß diese leere Hülle wieder zurückkehrt in das, was sie einst erhielt.

Gewöhnlich setzen wir „das Stadium der Abwehr" in Beziehung zu einem Patienten, der angesichts der Feststellung eines bösartigen Tumors sagt: „Das kann nicht stimmen, so etwas kann mir doch gar nicht passieren. Da ist bestimmt bei der Laboranalyse etwas durcheinandergeraten. Es muß sich um die Gewebeproben eines anderen Patienten handeln." Selten erkennen wir die Abwehrhaltung in den beständigen Ausweich- und Rückzugsmanövern, mit denen sich unser Geist vor unserer Unbeständigkeit verschließen will. Wir erkennen nicht, daß die Abwehrhaltung uns an unsere alten Schmerzen und Ängste, Drangsale und Verlustgefühle kettet. Es ist fast so, als würden wir in einem alten Eisenbahnzug über baufällige Gleise rattern, aber unbeirrt behaupten, daß wir uns die ganze Zeit über auf einer beschaulichen Fahrt durch das Land befänden oder gar den Bahnhof nie verlassen hätten. Der Geist lehnt die bestehenden Widersprüche zu unseren Bildern einer Wunschrealität einfach ab.

Es ist die Erforschung unserer Abwehrhaltung, die uns mehr

und mehr für das Leben öffnet. Sie läßt uns ergründen, wer es ist, der lebt, wer es ist, der stirbt, und worum es in diesem ganzen Prozeß eigentlich geht.

Die Abwehrhaltung kennzeichnet das Verdrängen der Gegenwart. Die große Makulaturfabrik des Geistes könnte sich sogar den Slogan zulegen: „Abwehr ist unser wichtigstes Produkt."

Kürzlich erhielt ich den Anruf einer alten Freundin, die mir erzählte, daß ihre Lieblingstante gerade verstorben sei. Sie fragte mich, ob wir in unserer Meditationsgruppe eine Schweigeminute für sie einlegen könnten. Ich erwiderte: „Nein, warum denn, der Tod ist doch nichts Besonderes." Während du diese Seite liest, sterben Hunderte von Menschen. Wir betrauern nicht die Tante, wir betrauern nicht unsere Kinder. Wir betrauern uns selbst. Wir betrauern unseren eigenen Verlust: Die Person, mit der wir verbunden waren, hat die andere Seite des Spielfeldes verlassen und steht uns für das Lebensspiel nicht mehr zu Verfügung, an das wir uns so sehr gewöhnt haben. Würdige den Verlust und vertraue den Gefühlen, die in dir erwachen, wenn der Spiegel deiner Liebe zersprungen ist. Wisse, daß du es bist, den du beklagst, und schaffe in deinem Herzen Raum für dich selbst. Was du fühlst, ist der Schmerz deines eigenen Herzens, nicht der Schmerz des anderen.

Paradoxerweise basiert das ganze Bestattungsgewerbe auf der Ablehnung des Todes. Man stopft Watte unter die fahlen Wangen des Toten, damit er vitaler aussieht, und mit Nadel und Faden wird ein zufriedenes Lächeln auf seinem Gesicht hervorgerufen - all dies geschieht, um dem Tod ein Aussehen zu geben, als ginge er gerade auf eine Party. Selbst im Tod wird der Tod verleugnet.

Mit dem Stadium des Zornes sind wir vermutlich alle vertraut. Es ist Bestandteil der Konfrontation mit der Wahrheit unserer angstvollen Billigung der Realität. „Verdammt nochmal, es ist wahr, aber warum muß es so schmerzhaft sein?" Man muß über den Zorn kein Urteil fällen, sondern sollte ihn einfach anerkennen und sich ihm öffnen. Die Dinge entwickeln sich oft nicht so, wie wir es gerne hätten. Aus der Frustration eines blockierten Verlangens entsteht Zorn und angstvolle Anspannung. „Warum sterbe gerade ich? Warum stirbt nicht der Schweinehund von nebenan? Er läßt seinen Rasen verkommen, schreit seine Kinder an und hinterzieht

Einkommenssteuer. Warum gerade ich?" Und dann gibt es den Zorn auf Gott: „Wie konntest Du so etwas mit mir machen? Ich bin doch so gut gewesen. Jede Woche gehe ich in die Kirche. Ich spende viel für die Wohlfahrt. Ich bin doch ein guter Mensch. Ich setze mich sogar mit dem Sterben auseinander. Wie konnte ausgerechnet mir das passieren? Wie ungerecht ist das doch." Und obwohl wir wegen dieser „Ungerechtigkeit" einerseits auf Gott fluchen, fragen wir uns nicht, ob wir andererseits je daran gedacht haben, Ihm für die Freigebigkeit, mit der Er uns so oft bedachte, zu danken.

Zorn entsteht aus einem Gefühl der Unfähigkeit, das sich schon immer in uns verbarg und in jenem Augenblick gebündelt wird. „Warum ist das alles so verdammt schwer? Warum ist das Leben so verworren und unbefriedigend?" Wir spüren die ohnmächtige Wut eines ganzen Lebens. Der Zorn ist eine sehr isolierende und schmerzhafte Erfahrung. Jemandem gegenüberzustehen, dessen Wut über die „Ungerechtigkeit der Welt" entbrannt ist, bedeutet für uns, unserer eigenen Frustration nachgiebig und besonnen zu begegnen und einen Raum zu bilden, in dem sich jener Sturm entladen kann. Das ist die Arbeit an uns selbst.

Geisteszustände sind ansteckend. Und doch bist du in der Lage, mit einer affektgeladenen Person zusammenzusein und dich dennoch nicht selbst in den Problemen zu verfangen, die auch dich zu einem Aufschrei über die scheinbare Ungerechtigkeit der Welt verleiten könnten. Du löst dich von deinem Leid, so daß dich das Feuer des anderen nicht verzehrt. Du löst dich von deinem selbstgerechten Stolz, der die Macht des Zornes verteidigt, so daß dein Mitempfinden nicht blockiert wird. Du bekennst dich zu deinem eigenen Zorn, zu deiner eigenen Wut und bist dazu bereit, dich jeder Bewertung zu enthalten und für den anderen ebenso zu öffnen, wie für dich selbst.

„So etwas passiert immer nur mir!" ruft der Geist aus, wenn der Job, auf den du wartest, nicht angeboten wird, wenn dein neuer Wagen von einer Planierraupe zur Seite gedrückt wird, wenn dein linker Arm taub wird und du spürst, daß dein Krebs Metastasen gebildet hat. „Zum Teufel mit der Welt, zum Teufel mit den anderen!" Kann dein Herz angesichts eines solchen Sturmes offenbleiben? Oder fühlst du dich wie am Boden zerstört, wenn die

Abwehr deiner Ängste und Ärgernisse durch die Verwirrtheit des anderen niedergerissen wird? All dies geschieht vor unserer eigenen Haustür.

Das nächste, oft zitierte Stadium in diesem Spiel ist das Hadern oder Feilschen. Ein unheilbar kranker Patient sagt vielleicht: „Ich würde einen neuen Flügel an das Krankenhaus bauen, wenn ich nur am Leben bleiben könnte. Ich würde mein ganzes Geld für wohltätige Zwecke verschenken. Ich würde keine Schokolade mehr essen. Ich würde zwei Stunden am Tag meditieren, ganz bestimmt!" Aber tatsächlich ist es so, daß die meisten Menschen ihre Abkommen nicht einhalten. Wir wollen bei diesem Handel „Gewinn" machen. Unser Angebot entspringt nicht einer reinen Motivation der Freigebigkeit. „Dies würde ich machen, wenn ich das dafür bekäme." Es ist die Motivation, die eher darin besteht, etwas zu bekommen, als darin, etwas zu geben. Auf ihr basieren viele unserer Beziehungen und ein Großteil unserer spirituellen Praxis. Es ist der „Ach-Wenn-Nur-Geist", der in diesem Stadium des Feilschens so deutlich sichtbar wird und uns in tiefe Depressionen führt, wenn sich die Dinge anders entwickeln, als wir es erwarten. „Wenn ich nur nicht in dieser Asbestfabrik gearbeitet hätte, dann hätte ich jetzt auch keinen Krebs" - aber du *hast* dort gearbeitet! „Wenn sie nur an diesem Abend nicht weggegangen wäre, dann hätte sie nicht diesen Unfall gehabt" - aber sie *ist* weggegangen! „Wenn ich mich nur nicht so miserabel fühlen würde, dann könnte ich meine Übungen machen und meinen Körper kräftigen" - aber du *fühlst* dich miserabel! „Wenn sich der Typ neben mir nur nicht dauernd kratzen würde, dann könnte ich tiefer meditieren" - aber er kratzt sich eben! Die trügerischen Ermutigungen des Ach-Wenn-Nur-Geistes halten uns in der Hölle fest. Der Querschnittsgelähmte liegt reglos in seinem Bett und denkt: „Wenn ich doch nur zwei gesunde Arme und Beine hätte, könnte ich mich auf den Weg zu Gott machen." Dabei gibt es nichts, was uns auch nur einen einzigen Augenblick davon abhalten könnte, die Wahrheit zu ergründen. Keine einzige Situation kann uns den Zugang zu unserem eigenen Potential verwehren, „wenn" wir uns ihr „nur" gänzlich öffnen.

Oft basiert die spirituelle Praxis auf einem solchen Tauschhandel. Ich setze mich hin, bete und singe, wenn ich dafür nur das Licht sehen kann. Nur selten agieren wir in der vollkommenen Gegenwart und tun etwas um seiner selbst willen, ohne an eine Gegenleistung zu denken, an eine Belohnung, die wir für eine sogenannte „gute Tat" erhalten. Wie oft führt dieses Charakteristikum des Feilschens in unserem Leben zu der „Buchführung", die so viele Beziehungen zu unerledigten Geschäften werden läßt? Wie oft „erwerben" wir „Verdienste" wie ein Lumpensammler, der die Mülltonnen absucht?

Wenn der feilschende Geist sich allmählich auflöst und verflüchtigt, werden wir offener und können die Dinge besser handhaben. Wenn das Feilschen aufhört, werden wir der Wahrheit teilhaftig. Dann entspringt jede Handlung eher einem Gefühl für ihren Sinn als einer Spekulation über ihre Resultate. Wir beginnen uns von den Früchten unserer Bemühungen zu lösen und lassen statt dessen jeden Moment in seiner Fülle bestehen. Wir versuchen nicht mehr, uns den Ausweg aus der Hölle zu erkaufen, wir versuchen Gott nicht länger zu bestechen.

Das Feilschen verhilft uns nicht zu den gewünschten Ergebnissen; wir mühen uns so sehr ab, sehen uns am Ende unserer Kräfte und wissen nicht, wohin wir uns noch wenden sollen - dies ist das Stadium der Depression.

Die meisten Menschen scheuen die Depression, und doch bietet sie ein Potential für umfassende Heilung, eine Gelegenheit zu neuen Anfängen. Sie ist eine Konfrontation mit der Wahrheit, aus der wir nicht ausbrechen, uns freikaufen und durch Leugnen herauswinden können. Vielleicht erkennt man, „wie machtlos" man ist. Wenn auch die Depression viele in Bestürzung versetzt, kann sie doch einen kreativen Prozeß auslösen. Uns bleibt kein Ausweg mehr, nichts funktioniert mehr nach unseren Wünschen. Wir sind an einen Punkt gelangt, an dem wir allmählich erkennen, wie die Dinge wirklich sind. Unsere Erkenntnis, daß wir das Universum nicht kontrollieren können, gibt der Depression die Macht, uns zu einer neuen Offenheit zu führen. Es ist ein schmerzvoller Prozeß, in dem wir alles abwerfen, was Augenblick für Augenblick in uns erstirbt. Wir verfallen in Depressionen, weil wir uns angesichts des Wandels der Dinge verletzlich und machtlos fühlen. Und es ist die Depression, in der wir zum ersten Mal Verantwortung für die Art und Weise übernehmen, in der wir uns mit dem Wandel auseinandersetzen. Depression kann beinahe eine alchimistische Qualität aufweisen, wenn wir den Unrat, die Ängste, die Rückzugsmanöver und Ärgernisse unseres Lebens zu untersuchen beginnen und sie zu einem neuen Reichtum, zu einer tieferen Einsicht umformen. Aus dieser Einsicht erwächst eine neuentdeckte Furchtlosigkeit, eine neue Schönheit. Für manche kann die Depression der Eintritt in ein neues Leben sein, das nicht mehr vom Existenzkampf bestimmt wird, sondern gemeistert werden kann und schließlich sogar aufregend wird.

Obwohl diese Stadien nicht in geordneter Reihenfolge auftreten, sollte man hinzufügen, daß wir jedes dieser Stadien würdigen müssen; denn sie stellen die Arbeit dar, die wir an uns selbst verrichten.

Du versuchst nicht, den Leuten ihre Depression auszureden, du öffnest ihnen einfach nur dein Herz. Du versuchst nicht, sie mit rationalen Gedanken aufzurichten: „Alles wird in Ordnung sein." Es *wird* zwar alles in Ordnung sein, aber das muß jeder für sich selbst erkennen. Die Berührung deiner Hand ist wichtiger als tausend gute Worte. Wenn deine Worte aus einem Bereich deines Herzens kommen, in dem du mit deiner eigenen Angst vor Depression kommunizieren und über sie hinausgehen kannst, dann wird es keine Barriere geben. Depression ist kein Zustand, der sich in vielen Worten erschöpft, es ist ein Raum tiefer Gefühle. Und deine ruhige Präsenz im Zusammensein mit jemandem, der sich in einer Depression befindet, wird ihm übermitteln, daß alles in Ordnung ist, auch wenn er sich dies nicht eingesteht.

Offenheit für Depression führt uns ebenso über die Depression hinaus, wie uns Offenheit für die Hölle über die Hölle hinaus führt. In uns erwacht die Fähigkeit, die Einsamkeit des stetig erschaffenen, isolierten Selbst in die Unermeßlichkeit des Seins zu verwandeln. Im Sein gibt es weder ein Verdrängen noch ein Bestreben. Es gibt keine Dualität. Du fühlst dich nicht mehr vom Leben getrennt, sondern öffnest dich ihm und wirst von ihm umschlossen. Es gibt „niemanden", der isoliert ist - nicht einmal jemanden, der sich „öffnet". Du bist die Offenheit. Dies ist eine relativ profunde Ebene des Zustandes der Bejahung. Doch meiner Erfahrung nach ist ein großer Teil dessen, was Bejahung genannt wird, in Wirklichkeit Resignation - eine Bindung an das Leben, die

die Verzweiflung besänftigt, in der so viele einen großen Teil ihres Lebens verbringen. Es ist das Feilschen, das uns sagen läßt: „Solange es nicht allzu schlimm wird, werde ich auch nicht allzuviel Gutes erwarten." Es ist die Depression über einen Stillstand im Leben.

Natürlich weist das Stadium der Bejahung verschiedene Ebenen auf. Doch es scheint, daß dieses Stadium am wenigsten verstanden wird. Elisabeth Kübler-Ross definiert Bejahung so: „Ein Patient, der keine Besucher mehr sehen will, der sich nicht mehr unterhalten will, der seine unerledigten Geschäfte in der Regel erledigt hat und der seine Hoffnungen nicht mehr auf Heilmittel, Behandlungen und lebensverlängernde Maßnahmen setzt. Es ist ein Gefühl inneren und äußeren Friedens." Es ist tatsächlich ein Gefühl des Friedens, aber dieses Beispiel scheint mir eher eine Art von „Vorbereitungsschmerz" zu kennzeichnen, einen Rückzug, der eine Form der Depression andeutet.

Wie es scheint, drückt sich hier ein recht begrenztes Verständnis der Fähigkeit zum Loslassen und zur Hingabe aus, die ich immer wieder beobachtet habe. Menschen, die sich „im Stadium der Bejahung" befinden, sind für ihre Umgebung oft sehr wach. Sie wollen nicht unbedingt allein sein und mit niemandem mehr sprechen. Ihre Bejahung teilt sich in ihrer Offenherzigkeit und in ihren sanften, direkten Äußerungen mit. Elisabeth führt weiter aus: „Das Stadium der Bejahung bedeutet einfach, daß ein Mensch seine Endlichkeit hingenommen hat, daß er lernt, sich über das Heute zu freuen und über das Morgen keine allzugroßen Sorgen zu machen, und daß er hofft, noch sehr viel Zeit zu haben, um sich an dieser Art des Lebens zu erfreuen." Hier wird die mit diesem Stadium verbundene Unsicherheit zum Teil in der Aussage deutlich, daß sich ein Mensch in der Bejahung über das Morgen keine allzugroßen Sorgen macht und dennoch „hofft, noch sehr viel Zeit zu haben, um sich an dieser Art des Lebens zu erfreuen." Wenn ich mit Menschen zusammen bin, die wirklich in einem Zustand des Friedens sind, beobachte ich bei ihnen nur ein geringes Maß an Präferenzen, an Verschlossenheit und „Hoffnung"; denn ihre Angst hat sich in einer Art von Vertrauen in den Gesamtprozeß aufgelöst.

Eines Morgens äußerte ein Patient, von dem die meisten im Krankenhaus glaubten, er sei im „Stadium der Bejahung": „Ich fühle mich, als würde ich im Bett versinken. Ich habe das Gefühl, für immer schlafen zu können." Und ich fragte ihn: „Glauben Sie das? Glauben Sie, daß Sie sterben?" Er sagte mit sanfter Stimme: „Oh, es ist schon in Ordnung, wenn es passiert - ich hoffe nur, daß es nicht schon morgen ist." Dies ist keine Bejahung, sondern Resignation. Es ist einfach eine Form der Depression, die sich verbal ausdrückt und auf den Gedanken hinführt: „Es gibt nichts, was ich tun könnte, ich stecke ganz einfach fest." Resignation ist ein weiterer angstvoller Versuch der Bewältigung. Sie ist der Tod vor dem Tod (und zumindest der glücklichere von beiden).

Aber zugleich erkennen wir in dem Wort „Re-signation" den Begriff des „Rück-Zeichnens", der „Wieder-Verpflichtung" - wir treffen ein neues Abkommen mit dem Leben, das möglich wird, wenn wir uns unserer Angst vor dem Sterben wie auch vor dem Leben öffnen.

Einer Bekannten war schon vor einigen Jahren die Prognose ihres Todes gestellt worden, und sie erzählte, daß sie eine Weile durch die Höhen und Tiefen dieser verschiedenen Stadien gegangen war, bevor sie eine Weiträumigkeit in sich entdeckte und ihr klar wurde, daß sie nichts von innerem Wert verlieren konnte. Ihre Offenheit ließ alte Blockaden verschwinden, alle Versuche des Feilschens erwiesen sich als leere Ängste. Die Depression war kein Feind mehr, sondern die logische Folge alter Verklammerungen. Zunehmend öffnete sie sich der Unkontrollierbarkeit der Dinge. Sie erlebte eine neue Freiheit und Weiträumigkeit, die ihr bislang völlig unbekannt war. Sie sagte, daß diese zunehmende Bejahung des Lebens für sie sogar noch wichtiger geworden sei als das Akzeptieren des Todes. Während der nächsten, in dieser Offenheit verbrachten Monate gingen ihre Krankheitserscheinungen fast völlig zurück. Sie vermutete, daß es ihre Offenheit für den Tod gewesen sei, die ihr Leben wieder ins Gleichgewicht gebracht hatte. In ihrer Rückschau auf die Jahre, in denen man sie als Todgeweihte betrachtet hatte, sagte sie jedoch: „Ich bin niemals so lebendig gewesen wie zu der Zeit, als ich am Sterben war." Sie war niemals zuvor so wach gewesen, das Stadium des Feilschens oder der Abwehr stellte sich bei ihr kaum ein. Mit ihren Frustrationen setzte sie sich schon zum Zeitpunkt des Entstehens auseinander, so daß diese gar nicht erst in Groll übergehen konnten. Doch als ihr Tod wieder in den Hintergrund rückte, stellte sie fest, daß sich das tägliche Feilschen, die Abwehr und der Zorn in ihrer materiellen Beschäftigung mit dem Leben allmählich wieder geltend machten. Ihre Konfrontation mit dem Tod hatte sie von der Hölle in den Himmel geführt, doch nach und nach hatten die alten Ansichten und Lebensweisen ihr Leben unbemerkt verstreichen lassen und der Hölle Gelegenheit gegeben, wieder Fuß zu fassen. Ihr Leben war nun weniger lebenswert als zu der Zeit, da sie dem Sterben nahe war. Sie sagte, ihr Weg durch die Stadien des Sterbens würde jetzt den Verlust des Friedens betreffen, den sie fühlte, als sie sich von allem Vertrauten gelöst hatte. Die Bejahung, die sie gespürt hatte, war in einem Nebel alter Ängste und Resignationen zerronnen, in den Redereien des Geistes, im Geschwätz des separaten Selbst.

Indem wir alle Bestrebungen, jemand sein zu wollen, in uns ersterben lassen, dringen wir in die Wirklichkeit ein.

Diese fünf Stadien sind in erster Linie psychologisch zu verstehen. Sie korrespondieren mit den Geistesinhalten, mit den Gedanken, Gefühlen und Meinungen, und sie haben einen Bezug zum Tod, der außerhalb von uns selbst liegt. Extrem vereinfacht ausgedrückt besteht der Unterschied zwischen der psychologischen und der spirituellen Ebene darin, daß sich das Spirituelle nicht nur auf die Inhalte bezieht, sondern auch auf den Raum, in dem sich diese Inhalte entfalten.

Jene Stadien behandeln den Tod so, als würde er nicht zu uns gehören. Wirkliche Bejahung veranlaßt uns vielleicht zum ersten Mal dazu, den Tod in uns einzulassen. Der Tod ist dann nicht mehr unser Feind, sondern wird zum großen Lehrer, der uns unsere Angst vor Augen führt und uns dazu ermutigt, zu ihr in Beziehung zu treten anstatt auf sie bezogen zu sein. Der Tod lehrt uns, das Leben eher als ein Ganzes zu sehen denn als eine bruchstückhafte Realität, aus der wir entfliehen wollen.

Jedes dieser Stadien entwickelt sich aus dem vorhergehenden und gibt uns jeweils ein wenig mehr Spielraum. Die Abwehrhaltung drückt sich in einer Verschlossenheit und Spannung aus, die bei ihrer Auflösung den Zorn freilegt, in dem sich die Enttäuschung über das Leben bekundet. Doch hier ist der Freiraum für die Erkundung schon etwas größer. Nun eröffnet sich die Ebene des Handelns und Feilschens: „Wie kann ich meine Einsicht vertiefen?" „Was muß ich tun, damit der Schmerz verschwindet?" Und auch hier ist der Raum unserer Einsicht ein wenig größer geworden. Während er sich zunehmend weitet, setzt die Depression ein, die Finsternis, in der wir spüren, wie weit wir von der Wahrheit entfernt sind. Und weil wir erkennen, daß unsere Angst diese Finsternis aufrechterhält, lassen wir unsere schützenden Mauern in der Bejahung zusammenfallen und eröffnen uns damit neue Räume. Wir wollen nichts und niemand mehr sein. Wir sind nicht mehr „jemand", der stirbt. Wir treten ein in die Weite des Seins, in der für alles Raum ist. Wir lassen den Tod in uns ein und erleben die Ganzheit, die wir niemals verlassen haben.

GELEITETE MEDITATION ÜBER DAS STERBEN

(Man kann sie einem Partner langsam vorlesen und auch allein mit ihr arbeiten.)

Nimm eine bequeme Position ein und schließe die Augen. Lenke deine Aufmerksamkeit auf die Ebene der körperlichen Wahrnehmungen und Empfindungen.

Fühle ganz einfach das, was hier sitzt.

Fühle dieses Gefäß. Fühle seine Substanz. Fühle das Gewicht deines Kopfes, den du auf den Schultern balancierst. Fühle die Muskulatur deines Halses, seine Kraft und seinen Umfang. Seine Stofflichkeit. Fühle die ausladenden Knochen der Schultern und die Gelenkpfannen, die deine Arme aufnehmen.

Fühle das Gewicht der Arme, die auf beiden Seiten deines Körpers ruhen. Und deine Hände.

Fühle den Rumpf. Seine Massivität, seine Schwere. Die irdische Beschaffenheit dieses Körpers.

Spüre dein Gesäß, das auf dem Kissen oder Stuhl ruht. Fühle

die Berührungsfläche, auf der dein Gewicht lastet. Fühle, wie die Kräfte der Gravitation auf diese stoffliche Form einwirken. Greife nicht nach Empfindungen. Erlaube ihnen einfach, während ihres Entstehens in dieser Wohnung des Körpers erfahren zu werden

Öffne dich für die Empfindungen in den Beinen, spüre ihre Stärke, ihre Schwere. Fühle die Massivität dieses Körpers. Die Füße. Erde. Massivität. Gewicht.

Und spüre die Empfindungen, die sich hier und da einstellen, in den Handflächen, im Nacken, im Gesäß, in den Fußsohlen. Das Kribbeln. Das Vibrieren. Hitze. Überall stellen sich vielfältige Empfindungen ein. Spüre diese Empfindungen und nimm wahr, daß sie anscheinend von etwas registriert werden, das subtiler ist als diese schwere Form. Etwas, das leichter ist. Es scheint das Gewahrsein selbst zu sein, das diese Empfindungen des massiven Körpers erfährt und jenes Kribbeln und Vibrieren empfängt.

Erspüre diesen leichteren Körper, diesen Körper des Gewahrseins innerhalb der schwereren Schale.

Spüre innerhalb dieses schwereren Körpers einen leichteren Körper, einen Körper, der all die Ereignisse empfängt, die durch die Sinnesorgane eintreten. Er empfängt den Klang mit dem Hören, er erlebt das Licht mit dem Sehen, er kostet und registriert die Erfahrungen des Lebens.

Tritt ein in den leichten Körper des Gewahrseins.

Nimm wahr, wie jeder Atemzug, der in den schweren Körper strömt, vom leichteren Körper als Wahrnehmung empfangen wird. Wie jeder Atemzug, der in den schweren Körper strömt, diese Leichtigkeit erhält und das Gleichgewicht bewahrt, das diesen Körper des Gewahrseins bestehen läßt.

Fühle, wie jeder einzelne Atemzug diese Verbindung aufrechterhält.

Verankere das Gewahrsein sehr achtsam und sanft in jedem

ein- und ausströmenden Atemzug. Fühle diesen Kontakt zwischen dem schweren und dem leichten Körper. Fühle, wie der leichte Körper von jedem Atemzug getragen und innerlich im Gleichgewicht gehalten wird.

Empfinde jeden einzelnen Atemzug: spüre den Lebensprozeß in diesem Körper.

Nur Gewahrsein und Empfindung existieren. Bei jedem Atemzug. Erlebe diese feine Balance in jedem einzelnen Augenblick als bewußte Empfindung, als das Gewahrsein selbst.

Und schöpfe jeden Atemzug, als wäre es der letzte.

Erlebe jedes Einatmen so, als würde nie mehr ein weiteres folgen. Jeder Atemzug ist der letzte.

Jeder Atemzug endet, ohne daß ein weiterer folgt. Der letzte Atemzug. Die Verbindung zwischen dem schweren Körper und dem leichten Körper wird durchtrennt.

Das Ende eines Lebens, der letzte Atemzug.

Löse dich von ihm. Halte ihn nicht fest. Laß jeden Atemzug los - endgültig und für immer.

Laß los. Laß dich sterben. Halte dich nicht fest. Klammere dich nicht an das Leben.

Laß los. Sanft. Ruhig. Laß alles los. Laß alles frei fließen. Laß dich sterben.

Jeder Atemzug verlischt. Jeder Gedanke löst sich in der Weite auf. Halte nichts fest. Laß ein für allemal los. Laß die Angst los. Laß das Verlangen los.

Laß dich sterben. Öffne dich in den Tod hinein. Es gibt nichts, woran du festhalten mußt. All das ist vergangen. Sterbe sanft in diesen Augenblick hinein.

Halte an nichts fest. Laß dich einfach sterben.

Laß die Gedanken los. Laß auch die Vorstellungen vom Sterben und vom Leben los. Laß alles los, vollständig und ohne Zögern. Fließe sanft in den Tod hinein.

Gehe jetzt weiter. Sterbe sanft in das Licht hinein. Fließe weiter, befreit von diesem schweren Körper, befreit von den Gedanken. Dieser Körper ist so schwer. Jeder Gedanke ist so schwer. Gehe jetzt darüber hinaus. Fließe frei dahin. Weit darüber hinaus, völlig frei.

Mit offenem Herzen. Löse dich von all den Dingen, die an dir zerren, die dich zurückhalten. Löse dich von deinem Namen. Löse dich von deinem Körper. Löse dich von deinem Geist. Fließe frei dahin, jenseits aller Verhaftung, jenseits aller Verklammerung. Laß dich jetzt sterben.

Habe keine Angst. Du mußt an nichts festhalten. In jedem neuen Augenblick ist der leichte Körper nun frei. Gehe also weiter. Sanft in das Licht hinein. Du bist jetzt von diesem kompakten Körper befreit. Befreit von dieser Inkarnation.

Gehe in das Licht hinein. In die reine, offene Helligkeit deiner ursprünglichen Natur. Nur Raum. Raum, der im Raum dahin-schwebt.

Löse dich ganz und gar. Sterbe sanft in das Licht hinein.

Überall ist nur Licht. Es schwebt in der Weite des Raums. Du schwebst im grenzenlosen Raum.

Löse dich von deinem Wissen. Löse dich von deinem Nicht-Wissen. Alles, was in deinem Geist erscheint, ist alt. Jeder Gedanke ist nur ein alter Gedanke. Da ist nichts, woran du jetzt festhalten kannst. Da ist nur der klare Geist, der sich im offenen Herzen auflöst. Endlich frei.

Nur Gewahrsein. Es löst sich auf im Licht. Licht, das seiner selbst in sich selbst gewahr wird.

Raum im Raum. Licht im Licht.

Alles ist zu Ende. Jenseits eines Endes. Kein Innen. Kein Außen. Nur Ist-Heit, nur grenzenloses Sein im unendlichen Raum.

Öffne dich ihm. Du schwebst dahin, befreit vom Körper,

befreit vom Geist. Laß dich in den Raum hineinsterben.

Du bist jenseits der Enge des Körpers, der Gedanken. Sterbe in das offene Licht deiner essentiellen Reinheit hinein.

Unermeßlicher Raum. Keine Grenzen. Nur Sein. Frei schwebend in der unermeßlichen Weite.

Offener, endloser Raum. Weiter, grenzenloser Raum.

Und du nimmst etwas wahr, das sich aus der Weite dieses Raums sanft auf dich zubewegt. Du beobachtest, wie jeder Atemzug wie aus weiter Ferne näherkommt. Du beobachtest, wie er in den Körper eintritt.

Jeder Atemzug ist der erste. Mit jedem Atemzug schöpfst du den ersten Atem des Lebens. Jeder Atemzug ist ganz neu.

Geburt.

Das Bewußtsein erlebt wieder den Körper. Er ist Raum im Raum.

Reines Gewahrsein bewohnt wieder die reine Form. Wiedergeboren.

Das Gewahrsein besteht fort, Augenblick für Augenblick, wie eh und je. Es erlebt die Rückkehr des Lebensatems in den Körper.

Sanft belebt diese Leichtheit wieder die schwerere Form. Wieder nimmt sie Geburt an, um ihr Karma zu erfüllen, um zu lernen, was zu lernen ist, um mit anderen zu teilen, was zu teilen ist. Um die Dinge so zu nehmen, wie sie sind.

Kein Tod. Keine Geburt. Kein Leben. Nur Ist-Heit. Im Körper. Aus dem Körper heraus. Nur Sein. Die Formlosigkeit in der Form.

Kein Leben. Kein Tod. Nur jetzt. Nur so viel.

Jeder Moment neu.

Du gehst völlig wach in jeden einzelnen Moment hinein. Jeder Moment ist kostbar. Es gibt nur diesen Moment. Es wird nie einen anderen geben.

Lakshmanas Tod

In der *Ramayana*, die für viele Inder eine Bibel ist, finden wir die Geschichte von Lakshmanas Tod. Lakshmana ist der Bruder Ramas, der seinerseits eine Inkarnation Gottes ist, des essentiellen Seins. William Buck führt in seiner gefühlvollen Übersetzung aus: „Wer Rama auch nur für einen Moment erblickt, erreicht den Himmel, er ist Narayana, identisch mit den Seelen aller Kreaturen. Er ist die Ozeane und die Wälder und die Luft, die ich atme. Er ist subtiler als ein Atom. Mit Hilfe der Illusion erreicht er jeden Ort, ist ohne Anfang oder Ende, unwandelbar, unbesiegbar... also wollen wir uns auf ihn besinnen, wenn wir innen oder außen auf Schwierigkeiten treffen." Gandhis „Ram", das ihm im Augenblick seines Todes über die Lippen kam, ist solch eine Besinnung. In Indien leben und sterben Tausende mit dem Namen Ram oder Rama auf ihren Lippen, das Herz mit Gott vereint.

Rama sah Lakshmana an. „Lebe wohl, mein Bruder."

Lakshmana gab keine Antwort. Er schritt dreimal um Rama herum und verließ den Palast. Er lief eine halbe Meile, bis er den Sarayu-Fluß erreichte. Lakshmana setzte sich an den dahineilenden Fluß. Mit offenen Augen sah er sich um und erkannte alle Dinge als Rama, erachtete sie für Rama. Er spülte seinen Mund mit dem klaren Wasser und hörte mit dem Atmen auf. Das leuchtende Wesen in Lakshmanas Herz, die Seele, nicht größer als ein Daumen, machte sich bereit, diese Welt hinter sich zu lassen. Das wirbelnde Lebenszentrum kam zum Stillstand und erlosch, und Lakshmanas Energie, der vierte Teil des Narayana, stieg Schritt für Schritt an seinem Rückgrat empor und versuchte aus dem Scheitelpunkt seines Kopfes zu entschweben, wo die Nähte seines Schädels aneinandergrenzten.

Lakshmana schloß seine Augen und sah die Lichter seines Lebens langsam ersterben. Die Lichter der weit zurückliegenden Schlacht, die Lichter seiner ersten Liebe und Heirat ... die Lichter seiner Kindheit .., und er dachte: „Es ist alles so, als hätte ich es einst erschaffen ... uns alle."

Im Himmel vernahm Gott Indra den Widerhall der Gewölbetüren, die nacheinander zufielen. Die Sicht verdunkelte sich, das Hören erstarb, der Geist wandte sich ab. Die Seele stieg empor und verließ leere Räume. Der Äther-Raum im Herzen war leer, Feuer und Lampen erloschen, Schlösser und Fesseln zersprangen, lösten sich, und alles kam frei.

Indra jagte unsichtbar über Kosala hinweg. Er nahm Lakshmanas Herz in seinem eigenen Herzen auf und flog zum Himmel empor, führte ihn mit sich fort und trug das Licht. Indra, der strahlende König des Himmels, nahm ihn mit. Lakshmanas Körper fiel ins Wasser und war verschwunden.

* * *

Bewußtes Sterben

„Nimm es leicht, mein Liebling, ganz leicht, auch wenn es ans Sterben geht. Es ist nichts Schwieriges oder Unheimliches oder Ernstes dabei. Es bedarf keiner Affektiertheit, keiner Nervosität, keiner befangenen Person, die in der gefeierten Rolle Christi oder Goethes oder Little Nells posiert. Und natürlich bedarf es keiner Theologie und keiner Metaphysik. Es handelt sich um die einfache Tatsache des Sterbens und die Wirklichkeit des klaren Lichts."

A.Huxley

Bewußtes Sterben bedeutet, den vergangenen Augenblick loszulassen und sich dem nächsten zu öffnen.

Wenn wir den Tod in uns einlassen, wird das Leben transparent und praktikabel. Einer der bedeutsamsten Umstände in der Konfrontation mit dem Tod liegt in der Tiefe der Aufmerksamkeit, die er uns abverlangt. Könnte man seine Totalität auch nur für einen einzigen Moment in ihrer ganzen Fülle erfahren, würde man all das entdecken, wonach man schon immer gesucht hat. Den meisten Dingen schenken wir keine Aufmerksamkeit, doch der Tod zieht uns in seinen Bann.

In gewisser Hinsicht geht jedoch all das Gerede über den Tod an ihm vorüber. Denn was wir für den Tod halten, widerfährt nur dem Körper. Er bedroht unser mutmaßliches Dasein nur in dem Maße, in dem wir uns eine solche Bedrohung einbilden und vorspiegeln. Er schärft unsere Aufmerksamkeit. Und die Ausrichtung auf den Tod gibt uns die Möglichkeit, völlig lebendig zu werden. Denn wo immer sich Aufmerksamkeit konzentriert, wo Gewahrsein besteht, da liegt auch der Ursprung unserer Lebenserfahrung. Das zunehmende Interesse an Risiko-Sportarten wie z.B. Felsenklettern, Hängegleiten und Fallschirmspringen deutet darauf hin, daß wir uns sogar Anreize schaffen, um völlig ins Jetzt eintauchen zu können.

Viele sagen, daß sie sich „richtig lebendig fühlen", wenn sie diese Sportarten betreiben, weil sie absolute Aufmerksamkeit von ihnen fordern. Je mehr Aufmerksamkeit aufgebracht wird, desto lebendiger fühlen wir uns. Vielleicht ist das auch der Grund, warum viele Sterbende meinen, daß sie sich nie zuvor so lebendig fühlten. Denn wenn wir den Tod in uns einlassen, erhalten unsere Abwehrhaltung, unser Wertungsstreben, unsere Reizbarkeit und unsere Sucht zu feilschen keine Nahrung mehr. Wir schieben unsere Depression nicht mehr von uns weg. Wir fragen uns aufrichtig: „Wer ist es, der stirbt?" Wir geben unser Widerstreben und unser Wissen auf, weil wir erkennen, daß sie unsere Einsicht blockieren.

Im Prozeß der Anerkennung, Öffnung und Loslösung, den wir „bewußtes Sterben" nennen, vollzieht sich unsere erste Erkenntnis wahrscheinlich dann, wenn uns klar wird, daß wir nicht der Körper sind - daß sich unser Bewußtsein in einem unaufhörlichen Prozeß der Entwicklung befindet. Wir erkennen, daß wir einen Körper haben, der nicht das darstellt, was wir sind - ebenso wie wir nicht der Mantel sind, den wir vielleicht tragen. Wir achten den Mantel als eine Gegebenheit des Augenblicks. Es wäre sinnlos, ihn zu verschmähen oder zu den Lumpen zu werfen, solange er uns die Fortsetzung unserer langen Winterreise der Weisheit und Liebe ermöglicht. Wenn aber der Frühling eingezogen ist, brauchen wir den Mantel nicht mehr. Wir hängen ihn weg oder geben ihn in die Reinigung.

Jemand bemerkte einmal, er habe erkannt, daß er „die Schöpfung auf dem unaufhörlichen Weg des Werdens" sei. Ihm war klargeworden, daß sich jeder Augenblick perfekt entfaltet, ohne daß er etwas dafür *tun* mußte, und daß all sein Bestreben, irgendetwas oder irgendjemand zu *werden,* „dieses ganze Wunder nur zunichte machen würde".

Die Stadien des Werdens, die beständigen Einzelschritte unserer zielgerichteten Jemand-Heit lösen sich in der Homogenität des reinen Seins auf. Es existieren keine Stadien mehr. Es ist, als würden wir einen Raum betreten und entdecken, daß er keine Wände und keine Türen hat, daß sich niemand in ihm befindet. Wir erwachen aus einem Traum, um zu erkennen, daß wir überhaupt nicht geschlafen haben (daß auch der Schlaf nur ein Bestandteil des Traumes war). Wir sind in einen Bereich jenseits der Schöpfung und der Zerstörung eingetreten. Wir sind weder der Tänzer noch der Tanz, weder der Boden, auf dem getanzt wird, noch die begleitende Musik. Wir sind nicht die Elektronen oder der leere Raum zwischen ihnen. Nicht das Bewußtsein, daß wir nichts von all dem sind, nicht die Gefühle, die diese Erkenntnis begleiten und auch nicht das Nicht-Wissen, das dies alles so klar werden läßt. Du erkennst, daß du nicht wissen kannst, wer du bist - du kannst es nur sein.

Wenn das Alte die Wirklichkeit verliert, die wir ihm früher zugemessen haben, wandelt sich unsere Wahrnehmung des Universums. Und es wandelt sich auch die Frage „Wer stirbt?". Wir erkennen, daß alle „Dinge" wirklicher sind als jemals zuvor. Es ist keine Wirklichkeit, über die man auf seinem nächtlichen Weg zur Toilette stolpert. Sie ist nicht auf uns bezogen, sondern besteht aus ihrer eigenen, vibrierenden Ist-Heit heraus. Es ist nicht die separate Wirklichkeit von „diesem" oder „jenem", sondern die alles einende So-Heit, aus der sich alle Dinge zusammensetzen.

Während wir uns vom alten Denken, von alten Vorstellungen, Modellen und Konzepten lösen, löst sich die gesamte Welt auf. Auf der Leinwand des Bewußtseins beginnt sich Augenblick für Augenblick eine neue Welt zu formen. Es ist nicht mehr der alte Film, die dürftige Bildergeschichte einer imitierten Wahrheit, die wir bis zum Überdruß betrachtet haben. Und wenn wir mit ihrem Stillstand auch anfangs den Verlust vertrauter Dinge beklagen mögen, lösen wir uns doch von den trügerischen Sicherheiten und den Leiden, die das eingebildete Territorium unseres Körpers und unseres Geistes definiert haben. Während sich uns immer tiefere Ebenen des Nicht-Wissens enthüllen, tritt das Neue in Erscheinung. Wir werden weder irgendetwas noch irgendjemand, sondern öffnen uns einfach allem - wir werden nicht, sondern sind.

Der Tod des Ego, des abgesonderten Selbst, wird von einem

heftigeren Todeskampf begleitet als der Tod des Körpers. Alles, was uns festgefügt erschien, wird uns beim Tode des Selbst entrissen. Die Mauern, die wir erbauten, um uns hinter ihnen zu verschanzen, fallen zusammen.

Während wir uns von unserer Schutzbeflissenheit lösen, die in ständigem Hader mit dem Leid des Geistes liegt, mag uns ein Schwindelgefühl und eine Übelkeit überkommen, so als würden wir aus einer winzigen Höhle heraustreten, vor der sich die endlose Weite des Himalaya entfaltet. Dies erklärt sich aus dem Tod all der Identitäten, die wir uns angeeignet hatten, all der Gedanken und Ziele, auf die wir so versessen waren und aus denen wir weitere, zukünftige Identitäten formen wollten. All dies kann nun in den Strom des Lebens zurücksterben.

Wenn all unsere eingebildeten Identitäten sterben, offenbart sich uns die essentiell leere, unbeständige Natur aller Dinge. Und wir werden der Oberflächlichkeit des abgesonderten Selbst gewahr, an dem wir so lange gehangen haben. Wenn wir das Wesen dieser traumähnlichen Absonderung erkennen, wird uns klar, daß es niemanden gibt, der sterben kann, und daß es nur die Illusion dieser abgesonderten Jemand-Heit ist, die wieder und wieder Geburt annimmt. Wenn sich nun Einsamkeit, Unsicherheit oder Furcht einstellen, erkennen wir diese als die Sehnsüchte, die uns von Inkarnation zu Inkarnation getrieben haben. Wir erleben alles einfach als ein Kommen und Gehen. Es ist, als beseelte uns zum ersten Mal die Weisheit und das Mitempfinden Buddhas oder Jesu, unseres ursprünglichen Wesens.

Wir würdigen und achten den Tod nun als eine vortreffliche Gelegenheit, um im Austritt aus dem Körper die Relativität der Dinge zu erkennen, die uns so festgefügt erschienen. Wir verlassen den Körper und werden gewahr, daß alles, was wir für uns selbst, für den Körper und für den Geist gehalten haben, etwas anderes ist als das, was wir uns eingebildet haben. Und wir kommen der Wahrheit näher, die jenseits des Geistes wartet.

„Wie ist es möglich, daß du so viel Vertrauen in deine Gedanken setzt, wenn du doch siehst, daß sie kaum einen Moment Bestand haben und sich so oft selbst widersprechen?" „Wer ist es, der denkt?"

Der Geist/Körper kämpft nicht länger darum, sich selbst zu

schützen. Die Stufen des Werdens werden vom Impuls unseres Ringens um Befriedigung erschaffen - vielleicht auch von dem, was man den „Lebenswillen" nennt. Aber wenn wir uns aus unserem Werden herauslösen, enthüllen wir unser grundlegendes Wesen und erreichen jene tiefe Befriedigung, die daher rührt, daß wir niemanden schützen und niemand sein müssen. Entspannung und Ruhe kehren in das Leben ein. Wir erkennen, daß alles, was wir heraufbeschworen haben, um uns von unserem Schmerz abzulenken - einschließlich der subtilen Bemühungen, unsere geistige Welt, die wir „Verständnis" nennen, zu kontrollieren und zu besitzen - nur weiteres Leid nach sich zieht.

„Es reicht, wenn wir frei von Mißverständnissen bleiben; das Verständnis wird selbst für sich sorgen."

Der Schmerz, der sich daraus ergibt, daß wir „versuchen zu verstehen", daß wir unsere Beziehung zum Universum analysieren und herausfinden wollen, „wo wir stehen", basiert auf der Vorstellung, daß wir eine abgesonderte Entität darstellen. Das Denken kann die Wirklichkeit niemals umfassen, denn es ist nur ein verschwindend kleiner Teil von ihr. Versuchen wir also gar nicht erst, die Wahrheit in unserem oberflächlichen Verstand gefangenzuhalten, verzichten wir auf unser bruchstückhaftes Verständnis, so daß wir sie direkt erfahren können.

Maharajji wandte sich einmal an einen Devotee und sagte: „Du solltest Dich nicht einmal an deinem nächsten Atemzug verhaften."

Wenn Geist und Herz in liebevoller Hingabe und klarer Bejahung der Gegebenheiten übereinstimmen, dann rückt der bewußte Tod in den Bereich des Möglichen. Indem wir den Prozeß beobachten, den wir stets als „Ich" mißgedeutet haben, erkennen wir, daß alles Entstandene wieder vergeht, daß alles ein Ende hat und unverzüglich vom nächsten Augenblick abgelöst wird - daß die Zeit selbst fortwährend stirbt.

Der Tod ist eine Illusion, in die wir alle investieren. Wir müssen uns auch dessen gewahr sein, daß der „bewußte Tod" zu einer noch größeren Illusion werden kann, solange wir zu wissen meinen, was der Tod ist.

Wir hören davon, daß Zen-Meister und Heilige, die wir für „außergewöhnliche Menschen" halten, ohne das geringste Widerstreben gestorben sind. Davon wähnen wir uns weit entfernt.

Und doch begegne ich vielen Menschen, die voller Unsicherheit auf den Tod zugehen und dennoch mit diesem Prozeß verschmelzen. Sie scheinen während der wenigen letzten Lebensmonate etwas zu durchlaufen, das man fast als „Inkarnationen" bezeichnen könnte. Sie vertiefen sich in die Arbeit, um deren Vollendung willen sie vielleicht Geburt angenommen hatten. Sie sind keine separaten Entitäten mehr, keine „bewußt Sterbenden", sondern lediglich ein Raum im Raum und ein Licht im Licht.

Dreiunddreißig Jahre war Robin alt, als ich ihr begegnete. Sie hatte sich bereits dreieinhalb Jahre lang mit ihrem Krebs auseinandergesetzt. Sie erfuhr von ihrer Diagnose, als sie als Schadenssachverständige bei einer Versicherung arbeitete, und nahm die Nachricht „ziemlich offen" auf, wie sie es ausdrückte. Sie versuchte den Sinn eines Heilungsprozesses zu erfassen, löste sich aus der Stagnation, die vielleicht sogar ihre Krankheit ausgelöst hatte und begann, ihr Leben zu erforschen. Während der ersten anderthalb Jahre nach ihrer Diagnose vertiefte sie ihre Teilhabe am Leben durch die Meditation, das Gebet und die Lektüre spiritueller Texte, welche bis dahin nur wenig oder keine Bedeutung für sie gehabt hatten.

„Was für eine Lehre dieser Krebs doch für mich war", sagte sie von einer Erfahrung, die sie in der vergangenen Nacht gemacht hatte. Sie erzählte, sie sei auf den Tod zugegangen und habe, als sie ihr Herz im Gebet öffnete, das Gefühl gehabt, sich durch einen großen Tunnel zu bewegen und in einer riesigen goldenen Handfläche zu landen. Zum ersten Mal seit Monaten spürte sie keine Schmerzen. Während sie in dieser Hand lag und im Frieden dieser Erfahrung schwelgte, fragte sie sich, ob es nicht nachlässig sei, wenn sie diese Gelegenheit nicht nutzen und sich einmal umschauen würde. Also kroch sie auf allen Vieren zum Rand der Handfläche und erblickte um sich her einen endlosen, von Sternen übersäten Himmel. Zehntausende von funkelnden Sternen habe sie gesehen, und jeden von ihnen habe sie ganz genau gekannt. Auch sie selbst sei einer von diesen Sternen gewesen. Sie konnte sich das nicht erklären, sie wußte nur, daß es so war. Einer der Sterne näherte sich ihr, und es war Jesus. Und ein weiterer Stern, der näherkam, war Ramana Maharshi. Dann wichen beide in den Sternenraum zurück und glichen nun wieder allen anderen Sternen. Sie sagte, sie habe in diesem Moment „jenseits allen Wissens" gewußt, daß allen Dingen dieselbe Essenz innewohnt. Einen Augenblick später löste sich alles vor ihr auf, und sie fand sich in ihrem schmerzenden Körper wieder. Sie sagte, diese Erfahrung habe die Gewißheit in ihr zurückgelassen, daß der Tod nichts Besonderes sei.

Ein Jahr später hatte es den Anschein, als habe sie das „Endspiel" erreicht und stünde kurz vor ihrem Tod. Sie hatte davon gehört, daß in der Tradition der Indianer und der Eskimos oftmals eine sterbende Person ihre Familie zusammenruft und manchmal wochenlang auf das Erscheinen aller Mitglieder wartet, um sich dann von jedem Einzelnen zu verabschieden und ihm alles Gute zu wünschen, bevor sie sich in einen stillen Raum zurückzieht und friedvoll stirbt. Und Robin beabsichtigte, diese Art bewußten Hinscheidens ebenfalls zu praktizieren. Sie hatte in den zurückliegenden Jahren eine Menge Arbeit geleistet und meinte, daß dies die ideale Manifestation des Bewußtseins sei, um dessen Aufbau sie in den Monaten des Schmerzes und der Verwirrung so hart gerungen hatte. Sie lud ihre Familie ein, am 10. März zu ihr nach Hause zu kommen und an ihrem Todesabend bei ihr zu sein. Während dieser Termin näherrückte, sagte sie, daß sie zuweilen an sich halten mußte, um nicht vor der „bestimmten" Zeit zu sterben, weil alles, was sie an Gefühlen mit den anderen teilen wollte, für jenen Moment bestimmt war. Am Nachmittag des bezeichneten Tages trafen ihr geschiedener Mann, ihr sechsjähriger Sohn, ihre Schwester (eine Krankenschwester), ihr Bruder, ihre Schwägerin und ich bei ihr ein, um von diesem Wesen, das wir alle liebten, gemeinsam den letzten Abschied zu nehmen. Als der Abend näherrückte, wurde ein großes Mahl aufgetischt, aber kaum jemand aß. Der Augenblick war erfüllt von der Erkenntnis um diesen endgültigen Abschied. Etwa um acht Uhr wurde Robin von ihren Geschwistern aus ihrem Schlafzimmer in den Wohnraum geführt.

Es war ein bewegender Augenblick. Sie machte einen sehr klaren Eindruck, teilte mit uns das Einverstandensein mit ihrem Tod und die Befriedigung darüber, daß sie in der Lage war, mit ihren Lieben zusammenzusein und ihren Körper ohne einen Anfall von Schwäche oder irgendein Gefühl unerledigter Geschäfte zu verlassen. Nach anderthalb Stunden des Zusammenseins wurde sie schwächer, und man führte sie behutsam in ihr Zimmer zurück. Alle, die im Wohnraum blieben, sahen einander mit einem Ausdruck der Trauer, aber auch der Erfüllung in die Augen. Jeder hatte Abschied genommen und ihr seine guten Wünsche mit auf die neue Reise gegeben. Als sich die Tür hinter Robin schloß, weinten alle um die Freundin, die sie nie wiedersehen würden.

Um fünf Uhr am nächsten Morgen öffnete Robin blinzelnd ein Auge und murmelte: „Ach, Scheiße." Und wir verbrachten einen Großteil des Tages mit Gesprächen über die Frage, was sie wohl zurückhalten mochte, über ihren Wunsch, „bewußt zu sterben", sowie über die Unkontrollierbarkeit der auf uns einwirkenden Geschehnisse. An diesem Abend ging jedes Familienmitglied einzeln in ihr Zimmer, um in ihren doch wohl letzten Stunden auf Erden endgültig Abschied von ihr zu nehmen. Als wir ihr aus der Bibel vorlasen, machte sie einen sehr ruhigen und friedlichen Eindruck. Wir verabredeten, daß ich die Nacht in einem Schlafsack vor ihrer Tür verbringen würde, um ihr in den letzten Momenten ihres Sterbens zur Seite stehen zu können.

Als sich unsere Blicke am nächsten Morgen erstaunt begegneten, mußten wir darüber lachen, daß die Natur offenbar auf ihrem eigenen Zeitplan bestand. Dieser Prozeß setzte sich noch tagelang fort. Während der ersten Tage verbrachten wir jeden Morgen eine oder zwei Stunden damit, erst einmal zum Nullpunkt zurückzukehren, alle vorgefaßten Meinungen loszulassen und die Realität dieses Geschehens einfach zu akzeptieren. Vom vierten Tag an dauerte unser frühmorgendliches Zusammensein nur noch ungefähr eine halbe Stunde. Wir teilten nun eher die Stille als Konzepte miteinander. Abends, bevor sie zu Bett ging, verbrachten wir noch etwa eine halbe Stunde damit, uns das Bild Jesu zu vergegenwärtigen, das sich mit jedem Tag deutlicher in ihrem Herzen offenbarte.

Ihre Vorstellungen von der eigenen Identität, ihr Selbstbild eines „bewußten Menschen", ihr Konzept vom Tod und von seiner Bejahung - all dies löste sich in diesen Tagen allmählich in ihr auf. Sie durfte nicht einmal mehr jemand sein, der bewußt stirbt. Sie wurde schwächer und schwächer und nahm keine Nahrung mehr zu sich. Sie war ganz und gar offen für den Tod - und doch war ihr das Sterben irgendwie nicht möglich. Zuweilen war sie ein wenig verwirrt, doch die meiste Zeit über strahlte sie nichts weiter als Liebe aus. Alle hatten sich häuslich bei Robin eingerichtet, um während ihres Sterbens bei ihr zu sein. Und nachdem dieser Prozeß eine Woche angedauert hatte, wachte sie eines Morgens auf und sagte mit ihrer zarten, dünnen Stimme:

„Um Mitternacht dachte ich, ich würde meinen Körper verlassen. Jesus stand direkt neben mir, und ich fragte ihn, ob er mich mitnehmen wolle. Aber er sagte Nein, und daß alles in Ordnung wäre. Daß dies alles eine Lehre für mich sei, um Vertrauen und Geduld zu üben. Und da bin ich wieder."

Im Verlauf der nächsten Tage mußte sie sich ganz und gar von ihrem Verständnis der Dinge lösen. Sie mußte all ihr Wissen loslassen und konnte nur noch *sein*. Wenige Tage später fragte ich sie eines Morgens: „Wie sieht es in Dir aus?" Und sie sagte mit außerordentlicher Bestimmtheit: „Ich weiß es nicht." Aber in diesem „ich weiß es nicht" klang eine tiefe Befriedigung mit, die ich nie zuvor bei ihr wahrgenommen hatte. Endlich war kein Wissen mehr in ihr, und es war wunderschön für sie, diesen Prozeß nicht immer wieder neu beurteilen zu müssen, sondern sich ihm einfach hingeben zu können. So war es ihr möglich, noch stärker präsent zu sein. Sie nahm jeden Tag so an, wie er war. Sie vertraute dem Augenblick in grenzenloser Geduld, ohne zu erwarten, daß sich alles in einer bestimmten Weise entwickeln würde - sie war ruhig, offen, aller potentiellen Wahrheit gegenüber nachgiebig und hingegeben an Gott.

Alles, was wir uns vorstellen, geht im Tod verloren: unsere Persönlichkeit, unsere Lebensgeschichte, unsere Ziele, unsere Konzepte und unsere Denkmodelle. All das gab auch sie auf, während sie in ihrem Bett lag. Mit jedem Tag wurde sie ein wenig transparenter. Sie war voller Vertrauen und Geduld.

In den ersten Tagen, als sich ihre Familie jeden Abend bei ihr einfand, hatte sie sich auf den Tod vorbereitet. Aber im Verlauf der folgenden Wochen kam all diese selbst-bewußte Vorbereitung zum Stillstand und wich einem heiteren Erstaunen über den Gang der Dinge. Manchmal hatte es den Anschein, als sollte sie eher geboren werden als sterben.

An dieser Stelle möchte ich einfügen, daß es in all diesen Geschichten vom „bewußten Sterben", so malerisch sie auch sein mögen, doch immer wieder Momente gibt, in denen der alte Geist an die Oberfläche kommt. Auch Patienten, die sehr klarsichtig sind, erleben hin und wieder Augenblicke der Verwirrung - Gelegenheiten, bei denen der Geist irgendeine geringfügige Furcht oder irgendein Verlangen mit einem Ring der Anspannung umschließt. Aber die Selbstvergebung und der unverhaftete Verdruß über den unbeeinflußbaren Gang der Dinge, die dieser Verdichtung des Geistes entgegentreten, lassen jenes Gefühl der Weiträumigkeit bald wieder zurückkehren.

Zwei Wochen zuvor, als wir wegen Robins Tod zusammengekommen waren, war niemand auf die sich anschließende lange Entwicklung vorbereitet gewesen. Und als ich am Tag vor ihrem geplanten Sterben zu ihr aufgebrochen war, hatte ich geglaubt, vielleicht schon am nächsten Tag wieder zurück zu sein. Doch nachdem sich der Zeitraum, in dem sie sich dem Tod öffnete, nun schon auf zwölf Tage ausgedehnt hatte, war ich auf dem Meditationsretreat, an dem ich teilnehmen sollte, schon lange überfällig. Es war offenkundig, daß wir beide alle notwendige Arbeit verrichtet hatten. Sie war allmählich über sich selbst hinausgeflossen, und wenn sie noch irgendetwas in sich auszubalancieren hatte, so konnten wir das am Telefon besprechen. Bevor ich ins Auto stieg, um das 800 Kilometer entfernte Ziel zu erreichen, vereinbarten wir, daß ich jeden Tag anrufen würde, um eine Art von „Check-In" mit ihr zu machen und ihr in jeder erdenklichen Weise zur Verfügung zu stehen.

Während ich in der Überzeugung von ihr Abschied nahm, daß wir uns in dieser Form wahrscheinlich nie wiedersehen würden, zeigte die Art, in der sie mir zublinzelte und die Leichtheit, mit der sie meine Hand losließ, wie wenig Verhaftung und wie wenig Verklammerung in ihrem Geist und ihrem Herzen zurückgeblieben waren.

Als ich sie vom Retreat aus anrief, um zu hören, wie die Dinge standen, merkte ich, daß der Prozeß seinen eigenen, natürlichen Verlauf nahm und alles in Ordnung war. Jeder der täglichen Anrufe bei ihr machte deutlich, daß es kaum noch etwas gab, wofür sie die Hilfe anderer gebraucht hätte.

Wenn sich irgendeine leichte Unsicherheit bei ihr zeigte, sprachen wir darüber und lachten über die Art und Weise, in der sich der Geist immer wieder zwanghaft an das Alte klammerte. Stets aber fand er zum Vertrauen und zur Geduld zurück. Und ich spürte die innere Ruhe, durch die sie ihr Gleichgewicht wiederfand. Das Retreat hatte eine Woche gedauert, als sich bei einem neuerlichen Telefonat zeigte, daß Robin wieder einmal beunruhigt und aufgewühlt war. „Vielleicht ist alles wieder weg. Ich weiß nicht, was los ist, aber mein Kopf kommt heute überhaupt nicht zur Ruhe." Meine Frage, ob sich um sie herum irgendetwas verändert habe, verneinte sie. Sie sei nur nicht mehr in der Lage gewesen, das Beruhigungsmittel zu schlucken, welches sie in den letzten Monaten eingenommen hatte, um besser mit ihren Schmerzen fertigzuwerden. Der Arzt hatte ihr statt dessen Morphium-Zäpfchen verschrieben. Nachdem ich kurz nachgedacht hatte, mußte ich lächeln. „Robin, Du hast doch fünfmal am Tag ein leicht kokainhaltiges Medikament eingenommen, das Du nun abgesetzt hast. Ist es da ein Wunder, wenn Du ein paar Entzugserscheinungen hast?" „Ach ja", seufzte sie, und wir lachten. Sie sagte: „Natürlich. Das ist es jetzt wohl, womit ich klarkommen muß. Wieder einmal eine Sache, der ich mich ergeben muß."

Ein paar Tage später, um fünf Uhr morgens, stellte sich während der ersten Gruppenmeditation in meiner Brust ein Schmerzgefühl ein. Nachdem ich diese Empfindungen, die immer heftiger und stechender wurden, einige Minuten beobachtet hatte, meinte ich, daß es sich um eine Art Sterbe-Halluzination handeln könne. Wenn ich an all die Menschen dachte, deren Sterben ich miterlebt hatte, konnte mich dies nicht überraschen. Ich wußte nicht, woher diese Schmerzempfindungen kamen und konnte nichts anderes tun, als mich ihnen zu öffnen und abzuwarten, was der nächste Moment bringen würde. Ich spürte eine Art von Druck, der meine Lungen einschnürte. Ich mußte mich auf jeden einzelnen Atemzug konzentrieren. Mir schien, als müsse ich den Sauerstoff schon fast auf der molekularen Ebene ganz bewußt in mich hineinsaugen, um nicht ohnmächtig zu werden. Als mir das Atmen immer schwerer fiel und die Schmerzen in meiner Brust zunahmen, spürte ich, daß der Körper bei jedem Atemzug zu heftiger Anspannung tendierte. Aber solange ich meine Offenheit zu bewahren vermochte, konnte ich der Erfahrung Raum geben. Ich saß einfach da, wußte nicht, was da geschah, versuchte nicht, es einzuordnen oder auch nur zu verstehen und bemühte mich einfach, offen zu bleiben. Als dieser Zustand etwa zehn Minuten angedauert hatte, hörte ich Robins Stimme sagen: „Wir waren einander so nahe, wir haben so viel miteinander geteilt, und es gibt wirklich nichts, was ich Dir geben könnte. Aber ich weiß, daß Du wissen möchtest, wie es ist, wenn man stirbt, und so teile ich meinen Tod mit Dir." Ich dachte mir: „Nun, das ist ein interessanter Gedanke - ob er nun zutrifft oder nicht. Was es auch immer ist, es ist nur ein Gedanke, mehr weiß ich nicht." Doch dieses „Nicht-Wissen" fühlte sich an, als würde ich den Prozeß des Sterbens real erleben. Das Atmen fiel mir immer schwerer, und ich spürte, daß der Körper wie unter dem Zwang einer Notlage zu zittern begann. Das „rote Licht" leuchtete auf. Zweifellos geschah etwas, das der Körper als Bedrohung empfand. Ich beobachtete, wie er sich festzuklammern versuchte, und Angst stieg in mir auf. Es war fast so, als wolle der Körper dieses innere Feuer unwillkürlich ein-kapseln, um es eindämmen und an der Ausbreitung hindern zu können. Aber das Feuer fraß sich weiter. Ich versuchte einfach nur zu atmen und an nichts anderes zu denken. Ich spürte, daß ich ohnmächtig werden würde, wenn meine Konzentration ins Wan-ken geriet. In meinem Körper existierte nur der Schmerz und das gedehnte Fauchen meines Atems, den ich mit Gewalt in mich einsog und wieder ausstieß. Nachdem diese Erfahrung vielleicht zwanzig Minuten gewährt hatte, bekam ich das Gefühl, daß mich der Druck in den Lungen aus meinem Körper herauszudrängen versuchte, und ich beobachtete, wie der Körper dagegen an-kämpfte. Er befand sich im Alarmzustand. Der Verstand suchte nach einem Ausweg, aber es gab keinen Spielraum für irgendeine Kontrolle. Ich spürte, daß ich dem Körper Raum geben mußte, daß jeder Versuch einer Kontrolle ihn zum Platzen bringen würde. Ich fühlte mich wie eine Tube Zahnpasta, die bei zugedrehter Verschlußkappe zusammengepreßt wird. Aber ganz unvermittelt stellte mein Geist die Frage: „Im Körper bleiben? Wozu?" Es kam keine Antwort. Plötzlich fühlte ich einen tiefen Frieden. Die Prio-ritäten hatten sich augenblicklich geändert, das Verlassen des Körpers erschien absolut naheliegend, und es gab keinen Grund,

Widerstand zu leisten oder mich festzuklammern. Es war, als hätte ich mich an etwas erinnert, das ich seit langer Zeit, vielleicht schon seit meiner Geburt, vergessen hatte. Nun schien der Druck in meiner Brust etwas ganz Natürliches zu sein und genau das zu tun, wozu er bestimmt war, nämlich mich aus dem Körper zu verdrängen. Richtig! Der Tod war keine Bedrohung mehr. Er war wirklich zu einer weiteren irrelevanten Luftblase im Fluß der Wandlungen und zu einem Gefühl der freudigen Erwartung des nächsten Augenblicks geworden. Es war, als fragte ich mich: „Warum im Körper bleiben? Wie konnte ich nur so dumm sein und an diesem Ding festhalten? Alles ist vollkommen." Ich war von dem Wissen durchdrungen, daß alles so war, wie es sein sollte, und dies verwandelte den Schmerz und den Druck, der mich aus meinem Körper hinausstoßen wollte, von einem Feind in einen Verbündeten. Es war ein sehr befriedigendes Gefühl. Es hielt mich nicht von meinem Ziel ab, sondern brachte mich ihm näher. Die Priorität hatte sich geändert: „Laß es geschehen, mach weiter, geh hinaus, laß alles los." Trotz der vorhandenen Schmerzen empfand ich das Gefühl einer gewaltigen Ausdehnung. Ich umschloß mein Leben nicht mehr mit Anspannung. Mein Leben weitete sich über meinen Körper hinaus aus. „Ah, so ist es richtig, alles verläuft ganz ideal." Und wieder hörte ich Robins Stimme in meinem Herzen, und diesmal sagte sie: „Es ist Zeit dafür, nicht mehr Robin zu sein. Es ist Zeit, zum sterbenden Christus zu werden." Da hatte ich nicht mehr das Empfinden, mich mit einer sterbenden Person, mit meinem oder mit ihrem Sterben zu identifizieren. Alles war ein sich perfekt entfaltender Prozeß. Ich empfand mich selbst nicht mehr als einen Körper, sondern als gebündeltes Karma, als einen Prozeß, der seine nächste ideale Phase erreichte - als das Bewußtsein, das sich aus seinem Gefäß herauslöste. Auch Sterben ist ein Teil des Lebens. Stille.

Als die Glocke läutete, die unsere Sitzung beendete, fragte ich mich: „Was hatte das alles zu bedeuten? Sicherlich war es nur eine interessante Halluzination - wer weiß?" Beim Aufstehen schmerzte meine Brust noch immer. Ich ging zum Frühstück und wollte gerade anfangen zu essen, als ich zum Telefon gerufen wurde. Es war Robins Bruder. Robin war soeben gestorben.

Diese Erfahrung hat mir viel Einsicht und Vertrauen in die

Arbeit vermittelt, die auf uns wartet. Sie hat es mir ermöglicht zu verstehen, weshalb sich in Menschen, die im Sterben lagen und eine Krise zu durchlaufen schienen, in den letzten Augenblicken eine deutliche Wandlung vollzog, eine augenscheinliche Öffnung, die sie über alle unerledigten Geschäfte, Ängste und Verklammerungen, die bis zu diesem Zeitpunkt bestanden hatten, hinausführte. Bei manchen schien sich dieses „Wissen" Tage oder manchmal auch Wochen vor dem Tod einzustellen. Bei anderen schien es erst in den letzten Augenblicken vor dem Verlassen des Körpers zu erwachen. Wenn ich Fotos von Menschen sah, die in Auschwitz ums Leben gekommen sind, habe ich mich oft gefragt, warum sich ihr Leid nicht in ihren Gesichtern widerspiegelte.

Dieses Phänomen hatte ich früher nie verstehen können, doch jetzt war ich mir darüber klar geworden: Zu einem bestimmten Zeitpunkt, vielleicht nur einen Sekundenbruchteil, bevor das Leben den Körper verläßt, tritt ein tiefes Verständnis für die Vollkommenheit dieses Prozesses ein. Vielleicht ist dies sogar eine universelle Erfahrung, die auch diejenigen in die Vollkommenheit und Furchtlosigkeit des Todesmomentes führt, welche nur sehr schwer loslassen können.

Robin hatte sich von allem lösen müssen. Sie war einfach zu einem offenen Raum geworden. Ihr Tod war keine Ergänzung ihrer Lebensgeschichte, sondern ihre Verschmelzung mit dem Teil ihrer selbst, der das offene Herz Christi war. Jenseits der Todesbegriffe ihres Geistes ließ sie, wie „bewußt" auch immer, in den hellen Glanz der Wahrheit hinein los.

Wenn wir einen Blick auf die Überfülle der spirituellen Literatur werfen, die Biographien von Heiligen, die zur Zen-Tradition gehörenden Abschiedsgedichte oder die Berichte über das Sterben von Roshis lesen, treffen wir immer wieder auf Beispiele bewußten Sterbens von Wesen, die ihren Körper achteten und ihn doch ohne Reue hinter sich zurückließen. Sie hatten alle ihre Geschäfte erledigt und ihr Leben beendet, „ohne eine Spur zu hinterlassen", wie es Suzuki Roshi ausdrückte.

Es ist dieses Fehlen aller Spuren, dieses absolute Vollenden dessen, was Augenblick für Augenblick in Erscheinung tritt, das uns in die Lage versetzt, mit einem Gefühl der Gleichmut und Fülle unseren Körper zu verlassen oder jeden Abend schlafen zu gehen.

Dann gibt es weder etwas, das getan werden muß, noch etwas, das ungetan bleibt. Es grenzt vielleicht an eine andere Äußerung Suzuki Roshis: „Selbst wenn die Sonne im Westen aufgeht, kennt der Bodhisattva (das weisheitsvolle, allen dienende Wesen) nur den einen Weg."

Basho, der große japanische Dichter, schrieb: „Aus alten Zeiten ist der Brauch auf uns gekommen, ein Abschiedsgedicht vom Leben zu hinterlassen, und vielleicht sollte ich das gleiche tun. Aber jeder Moment des Lebens ist doch der letzte, jedes Gedicht ist ein Abschiedsgedicht! Warum sollte ich also jetzt eines schreiben? In diesen meinen letzten Stunden habe ich kein Abschiedsgedicht."

Als der Meister Takuan im Sterben lag, baten ihn seine Schüler, ein Abschiedsgedicht zu verfassen, aber er weigerte sich. Als sie darauf bestanden, brachte er das japanische Schriftzeichen für „Traum" zu Papier und starb.

Wenn wir solche Geschichten hören, fürchten wir, eine solche Bewußtseinsstufe, eine solche Weiträumigkeit im Sterben nie erreichen zu können. Und doch gleicht diese Befürchtung nicht dem, was ich erlebt habe. Der Tod läßt uns oft über uns selbst hinauswachsen. Bei vielen ist es der Zeitpunkt, an dem ihre lebenslange Sehnsucht nach der Wahrheit Früchte trägt.

Eines Tages erreichte mich der Anruf von Pam, die mich fragte: „Helfen Sie Menschen dabei, bewußt zu sterben?"

Ein paar Tage später kam diese Frau mit ihrem Auto zu Besuch. Sie sagte, sie habe das Bedürfnis, sich selbst zu erforschen, ihr Melanom breite sich rasch aus. Sie habe sich einige Jahre mit der Krankheit auseinandergesetzt, aber nun scheine es wirklich schlimmer zu werden. Sie habe sich schon ein wenig mit Meditation beschäftigt, und da es so aussehe, als müsse sie bald sterben, wolle sie gerne mit uns arbeiten. Sie sagte, sie wolle ihren Tod als ein Werkzeug gebrauchen, um den Frieden zu finden, der ihr ihrem Gefühl nach fehlte. Der beste Weg schien für sie darin zu bestehen, sich stärker auf die Öffnung ihres Herzens zu konzentrieren. So empfahlen wir ihr, in ihrem Herzen das Jesus-Gebet zu wiederholen: „Herr Jesus Christus, erbarme dich meiner."

Nach und nach öffnete sich ihr Herz für das Gebet.

Einige Tage später begab sie sich ins Krankenhaus, um sich einer kleinen Blasenoperation zu unterziehen, bei der ein Tumor entfernt werden sollte, der ihr Beschwerden bereitete. Sie hatte eine solche Operation schon einmal erlebt und mit der Atmosphäre im Krankenhaus große Schwierigkeiten gehabt. Doch diesmal war ihr Herz so erfüllt, daß sie mit allem zufrieden war und sogar meinte, sie fühle sich im Krankenhaus wie in einem Tempel. Das Geschehen in ihrem Körper mahnte sie, ihre Präsenz zu bewahren. Aber das angstvolle Umherschweifen ihres Geistes störte ihre Meditationen immer wieder. „Mein Geist lenkt mein Herz ständig ab", sagte sie. „Unterscheiden sich die beiden denn? Hast Du zwei in Dir?" fragte ich sie. „Nur wenn ich mich mit der Angst in meinem Geist identifiziere", erwiderte sie. Sie blieb standhaft, und langsam beruhigte sich ihr Geist. Schließlich war er zum Diener ihres Herzens geworden. „Es gibt nichts, was von Gott getrennt ist, es sei denn, unser Geist macht es dazu", sagte sie.

Wir arbeiteten monatelang zusammen und widmeten uns gemeinsam dem Prozeß der Entfaltung, und hin und wieder fühlte sie das heilige Herz Jesu in ihrer eigenen schwachen Brust schlagen. Sie teilte ihre Erfahrungen mit ihren vier Kindern so intensiv, wie es ihr möglich war, und befolgte die Empfehlungen ihres Arztes, ohne an einer Erfüllung ihrer Hoffnungen allzusehr verhaftet zu sein. Sie sagte, daß alles erfolgreich verlaufe, solange sie alle Veränderungen aufmerksam verfolgen und solange sie wahrnehmen könne, auf welche Weise sich ihr Geist an die Möglichkeit einer körperlichen Heilung klammere. Wenn sie sich einmal besser fühlte, bemerkte sie, wie der Geist ganz automatisch logische Fehlschlüsse über das Wesen der Gnade Christi konstruieren wollte. Aber sie bewahrte ihre Offenheit und ihr Nicht-Wissen und ließ diese Gedanken frei durch die Wärme und Geduld ihres Herzens schweben. Sie öffnete sich kontinuierlich der Einheit, die Leben und Tod umschließt. Der Furcht, die gelegentlich in ihr aufstieg, begegnete sie mit einer Demut und Hingabe, die ihr ein beträchtliches Wachstum ermöglichte. Es waren keine großen Widerstände in ihr vorhanden.

Einige Monate nach unserer ersten Begegnung nahm sie an einem fünftägigen Retreat teil, das wir im kalifornischen Santa Cruz anboten, etwa 130 Kilometer von ihrem Zuhause entfernt. Nach anderthalb Tagen stellten sich erhebliche Kopfschmerzen bei ihr ein. Sie hatte ein wenig an Aphasie gelitten und berichtete, daß sie wenige Tage zuvor nach dem Aufwachen bei ihren ersten Äußerungen festgestellt habe, daß ihre Worte „wie Buchstabensuppe klangen, die in die Luft geschleudert wird". „Das ist verrückt", meinte. „Ich bin doch jetzt eine Rechtsanwältin geworden, so eine von den Sprachgewandten - und was ist dabei herausgekommen? Meine Worte ergeben überhaupt keinen Sinn! Das ist doch wahrlich die Gnade Christi! Ein tolles Hindernis, das ich da bewältigt habe. Das werde ich nicht nochmal erleben." Und sie lachte herzhaft.

Als ihre Kopfschmerzen weiter zunahmen, legte sie sich in Gegenwart einiger Freunde in ihr Zimmer und trat augenscheinlich in ein leichtes Koma ein. Sie lag auf ihrem Bett, wand sich hin und her, und niemand konnte ihre Schmerzen lindern. Die Schmerzmittel, die ihr verabreicht wurden, schienen keine große Wirkung zu haben. Ihre extremen Beschwerden hielten an, ihr Mund war trocken, ihre Stirn schweißnaß, und ihr Körper erbebte unter heftigen Schmerzen.

Ich saß neben ihrem Bett und merkte, wie ich darum betete, daß sie irgendwie von diesem schraubstockähnlichen Druck erlöst werden möge, der ihren ganzen Körper in Anspannung versetzte. Aber die Schmerzen ließen nicht nach, und alle, die im Zimmer waren, mußten sich ihrer Intensität ergeben. Während ich die Nachmittags-Sitzung der Gruppe leitete, wurde ich wieder zu Pam zurückgerufen: „Pam scheint es sehr schlecht zu gehen. Es ist besser, wenn du kommst, vielleicht liegt sie im Sterben." Als ich das Zimmer betrat, spürte ich etwas, das ich vorher nicht bemerkt hatte, und als ich mich an ihr Bett gekniet hatte, hörte ich mich sagen: „Pam, Christus ist da." Ihr ganzer Ausdruck wechselte schlagartig, und alle Schwere schien von ihr abzufallen. Es schien, als würde sie in eine reine Ekstase eintreten, die in den nächsten Stunden so intensiv anhielt, daß man nicht in ihrer Nähe sein konnte, ohne von einer überschwenglichen Freude durchflutet zu werden. Fast schien es, als würde ihr Körper vor Mitempfinden und überweltlicher Liebe erglühen. Die aus ihrem Zimmer kamen, meinten: „Es ist fast peinlich, sagen zu müssen, wie erhebend es ist, in ihrer Nähe zu sein. Ich weiß, ich müßte traurig sein, weil ich sie so liebhabe, aber irgendwie fühle ich mich einfach wunderbar."

Nach einigen Stunden fiel Pam in ein noch tieferes Koma, aber das Gefühl der großen Freude und des Friedens, das sie umgab, ließ nicht nach. Ein Arzt erschien mit weiteren schmerzstillenden Medikamenten, sagte dann jedoch, sie scheine in ihrer sanften Ruhe so heil und ganz, daß er ihre Ausgeglichenheit nicht stören wolle. Das erinnerte mich an einen Arzt, der gekommen war, als wir ein Jahr zuvor mit einer Patientin gearbeitet hatten, welche unter beträchtlichen Schmerzen litt. Er kam dazu, als ihr Körper sich durch ihre Hingabe zu entspannen begann und ihr Herz seinen Widerstand aufgegeben hatte. „Ich bin eigentlich hergekommen, um mich um ihren Zustand zu kümmern", gestand er, „aber ich glaube, hier lerne ich das Auflegen der Hände."

Voller Sorge, daß Pam vielleicht sterben würde, rief eine Freundin ihren Mann und ihre Familie an, um ihnen vorzuschlagen zu kommen und sie nach Hause zu holen. Wenige Stunden später trat ihr geschiedener Mann mit recht verschlossener Miene ins Zimmer, ziemlich unsicher, was ihn bei diesen „Sterbis" erwartete. Um seine geschiedene Frau herum war ein halbes Dutzend Leute versammelt, aus deren Gesichtern eine Energie strahlte, die man nach Betreten des Zimmers sofort spüren konnte. Wortlos setzte er sich im Kreis dieser seltsamen Gesellschaft neben sie und fragte sich vermutlich, wie er sie taktvoll aus dieser merkwürdigen Umgebung herausholen könne. Aber es herrschte ein solcher Frieden im Zimmer - eine solche Stille. Es war nichts von einer Notlage zu spüren, es gab offenkundig überhaupt kein Problem. Sie lag einfach im Sterben. Nach einer Stunde begleitete ich ihn hinaus, und er sagte: „Wissen Sie, vor fünf Jahren bin ich vom Weg abgekommen. Ich habe Gott verloren. Aber nachdem ich in diesem Zimmer war, beginne ich wieder zu erkennen, worum es eigentlich geht."

Bald darauf trafen auch ihre Kinder ein und setzten sich ganz so wie alle anderen neben das Bett - Zeugen eines unschätzbaren Prozesses, an dem wir alle teilhaben durften.

Die dreizehnjährigen Zwillinge wurden mit dieser Erfahrung nicht so leicht fertig wie die älteren Töchter. Doch während es ihnen zuvor sehr schwergefallen war, eine Beziehung zur Krankheit zu finden, wurde dies jetzt ein wenig leichter für sie. Denn niemand spielte ihren Schmerz hoch, und niemand unterdrückte ihn. Sie mußten keine fromme Miene aufsetzen. Sie mußten sich nicht wie die anderen verhalten. Und bald waren auch sie zu einem

Element des Mandalas der Liebe und Bejahung geworden, das die so friedvoll auf ihrem Bett liegende Pam umgab.

Pams Familie kam überein, daß diese Umgebung für Pam und auch für sie selbst die beste sei. Alle bekamen ein Zimmer zum Wohnen, so daß sie Pam auf der so deutlich fortschreitenden Reise begleiten konnten.

Pam verbrachte zwei weitere Tage in diesem semi-komatösen Zustand. Ihr Zimmer war erfüllt von einer stillen Freude und dem Gefühl für die Vollkommenheit der Dinge. Doch das Retreat sollte am nächsten Tag enden, und es war ungewiß, ob sie nun sterben würde oder nicht. Am letzten Abend des Retreats, als alle zum Abendessen gingen, setzte ich mich also zu ihr und sagte: „Es ist Donnerstagabend, meine Liebe. Morgen geht das Retreat zuende. Ich denke, wenn Du stirbst, dann ist jetzt die beste Zeit dafür, denn morgen verläßt der Zirkus die Stadt." Kurz darauf trat sie aus dem Koma heraus und begann ein wenig zu sprechen. Sie sagte, sie fühle sich wohl und „wirklich ganz leicht" und verspüre überhaupt keine Schmerzen. Da ich dachte, sie habe innerlich vielleicht noch nicht alles erledigt, beugte ich mich in meiner professionellsten Art zu ihr hinüber und fragte: „Gibt es irgendetwas, das Du vor Deinem Tod noch tun möchtest?" „Ja", lachte sie, „noch einmal zehn Jahre leben."

Am nächsten Tag nahm ihre Familie sie mit nach Hause.

Einige Tage später besuchte ich sie. Als ich ins Zimmer trat, spürte ich den tiefen Frieden, der sie umgab. Meine Gedanken glichen Bowling-Kugeln, so plump erschienen sie mir in dieser unermeßlichen Stille. Mein Geist wog so schwer im Vergleich zu diesem weiten, sanften Raum, denn da war nichts, woran ihr Geist festhielt. Da war nur weiter Raum.

Da erinnerte ich mich an einen Freund, der mir von einem Retreat mit einem Zen-Meister erzählt hatte, bei dem er während der Frage-und-Antwort-Sitzungen stets das unangenehme Gefühl bekommen habe, daß der Zen-Meister wußte, was er dachte. Als er eines Tages dessen Zimmer betrat, sagte er: „Wenn ich hier eintrete, habe ich das Gefühl, daß Sie wissen, was ich denke." Der Roshi sah auf und erwiderte lächelnd: „Nun, ich bin es nicht, der denkt - Sie müssen es also selbst sein."

Pam war an nichts verhaftet. Es schien nicht mehr so zu sein, daß sie „jemand" war. Ein Gefühl der Einheit war im Raum zu spüren. Sie schien keine Grenzen zu haben. Sie sah mich liebevoll an und sagte verwundert: „Weißt Du, als ich neulich aus diesem Koma herauskam, saß Maharajji am Fußende meines Bettes, und er lachte und lachte."

Diese spontane Verbindung mit Maharajji überraschte mich, weil es viele Monate lang so ausgesehen hatte, als sei Jesus ihr Berührungspunkt. Niemand hatte sie darin bestärkt, sich auf Maharajji auszurichten. Diese Beziehung schien ganz von selbst enstanden zu sein. So fragte ich sie: „Und wie steht es mit Deiner Beziehung zu Jesus?" „Naja", sagte sie, „bei Jesus dreht es sich um das Leid. Aber ich leide nicht mehr, und Maharajji ist einfach die reine Freude."

Während der nächsten Wochen passierte es zweimal, daß sie erneut in jenen zweieinhalbtägigen semi-komatösen Zustand fiel, den sie „Urlaub" nannte. Sie sagte, sie könne ihn nicht richtig beschreiben, aber er erinnere sie sehr stark an die griechisch-orthodoxen Choräle, von denen ihr ein Freund eine Cassette geschenkt hatte. Sie sagte: „Womit ich es noch am ehesten beschreiben kann, ist die Klangfülle dieser Choräle." Jedesmal wenn sie in dieses scheinbare Koma fiel, hatte es den Anschein, als habe sie Schmerzen. Aber anschließend sagte sie immer, daß sie keine Schwierigkeiten habe und daß es überhaupt keine Probleme gäbe. Mit jeder Rückkehr war sie klarsichtiger und unbeschwerter. Das soll jedoch nicht heißen, daß es keine problematischen Momente gab. Es gab Phasen, in denen sie hier und da aus dem Gleichgeicht kam. Es gab Belastungen, die auf Mutter und Kindern lagen, verwirrende Szenen, die sich um ihr Bett herum abspielten. Aber sie wurde mehr und mehr zu einem weiten Raum. Und eine kurze Abhandlung des Dritten Zen-Patriarchen war ihre einzige Lektüre.

Tara, eine von denen, die Pam in den vorangegangenen Monaten beigestanden und so viel mit ihr geteilt hatten, erzählte uns später, daß „Pams Augen während einer der koma-ähnlichen Perioden weit offenstanden und in die Ferne blickten. Flüsternd wiederholte sie immer wieder die Worte: 'Sonne, Sonne, fertig, fertig'. Tränen strömten aus ihren Augen, und ihre Hände lagen auf ihrem Herzen . . . Auch die eigentlich höchst unangenehme Arbeit, die zufolge ihrer Inkontinenz zu verrichten war, bereite Vergnügen. Wir beklagten uns nicht, sondern waren nur bestrebt, uns in einer Weise zu läutern, daß ihre Unschuld unsere Herzen berühren konnte."

Am Morgen des Weihnachsttages wurde Pam die Treppe hinuntergeführt, um ein letztes Mal im Kreis ihrer Familie zu sein. Als sie wieder ins obere Stockwerk zurückkehrte, war kaum zu verkennen, daß sie ihren Körper bald verlassen würde. Auffallend war das Fehlen jeglicher Individualität bei ihr. Sie schien sich mit den Stunden mehr und mehr zu öffnen. Sie wurde einfach zu einem weiten Raum, zu einem Prozeß, der sich in einem Gewahrsein entfaltete, das von nichts mehr getrennt war. Jemand sagte: „Sie ist kein Substantiv mehr, sie ist zu einem Verb geworden."

Einen Tag später saßen ihre Freunde zu beiden Seiten ihres Bettes, und sie vollzog ihre eigene Geburt. Sie war wie ein Raum, der im Raum zerfließt. Nicht das geringste Zerren oder Drängen war zu spüren. Es schien, als würde auch sie diesen Prozeß voller Verwunderung verfolgen. Tara sagte später: „Das Zimmer war von Liebe und sanftem Frieden erfüllt. Jeder war schweigend der Stille gewahr. Pam hörte ganz still zu atmen auf und glitt einfach aus ihrem Körper heraus. Eine Träne rollte über ihre Wange. Sie hatte uns verlassen." Es war einfach eine Herauslösung aus der vorläufigen Form, eine Fortsetzung des Weges.

Als Roshi Taji, ein zeitgenössischer Zen-Meister, im Sterben lag, waren seine ältesten Schüler um sein Bett versammelt. Einer von ihnen hatte sich erinnert, daß der Roshi eine Vorliebe für eine bestimmte Art von Kuchen hatte, und den halben Tag damit verbracht, in den Konditoreien Tokios nach diesem Zuckerwerk zu suchen. Nun überreichte er es Roshi Taji. Mit einem matten Lächeln nahm der sterbende Roshi ein Stück des Kuchens an und begann langsam zu kauen. Als er immer schwächer wurde, neigten sich seine Schüler zu ihm hin und fragten ihn, ob er ihnen noch etwas sagen wolle. „Ja", erwiderte der Roshi. „Bitte sag' es uns." „Fürwahr, dieser Kuchen schmeckt einfach köstlich." Und so starb er.

Wenn solche Wesen sterben, dann dehnen sie sich über sich selbst hinaus aus. Sie setzen einfach ihren Weg fort, und das übrige bleibt für den Straßenfeger zurück.

Wer stirbt?

Wir alle fühlen uns wie eingeschlossen
nach dieser langen Zeit im Körper.

Und am Tage seines Todes
flüsterte Maharajji:
„Heute werde ich endgültig aus dem Zentralgefängnis
entlassen."

Aber wir sind nicht im Körper,
der Körper ist in uns,
und sein Leben hängt von uns ab
(nicht das unsere von ihm).

Jesus sagte:
„Ich bin das Licht."
Wir alle sind es.
Das ewig leuchtende Licht.

* * *

Der Moment des Todes

Die Erfahrungen, die wir mit vielen Patienten zum Zeitpunkt ihres Sterbens machten, haben uns gezeigt, daß der Moment des Todes oft ein Augenblick großer innerer Ruhe und tiefen Friedens ist. Selbst diejenigen, die voller Beklemmung auf den Tod zugegangen waren, erlebten vor seinem Eintritt oftmals eine innere Öffnung. Diese Erfahrung bestätigte sich auch, als Robin starb und unvermittelt eine Erinnerung an etwas aufkam, das lange Zeit vergessen schien. Die Beziehung zum Tod, zum Loslassen des Körpers, scheint sich in den Augenblicken des Sterbens zu wandeln. Auf irgendeine Weise erwacht ein Gefühl des Einverstandenseins. Der Geist und das Herz werden anscheinend schrittweise miteinander vereint. Jemand, der gestorben war, wieder ins Leben zurückkehrte und von seiner Erfahrung berichtete, formulierte es so: „Der Tod ist absolut sicher und ungefährlich."

Wenngleich ich die innere Ruhe beobachtet habe, die manche Menschen in den letzten Momenten zu entfalten vermögen, und meine Annäherung an dieses Thema somit von einer gewissen Zuversicht begleitet wird, verkenne ich doch nicht das beträchtliche Maß an Nicht-Wissen, das dieser Annäherung zugrundeliegt. Es hat jedoch den Anschein, daß viele Menschen in ihren letzten Momenten die Erfahrung machen, daß sich ihre Hölle in einen Himmel und ihr Widerstand in eine weitherzige Gelassenheit, in ein Hinausfließen verwandelt.

Wir können über die Erfahrung des Sterbens nur spekulieren. In der Tradition des tibetischen Buddhismus hat sich auf dem

Gebiet der Todeserfahrung jedoch eine respektable Technik entwickelt. Verschiedene Meditationen bestärken den Menschen darin, sich mit diesem kostbaren Moment vertraut zu machen und das Sterben als einen Weg zu tieferer Einsicht in die Ursachen unserer Fehleinschätzung des Lebens zu praktizieren - zu einer Einsicht in die Art und Weise, in der die automatischen, im wesentlichen unpersönlichen Geistesprozesse als ein separates Selbst mißverstanden werden, als etwas, das man verlieren kann und vor dem Tod bewahren muß (siehe Anhang II).

Was diese Meditationen begreiflich machen können, ist der Prozeß der Auflösung, welcher bei dem Übergang, den wir Sterben nennen, die physische Erfahrung zu bestimmen scheint. Es scheint, als sei der Prozeß des Sterbens ein Zerschmelzen, eine Auflösung. Jede Stufe scheint über die vorhergehende hinaus zu expandieren. Die Grenzlinien verschwimmen mehr und mehr. Außen und Innen vereinen sich. Das Sterben ist ein stufenweise fortschreitender Rückzugsprozeß. In den verschiedenen Traditionen und Lehren heißt es, daß es zwanzig Minuten bis mehrere Stunden dauern kann, bis sich das Bewußtseinselement aus dem Körper zurückgezogen hat. Der innere Prozeß der Herauslösung aus dem Körper wird von bestimmten äußeren Phänomenen begleitet, die sich den Ärzten im Stillstand verschiedener Lebensfunktionen zeigen. Wenn sich die Energie zurückzieht, die gewisse Systeme belebte, zeigen diese Systeme deutlich die Abnahme der Energien an. In einem bestimmten Augenblick sind sie noch meßbar, im nächsten schon nicht mehr, und doch setzt sich der Rückzugsprozeß noch fort. Es ist dieses Phänomen der Meßbarkeit, worauf sich unsere Vorstellung vom „Augenblick des Todes" gründet. Aber der Tod tritt nicht in einem einzigen Moment ein. Es ist ein schrittweise fortschreitender Prozeß, der sich auch dann noch fortsetzt, wenn er sich schon nicht mehr in den Messungen der Instrumente niederschlägt. In Wirklichkeit ist in jenem Moment nicht der Tod eingetreten, sondern das Leben hat sich dem Instrumentarium und der Einteilung entzogen.

Der Sterbeprozeß scheint eine Expansion über die Formen hinaus zu sein, auf die sich alle Messungen bezogen haben. Im folgenden Szenarium spiegelt sich eine physische Sterbeerfahrung wider, die auf den traditionellen Konzepten basiert, nach denen der Körper aus den vier Elementen der Erde, des Wassers, des Feuers und der Luft zusammengesetzt ist, die in der Gesamtheit oder Ansammlung der Form wahrgenommen werden:

Wenn sich der Tod dem Erdelement nähert, beginnt sich das Gefühl der Massivität und Festigkeit des Körpers zu verflüchtigen. Der Körper erscheint sehr schwer. Die Grenzen, die Konturen des Körpers verschwimmen. Das Gefühl, „im" Körper zu sein, schwächt sich ab. Die Sensibilität für Eindrücke und Gefühle vermindert sich. Man kann die Gliedmaßen nicht mehr nach Belieben bewegen. Die Peristaltik verlangsamt sich, die unwillkürliche Bewegung der Därme kommt zum Stillstand. Die Organe stellen allmählich ihre Arbeit ein.

Während das Erdelement zunehmend in das Wasserelement übergeht und die Solidität, die die Identifikation mit dem Körper stets untermauert hatte, zu zerschmelzen beginnt, ensteht ein Gefühl des Fließens und der Verflüssigung.

Während das Wasserelement allmählich in das Feuerelement übergeht, wandelt sich das Gefühl der Verflüssigung in die Empfindung eines warmen Nebels. Der Strom der Körperflüssigkeiten verlangsamt sich, Mund und Augen trocknen aus, die Blutzirkulation verlangsamt sich und der Blutdruck sinkt. Wenn das Blut sich verdickt und zu fließen aufhört, sammelt es sich in den unteren Extremitäten. Dies hat ein Gefühl der Leichtheit zur Folge.

Wenn das Feuerelement in das Luftelement übergeht, verflüchtigt sich das Gefühl für Wärme und Kälte. Physisches Wohlbefinden oder Unbehagen haben keine Bedeutung mehr. Die Körpertemperatur sinkt, bis sie einen Punkt erreicht, an dem der Körper zu erkalten und zu erblassen beginnt. Die Verdauung hört auf. Ein Gefühl von Leichtheit, von zunehmender Wärme breitet sich aus - ein Gefühl des Hineinfließens in eine immer subtilere Unbegrenztheit.

Wenn das Luftelement in das Bewußtsein selbst übergeht, entsteht ein Gefühl der Grenzenlosigkeit. Der ausströmende Atem, dessen Dauer die des einströmenden Atems übersteigt, ist in der Weite des Raums vergangen, und es ist keine Erfahrung körperlicher Form oder Funktion mehr vorhanden, sondern nur noch das Gefühl einer sich ins Unendliche ausbreitenden Leichtheit, einer Auflösung im reinen Sein.

Man kann beobachten, daß sich das Gefühl von Materialität und Begrenzung mit jedem weiteren Stadium vermindert; und während sich die Einflüsse der Außenwelt reduzieren, nimmt das Gefühl der Grenzenlosigkeit zu.

Der Tod oder der Sterbeprozeß scheint mit einem Gefühl der Expansion über sich selbst hinaus einherzugehen, mit einem Gefühl des Hinausfließens aus der Form, des Hineinschmelzens in die Homogenität.

Doch stelle dir vor, dich dieser Empfindung der sich auflösenden Grenzen zu widersetzen. Stelle dir vor, daß du versuchst, an der in den fließenden Zustand übergehenden Solidität festzuhalten - daß du dich dieser Verflüssigung entgegenstemmen und an der Materialität festklammern willst und dennoch erlebst, wie die Verflüssigung während des Übergangs in das Feuerelement fortschreitet und dein Zustand immer ätherischer wird. Du spürst, wie die Temperaturen des Körpers sinken, wie sich alle Wärme im Raum zerstreut und wie auch du gleichermaßen in der Weite des Raumes zerfließt, während das Luftelement und die Energie expandieren und sich im Bewußtsein selbst auflösen. Stelle dir vor, du wolltest dich diesem unaufhörlich fortschreitenden Prozeß widersetzen und ihn verzögern. Wenn du dich ihm ergibst und öffnest, erfährst du eine Ausdehnung, ein Herausfließen aus der Solidität, eine Auflösung in der zugrundeliegenden Realität. Stelle dir vor, du würdest dich an dem, was dahinschwindet, festklammern wollen. Ist es vielleicht diese Erfahrung, die manchmal mit Fegefeuer bezeichnet wird - das qualvolle Zurückweichen vor dem nächsten Moment der Entfaltung, der Widerstand gegen das, was ist?

Augenscheinlich erreichen alle den Punkt, an dem sie sich aus dem Körper herauslösen und von ihm trennen müssen. Alle erleben, wie die Elemente mit ihrer essentiellen Energie verschmelzen. Die gesonderten Eigenschaften der Solidität, der Verflüssigung, der Temperatur und des Fließens sind nicht mehr bestimmend; es besteht nur noch das frei dahinschwebende Bewußtsein. Für einige Momente erstrahlt das Gewahrsein heller als tausend Sonnen, und es vollzieht sich die Erfahrung der einen Realität, aus der die gesamte Schöpfung hervorgeht. Die Dauer dieser Lichterfahrung scheint von Person zu Person zu variieren und hängt möglicherweise von der Bereitschaft ab, sich in die Wahrheit, in das Vertrauen und in die Ehrfurcht hinein zu öffnen, die unser ursprüngliches Wesen umfaßt.

Dies ist ein ungefähres Bild vom Augenblick des Todes. Doch gemäß der Lehren verschiedener Glaubenssysteme repräsentiert es nur die erste Phase des Prozesses, der sich mit der Neubildung der unbewußten Tendenzen fortsetzt, die nach dem Tod ebensoviele Sphären hervorbringen wie sie sich der Geist zuvor geschaffen hat. Ein Mann, der vom Ablauf dieser Prozesse gehört hatte, fragte einmal: „Sind diese postmortalen Bereiche eine Wirklichkeit?" Darauf ist zu antworten: „Sie sind so wirklich wie Du selbst bist, aber um nichts wirklicher! Genaugenommen sind sie nur so wirklich wie Du selbst zu sein glaubst."

Viele erachten es als zweckmäßig, sich im Sterben zu „üben". Ich habe mit verschiedenen Leuten die Erfahrungen durchprobt, die der Sterbeprozeß mit sich bringen mag, damit sie ihnen in Klarheit und Liebe begegnen können. Eine solche Übung muß sich natürlich in der Leichtheit des „Nicht-Wissens" vollziehen, um eine Vorprogrammierung späteren Geschehens zu vermeiden. Zweifellos treten wir an den gegenwärtigen Moment im Tod ebenso heran wie im Leben: wir erkennen ihn an, öffnen uns ihm und lassen ihn los. Sterben zu lernen bedeutet, sich über die Verklammerungen dieses Augenblicks zu erheben und dem nächsten neu zu öffnen, ohne an irgendetwas zu haften. Jeder Tag, jeder Moment lehrt uns zu sterben: mit dem Ozean des reinen Seins zu verschmelzen.

343

Die Erforschung der postmortalen Erfahrung

Vor einiger Zeit erhielten wir den Brief einer Frau aus New York, die in das *Brooklyn Convalescent Hospital* hinüberfahren und ihrer sterbenden Mutter aus dem *Tibetanischen Totenbuch* vorlesen wollte. Ich rief sie an, um ihr zu sagen, daß sie möglicherweise einem Trugschluß erlegen sei. Man halte sich die zu erwartende Reaktion einer unter großen Schmerzen und Ängsten leidenden fünfundachtzigjährigen jüdischen Dame vor Augen, die in einer fremden Umgebung im Sterben liegt und sich anhören muß, daß sie nach ihrem Tod umherwirbelnden Lichtern und donnerndem Gebrüll von Harukas und Dämonen ausgesetzt sein werde - daß sie auf Umstände treffen werde, die ihr im Leben völlig fremd gewesen sind. Der Tod ist erschreckend genug, und es hätte sie in noch größere Unruhe und Furcht versetzt, wenn er ihr mit solch ungewohnten Begriffen beschrieben worden wäre. Das *Tibetanische Totenbuch* war für tibetische Mönche bestimmt, nicht für alte jüdische Damen, die in Brooklyn im Sterben liegen. Da wir in unserem Leben ganz andere Prägungen erfahren haben, können wir vom Geist auch nicht erwarten, daß er jene Vorstellungen nach dem Austritt aus dem Körper projiziert. Wir empfahlen der Frau, ihrer Mutter stattdessen alte jüdische Liebeslieder vorzusingen.

Das *Tibetanische Totenbuch* (auch bekannt als *Bardo Thodol)* ist ein von tibetischen Mönchen und Laienanhängern für ihresgleichen verfaßtes Traktat, das ein Leben der Praxis in den Moment des Übergangs überführen soll, den wir Tod nennen. Es ist dazu bestimmt, sie mit dem Unvertrauten vertraut zu machen und die

Visualisationstechniken zu unterstützen, die sie vielleicht ein ganzes Leben hindurch praktiziert haben. Es ist möglicherweise das bekannteste Beispiel für eine Literatur, die in nahezu jeder Kultur zu finden ist und sich auf die Möglichkeit und Kontemplation einer besonnenen Navigation durch die postmortalen Zustände bezieht. Es ist Teil einer ausgedehnten Praxis, die dazu befähigen soll, auch unter den divergierendsten und ungewöhnlichsten Umständen das Ziel nicht aus den Augen zu verlieren. Indem dieser Text unablässig erklärt und hervorhebt, daß das Beobachtete nicht der Beobachter ist, daß alles Wahrgenommene nur eine Projektion des eingebildeten Selbst ist und daß alles, was man sieht, nur der eigene Geist ist, versucht er den Menschen von jener Verhaftung an alten Verlangen und separatistischen Gefühlen zu befreien, die Ängste und Schutzbedürfnisse verursachen. Er ermutigt ihn, in seiner ursprünglichen Natur aufzugehen, Irrtümer fallenzulassen und mit der Wirklichkeit zu verschmelzen (siehe Anhang III).

Die Personifizierung dieser Endzustände des Geistes in himmlischen Wesen ist als ein zweckmäßiges Mittel und als eine Technik zu verstehen, Geisteszustände über das Leben hinauszuheben, indem sie in die Form engelhafter und dämonischer Entitäten überführt werden, die an ihren Gewändern und Farben, ihrem Zierrat und ihrer Kostümierung zu erkennen sind. Bei der Personifizierung jener Zustände wird das Mitempfinden zur leuchtenden Figur des Avalokiteshvara, und das Merkmal der Durchtrennung jener uns an den Geist fesselnden Verlangen verkörpert sich in der schwerterschwingenden, scharfsichtigen Weisheit des Manjushri. Hier bietet sich ein Weg, auf dem man die Macht bedrückender Emotionen entmagnetisieren kann. Doch wir sind nicht in der innigen Vertrautheit mit diesen übersteigerten Personifikationen und Gestalten aufgewachsen. Sie können unsere Gefühle nicht in einer Weise repräsentieren, wie es bei einem tibetischen Mönch der Fall sein mag. Dem westlichen Geist erschließen sich diese Qualitäten vielleicht eher in den Begriffen der Liebe, der Furcht, der Eifersucht, der Mißgunst oder in den unbewußten Neigungen, die stets Verhaftung und Verwirrung verursacht und damit Ängste und Selbstzweifel verstärkt haben.

Die beständige Anerkennung der Geisteszustände, die tägliche Beobachtung der auftauchenden Gefühle und Gedanken erfüllt den Zweck, auf den jene Personifizierungen zielen, ebenso gut und sicherlich auf eine dem westlichen Geist noch besser entsprechende Weise.

Wenn man sich diesen Geisteszuständen öffnet, kann man über sie hinausgehen und sich in einem Raum bewegen, der sie nicht mit einem Ring der Anspannung umgibt und sich nicht mit ihnen identifiziert.

Wenn wir den Körper verlassen haben und unser Geist mit der Erschaffung seiner Welt fortfährt, wenn wir wahrhaftig mit all den Dingen konfrontiert werden, an denen wir im Leben festgehalten haben und die zudem von einem Geist vor uns projiziert werden, dessen Konzentrationsvermögen nicht mehr von körperlichen Außenreizen beeinträchtigt wird, erblicken wir vor uns wahrscheinlich nicht Avalokiteshvara, sondern vielleicht Mutter Teresa oder einen lieben Freund, der uns irgendwann einmal geholfen hat. Der Zorn stellt sich uns nicht als eine grimmige Gottheit in den Weg, sondern personifiziert sich vielleicht in irgendeinem Feind, den wir uns geschaffen haben, als ein Symbol früherer Versäumnisse. Weisheit mag als ein spiritueller Lehrer vor uns erscheinen, dem wir einmal begegneten. Eifersucht oder Mißgunst mag als der hitzige, grünäugige Liebhaber in Erscheinung treten, dem wir vor vielen Jahren den Laufpaß gegeben haben. Die Angst ist vielleicht eine große Schlange, die uns zu verschlingen droht. Mögen sich diese Bilder nun in tibetischer Aufmachung oder in der vertrauten, aus der Tiefe der Phantasie aufsteigenden Bilderwelt des alten Geistes präsentieren, die Anziehungskraft oder der Widerwille gegen sie würde sich um nichts ändern. Vor dem tibetischen Mönch liegt zweifellos die gleiche Arbeit wie vor uns: Wir müssen wie er das Geschehen anerkennen, uns ihm ohne die geringste Verhaftung oder den leisesten Widerstand öffnen und uns von ihm lösen, um über die geistigen Phantasien, Ziele und Ängste hinausblicken zu können.

Es gibt in diesem Moment und auch im Moment des Todes nur immer die eine Aufgabe: über alles hinaus in die Wahrheit vorzustoßen und mit dem ewigen Licht zu verschmelzen.

„Es ist dein Selbstbild, das nach dem Tod weiterbesteht." Solltest du, je nachdem, wie sehr du dich als einen Körper betrachtet hast, etwa annehmen, daß die Angst vor dem Tod, vor der

Auflösung dieses Körpers im Moment des Austritts aus diesem Körper endet? Interessanterweise geht aus allen Navigationssystemen der verschiedenen Texte aus weit auseinanderliegenden Kulturen hervor, daß man auch nach dem Verlassen des Körpers noch von der Angst vor dem Tod motiviert wird. Ein Dämon oder ein Tiger tauchen vor dir auf, und schon wendest du dich zur Flucht, in der Meinung, dieser Körper müsse geschützt werden. Was gäbe es sonst für einen Grund dafür, vor einem rotäugigen Dämon zurückzuweichen, der mit einer mächtigen Axt auf dich zukommt? Der Grund liegt darin, daß wir auch dann noch auf die Identifikation mit diesem Körper ausgerichtet sind, wenn wir gar keinen Körper mehr besitzen. Wer sich selbst für den Körper hält, hat viel zu beschützen. Doch wer sich mit dem spirituellen Geist identifiziert, kann nicht von einem Tiger oder von einem rotäugigen Dämon angegriffen werden. Das Sein kann nicht bedroht werden; nur das Selbstbild verursacht Angst und erschafft etwas, das beschützt werden muß.

Der Grad deiner Bereitschaft, zu töten, um deine kostbaren Besitztümer zu schützen, ist auch der Grad deiner Furcht davor, getötet zu werden. Das Maß, in dem eine Leidenschaft dich dazu verleiten kann, jedes Mitempfinden einem anderen gegenüber zu vergessen, ist auch das Maß, in dem du fürchtest, daß andere dir kein Mitgefühl entgegenbringen könnten. Wenn du ununterbrochen nach Sicherheit trachtest, wie willst du dich dann in einer Umgebung zurechtfinden, in der du dich unendlich fremd und unsicher fühlst? Wenn dein ganzes Leben auf dem Erwerb eines wohlbehüteten Titels und Ansehens aufgebaut war, wie willst du es dann als Wesen ohne Status bewerkstelligen, die Grundlage deines wahren Wesens zu finden? Wo wirst du Zuflucht suchen?

Der Dichter Kabir stellt fest: „Was du jetzt vorfindest, wirst du auch dann vorfinden." Die Art, in der du jetzt mit einer Erfahrung umgehst, bestimmt höchstwahrscheinlich auch die Art, in der du eben diesen Geisteszustand zukünftig handhaben wirst. Die Zukunft kann darin bestehen, daß du morgen wieder deiner Arbeit nachgehst, und sie kann darin bestehen, daß du morgen aus deinem Körper herausschwebst, nachdem Bremsen gekreischt und Bleche geknirscht haben. Deine unbewußten Neigungen und deine mentalen Ansammlungen scheinen sich Augenblick für

Augenblick fortzusetzen, und für diese Kontinuität stellt der Tod kein Hindernis dar. Das Maß, in dem du deine Geisteszustände für das hältst, was du selbst bist, bestimmt auch das Maß, in dem dich erschreckt oder reizt, was dein Geist im nächsten Moment projiziert, wann auch immer dieser Moment eintreten mag.

Wie bewahrst du deine Bewußtheit in Situationen, die dir jede Orientierung verwehren? Öffnest du dich dem scheinbar Ungewöhnlichen und Erschreckenden, oder ziehst du dich zurück, um im erstbesten Versteck, das sich dir bietet, Zuflucht zu suchen? Was muß geschehen, damit du den Weg der Wahrheit verläßt und dich selbst zu beschützen und zu täuschen versuchst? Wenn jetzt eine Gefahr im Verzug ist, entspannst und öffnest du dich dann? Versuchst du dem Geschehen ins Auge zu sehen und all deine Möglichkeiten zu nutzen, um tiefer in diesen Moment einzutauchen? Oder machst du alles zu einer Notlage, spannst deinen Körper an und hältst nach einer Möglichkeit Ausschau, diesem Moment zu entrinnen? Bist du jemand, der vor einem bellenden Hund davonläuft, um in einer Schlangengrube Schutz zu suchen? Oder bist du jemand, der sich seine Ängste und Zweifel eingesteht und ihnen Spielraum läßt, so daß der Hund nicht zur Personifikation der Lebensängste wird, sondern einfach nur ein Hund bleibt, eine praktikable Realität, die man vielfältig handhaben kann? Was tust du, wenn du dich inmitten einer fremden Realität wiederfindest und erkennst, wie schlecht du dich auf die Wahrheit vorbereitet hast?

Doch das Maß, in dem du jetzt beginnst, den Geist zu durchleuchten und das Gewahrsein zu erkennen, das uns alles erfahren läßt, ist auch das Maß, in dem du deine Präsenz bewahrst, was auch immer vor dir erscheinen mag. „Selbst wenn die Sonne im Westen aufgeht, kennt der Weise nur den einen Weg." Bis zu welchem Grad kannst du den, der du zu sein glaubst, zu einem Objekt statt zu einem Subjekt der Wahrnehmung machen und alle Erscheinungen als vorübergehende Phänomene erkennen? Das Maß, in dem du erkennst, daß du selbst der Raum bist, in dem sich in diesem Moment alles abspielt, bestimmt auch die Weiträumigkeit, die du zukünftig in alle Situationen einbringen wirst, die sich ergeben können. Der Geist übersetzt die formlose Realität unablässig in eine handliche, sich selbst definierende Masse, so daß wir sie kaum noch berühren, riechen, schmecken und fühlen können - statt dessen berühren, riechen und schmecken wir nur uns selbst. Unaufhörlich essen wir uns selbst, riechen wir uns selbst. Wir können kaum jemandem in die Augen sehen, ohne daß der Geist einen Selbstschutz-Filter vor die Wahrheit des Augenblicks setzt.

Die So-Heit, die den Körper beim sogenannten Tod verläßt, nennen manche Menschen „Seele", andere nennen sie „das karmische Bündel" und wieder andere „das Bewußtseinselement". Aber es kommt nicht darauf an, wie du sie nennst, sondern nur darauf, daß du sie direkt ergründest und offen gegenüber der Auflösung der Verbindung bleibst, die das Leben im Körper aufrechterhielt - daß du mit einem guten Teil Nicht-Wissen erkennst, daß es ein Weiterbestehen nicht eines „Jemand", sondern der Energie zu geben scheint, aus der diese Jemandheit mental geformt wurde. Solange irgendeine Verhaftung übrigbleibt, die sich inkarnieren kann, wird sie dies auch tun. In dem Maß, in dem die Illusion als etwas Reales erscheint, wird sie sich des Gewahrseins wieder bemächtigen.

Wenn du schläfst, sagt dir das Schlafbewußtsein, daß der Wachzustand eine Täuschung und einzig es selbst real sei. Aber wenn wir erwachen, blicken wir auf unsere Träume zurück und sagen: „Dies hier ist real, und das andere war eine Täuschung." Doch wenn wir das eine wie das andere als einen Traumzustand des Übergangs erkennen, in dem alle vermeintliche Realität nur relativ real ist, dann können wir uns jedem Übergang als einem Prozeß öffnen und das „Ich" loslassen, das die Wirklichkeit gefangenhält. Die Erlebniswelt ist nur so real wie du selbst zu sein glaubst. Wenn du beginnst, das Gewahrsein selbst zu ergründen, dann erkennst du die Ursprünge des Bewußtseins. Du erfährst aus erster Quelle, woraus die Vorstellung eines „Ich", eines „Jemand" entspringt, der sterben, geboren werden und Erleuchtung erlangen kann. Im Vergleich dazu verblaßt das „Ich" und treibt in der Unermeßlichkeit der Wahrheit dahin.

In vielen Überlieferungen und auch bei vielen Menschen, die für klinisch tot erklärt und dann wiederbelebt wurden, wird berichtet, daß der eigentliche Vorgang, den wir Sterben nennen (der dritte und vierte Bardo) nichts Unangenehmes oder gar Erschreckendes an sich hat.

Eine Person sagte, es sei so, als würde man einen zu engen Schuh ausziehen. Im Moment des Sterbens eröffnet sich ein Potential, für das sich in allen anderen in einer Inkarnation auftretenden Kräften keine Parallele findet; denn während des Übergangs, bei dem wir den Körper abstreifen, können wir das Gewahrsein innerhalb des Bewußtseins als das reine Licht erkennen, das es eigentlich ist. Wir haben die Möglichkeit, die Illusion der Identifikation mit diesem Körper und mit diesem Geist zu durchbrechen.

Zu dem Zeitpunkt, in dem wir den Körper abstreifen, ist es uns möglich zu erkennen, wie der Geist die Welt erschafft - wie nicht wir in der Welt sind, sondern die Welt in uns ist. Der Geist ist konditioniert und auf sein Sehen, Hören, Riechen, Schmecken, Berühren und Denken ausgerichtet; er identifiziert sich so stark mit sich selbst, daß jeder Moment der sinnlichen Bewußtheit das Rad der Erscheinungen in Gang hält. Nun aber stehst du da, hast keinen Körper, keine Augen, keine Ohren und keine Nase mehr - und doch besteht das Empfindungsvermögen fort. Es ist so ähnlich wie im Schlaf. Im Schlaf siehst du nicht mit deinen Augen, hörst nicht mit deinen Ohren und riechst nicht mit deiner Nase, und doch führt das Bewußtsein diese Erfahrungen fort. Manche Träume sind sogar so eindrucksvoll, daß sie unser Leben verändern. Das Sterben bietet vielleicht die Möglichkeit, für wenige kostbare Momente die Enthüllung des unermeßlichen Lichtes unseres ursprünglichen Wesens zu erleben - und zu erkennen, auf welche Weise die Identifikation mit Gedanken wie „ich bin nicht das Licht" oder mit Gefühlen der Leidenschaft oder des Zweifels uns der einfachen Erfahrung des Seins entfremden können.

„Was du jetzt vorfindest, wirst du auch dann vorfinden." Die Probleme, die du jetzt damit hast, dich dem Licht zu öffnen, stehen in einem direkten Verhältnis zu deiner Fähigkeit, dich den offenen Armen Jesu oder dem Mitempfinden Buddhas anzuvertrauen - sollten sie dir nach dem Tod erscheinen. Es ist unser Widerwille, uns über unsere Verklammerung hinweg zu ergeben, die uns im Reich der Schatten gefangenhält. Wenn jetzt Gefühle des Zorns, der Schuld oder der Angst in dir erwachen, öffnest du dich ihnen dann und gibst ihnen Raum? Oder verkrampfst du dich und rufst weitere Gefühle dieser Art hervor? Verstärkst du die tiefe Prägung, die auf jede zukünftige Wahrnehmung Einfluß nimmt? Investierst du ein weiteres Mal in karmische Ersparnisse und Kredite?

Selbst denjenigen, die berichtet haben, daß sie während ihres klinischen Todes dem Licht begegnet seien, scheint es nur selten klargeworden zu sein, daß das Licht ihr wahres Wesen, ihr essentielles Sein gewesen ist. Entweder fürchteten sie sich vor ihm oder empfanden einfach Demut. Aber ich habe nie eine Person sagen hören, sie habe versucht, sich mit dem Licht zu vereinen und alles Trennende loszulassen, einschließlich der Freude über diese Erfahrung der Befreiung vom Körper und der Enge des Geistes. Wir scheinen uns an alles zu klammern, was uns so kostbar erscheint wie unsere Individualität. Der „Erfahrende" geht nicht in Erfahrung auf. Es ist ähnlich wie bei dem Ego, das seiner eigenen Bestattung beiwohnen will oder wie beim Narziß, der sein Leben vor dem Spiegel verbringt. Die Erleuchtung aber ist die völlige und endgültige Ausrottung der Illusion des Abgesondertseins. Wir werden einfach wieder der, der wir immer waren. Und all der äußerliche Wandel der Vergangenheit geht über in das Licht der grundlegenden Realität.

FRAGE: Ich habe in den Büchern von Raymond Moody und von Elisabeth Kübler-Ross sowie anderen viel über die postmortalen Erfahrungen gelesen, bei denen Menschen ihren Körper verlassen haben und einem strahlenden Lichtwesen begegnet sind. Hat jeder Mensch nach seinem Tod eine Begegnung mit Buddha oder Jesus oder irgendjemandem, in dem sich für ihn „die Seele" personifiziert?

ANTWORT: Denke bitte daran, daß all diese sogenannten klinischen Erlebnisse nur die frühen Stadien des Todes darstellen. Man könnte sie den ersten Bardo nach dem Tod nennen. Was sich nach der ersten auf den Sterbeakt folgenden Erleichterung und nach dem Eintritt in den Glanz des Seins ereignet, bildet die Grundlage für Hunderte von Kosmologien und Schriften über die postmortale Erfahrung. Das *Tibetanische Totenbuch* und viele andere dieser Schriften lehren, daß das erste Licht wie durch ein Prisma gelenkt in seine einzelnen Komponenten zerfällt, wenn wir ihm nach dem Tode begegnen und nicht in der Lage sind, uns ihm völlig hinzugeben und uns mit ihm zu vereinen, und daß sich ferner die verschiedenen Neigungen, welche Dualität erschaffen, wieder geltend machen. Die leuchtende Stille wird von alten Tendenzen gestört, die den Geist aufwühlen wie die spiegelglatte Oberfläche eines ruhigen Teiches, an der kleine Wellen entstehen, wenn die in ihm lebenden Geschöpfe zur Oberfläche emportauchen. Man kann vielleicht einen ganz anderen Prozeß der Läuterung durchlaufen und dem eigenen Geist in einer Weise begegnen, die zur Hingabe befähigt und Hindernisse zu Verbündeten macht. Man hat immer wieder Gelegenheit, jenen alten Denkmustern mit Weisheit und Liebe entgegenzutreten und je nach Vermögen in die Essenz einzutauchen, die wir alle teilen.

Vor einigen Jahren lernte ich einen Jugendlichen kennen, der mit einem Gehirntumor im Sterben lag. Schon bald fragte er mich: „Wie wird es sein, wenn ich sterbe? Wie ist der Tod, was glauben Sie?" Und ich sagte ihm, daß ich nicht wisse, wie der Tod sei, daß es jedoch bestimmte Arten von Erfahrungen gebe, der in den Schriften verschiedener Heiliger und auch in den Veröffentlichungen über die neuesten Forschungen mit Leuten berichtet werde, die klinisch tot gewesen und wiederbelebt worden waren. Moodys Buch „*Leben nach dem Tod*" war gerade erschienen, und ich berichtete dem Jungen davon, was einige der „Gestorbenen" über die ersten Phasen des Todes angeführt hatten, in denen sie ihren Körper von oben sehen konnten und erkannten, daß sie gar nicht dieser Körper waren. Ich sprach mit ihm darüber, welche Möglichkeiten es gibt, sich diesem Prozeß zu öffnen, und wir gingen das ganze Gebiet durch. Gelegentlich entfuhr ihm ein „Ah!". „Sie behaupten, daß sie sich außerhalb ihres Körpers befanden", erzählte ich, „und sich mit Gedankenschnelle fortbewegen konnten." Er runzelte die Stirn und fragte: „Könnte ich auch Gewitter und Blitze erschaffen?" Ich entgegnete: „Ich weiß nicht, ob Du das könntest oder nicht, aber ich glaube, wenn Du erst einmal diesen Körper verlassen hast, der Dir so viel Kummer gemacht hat, siehst Du das alles ein bißchen anders. Vielleicht bist Du dann sogar der Meinung, daß Dir die Probleme, die jetzt so ärgerlich für Dich sind, in Wahrheit eine Art Mitgefühl und Reife gebracht haben. Vielleicht ärgerst Du Dich nicht einmal mehr. Vielleicht hast Du gar nicht den Wunsch, Donner und Blitze zu erschaffen." Aber da war er sich nicht so sicher. „Weißt Du, ein paar Minuten, nachdem Du gestorben bist, wirst Du mehr über den Tod wissen als all die sogenannten Experten, wie zum Beispiel ich. Viele Leute erzählen, daß sie sich durch einen Gang hindurchbewegt oder eine Barriere einen Fluß überquert haben und in die Nähe eines großen Lichtes gekommen sind, welches voller Liebe war. Und vielleicht ist da ein sehr weises Wesen, das Dich weiterführen wird und das andere als Jesus und manche als Buddha gesehen haben". „Wow!" sagte er. „Das wird so, als ob ich Mr. Spock treffe!"

Ich frage mich, wieviele junge Leute wohl Mr. Spock treffen mögen, nachdem sie ihren Körper verlassen haben! Es spielt aber keine Rolle, wie sich die Weisheit personifiziert; wichtig ist die Beziehung zur Weisheit selbst, zum schimmernden Glanz in der Maske der Form.

FRAGE: Wie ist es bei jemandem, der ganz plötzlich stirbt? Spielt sich seine Erfahrung anders ab als bei jemandem, der viel Zeit zur Vorbereitung hatte?

ANTWORT: Ich wurde in der Tradition erzogen, daß man sich nichts Besseres wünschen könne, als im Schlaf zu sterben. Wenn man seine Eltern fragt, wie sie aus dem Leben scheiden möchten, werden sie vermutlich sagen: „Wenn ich schlafe." Inzwischen ist mir klar geworden, daß ein plötzlicher Tod nicht die Wohltat darstellt, die wir gewohnterweise in ihm sehen. Ich stelle jetzt fest, daß oft eine Gnade darin liegt, wenn jemand während einer langjährigen Krankheit den Geist zu ergründen und sein Herz zu öffnen lernt.

Jemand, der ohne große Vorbereitung plötzlich aus seinem Körper hinausgeworfen wird, wie zum Beispiel ein Teenager, der inmitten seiner Lebensfülle einen tödlichen Unfall erleidet, fragt sich vielleicht, nachdem sich der Rauch verzogen hat: „Was zum Teufel ist denn jetzt passiert? Was ist mit meinem Körper los? Ich kann ja nicht tot sein, denn ich erlebe das alles ja noch." Weil wir unseren Körper für uns selbst halten, stürzt uns der Austritt aus diesem Gefäß in Verwirrung. Ein Freund erzählte, wie er über dem zerfetzten Wrack seines Porsche schwebte und die Polizisten und Feuerwehrleute beobachtete, die das Blech durchtrennten, um seinen blutigen Körper hinter dem Lenkrad hervorziehen und in den Krankenwagen schaffen zu können. Er sagte, das letzte, woran er sich erinnern könne, wäre seine Unschlüssigkeit gewesen, ob er bei seinem Körper im Krankenwagen bleiben solle oder nicht. Offenbar entschloß er sich mitzufahren.

Eine Person, die plötzlich stirbt, wird vielleicht nicht einmal ihres Todes gewahr. „Wenn ich tot wäre, könnte ich das alles ja nicht sehen! Es kann nur ein Traum sein." Wenn du oben an der Decke schwebst und deinen Körper dort unten liegen siehst, bist du sicherlich ein wenig verblüfft. Es mag bei denen, die einen plötzlichen Tod erlitten haben, tatsächlich zweckmäßig sein, sie sich im Herzen zu vergegenwärtigen und zu ihnen etwa zu sagen: „Du bist gestorben, mein Freund. Dein Körper ist nicht mehr die passende Wohnung für Deinen Geist oder für Dein Bewußtsein. Sieh Dich einfach voller Liebe um. Es gibt nichts zu fürchten." Versuche, die Worte zu finden, die dieser Person am besten helfen können. „Nun strahlt in Deiner Nähe ein Licht auf - gehe darauf zu. Dieses Licht ist Dein eigenes wahres Wesen. Laß alle Gedanken und Gefühle los, die Dich von ihm fernhalten." Den gleichen Prozeß teilen wir mit Patienten, die sich auf den Tod vorbereiten: Du bietest ihnen einfach dein Empfinden der Wahrheit, wann immer es angebracht erscheint - vor dem Tod, wenn es möglich ist, und nach dem Tod, wenn es erforderlich ist. Denke gemeinsam mit dem Verstorbenen darüber nach, wie kostbar diese Möglichkeit der Erkenntnis ist, nicht der Körper zu sein und am reinen Licht des Seins teilzuhaben. Wenn eine Person nach dem Verlassen ihres Körpers verwirrt sein könnte, kannst du sie beruhigen, indem du sagst: „Gut. Schon daß Du meine Stimme hörst und Deinen Körper sehen kannst, sagt Dir, daß alles nicht mehr so ist, wie Du dachtest. Du bist gestorben, und das ist in Ordnung. Es ist wahrscheinlich nicht das erste Mal."

Wenn es eine Meditationspraktik gibt, die die betreffende Person zu Lebzeiten ausgeübt hat, dann erinnere sie daran. Wenn sie eine Beziehung zu einem Lehrer hatte, den sie verehrt hat, dann bestärke sie darin, mit dieser Ehrerbietung in ihrem Herzen Fühlung zu nehmen. Sie an persönliche Liebesbeziehungen zu erinnern, würde ich nicht empfehlen. Ich würde nicht sagen: „Denke an Deine Freundin." So etwas würde nur das Verlangen stimulieren, in den Körper zurückzukehren, von dem man sich trennen muß.

Je eher du sie dazu bewegen kannst, sich auf ihr grundlegendes Wesen zu besinnen, mit dem Licht zu verschmelzen, Vertrauen und Offenheit zu bewahren und in die Vollkommenheit des nächsten Augenblicks hinein loszulassen, desto wertvoller ist deine Unterstützung. Je verwirrter eine Person ist, desto wahrscheinlicher ist sie in der Nähe und hört all dies. Je umfassender die Vorbereitung war, desto näher liegt es, daß sie dieser Erfahrung offen begegnet und ihren Weg fortsetzt. Vielleicht spürst du sogar, daß die andere Person deine Worte empfängt. Verfange dich jedoch nicht darin, irgendeinen Okkultismus oder Mystizismus mit einfließen zu lassen. Der Tod hat wirklich nichts Außergewöhnliches an sich. Eben noch befandest du dich im Körper, und in der nächsten Minute nicht mehr. Lege nicht „etwas Besonderes" hinein. Vertraue einfach dem Nicht-Wissen und laß dein Herz seine Liebe ausdrücken, ohne einschränkende Definitionen darüber, wer diese Liebe empfängt, geschweige denn, wer sie ausstrahlt.

FRAGE: All diese Leitlinien für das Sterben scheinen sich eher für den Fall zu eignen, daß jemand zu Hause stirbt. Was ist für diejenigen unter uns wichtig, die in Krankenhäusern arbeiten?

ANTWORT: Ein befreundeter Arzt erzählte mir, daß er in jenem Monat schon neunzehn Menschen für tot erklärt habe und daß es nun langsam zu viel für ihn sei. Seine Aufgabe sei, den Patienten zu helfen und „etwas zu tun". Aber unter diesen Umständen könne er überhaupt nichts mehr machen - sie seien „schon tot". „Nur ihr Körper stirbt", sagte ich. „Es gibt jedoch immer noch etwas, das ihnen helfen kann." So arbeitet er jetzt mit jedem Patienten, der gestorben ist, indem er aus der Stille seines Herzens zu ihm sagt: „Lassen Sie los. Gehen Sie weiter auf Ihrem Weg. Sie sind einfach nur gestorben. Lassen Sie sich nicht verwirren. Die Liebe wird Sie führen. Lassen Sie los und gehen Sie in das Licht hinein." Er gesteht, er wisse nicht, ob ihnen das irgendwie zugute komme, für ihn selbst aber sei es jedenfalls sehr hilfreich.

Ein Krankenpfleger, der in einem texanischen Krankenhaus in der Notaufnahme arbeitete, erzählte, daß eines Tages ein Alkoholiker „von der Straße" eingeliefert wurde, der schon zuvor einige Male behandelt worden war. Nun hatte er eine Verletzung und einen schweren Herzanfall. Um ihn herum enstand ein Wirbel von Betriebsamkeit und medizinischer Apparatur, doch alle

Wiederbelebungsversuche blieben ohne Erfolg. Die Ärzte schoben die Gerätschaften beiseite, sagten: „Das war's für ihn" und verließen den Raum. Überall klebte Blut und Erbrochenes. Es war ein einziges Durcheinander. Nun war es Sache des Pflegers, alles wieder sauberzumachen und den Leichnam in den Kühlraum zu schaffen. Eigentlich war er darüber aufgebracht und verärgert, und so beeilte er sich, diesen Vorgang hinter sich zu bringen. „Verdammt nochmal! Warum bleibt dieser Scheiß-Job immer an mir hängen?" Er wischte das Erbrochene auf, reinigte den Tisch mit einem Schwamm vom Blut und wollte „den Steifen" so schnell wie möglich in den Leichenraum bringen. Aber als er ihn gerade hinausschieben wollte, überlegte er: „Moment mal. Das war ein Mensch, der ein sehr schweres Leben hatte. Er hat so gut wie kein Ansehen genossen. Warum muß auch ich noch dazu beitragen?" So setzte er sich für einen Moment neben den Leichnam, um die Hektik des Notfalls, die eben noch geherrscht hatte, in sich abklingen zu lassen.

Dann stand er auf, holte eine Schüssel mit warmem Wasser und einen Schwamm und fing an, den alten, zerschundenen Körper sorgsam zu waschen und die ganze Zeit über sanft mit ihm zu sprechen. „Was für ein Leben muß das für Dich gewesen sein. Es war sehr schwer, oder? Jahrelang hast Du auf der Straße gelebt, aber nun braucht Dich das alles nicht mehr zu kümmern. Sei gut zu Dir selbst. Es gibt nichts, wovor Du Dich fürchten müßtest, und alles wird in Ordnung sein." Er betrachtete die Wunden und Narben am Körper des Toten, als wären es die Geißelmale am Körper Jesu („Christus in seiner leidvollen Verkleidung", wie Mutter Teresa es ausdrückte). Er wusch ihn und sang ihm von der Freiheit vor: „Was für ein schweres Leben - komm nun sanft zur Ruhe - dies alles hast Du jetzt hinter Dir - versuche nun anzuwenden, was Du gelernt hast, damit Du verstehst, welches Leid Du Dir selbst zugefügt hast. Vergib dem Leid und vergib Dir selbst - laß ganz sanft los - weiche nicht vor dem Licht zurück - gehe den Weg jetzt weiter - dies ist der Augenblick Deiner Befreiung." Es sagte später, daß er nicht wisse, wie es für diesen Tramp gewesen sei, der gestorben war, aber für ihn selbst sei es der bewußteste Tod gewesen, an dem er je teilhatte.

Immer, wenn wir glauben, daß wir alles getan haben, was wir

konnten, dann gibt es doch noch etwas: Wir können Liebe ausstrahlen und das Vertrauen in unsere eigene große Natur wachsen
lassen.

Meditation nach dem Tod

Im Anschluß folgt eine geleitete Meditation, die durch *Das Tibetanische Totenbuch* und ähnliche Texte inspiriert wurde. Sie soll nicht darlegen, was sein wird, sondern offeriert lediglich ein „Feld der Erkundung".

Es wird empfohlen, diese Meditation nicht einfach nur jemandem vorzulesen, der sich auf den Tod vorbereitet oder bereits gestorben ist. Stattdessen sollte man diese Worte verinnerlichen, indem man selbst über sie meditiert, so daß die Übermittlung, die sich in einem überaus kostbaren und sensiblen Moment vollzieht, nicht aus dem Verstand, sondern aus dem liebenden Herzen hervorgeht. Sie deutet an, was du vielleicht mit einer anderen Person, die in einen Zustand der Verwirrung geraten ist, teilen wirst, sofern du dich ihr im Herzen sehr verbunden fühlst und deine Konzentration ausreichend steuern kannst. Mache dir dieses Material zu eigen, damit es von selbst zum Vorschein kommen kann, wenn ein anderer seiner bedarf. Laß es aus deinem Herzen fließen, laß es in Verbindung mit deiner eigenen Intuition und Liebe ans Licht treten und vertraue darauf, daß sich die geliebte Person mit Hilfe deiner teilnahmsvollen Unterstützung auf ihrem Weg zurechtfinden wird.

Wenn du beabsichtigst, diese Meditation bei jemandem anzuwenden, der kurz zuvor gestorben ist, ist zu empfehlen, die ersten Abschnitte oder Seiten baldmöglichst nach dem Tod in dir aufzunehmen, zu wiederholen und die gemeinsame Arbeit mit der Meditation im Verlauf der folgenden Tage nach Gefühl fortzusetzen. Wenn du deinem intuitiven Gefühl für das Ganze vertraust, möchtest du vielleicht bestimmt Abschnitte, die dir hilfreich erscheinen, noch einmal wiederholen, unter Umständen auch mehrmals am Tag. Bewahre einfach deine liebevolle Beziehung zu dieser Person, und erspüre die zwischen euch bestehende Verbindung. Was aus dir hervorfließt, soll mit den Bedürfnissen dieser Person harmonieren. Laß deine Konzentration dem Herzen entspringen und richte sie auf die Sorge um die Befreiung des anderen. Es ist die Energie des Herzens, die ihm diese Meditation übermittelt. Wende ihre Abschnitte, Worte und Begriffe nicht einfach der Reihe nach an. Überlasse es der Urteilsfähigkeit des Herzens, was für einen bestimmten Augenblick geeignet sein mag, so daß du diese Meditation nicht einfach nur abliest. Besser ist es, dich ihrer laut zu erinnern und diese Erinnerung so mit der Person zu teilen, daß sie ihr Herz öffnen und ohne Sorge loslassen kann. Dehne ruhig jene Abschnitte der Lesung aus, von denen du spürst, daß sie für den anderen besonders nützlich sind. Mache die Verbindung zwischen euch zum Medium einer noch innigeren Liebe, eines noch tieferen Vertrauens in die dir selbst innewohnende Natur.

GELEITETE MEDITATION NACH DEM TOD

Stelle dir vor, daß dein Körper nicht mehr die Stärke und die Energie besitzt, seine Verbindung zur Lebenskraft und zum inneren Kern des Gewahrseins aufrechtzuerhalten. Und stelle dir jetzt vor, daß du allmählich den Prozeß der Herauslösung aus diesem Körper erfährst. Nach und nach beginnt das Erdelement zu zerfließen. Das Gefühl von Festigkeit schwindet mehr und mehr, geht über in das Wasserelement und beginnt zu verschwimmen. Die Konturen verlieren an Deutlichkeit. Auch das Wasserelement löst sich auf, löst sich auf im Feuerelement. Die körperlichen Empfindungen werden immer nebelhafter, verflüchtigen sich und lassen nur leere Weite zurück. Du löst dich aus dem Körper heraus. Du läßt diese schwerere Form hinter dir zurück. Du gehst über in das

Bewußtsein selbst. Du bist einfach Raum, der im weiten Raum dahinschwebt.

Höre jetzt zu, mein/e Freund/in, denn nun ist eingetreten, was man den Tod nennt. Löse dich also sanft, ganz behutsam von allem, was dich noch zurückhält. Von allem, was dich vor diesem überaus kostbaren Moment zurückweichen läßt. Wisse, daß du jetzt an dem Übergang stehst, der Tod genannt wird. Öffne dich ihm. Gib dich ihm hin.

Werde gewahr, wie der Geist in stetiger Wandlung seine Trennung vom Körper, seine Auflösung vollzieht.

Der Geist geht jetzt über in die Sphäre des reinen Lichtes. Allseits erstrahlt vor dir der Glanz deines wahren Wesens.

Mein/e Freund/in, in dieser Befreiung von der schwereren Form enthüllt sich nun das klare Licht deines eigentlichen Wesens. Tritt in den strahlenden Glanz des Lichtes ein. Nähere dich ihm in Ehrfurcht und Mitgefühl. Nimm es in dir auf und werde, was du schon immer warst.

Mein/e Freund/in, bewahre die Offenheit deines Herzens, bewahre die Weiträumigkeit des Seins, die sich an nichts klammert. Laß die Dinge so sein, wie sie sind, ohne auch nur im geringsten eingreifen zu wollen. Verdränge nichts. Greife nach nichts.

Tritt ein in die essentielle Natur deines eigenen Seins, die in einer gewaltigen Fülle von Licht vor dir erstrahlt. Ruhe im Sein. Erkenne es als das, was es ist. Ein Glanz, eine Fülle von Licht. Dein wahres Selbst.

Mein/e Freund/in, in diesem Moment besteht dein Geist aus reiner, lichtvoller Leere. Vor dir erglänzt dein eigentliches Wesen, die Essenz des Seins. Mitgefühl und Liebe sind seine Natur, pulsierend und leuchtend ist sein Wesen.

Dies ist das Licht, das dem offenen Herzen Jesu entströmt. Es ist das reine Licht des Buddha. Dieser essentielle Geist besteht in unteilbarer Helligkeit und Leere in Gestalt eines gewaltigen

Lichtes. Du klammerst dich an nichts, du gibst dich sanft für diese unermeßliche Weite frei. Du gehst auf im Licht deines wahren Seins.

Laß ganz sanft, ganz sachte los, ohne jede Gewalt. Vor dir erstrahlt dein wahres Sein. Es kennt weder Geburt noch Tod. Es ist das unsterbliche Licht, das in den Augen der Neugeborenen leuchtet. Erkenne es wieder. Es ist das Ewigstrahlende. Laß alles los, was den Geist ablenkt oder verwirrt, alles, was Enge in dein Leben brachte. Laß dich in die undifferenzierte Natur hineinfließen, die vor dir erstrahlt. Schon immer bist du dieses Licht gewesen, das sich dir jetzt enthüllt.

Gehe voller Ruhe in dieses Licht hinein. Du brauchst nicht furchtsam oder verstört zu sein. Du brauchst nicht angstvoll vor dieser machtvollen Fülle deines wahren Seins zurückzuweichen. Dies ist ein Augenblick der Befreiung.

Mein/e Freund/in, höre sehr sorgsam zu, denn nun, da du den Übergang vollziehst, kann dich das Lauschen auf diese Worte von der Verhaftung befreien, die dich in der Vergangenheit in manches Leid geführt hat.

Diese Worte können dich von der eventuell in dir entstehenden Verwirrung befreien, von allen Illusionen des Abgesondertseins, denen du in deinem vergangenen Leben einen so hohen Wert beigemessen hast.

Laß dich von deinem Lauschen nicht ablenken, denn es ist eingetreten, was man den Tod nennt. Mit deinem Abschied von der Welt stehst du nicht allein. Niemand kann ihm ausweichen. Verlange oder sehne dich nicht nach dem Körper, den du gerade hinter dir zurückgelassen hast. In ihm kannst du nicht bleiben. Der Wunsch, in jenes Leben zurückzukehren, würde dich nur ziellos und verstört umherirren und in die Illusionen des Geistes hineinstolpern lassen. Du würdest dir Wunder ausmalen, die es nicht gibt.

Du würdest Schrecken hervorrufen, die nicht wirklich bestehen. Öffne dich der Wahrheit. Vertraue deiner eigenen erhabenen Natur.

Mein/e Freund/in, wenn das Licht verblassen oder sich ein Gefühl der Schwäche bei dir einstellen sollte, dann erkenne die Sehnsucht, die dich zurückziehen will. Vor dir aber leuchtet das Licht des einen Geistes. Es ist die Lichtfülle der Gesamtheit des Seins, das sich noch nicht in zehntausend verschiedene Bilder des Denkens und persönlicher Vorlieben aufgespalten hat. Es ist das Licht der Einheit, die grundlegende Natur aller Dinge.

Verschmilz mit ihr und löse dich von allem, was dich in der Absonderung festhält. Dies ist das Licht, in dem sich die Wahrheit rein und klar widerspiegelt. Laß es nicht zu, daß alte Einflüsse diese Einheit zu Scherben der Absonderung und Angst zerschlagen und dir die zehntausend herrlichen Bilder und die zehntausend schrecklichen Bilder, die der Geist so lange in sich getragen hat, als eine Wirklichkeit vorgaukeln. Lege alle Verwirrung und Unsicherheit ab.

Werde gewahr, daß alle wie auch immer gearteten Objekte, die sich zwischen dich und das Licht stellen, nur leere Projektionen des Geistes sind, Ausstrahlungen alter Verlangen und Sehnsüchte.

Nun, da du an diesem entscheidenden Punkt angelangt bist, ist es nicht mehr notwendig, an den friedvollen oder zornbeladenen Geisteszuständen festzuhalten, die du in der Vergangenheit so oft erfahren hast. Gestatte es dir liebevoll, jeglichen Widerstand aufzugeben, der dich noch zurückhalten will.

Jetzt ist Zeit dafür, dich an nichts mehr zu klammern und mit dem mächtigen Licht deines ursprünglichen Wesens zu verschmelzen. Zerfließe, löse dich auf in der Lichtfülle des Seins.

Beobachte dies alles vom Ruhepunkt deines Herzens aus und vergönne allen Formen, die vor dir entstehen und wieder vergehen, die große Freude der Befreiung.

Gehe weiter. Bleibe an keiner Stelle des Geistes stehen. Laß es zu, daß alles Entstehende wieder vergeht.

Verdeutliche dir jedes Bild. Denke daran, daß es nur ein Trugbild des alten Geistes ist, daß es nur scheinbar stabil ist, daß es nur scheinbar außerhalb deiner selbst existiert. Diese Bilder sind nur hohle Schatten. Träume des Geistes, die sich während vieler Geburten angesammelt haben.

Laß dich durch nichts ablenken. Gib nicht nach, wenn dich irgendetwas vom Licht deines wahren Wesens ablenken will.

Mein/e Freund/in, wenn sich Körper und Geist trennen, dann erscheint die Helligkeit des klaren Lichtes so gewaltig, daß alte Ängste dich möglicherweise zu einem Rückzug veranlassen und dich versuchen könnten, diesem unbeschreiblichen Glanz zu entfliehen.

Laß dich nicht von Ängsten oder Sehnsüchten der Vergangenheit leiten. Gib dich in diesem überaus kostbaren Moment keiner Schwäche oder Verwirrung hin. Es ist die natürliche Ausstrahlung des Seins, die du vor dir erblickst. Erkenne sie an. Tritt in sie ein.

Vielleicht ertönt aus diesem Licht heraus ein mächtiger Klang. Dieser tausendfache Donnerhall, dieses Gebrüll von zehntausend Löwen ist der gewaltige Klang deines natürlichen Seins.

Du besitzt nicht mehr den physischen Körper, der sich so oft als dein wahres Wesen ausgegeben hat. Du besitzt jetzt das, was man einen mentalen Körper nennt. Es ist ein leuchtender Körper des Gewahrseins, welcher Gedanken als äußere Objekte erlebt. Die unbewußten Neigungen, die dich ein ganzes Leben hindurch geleitet und motiviert haben, vermögen ganze Areale der Freude oder der Angst hervorzubringen, wenn der Geist in seiner wahren Natur keine Ruhe findet.

Erkenne dich selbst als das reine, grenzenlose Gewahrsein des Seins. Als die eigentliche So-Heit der Wahrheit. Vertraue dieser Wahrheit und gib nicht nach, wenn irgendein Geisteszustand sie verdunkeln will.

Du besitzt keinen physischen Körper aus Fleisch und Blut. Klänge und Farben, Lichter und projizierte mentale Schöpfungen können dir nichts anhaben. Du kannst nicht einmal sterben, denn was man den Tod nennt, ist deinem Körper bereits widerfahren. Und nun bewegst du dich durch die Bereiche, die zwischen Tod und Wiedergeburt liegen.

Halte in diesen Sphären jenseits des Lebens nicht an deinen alten Ängsten vor körperlichem Schaden fest. Auch wenn der Körper vergangen ist, kann sich der Geist noch an die Angst vor dem Tod klammern. Erkenne, daß solche Befürchtungen Illusionen sind.

Alte Ängste. Alte Fesseln. Laß sie los. Gib dich frei für das Licht. Erlebe die Entfaltung offen und liebevoll. Klammere dich an nichts.

Gehe auf in dem Licht, das aus dem heiligen Herzen Jesu erstrahlt, aus der gewaltigen Stirn des Buddha. Gib dich frei für die leuchtende Wahrheit. Erkenne die Klänge und die Lichter als Zustände des Geistes. Betrachte sie so, als würdest du flackernde Feuer betrachten, ewig wechselnde Gestalten und Formen, die vorübergehend bestehen und wieder vergehen, die keine Stabilität, keine Substanz besitzen. Fürchte dich nicht. Laß dich wie eine Motte in das Licht deines Seins hineinziehen, das da allseits vor dir leuchtet.

Mein/e Freund/in, wenn du Furcht empfindest oder zurückweichst, würdest du vielleicht weiter umherirren und das Eine in das Viele spalten. Du könntest dein eigenes erhabenes Wesen vergessen.

Wenn dich die an dir vorüberziehenden Formen deiner sexuellen Verlangen verführen oder die Verkörperungen alter Ängste erschrecken wollen, möchte dich eine Sehnsucht nach Vergnügen vielleicht zu sanfteren Lichtern hinziehen, die verlockender anmuten, die größere Befriedigung zu versprechen scheinen. Wisse aber, daß das hellste Licht dein tiefstes Wesen ist, und gehe in dieses Licht hinein. Laß dich werden, was du schon immer gewesen bist.

Mein/e Freund/in, die von deinem Geist projizierten Bilder ändern sich vielleicht im Lauf der Tage. In diesen Bildern breiten sich die Elemente deines Geistes vor dir aus. Wenn sie an dich herantreten, mögen sie strahlend schön und lichtvoll erscheinen. Laß alles los, was dich schützen will, was dich mit Barrieren umgibt, was dich mit einer Form, mit einem Körper, mit etwas Beschützenswertem gleichsetzen will.

In jedem Moment, in jedem Objekt existiert nur das Eine.

Wenn, wie in der Vergangenheit, aus einem illusorischen Schutzbedürfnis heraus Gefühle des Zorns oder der Aggression in dir entstehen, dann erkenne sie als Hindernisse für deine essentielle Freiheit. Löse dich von Aggression und Furcht. Es sind vorübergehende Stimmungen, die wie Wolken über den weiten Himmel des Gewahrseins ziehen.

Finde kein Vergnügen an Wegen, auf denen alte Gewohnheiten ihre alte Befriedigung suchen, sondern sei ganz ruhig und in tiefem Mitempfinden gewahr, daß diese Einflüsse alter Gefühle und Verlangen den Geist weiter und weiter vom Licht entfernen. Löse dich ganz sanft von allem, was die Weite des Seins verdunkelt. Wisse, daß alle Gedanken, alle Erscheinungen und alle Gefühle nichts anderes als Ausstrahlungen des Geistes sind.

Löse dich von allem trügerischen Wissen. Löse dich von alten Modellen und Aberglauben. Gehe wieder ganz und gar in dir selbst auf. Öffne dich der Gesamtheit des Seins. Alles Wahrgenommene ist eins mit dem Geist. Verschmilz mit dieser Einheit. Werde zur Essenz alles Bestehenden. Erspüre dich selbst jenseits der Formen des Geistes. Jenseits der Form selbst. Verhafte dich nicht länger an alten Gewohnheiten des Vergnügens und Leidens und laß deinen Geist im reinen Licht Heimat und Ruhe finden, ohne Anspannung, ohne Widerstand.

Wenn der Wissende im Wissen aufgeht, verbleibt nur das Wissen, nur das Sein selbst. Wenn alle Trennung aufgehoben ist, bleibt nur das Licht zurück.

Gib nicht nach, wenn alte Verlangen dich wieder in den schlammigen Sumpf der Ahnungslosigkeit unaufhörlicher Wiedergeburt, in das unaufhörliche Werden hineinzerren wollen. Öffne und entspanne deinen Geist und vertraue der Hingabe des Herzens an die Wahrheit.

Laß dich von deiner Reise durch diese leuchtenden Sphären, die deinen bisherigen Vorstellungen vielleicht überhaupt nicht entsprechen, nicht ermüden. Du bist die Essenz des Gewahrseins selbst.

Erkenne dich selbst als Gewahrsein, das in jedem Augenblick des Bewußtseins gegenwärtig ist und alles Entstehende auf die ihm eigene Weise erlebt.

Wenn du dich von alten Gedanken, von Traumbildern alter Freunde und von Gefühlen angezogen fühlst, die dich in frühere Situationen zurückversetzen, dann wisse, daß all diese einzelnen Episoden nur das Schattenspiel des einen Geistes sind, dessen leuchtende Ausstrahlungen auf dich gerichtet sind. Verschmilz mit dem Raum, der alle Formen enthält, der lichtvoll, leuchtend und endlos ist.

Wenn man nicht völlig mit dem Licht des Seins verschmolzen ist und sich auch nach vielen Tagen noch hingezogen fühlt, eine weitere Geburt anzunehmen, dann sollte die geeignete Inkarnation sorgfältig ausgewählt werden. Es sollte eine

Inkarnation sein, die dich in der Offenheit bestärkt, deren hohen Wert du nun erkannt hast.

Erinnere dich an die Essenz des Seins, damit du nicht blindlings und ohne jegliches Gewahrsein in eine neue Geburt geworfen wirst. Bleibe wach und klar. Erlaube deinem Herzen, sein tiefes Mitgefühl zu empfinden. Übe dich in uneingeschränkter Geduld. Gib acht auf den magnetischen Einfluß alter Neigungen, die dich zum Handeln verleiten wollen. Erkenne sie als das, was sie sind: leere Seifenblasen, die durch die unermeßliche Weite deines ursprünglichen Geistes schweben.

Mein/e Freund/in, du erkennst nun, daß auch der Tod nicht existiert. Daß jenes, was du bist, nämlich das Gewahrsein selbst, keines Körpers bedarf, um zu existieren.

Mein/e Freund/in, was du erblickst, ist das spontane Spiel des Geistes. Ruhe also in deinem höchsten Zustand, frei von Tätigkeit und Sorge, frei von Absonderung und Furcht. Ruhe in der Unsterblichkeit deiner erhabenen Natur, frei von Wertungen, frei von der Dualität, die das Sein vergessen läßt. Tritt ein in die essentielle Weite des Seins, auf die Gedanken von nah oder fern, von innen oder außen keinen Einfluß mehr haben. Auf die keine Ablenkung mehr einwirken und kein Widerstand Druck ausüben kann. Laß dich in dein eigenes wahres Wesen hineinziehen, in den weiten, lichterfüllten Raum.

Mein/e Freund/in, all die Dinge, die du um dich her erblickst, sind deine Freuden und deine Leiden, deine Erinnerungen und deine Verlangen, und jedes für sich bietet die Gelegenheit zu tiefem Verständnis. Werde deines Verlangens nach Kontrolle und der schmerzlichen Anspannung gewahr, die es hervorruft. Löse dich von dieser Stofflichkeit, ziehe aus dieser wunderbaren Gelegenheit Nutzen.

Schwebe in der unermeßlichen Weite frei dahin. Deine Hingabe an die Wahrheit wird dich zur Vollendung führen.

Erkenne, daß alle vor dir erscheinenden Bilder, seien sie groß oder klein, schön oder häßlich, nur die Mechanismen des Geistes darstellen. Laß dich nicht durch einen schönen Körper, eine schöne Stimme, ein schönes Standbild, ein schönes Haus oder irgendeine andere Projektion des Verlangens von dem lichtvollen Pfad ablenken, der vor dir leuchtet. Bewege dich mit Hingabe und Offenherzigkeit auf das Licht zu. Werde zur reinen grenzenlosen Weiträumigkeit, in welcher der Fluß seinen Lauf nimmt.

Mein/e Freund/in, es sind nun viele Tage vergangen, seit du deinen Körper verlassen hast. Erkenne jetzt die Wahrheit so, wie sie ist, setze deinen Weg fort und nimm Zuflucht in der unermeßlichen Weite deiner ursprünglichen Natur. Wisse, daß dein Mitempfinden und deine Liebe dir den richtigen Weg weisen. Du bist die Essenz aller Dinge. Du bist das Licht.

Das Endspiel

Der Tod ist, so drückte es jemand aus, „nur eine Veränderung des Lebensstils" - eine Gelegenheit, um die Ursache des Leidens, nämlich unsere Verhaftung, zu erkennen, und um zu der Hingabe zu finden, die uns den Weg in unsere essentielle Ganzheit öffnet. Der Tod setzt das Leben ins rechte Licht. Er ist ein großes Geschenk, das, wenn es in Liebe und Weisheit empfangen wird, dem verhafteten Geist seine Auflösung gestattet, so daß nichts als die Wahrheit zurückbleibt. Und wir werden einfach zum Licht, das in das Licht eintritt.

Es ist so, wie Walt Whitman schrieb:

„Alles geht weiter und bewegt sich nach außen,
nichts bricht zusammen,
und das Sterben ist ganz anders
als alle vermuten
Und glücklicher."

Als Buddha starb, fragten ihn seine Anhänger, wie sie ihren Weg nach seinem Tod fortsetzen sollten. Er sagte: „Seid Euch selbst eine Leuchte."

Er weist auf die Worte des Lotus-Sutrams hin, die besagen: „So sollt Ihr diese flüchtige Welt betrachten: als einen Stern in der Dämmerung, eine Luftblase in einem Strom; als einen Blitzstrahl aus einer sommerlichen Wolke, eine flackernde Lampe, als ein Trugbild und einen Traum."

ANHANG I

Zu Hause sterben

Vor einigen Jahren rief mich ein Freund aus dem Krankenhaus an und berichtete mir, daß sich die Krankheit seiner Mutter verschlimmert und der Arzt empfohlen habe, letzte Vorkehrungen für ihren Tod zu treffen. Er fragte: „Soll ich sie zum Sterben nach Hause holen? Oder würde dies das Leid für die übrige Familie nur noch vergrößern?" Im Verlauf unseres Gesprächs wurde deutlich, daß seine Mutter in ihrem eigenen Bett am besten aufgehoben sein würde. Hier würde sie die meiste Liebe und Unterstützung erfahren und von den Gesichtern ihrer Lieben und von vertrauten Gegenständen umgeben sein.

Am nächsten Tag holte er seine Mutter zum Sterben nach Hause. Frau Sylvan hatte jahrelang in dieser Wohngegend der oberen Mittelklasse gelebt, und alle wußten, daß sie „oben in ihrem Zimmer stirbt". Auch wenn das Haus mit roten und grünen Streifen bemalt worden wäre, hätte es bei den Nachbarn keine größere Aufmerksamkeit erregen können. Der Tod rückte der Behaglichkeit nur allzu nahe.

In den ersten Tagen erschien hin und wieder ein Nachbar mit einer Kasserolle oder einigen Backwaren an der Tür, bestellte „gute Wünsche" und spähte ins Haus, um die Schwermut aufzuspüren, die unter diesen Umständen doch zu erwarten war. Doch immer wenn die Nachbarn vorsprachen, um in Form eines zubereiteten Essens oder freundlicher Worte ihre Unterstützung anzubieten, waren sie überrascht, daß sie nicht etwa auf kummervolle Schwermut trafen, sondern herzlich und liebevoll von einem Ehemann, einem Sohn und einer betreuenden Krankenschwester begrüßt wurden, die zwar alle ein wenig müde aussahen, aber doch sehr ausgeglichen wirkten. Im Verlauf der nächsten Wochen schienen die Nachbarn von diesem Haus förmlich angezogen zu werden.

Wenn sich die Nachbarn langsam über die Schwelle des Hauses wagten und die Küche oder das Wohnzimmer betraten, spürten sie, daß sich etwas verändert hatte. Sie empfanden eine Wärme und Geduld, ein Mitgefühl und einen Frieden, den sie in diesem Haus früher in solchem Maß nicht erlebt hatten. Allmählich repräsentierte das Haus für die Nachbarschaft nicht mehr den Tod, sondern vielmehr die Liebe und Fürsorge. Viele kamen zu Besuch, suchten ihre eigene Menschlichkeit und erlebten eine neue Unbefangenheit dem Tod gegenüber, die sie zuvor nicht für möglich gehalten hatten.

Frau Sylvan starb in Liebe und innerer Ruhe, umgeben von einer fürsorglichen Familie. Alle hatten sich in diesen sechs Wochen, die ihrem letzten, sanften Atemzug vorangingen, enorm weiterentwickelt.

Jeder hatte in seinem liebevollen Dienst seine Geschäfte ins reine gebracht. Jeder hatte intensiv daran mitgearbeitet, Frau Sylvans Wohlbefinden zu fördern und aufrechtzuerhalten, und alle hatten deutlichen Anteil an der Freiheit, in der sie den Übergang vollzog. Obwohl die Intensität ihres Dienstes sie alle körperlich ermüdet hatte, bewirkte die Offenheit ihrer Herzen, daß ihre geliebte Freundin, Mutter, Ehefrau und Kameradin ihren Körper mit einem Gefühl der Erfüllung und Vollendung verlassen konnte.

Obgleich vier Fünftel der Bevölkerung in einem Krankenhaus aus dem Leben scheiden, hat eine kürzlich erfolgte Umfrage ergeben, daß es ebenfalls vier Fünftel der Menschen sind, die lieber zu Hause sterben möchten. Im eigenen Heim zu sterben bedeutet, inmitten des Lebens zu sterben - inmitten der Liebe. Viele Menschen, die wir zum Sterben nach Hause brachten, stellten sogar fest, daß ihr Bedarf an schmerzstillenden Medikamenten stark gesunken war, weil sie sich in ihrer heimischen Umgebung besser entspannen und einer umfassenderen Unterstützung anvertrauen konnten. Oftmals vermindert sich der Widerstand gegen das Unbekannte, wenn man sich in vertrauter Umgebung befindet und Tag für Tag daran arbeiten kann, sich seiner mißlichen Lage zu öffnen und die innere Stärke und Weiträumigkeit zu finden, die eine tiefere Teilhabe an der weiteren Entfaltung erlaubt. Oft läßt das Heimholen eines Sterbenden eine Familie auf eine bisher ganz ungewohnte Weise zusammenwachsen. All die kleinen Streitigkeiten, Eifersüchteleien und Verstimmungen verzehren sich im reinigenden Feuer der intensiven Konfrontation mit dem tiefen Verlust und mit dem Unbekannten.

Der Anblick eines geliebten Menschen, der Schmerzen erleidet oder nur unter großen Mühen atmen kann, mag anfangs unerträglich erscheinen. Doch in Wirklichkeit können wir, wenn wir uns unserer völligen Hilflosigkeit und der unkontrollierbaren Wandlung der Dinge stellen, über uns selbst hinauswachsen und mit der Essenz in Berührung kommen, die wir mit dem anderen teilen. Wenn wir unsere eigene Angst und die Angst des geliebten Menschen anerkennen und dieses andere Wesen in liebevoller Güte mit sanfter Hand berühren, wird es uns gelingen, alle Schwierigkeiten in Liebe und Offenheit zu bewältigen.

Viele Angehörige von Menschen, welche im Krankenhaus im Sterben lagen, haben zu mir gesagt: „Ich wünschte, ich könnte noch mehr tun." Und ich denke bei mir: „Nun, wenn Ihr Eure Lieben nach Hause holt, um in ihren letzten Wochen für sie zu sorgen, dann werdet Ihr das auch, keine Sorge!" Wenn man einem Angehörigen rund um die Uhr zur Seite steht und für ihn sorgt, können Energiereserven geweckt werden, die bislang im Verborgenen geschlummert haben und nun in innere Bereiche einfließen, die von körperlicher Ermattung nicht beeinflußt werden. Das Heimholen eines Sterbenden bedeutet, ihn auf seiner letzten Pilgerschaft zu begleiten. Ein intimeres Erlebnis als das Zusammensein mit einer Person, die den Prozeß des Todes durchlebt, kann es nicht geben. Wenn man diese Zeit mit einer nahestehenden Person verbringt, um sie zu ermutigen, ganz sachte loszulassen, und um selbst zu praktizieren, was man predigt, werden Menschen in einer Weise zusammengeführt, wie das in keiner anderen Situation möglich ist.

Über die Kunst und Wissenschaft des Sterbens im eigenen Heim und über die hilfreichen Methoden, die eine Vertiefung der Erfahrung dieses Prozesses gestatten, könnte man sicherlich ein ganzes Buch schreiben. Hier möchte ich jedoch lediglich auf einige Dinge verweisen, die allen Beteiligten den Umgang mit dieser Erfahrung erleichtern können:

Eine der nützlichsten Einrichtungen, die man neben dem Bett eines Schwerkranken plazieren kann, ist ein Cassettenrecorder, der ihm ein weit gefächertes Spektrum von Musik bietet und Gelegenheit gibt, vorbereitete Cassetten mit geleiteten Meditationen zu hören, die ihn zu innerer Erforschung und Loslösung ermutigen können. Es erscheint jedoch nicht ratsam und erfolgversprechend, den Patienten zum Beispiel nachmittags um zwei Uhr mit dieser Loslösung zu konfrontieren, wenn er sich relativ wohl fühlt und für die Erforschung des Sterbens nicht besonders aufgeschlossen ist. Aber ein Band über die Arbeit mit dem Schmerz oder über die Vorbereitung auf den Augenblick des Todes, das neben dem Bett bereitliegt, wird vielleicht dankbar vom Patienten in Anspruch genommen, wenn er entsprechend gestimmt ist. Um vier Uhr morgens, wenn kein Schlaf mehr möglich ist und die Schmerzen zugenommen haben, mag er die innere Bereitschaft dafür empfinden, sich etwas anzuhören, was ihm zu einer anderen Tageszeit vielleicht abwegig oder erschreckend erschien.

Diejenigen, die andere für „nicht bewußt genug" halten, sollten ihre Philosophie wirklich für sich behalten und ihnen einfach mit offenem Herzen zur Seite stehen. Sie sollten sie ihr eigenes Verständnis entwickeln lassen, die Liebe in ihnen bestärken und sie an das Gute erinnern, das sie getan haben.

Auch eine neben dem Bett an einer Schnur befestigte Glocke kann gute Dienste leisten. Mit ihr kann sich der Patient jederzeit bemerkbar machen und nötigenfalls Hilfe herbeirufen.

Ein guter Federholz-Rahmen unter der Matratze wie auch eine ausreichende Anzahl von Kissen wird dem Wohlbefinden des Patienten gleichfalls zuträglich sein.

Bei Frauen sollte daran gedacht werden, daß sich spezielle Urinale für sie häufig als überaus hilfreich erwiesen haben. Oft wird es als angenehmer empfunden, wenn Bettpfannen nicht aus Metall, sondern aus Plastik bestehen, da sie sich dann nicht so kalt anfühlen. Eine besondere Gefälligkeit ist das Anwärmen der Bettpfannen.

Man sollte den Patienten häufig im Bett umlagern, wenn es ihm keine allzu großen Beschwerden bereitet. Wundgelegene Stellen und ähnliche Leiden treten meist dann auf, wenn der Patient immer in derselben Lage ruht. Da sich hierbei auch die Kontraktion der Muskeln nicht ändert, können sich weitere Probleme und Beschwerden einstellen. Wundgelegene Stellen zeigen sich gewöhnlich an den Fersen, an der Wirbelsäulenbasis, am Gesäß und an den Ellbogen, also überall dort, wo der Körper unbewegt auf dem Bett aufliegt. Das Rezept zur Vorbeugung gegen wundgelegene Stellen lautet „sauber und trocken". Die Körperbereiche, die am meisten mit dem Bett in Berührung kommen, sollten, wenn es als wohltuend empfunden wird, regelmäßig mit Öl eingerieben werden. Wenn man aufmerksam ist, wird ein Wundliegen erst gar nicht auftreten.

Auch tägliche Bäder können ein gutes Mittel gegen wundgelegene Stellen sein. Gleichzeitig bietet diese Tätigkeit Gelegenheit zu menschlichem Kontakt und liebevoller Zärtlichkeit.

Die Massage ist eine sehr zweckmäßige Methode, um Spannungen und Beklemmungen zu reduzieren, während sie zugleich den zwischenmenschlichen Kontakt vertieft.

Manche Menschen haben Probleme mit einem trockenen Mund, mit einer rissigen Zunge, mit blutendem Zahnfleisch und ähnlichen Dingen, die wiederum zu weiteren Beschwerden führen. Man achte sorgsam auf die Mundpflege.

Versuche nicht, jemanden zum Essen zu zwingen. Vielleicht äußert sich dein sehnlicher Wunsch, daß der andere am Leben bleiben möge, darin, daß du seine Nahrungsaufnahme für „unbedingt notwendig" hältst. Doch dies ist kein Prozeß, an dem du Anteil hast. Du hast Anteil an der Offenheit und Entspannung, in der mit den Tatsachen umgegangen wird. Wenn jemand nicht essen möchte, dann ist es eben so.

Für die Mehrzahl der Menschen, die Nahrung zu sich nehmen wollen, kann ein Mixer sehr gute Dienste leisten. Man sollte aber darauf verzichten, allzuviele Ballaststoffe in die Flüssigkeit zu mischen. Man kann einer Person kalorienreiche Nahrungsmittel mit viel Rahm, Speiseeis, Milchgetränke oder andere Dinge anbieten, auf die sie Appetit hat. Unter Verwendung von Protein- oder Hefekonzentraten, Früchten und ähnlichem kann man „Schleckereien" zaubern, die sehr nahrhaft und bekömmlich sind. Was eine Person essen möchte, sollte sie auch bekommen.

Befindet sich eine Kochplatte im Zimmer des Patienten, kann man ihm Gesellschaft leisten, ohne den Raum für die Zubereitung einer Tasse Tee oder einer leichten Mahlzeit verlassen zu müssen.

Wasser und Fruchtsaft sollten immer bereitstehen. In diesem Stadium besteht normalerweise keine Notwendigkeit einer intravenösen Ernährung. Es ist eine Zeit der Stärkung des Herzens und der Klärung des Geistes, die mit der behutsamen Pflege des schwächer werdenden Körpers einhergeht.

Für diejenigen, die sich wünschen, ihren Angehörigen bei sich zu Hause zu haben, um sein Sterben zu begleiten, mag es zweckmäßig sein, sich mit einer der örtlichen Hauskrankenpflegestationen in Verbindung zu setzen, um zusätzliche Unterstützung und Informationen darüber zu erhalten, wie man Kranke richtig badet, wie man ihr Bett zubereitet und sie im Bett lagert. Auch über den Gebrauch von Bettunterlagen wird es nützliche Informationen geben.

Wenn der Körper immer mehr Kraft verliert und der Prozeß des Verfalls einsetzt, werden die Darmbewegungen oft träge und unberechenbar. Es ist ratsam, keine Ansammlung von Rückständen im Körper zuzulassen, die über einen Zeitraum von zwei oder drei Tagen hinausgeht. Regelmäßige Einläufe können, wenn sie keine Beschwerden verursachen, ebenso zweckmäßig sein wie schonende, natürliche Hilfsmittel zum Abführen, zum Beispiel Abführtees.

Auch der Brechreiz kann zu einem Problem werden. Dies hängt von der körperlichen Konstitution und von der Art der Medikation ab. Es ist zweckmäßig, mit dem Hausarzt zu besprechen, welche Arzneimittel und Naturarzneien die Beschwerden des Brechreizes mildern, ohne das Bewußtsein einzuschränken oder zu trüben. Vielen kann Marihuana als Antiemetikum gute Dienste leisten. Es scheint ein sehr gutes Mittel gegen den Brechreiz zu sein und wirkt auch in hohem Maß appetitanregend. Oft findet es auch Verwendung zum Ausgleichen von Nebeneffekten bestimmter Arzneimittel. Auch hier sollte man sehr sorgfältig auf die Balance zwischen der Linderung unangenehmer Symptome und einer unerwünschten Einengung oder Trübung des Bewußtseins achten. Die Entscheidung sollte wieder dem Patienten überlassen werden. Wenn Marihuana sachgemäß eingesetzt wird, kann es anscheinend das Abklingen physischer Symptome fördern und gleichzeitig das Gefühl des Einverstandenseins mit dem Prozeß vertiefen, den der Patient durchläuft.

Bei Beklemmungen mag es ausreichen, einen feuchten, kalten Waschlappen auf die Stirn zu legen und eine Weile die Hand zu halten. Jedoch sollte immer eine Alternative für den Fall verfügbar sein, daß die Beklemmung des Patienten durch Berührung, sanfte Musik und liebevolle Fürsorge nicht gelöst werden kann. Laß den Patienten selbst entscheiden, welches Quantum an Beruhigungsmitteln notwendig ist. Auch wenn du anderer Meinung bist oder eine solche Maßnahme für überflüssig hältst, solltest du der Person zugestehen, nach ihrem Gefühl zu entscheiden. Und wenn du im umgekehrten Fall von der „Notwendigkeit" der Verabreichung eines Beruhigungsmittels überzeugt zu sein glaubst, dann achte sorgfältig darauf, ob du nicht selbst Angstgefühle verspürst und den Patienten vor einer Erfahrung der gegenwärtigen Realität bewahren willst.

Wenn eine Person Schwierigkeiten mit dem Schlucken hat, kann man ihr die Nahrung langsam in flüssiger Form mit einer Spritze oder in gefrorener Form als Eiswürfel am Stiel verabreichen. Wasser kann in Form kleiner Eisstücke oder mit einem feuchten Schwamm gereicht werden, der an die Lippen gehalten wird.

Wenn jemand Schwierigkeiten mit dem Atmen hat oder unter Atembeklemmung leidet, kann es nützlich sein, ein kleines Sauerstoffgerät zur Verfügung zu haben. Doch oft hilft schon eine auf die Brust gelegte Hand oder das sanfte Reiben der Stirn, um die Beklemmung abklingen zu lassen.

Häufig leistet ein spezielles Krankenbett mit seitlichen Gittern der Bequemlichkeit gute Dienste, denn die Liegefläche kann auf vielfältige Weise verstellt werden, und die Gitter schützen den Patienten während der Nacht. Sie verhindern, daß er bei unruhigem Umherwälzen oder im Zustand von Geistesabwesenheit aus dem Bett fallen kann. Obgleich ein Krankenbett also sehr nützlich ist, ziehen es doch viele vor, in ihrem eigenen Bett zu sterben und stützen sich lieber mit einen Schaumstoffkeil und einigen zusätzlichen Kissen ab, als sich in einem ungewohnten Bett von einem Motor heben und absenken zu lassen.

Geöffnete Höschenwindeln für Babies sind durch ihre saugfähige Polsterung ein nützliches Hilfsmittel, um das Bett sauberzuhalten.

Das vorrangige Ziel der Körperpflege ist das Wohlbefinden des Patienten. Gib ihm das, was er benötigt, so oft er es benötigt, und vermeide es, selbst irgendwelche Notwendigkeiten auf ihn zu projizieren. Sei flexibel und stelle keine Regeln auf. Stimme dich ganz auf den Augenblick ein und verlasse dich auf dein inneres

Gefühl für die jeweils geeigneten Maßnahmen. Je weniger du deine Meinung darüber bekundest, wie man sterben sollte, desto besser ist es - außer du wirst gefragt. Gestehe diesem Wesen einfach seine eigene Entwicklung zu. Sei sensibel für die ständig wechselnde Verfassung dieser Person. Manchmal möchte jemand nur berührt oder massiert werden. Zu einem anderen Zeitpunkt reicht eine Arzneimittelgabe aus. Man muß sowohl dem anderen als auch sich selbst gegenüber sensibel sein und vermeiden, sich selbst mit einer Barrikade der Furcht zu umgeben.

Schmerzlindernde Mittel sollten regelmäßig und gemäß der Wünsche des Patienten verabreicht werden. Dränge ihm nicht deine eigene Vorstellung darüber auf, wie man mit dem Schmerz umgehen sollte.

Geleitete Meditationen sind sehr nützlich, um sich über bestimmte Zustände der Verklammerung hinaus zu öffnen und höhere Zustände des Seins zu erfahren. Entwickle ein Gefühl dafür, zu welchem Zeitpunkt solche Meditationen und Gespräche willkommen sind.

Du brauchst dem anderen nichts aufzuschwatzen und auch keine Philosophie einzuimpfen. Du brauchst nichts anderes zu tun, als jener Person liebevoll zur Seite zu stehen und sie zur Pforte zu begleiten, eingedenk, daß sie diese Pforte allein durchschreiten muß. Wenn jemand in ein Koma fällt, dann bleibe bei ihm und sprich mit ihm. Er ist präsent. Das Koma ist wie ein Zwischengeschoß. Man befindet sich noch nicht im zweiten Stockwerk, hat aber einen ganz besonderen Einblick in das erste. Indem du mit dieser Person entweder laut oder im stillen durch das Herz sprichst, vermittelst du ihr einen Bezugspunkt, der sie erkennen läßt, daß sie nicht der ist, der sie zu sein glaubte, und daß das Bewußtsein nicht auf den Körper beschränkt ist. Das Vorlesen aus heiligen Schriften und das Gespräch können für jemanden, der sich im Koma befindet, eine große Hilfe darstellen. Auch Musik kann ihm zugute kommen.

Sei einfach präsent.

In vielen Fällen mag es nicht das Schlafzimmer, sondern das Wohnzimmer sein, in welchem man das Krankenbett optimal aufstellen und die Utensilien zur Pflege eines Angehörigen plazieren kann. Gestehe es ihm zu, seinem Wunsch entsprechend inmitten des Lebens zu weilen. Auch ist es sinnvoll, das Bett in die unmittelbare Nähe eines größeren Fensters zu stellen, so daß der Patient in Kontakt mit allem bleiben kann, was ihm vertraut ist, während er den Prozeß der Öffnung für das Fremde und Unbekannte durchlebt. Die Unterbringung des Bettes im Wohnzimmer mag dann besonders zweckmäßig sein, wenn ein Kind im Sterben liegt, da es sich in seinem eigenen Zimmer isoliert fühlen kann. Vielleicht hat ein Kind erlebt, daß man es zur Bestrafung in sein Zimmer geschickt hat.

Es ist nicht ungewöhnlich, daß Sterbende das unbestimmte Gefühl entwickeln, ihre Krankheit stelle eine Bestrafung für zurückliegende Handlungen dar. Man sollte alles unterstützen, was diese Schuldgefühle zerstreuen kann.

Wenn in der vom buddhistischen Gedankengut bestimmten Japanischen Schule des Reinen Landes jemand im Sterben liegt, wird der Brauch gepflegt, am Fußende des Bettes einen bemalten Wandschirm aufzustellen, der die Freude und Reinheit der Sphären darstellt, in die der Sterbende bald Eingang finden wird. Wir haben festgestellt, daß es auch in Krankenhauszimmern und zu Hause hilfreich sein kann, wenn man ein Bild, das dem Patienten ein Gefühl seiner ursprünglichen Natur vermittelt, an der gegenüberliegenden Wand befestigt, auf der sein Blick normalerweise ruht. Bei manchen mag es ein Bild von Jesus sein, bei anderen eines von Buddha. Wieder andere ziehen vielleicht einen schönen Sonnenuntergang oder den über dem Meer aufgehenden Mond vor. Eine Fotografie oder ein Bild, das gut plaziert ist, kann für den Patienten ein Objekt der Konzentration werden, das sowohl Beklemmungen reduziert als auch sein Gefühl des Seins und der Verbundenheit vertieft. Persönliche Bilder der Familie und ähnliches sind, wenn mancher sie auch gern auf seinen Nachttisch stellt, als Objekte der Meditation oder Kontemplation normalerweise weniger gut geeignet, da sie sowohl persönliche Verhaftungen wie auch das Verlangen verstärken können, im Körper zu bleiben.

Die Fenster sollten mit dunklen Vorhängen ausgestattet sein, damit die Person die Atmosphäre der Umgebung ihrem geistigen Zustand anpassen kann.

Ein Spiegel kann, wenn nach ihm verlangt wird, manchmal nützlich sein. Manche möchten, während sie sich geistig wachsen sehen, den Prozeß der körperlichen Veränderung verfolgen. Wenn es auch vielen dadurch leichter fällt, dem Prozeß zu vertrauen, werden andere durch eine solche Maßnahme ziemlich erschreckt. Auch hier sollte man ein Gefühl für die Bedürfnisse des Patienten entwickeln und zudem erkennen, daß sich diese Bedürfnisse ändern können.

Wenn der Raum, in dem die Person liegt, sogar Anschluß an ein Badezimmer hat, sind die Verhältnisse geradezu ideal.

Die Raumtemperatur sollte relativ konstant sein, und es sollte kein Luftzug entstehen. Diejenigen, die nach wie vor gehfähig sind, werden es schätzen, wenn der Boden nicht fußkalt und mit einem rutschfesten Belag versehen ist, auf dem sie leichter das Gleichgewicht halten können, wenn sie eine Gehhilfe benutzen oder auf zittrigen Beinen zum Badezimmer gehen. Auch können Griffstangen, an kritischen Punkten dieses Weges an der Wand befestigt, einen Sturz vermeiden helfen.

Denken sollte man auch an die bewährten Hilfsmittel wie Wärmflaschen, Heizkissen und ähnliches.

Ein mobiles Telefon ermöglicht dem Patienten den Kontakt zur Außenwelt, wenn er es wünscht. Daß man das Telefon entfernen kann, kommt seinen Bedürfnissen und Wünschen zu bestimmten Zeiten sicherlich entgegen.

Viele sehen einen Nutzen darin, ihre Erfahrungen in einem Tagebuch festzuhalten. Schreibutensilien und Papier sollten immer bereitliegen, so daß der Patient niederschreiben kann, was er für sein eigenes Verständnis des Geschehens festhalten oder denen zurücklassen möchte, die er verläßt. Pflanzen können eine sehr angenehme Atmosphäre verbreiten. Ein halbes Dutzend im Zimmer verteilter Pflanzen kann, sofern genügend Platz für sie ist, den Raum mit viel Leben erfüllen. Pflanzen sind stille Wesen und verströmen ihre Liebe unaufhörlich.

Sei empfindsam.

Sei kreativ.

ANHANG II

Skandha Meditation

Einer der Grundzüge des tibetischen Denkens verdeutlicht sich in der Schilderung des Sterbeprozesses, wie er in der Meditation der „Auflösung der Ansammlungen" (auch bekannt unter der Bezeichnung „Auflösung der Skandhas") umrissen wird. Sie untersucht die Auflösung der zusammenwirkenden mentalen Prozesse, die wir fälschlicherweise mit einem „Ich" gleichsetzen (und denen wir bei getrennter Betrachtung keineswegs zuerkennen können, daß sie die Basis für eine reale, separate Entität bilden, die wir „Ich" nennen können). Sie beschreibt die „eigentliche" Erfahrung des Sterbens als eine Auflösung dieser Erfahrungsgruppen, die wir als mit uns identisch betrachten. Es handelt sich um die Auflösung der Wahrnehmungen, der Empfindungen, der unbewußten Tendenzen, der Willensäußerungen und des Bewußtseins selbst. In diesen fünf Gruppen wird die Basis aller Erfahrung gesehen, und sie bilden die Phänomene, auf denen unsere Vorstellung eines „Ich" beruht. Sie formen die Erfahrung unserer „Jemandheit", die mit der Einheit aller Dinge verschmilzt, und sie erzeugen die Spannung einer abgesonderten Realität, die sich in der essentiellen Weiträumigkeit des Seins auflöst und an ihr partizipiert.

Diese Variation der klassischen tibetanischen Meditation ist eigentlich eine Beschreibung des Todesablaufs, wie sie von Buddha hinterlassen wurde. Sie veranschaulicht den Sterbeprozeß eines normalen Menschen, nicht eines Heiligen, bei einem normalen, nicht traumatischen Tod.

Das Sterben wird als eine Auflösung der Ansammlungen beschrieben, die unsere Erfahrung der „Realität" umfassen, der Prozeßgruppen, die unsere sogenannte Persönlichkeit bilden.

Es gibt fünf dieser Gruppen: Die Form, welche in den fünf Sinnen und ihren Objekten besteht; die Empfindung, welche sich in Begriffen wie angenehm, unangenehm oder neutral äußert und sich auf Körper und Geist bezieht; die Wahrnehmung, welche das Gedächtnis mit einschließt; die unbewußten Tendenzen oder die angehäuften Prägungen, mittels derer die vorausgegangenen Verlangen, Gefühle und Gedanken unseren gegenwärtigen mentalen

Zustand erzeugen; und zuletzt das Bewußtsein selbst.

Obwohl es diese Prozesse sind, die den Gedanken „Ich" produzieren, unterliegen wir dem Glauben, daß „ich" es bin, der diese Prozesse hervorbringt. Wir halten die Erfahrung dieser miteinander verflochtenen und wechselweise überwiegenden Merkmale für etwas Persönliches. Es ist der ewig wechselnde, tiefe Traum, den wir „ich" nennen. Wenn wir betrachten, wie diese Merkmale unsere Erfahrung formen, durchschauen wir die Illusion eines abgesonderten, stabilen Selbst und begreifen, daß auch dieses „Ich" nichts anderes ist als eine Widerspiegelung des Gewahrseins, durch das diese Prozesse erkannt werden.

SKANDHA MEDITATION

Begib dich in eine bequeme, aufrechte Position und lenke deine Aufmerksamkeit auf den Atem.

Laß in Geist und Körper Stille einkehren.

Stelle dir vor, daß dies eine Beschreibung deines Sterbens ist. Beobachte und vergegenwärtige dir, wie sich die Entfaltung dieser Prozesse in dir vollzieht.

Stelle dir vor, daß dir der Tod bevorsteht. Fühle, wie sich das Bewußtsein aus einer Erfahrungsebene nach der anderen zurückzieht.

Zuerst wird nach und nach die Ansammlung der Form absorbiert. Der physische Körper wird schwach und dürr. Die um dein Bett Versammelten können den Verfall des Körpers deutlich verfolgen.

Während nun das Erdelement vergeht, liegen deine Arme und Beine gelöst und schwer an den Seiten deines Rumpfes. Sie gehorchen deinem Willen nicht mehr. Ein Gefühl der Schwere lastet auf ihnen, sie scheinen im Bett zu versinken.

Du kannst deine Augen nicht mehr bewegen und deinen Blick nicht mehr lenken. Das Blinzeln hört auf.

Die grobe und die subtile Form ist absorbiert, und der physische Körper verliert an Farbe. Alle Kraft ist aus dem einst so stabil erscheinenden Körper gewichen.

Das Sehvermögen schwindet. In dir erhebt sich die Vision einer silberblauen Luftspiegelung, wie Wasser in der Hitze flimmert.

Als nächstes wird die Ansammlung der Empfindungen absorbiert. Der physische Körper spürt keinen Schmerz, keine Freude und auch keine Gleichgültigkeit mehr. Gefühle des Glücks, des Leidens und der Gleichgültigkeit erweisen sich als in ihrer Beschaffenheit identisch. Du kannst weder zwischen physischen und mentalen Eindrücken unterscheiden noch dich an sie erinnern.

Das Wasserelement vergeht. Die Körperflüssigkeiten - Blut, Urin, Speichel, Sperma, Schweiß - beginnen zu vertrocknen.

Der Gehörsinn schwindet. Das Ohr vernimmt keine äußeren Klänge mehr. Auch ein Ohrenrauschen ist nicht mehr wahrzunehmen.[*]

Eine innere Vision von Rauch entsteht.

Als nächstes wird die Ansammlung der Wahrnehmungen absorbiert. Du erkennst deine Familie oder deine Freunde nicht mehr.

Das Feuerelement vergeht. Aus dem physischen Körper schwindet alle Wärme. Der Körper ist nicht mehr fähig, Nahrung zu verdauen.

Die einströmenden Atemzüge werden schwächer, und die ausströmenden Atemzüge werden länger und heftiger.

---

[*] Es ist interessant, daß das Erlöschen des Gehörsinnes in dieser klassischen tibetischen Meditation schon zu diesem frühen Zeitpunkt des Sterbeprozesses verzeichnet wird. Demgegenüber basiert *Das Tibetanische Totenbuch* darauf, daß der Verschiedene seine Hörfähigkeit während des Todes und danach bewahrt. Es wird in weiten Kreisen anerkannt, daß das Hörvermögen vermutlich als letzte Fähigkeit erlischt.

Der Geruchssinn schwindet.

Eine Vision feuriger Funken erhebt sich, die wie weit entfernte Sterne erzittern.

Als nächstes wird die Ansammlung der unbewußten Tendenzen, der konditionierten mentalen Eindrücke und der Willensbildungen absorbiert. Der Körper kann sich nicht mehr im geringsten bewegen.

Die Fähigkeit der Erinnerung an frühere weltliche Arbeit, an Erfolge und „Bedeutsamkeiten" verflüchtigt sich. Deine Vorstellungen vom Sinn und Zweck dieser weltlichen Arbeit lösen sich auf. Alles erscheint nun ganz leer.

Das Luftelement vergeht. Der Atem erstirbt.

Der Geschmackssinn schwindet. Der Tastsinn verliert sich. Du kannst nicht mehr zwischen Strukturen unterscheiden.

In dir erhebt sich die Vision eines fahlen blauroten Lichtes, das gleich dem Widerschein einer verlöschenden Kerze in einem dunklen Raum zersprüht.

Schließlich wird auch die Ansammlung des Bewußtseins absorbiert. Dies läßt das Trugbild der abgesonderten Wirklichkeit zerrinnen, die wir „mein Geist", „mein Bewußtsein" nennen. Die Aberglauben des groben, trügerischen Geistes, die dualistischen und begrifflichen Konzeptionen lösen sich auf.

In diesem Augenblick erwachen die verschiedenen Ebenen der Ansammlung des Bewußtseins stufenweise in Form innerer Visionen: Zuerst breitet sich in dir eine Vision intensiver Weiße aus, die dem Licht des Vollmondes in einer klaren Herbstnacht gleicht.

Während dieser Glanz vergeht, erhebt sich eine Vision der Röte. Sie zeigt sich als kupferfarbener Widerschein, der dem Licht der untergehenden Sonne an einem weiten Himmel ähnlich ist.

Die rote Vision geht über in eine Vision der Dunkelheit, die dich wie das Licht eines sich verfinsternden Himmels umgibt.

Allmählich dämmert die Vision des klaren Lichtes herauf. Es ist die Vision eines klaren leeren Raumes, der wie ein heiterer Himmel nach langem, heftigen Regen zu leuchten beginnt. Dies ist das klare Licht des Todes. Was man den „Sterbeprozeß" nennt, ist vollendet.

Greife nicht nach einem Gedanken, weise keinen Gedanken zurück - verschmilz als die Wesenheit, die diese Vision des klaren Lichtes erfährt, mit dem klaren Licht selbst. Es existiert nichts anderes mehr als das Gewahrsein der Klarheit, der Helligkeit und des unendlichen Raumes.

Behalte diese Vision so lange bei wie du kannst - diese Vision des endgültigen Todes.

Wenn sich die Vision des klaren Lichts dem Wahrnehmungsvermögen langsam entzieht, beginnt sich das „Individuum" - diese sich zu einem abgesonderten Selbst verbindende konditionierte Verhaftung an den fünf Zuständen - wiederherzustellen und auf die ultimative Geburt zuzubewegen. Die Reihenfolge des Ablaufs des Todesprozesses kehrt sich um, und nacheinander werden die Visionen der Dunkelheit, der Röte und der Weiße durchlaufen, die Willensbildung setzt ein, die Fähigkeiten der Wahrnehmung und die emotionalen Reaktionen kommen in Gang, die Empfängnis im Mutterleib wird vollzogen und die entstehenden Sinnesorgane treten in Kontakt mit ihren Objekten.

Geburt, ein weiteres Leben und wieder der Tod.

ANHANG III

Das tibetische Bardo-System
(Variationen über ein Thema)

Das tibetische Wort *bardo* ist auf verschiedene Weise übersetzt worden, doch im wesentlichen bezeichnet es einen Durchgang, eine Übergangsstufe. Manche definieren es als Raum oder Zwischenraum, andere als Tor oder Eingang. Wie es scheint, bezeichnet es ein evolutionäres Stadium, das der Metamorphose zwischen verschiedenen Phyla gleicht, einer Stufe des Übergangs von einer Zeitperiode oder Ordnung in die nächste. Im allgemeinen bringen wir die Bardos mit der postmortalen Erfahrung in Verbindung, aber in Wirklichkeit ist auch der jetzige Augenblick ein Bardo. Wir neigen zum Glauben, daß wir erst dann vor diesen Toren stehen, wenn wir den Körper verlassen. Doch dieser Glaube umfaßt nur einen Teil der Wahrheit. Wir befinden uns jetzt, in diesem Moment, im Bardo. Gewahrsein und Gedanke verbinden sich, um Bewußtsein zu erzeugen, ob man sich nun innerhalb oder außerhalb des Körpers befindet. Während des Schlafes, wenn der Körper relativ untätig ist, setzt das Gewahrsein seine Fühlungnahme mit den Gedanken und Empfindungen fort, die vom Impuls der mentalen Energie erzeugt werden. Zweifellos sind die Bewußtseinserfahrungen nicht von der Aktivität des Körpers abhängig. Wenn einem Körper der ihm innewohnende Energiestrom des Lebens entzogen wird, bricht der Körper sofort zusammen. Der Körper ist von Bewußtsein und Gewahrsein existentiell abhängig, obgleich wir uns immer dem Glauben ergeben haben, daß eine Abhängigkeit in diametral entgegengesetzter Weise besteht.

Es gibt sechs Bardos. Der erste von ihnen ist der Bardo der Geburt; man könnte ihn als eine Zeitperiode der Geburt, als Bardo des Hervortretens bezeichnen - als die Übergangserfahrung des Bewußtseins innerhalb eines Körpers, der in sein eigenes unabhängiges Dasein in diese Sphäre eintritt.

Der zweite ist der Bardo des Erdenlebens; es ist ein Bardo des Werdens, der Entwicklung des Kindes zum Erwachsenen, ein Bardo des Lernens, des Alterns und der Wechselhaftigkeit der Lebenswege. Dieser Zeitabschnitt kann sehr viel kürzer sein als der erste oder auch hundert Jahre länger währen. Man kann den Bardo des Lebens auch als „Bardo der leeren Hand" betrachten - als eine Folge angehäufter Verlangen und Pläne, die auf zukünftige Identitätsträume ausgerichtet sind.

Der dritte Bardo ist der Auflösung, dem Zerfall zugeordnet. Es ist der Bardo der Augenblicke vor dem Tod. Er bezeichnet den Austritt aus der scheinbaren Materialität, einen umfassenden Rückzug, ein Hinüberfließen von der physischen Form in subtilere Realitäten.

Der vierte Bardo ist wiederum ein Bardo des Hervortretens. Es ist der Bardo der Augenblicke nach dem Tod. Es ist zu bemerken, daß so etwas wie ein Tod nicht vermerkt wird und nur die Augenblicke vor und nach dem Tod existieren. Der Begriff „Tod" findet in der Realität keine Grundlage. Für den Körper besteht ein Augenblick, in dem er belebt ist und ein sich anschließender Moment, in dem er unwiderruflich zu einem leeren Gefäß geworden ist.

Unter diesen Umständen sind es nur die Inhalte des Gefäßes, die zurückgerufen werden können, nicht das Gefäß selbst. Es ist wie bei einer Glühbirne, die von einem Moment zum anderen erlischt, weil ihr der sie durchfließende Strom, der uns erhellte, entzogen wurde. Die Glühlampe hat sich nicht verändert - nur der Strom, der sie in Funktion setzte, durchfließt sie nicht mehr. Es gibt keinen Zeitpunkt dazwischen. Nur der Körper stirbt. Aus der Sicht des Körpers stellt sich dieser Bardo ein, wenn sich der Tod deutlich bekundet. Doch der Körper war nie aus sich selbst heraus lebendig, nur die Lebenskraft (was auch immer dieser Begriff ausdrücken mag) hat sich aus ihm zurückgezogen. Im übrigen ist der Körper, wie es jemand darlegte, eigentlich zu keiner Zeit so aktiv wie nach dem Tod, denn er unterhält Myriaden von Mikroben und eine Vielzahl von Geschöpfen, die von seiner Zersetzung ihr Leben bestreiten.

Nach dem *Tibetanischen Totenbuch* ist es der vierte Bardo, der Übergang nach dem Tod - das Hervortreten - von dem man oft sagt, daß in ihm das große Licht in Erscheinung tritt, welches Dharmata genannt wird, und in dem die Essenz des Seins, aller Identifikation mit den körperlichen Grenzen enthoben, vor uns erstrahlt. Viele betrachten ihn als einen der wichtigsten und günstigsten Abschnitte einer Inkarnation.

Der fünfte, der Bardo der Todesperiode, ist wiederum einer des Durchwanderns, in dem wir in die nächsten Stadien des Lernens, des Alterns und des Wachstums hinüberwechseln. Diese treten in Erscheinung, wenn unser Geist seine konditionierten Inhalte eines Lebens der Verhaftung und der Suche nach Schutz und Sicherheit durchläuft. Er bezeichnet eine Entwirrung der Vergangenheit, eine neue Gelegenheit zur direkten Begegnung mit den Formen und Gestalten, die aus dem Geist hervorgehen und unsere Perspektiven bestimmen. Es ist dieser Bardo, in dem wir vielen jener friedlichen und grimmigen Gottheiten begegnen. Und er ist die Sphäre, von der man sagt, daß wir den zehntausend freudenreichen und finsteren Aspekten des Geistes gegenübertreten. Doch lassen sich diese Erscheinungen ohne weiteres auch in unserem gegenwärtigen Bardo beobachten.

Wie der zweite Bardo, der Bardo des Erdenlebens, mag auch dieser Bardo des „Todes" dem zeitorientierten Geist als von unbestimmter Dauer erscheinen.

Der sechste Bardo, der Bardo des Augenblicks vor der Geburt, ist abermals von Auflösung gekennzeichnet. Er ist der Augenblick der Auswahl einer neuen Geburt, der Wahl einer Inkarnation. Er ist der Zeitpunkt, in dem man von seinem nächsten Stadium der Entwicklung angezogen und von seinen Verlangen in einen neuen Mutterleib geführt wird, aus dem man in eine Welt eintritt, die nur allzu häufig zu viel oder zu wenig Platz bietet.

Der Gebrauch der Bardo-Konzepte ist ein zweckmäßiges Mittel, um aufzuzeigen, daß die Illusion genau jetzt stattfindet, wo auch immer wir uns gerade an etwas klammern. Interessanterweise läßt sich auch feststellen, daß diese Bardos einem bestimmten Prozeß des Entstehens (des Hervortretens), der Existenz (des Durchwanderns) und der Auflösung folgen, der genau den Geisteszuständen entspricht, deren Entstehung wir in uns beobachten und die für einen Moment existieren, um wieder zu vergehen und das nächste Hervortreten, die nächste Existenz und Auflösung hervorzurufen. Die Beobachtung der unablässigen Fluktuation des Geistes zwischen Geburt und Tod bereitet uns auf unsere nächste Inkarnation vor, wie auch immer sie aussehen mag. Es ist die Beobachtung dieses Prozesses von Schöpfung und Zerfall, die uns von unserem Gefühl der Solidität, von unserer Gleichsetzung mit einem schutzbedürftigen „Jemand" befreit. Es ist klar, daß die Bardos des Hervortretens untereinander austauschbar sind. Daß sich die Geburt und die Zeitperiode nach dem Tod entsprechen. Daß die Bardos des Durchwanderns eines Daseins, des „Lebens" und des „Todes", von den gleichen Bewußtseinselementen und früheren Tendenzen bestimmt werden. Daß die Bardos der Auflösung, der Augenblicke vor dem Tod und vor der Geburt gleichfalls untereinander austauschbar sind. Abgestimmt auf jede neue Übergangsstufe, die uns erwartet, sterben wir Augenblick für Augenblick in die Unsterblichkeit hinein.

Bibliographie

Über den Tod

Arya, Pandit Usharbudh: *Meditation and the Art of Dying*
Beutel/Tausch: *Sterben - eine Zeit des Lebens*
Easwaran,Eknath: *Dialogue with Death*
Grof, Stanislav: *Jenseits des Todes*
Grof, Stanislav/Halifax: *Die Begegnung mit dem Tod*
Kapleau, Roshi Philip: *The Weel of Death*
Simpson: *The Facts of Death*
Tausch, A.- M. u. Reinhard: *Sanftes Sterben*
Trungpa, Chögyam/Fremantle: *Das Totenbuch der Tibeter*

Auf der Suche nach dem Sein

Blofeld, John: *The Zen Teachings of Huang Po*
Castaneda, Carlos: *Reise nach Ixtlan*
Feild, Reshard: *Ich ging den Weg des Derwish*
Feild, Reshard: *The Last Barrier*
French: *The Way of the Pilgrim*
Golas, Thaddeus: *Der Erleuchtung ist es egal, wir du sie erlangst*
Goldstein, Joseph: *Einsicht durch Meditation*
Kapleau, Roshi Philip: *Die drei Pfeiler des Zen*
Kornfield, Jack: *Living Buddhist Masters*
Krishnamurti, Jiddu: *Frei sein!*
Levine, Stephen: *SEIN lassen*
Maharshi, Ramana: *Gespräche des Weisen vom Berge Arunachala*
Merton, Thomas: *The Way of Chuang Tzu* und
Miracle of Love (tales of Maharaji, compiled by Ram Dass)
Osborne, Arthur: *Ramana Maharshi,seine Lehren*
Ram Dass: *Sei jetzt hier*
Ram Dass: *Subtil ist der Pfad der Liebe*
Ram Dass: *Reise des Erwachens*

Ram Dass/Levine: *Schrot für die Mühle*
Reps, Paul: *Ohne Worte - Ohne Schweigen*
Sahn, Seung: *Buddha steht kopf*
Sri Nisargadatta: *Ich Bin*
Suzuki Roshi: *Zen-Geist, Anfänger-Geist.* Theseus, 1983, und
The Hsin Hsin Ming (teachings of the Third Zen Patriarch)

Poesie von der Reise des Herzens

Bly, Robert: *The Kabir Book*
Eliot, T. S.: *Werke in 4 Bänden*
Gibran, Khalil: *Der Prophet*
Jong, Erica: *At the Edge of the Body*
Mutter Teresa: *Ein Weg zum Lieben.Meditationen*

Über das Sterben zu Hause

Baulch, Evelyn: *Home Care*
Bowers/Jackson/Knight/LeShan: *Counseling the Dying*
Hine, Virginia: *Last Letter to the Pebble People*
Kübler-Ross, Elisabeth: *Leben, bis wir Abschied nehmen*

Musikliste

Ron Dexter, Golden Voyages, Vols. I-III (Awakening Productions, 4132 Tuller Avenue, Culver City, California 90230)

Steven Halpern, Ancient Echoes with Georgia Kelley; The Rain Machine with sunil K. Bose; Spectrum Suite; Starborne Suite; Eastern Peace (Halpern Sounds, 620 Taylor Way, Belmont, California 94002)

Paul Horn, Inside, Epic BXN 26466; Inside II, Epic KE 31600 (Heru Records,P.O.Box 954, Topanga, California 90290)

Georgia Kelly, Rainbow Butterfly (with Emmett Miller); Sea Peace; Tarashanti (Heru Records, P.O.Box 954, Topanga, California 90290)

Iasos, Interdimensional Music (Unity Records, P.O.Box 12, Corte Madera, California 90425)

Sachdev, Raga Bhupali (Unity Records, P.O.Box 12, Corte Madera California 90425)

Tony Scott, Music for Zen Meditation (Verv, V8634)

Joel Andrews, The Violet Flame (245 E. Mountain Drive, Santa Barbara, California 93108)

Joel Andrews, Kuthumi (Group Incorperated, P.O.Box 673, Daytona Beach, Florida 32017)

Jordan de la Sierra, Gymnosphere Song of the Rose (Unity Records P.O.Box 12, Corte Madera, California 90425)

Gary Burton and Chick Corea, Crystal Silence (ECM 1024 ST)

Henry Wolf, Nancy Hennings with Drew Gladstone, Tibetan Bells I & II (Island Records, 7720 Sunset Boulevard, Los Angeles, California 90046)

Jean Michel Jarre, Oxygene (Polydor Records)

Tomita, Snoeflakes Are Dancing; Cosmos (RCA Records)

Pachebel's Canon in D

A Treasury of Gregorian Chants, Vol. II, Monks of the Abbey of St. Thomas (VOX Records)

Carl Orff, Carmina Burana

Pablo Casals, Bach (Columbia Records)

Ravi Shankar Family and Friends, produced by George Harrison, Vols. I & II (Dark Horse Records)

A Bell Ringing in the Empty Sky, Goro Yamouchi (Nonesuch Records)

Chopin Waltzes and Etudes

Joseph Haydn, Symphony No. 67 in F Major and Symphony No. 69 in B Major

Haydn's Concerto for Violin and String Orchestra No. 1 in C Majorand No. 2 in G Major

Mozart, Haffner Smphony, Concerto for Violin and Orchestra no. 7 in D Major, Concerto for Piano and Orchestra No. 18 in B flat Major

Songs of the Humpback Whale (CRM Records, Del. Mar, California 92014)

The Environment Series, Environmental Sounds, Countryside, Birds, Seashore, Nature, the Atlantic Label, Ayntonic Research series

Jai Gopal, Crystal Tears (Hanuman Tape Library, P.O.Box 61498, Santa Cruz, California 95062)

Zusätzlich eignen sich auch die Musik der Beatles, von John Denver und Judy Collins!

Index

Stephen Levine
Schritte zum Erwachen
Meditation der Achtsamkeit

Dieses Buch über die Meditation der Achtsamkeit (Vipassana) ist simpel und einfach – es ist klar und wohltuend spontan. Es ist einfach so, wie die Dinge sind.

170 Seiten
Qualitätsbroschur
ISBN 3-926257-17-2

„**D**ies ist das einfach und liebevoll geschriebene Buch eines Mannes, der uns an seinen persönlichen Erfahrungen und Einsichten in die Wirkungsweise der Meditation und der menschlichen Bewußtseinswerdung teilhaben läßt. Ein wundervolles Buch, das allen zu empfehlen ist, die an ihrer inneren Weiterentwicklung interessiert sind."

Elisabeth Kübler-Ross

Schritte zum Erwachen wird für diejenigen von großem Nutzen sein, die sich der inneren Reise bewußt geworden sind und sich auf den Weg gemacht haben.

Es ist in den USA in weit mehr als einem Dutzend Auflagen erschienen und wurde neben **Wege durch den Tod** zu einem fundamentalen Lehrbuch in Meditationszentren, Krankenhäusern, Hospizen, Gesundheitsprojekten sowie Krebs- und Aids-Initiativen.